U0532981

FERDINAN·MAGELLANVS·SVPERATIS
ANTARCTICI·FRETI·ANGVSTIIS·CLARISS

这幅麦哲伦画像由不知名画家画于 16 世纪，它是为数不多的能够准确描绘麦哲伦样貌的画作之一。

这幅 16 世纪油画描绘了瓜达尔基维尔河的盛况,从画中可以看到,当时塞维利亚的造船业非常发达,但船只在港口航行时十分危险。

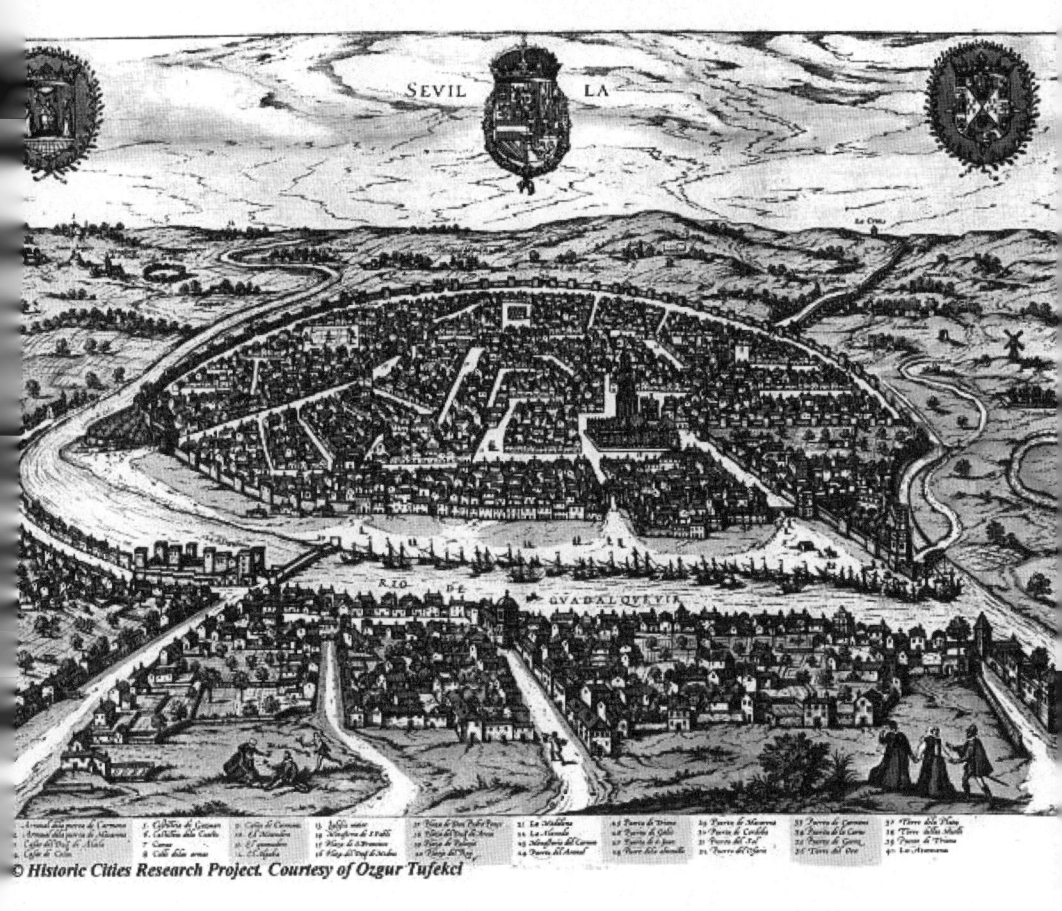

16世纪的塞维利亚是一座繁荣热闹的城市,也是包括麦哲伦在内的西班牙探险家前往东印度群岛的出发地。

青年时代的西班牙国王卡洛斯一世，此图由奥利·范·巴伦特（Orley van Barent）所绘。18岁那年，卡洛斯一世正式委托麦哲伦出海探险。

他是一位性格孤僻、沉默寡言并且嫉妒潜在竞争者的统治者。麦哲伦曾一而再，再而三地请求他支持前往香料群岛的探险活动，但他拒绝了麦哲伦的请求。失望之下，麦哲伦只好求助于葡萄牙的主要竞争对手西班牙。

葡萄牙国王曼努埃尔一世假想画

教皇利奥十世画像，作者是拉斐尔。

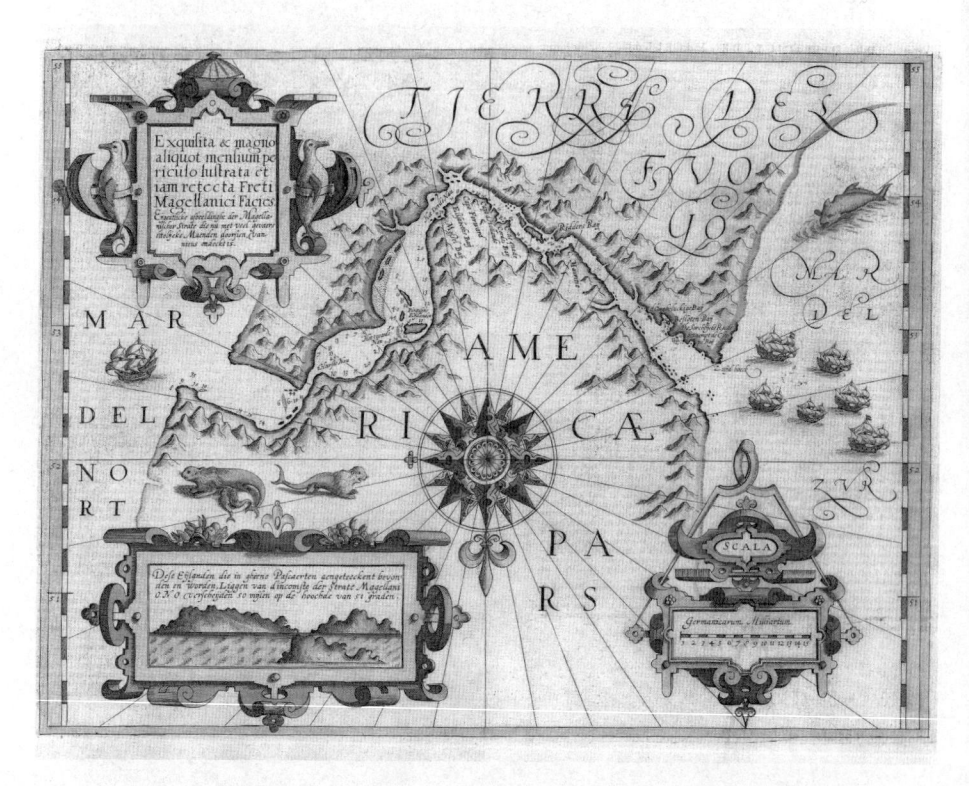

1606年绘制的麦哲伦海峡图。驶出这个海峡时，麦哲伦本以为在很短时间内即可抵达香料群岛，但事实并非如此。此后他又连续航行了98天，在极度疲劳的情况下首次登陆太平洋岛屿。

16世纪画家多米尼科·贝卡富米（Dominico Beccafumi）用油墨和炭笔所画的吊坠刑。圣胡利安叛乱结束后，麦哲伦对至少一名叛乱分子实施了吊坠刑。

这是一幅16世纪末的版画，描绘了新大陆居民吃人肉的场景，作者是特奥多雷·德·布里（Theodore de Bry）。

美国国家航空航天局"海星号"（SeaStar）宇宙飞船观测到的麦哲伦海峡冬季景象。麦哲伦的舰队从东边入口（即照片的右边）进入海峡，穿过300多英里寒冷的水域，最终在西边出口（即照片的左边）离开海峡，进入太平洋。

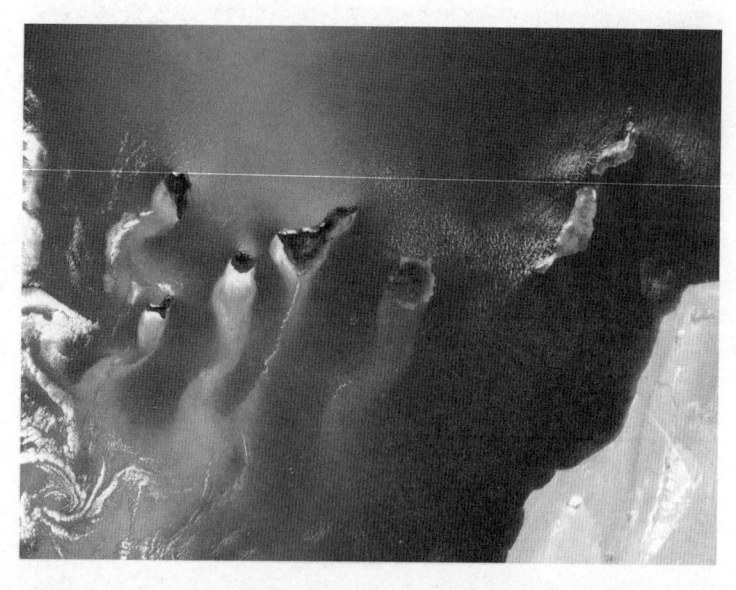

美国国家航空航天局"海星号"宇宙飞船观测到的位于西非沿岸的加那利群岛。数百年来，这些在阳光下熠熠发光的火山岛是探险队进出伊比利亚半岛的中转站。

在这幅 1878 年出版的版画中，法国插画家古斯塔夫·多雷（Gustave Dore）刻画出了地理大发现时代穿越太平洋的船队所遭受的心理煎熬。

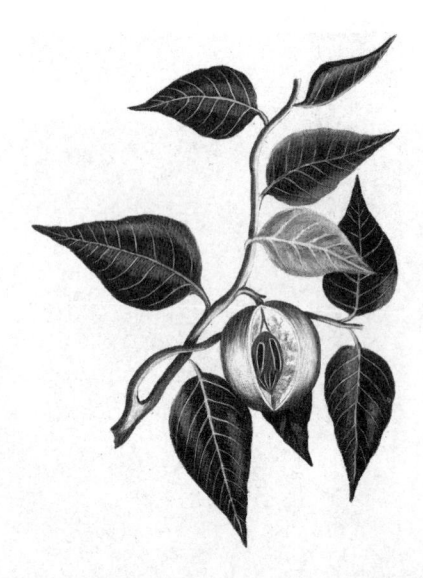

丁香树。这是麦哲伦及其舰队冒生命危险想获得的珍稀资源。

这幅画描述的是1521年4月宿务岛国王胡马邦（Humabon）受洗，其真实性有待考究。

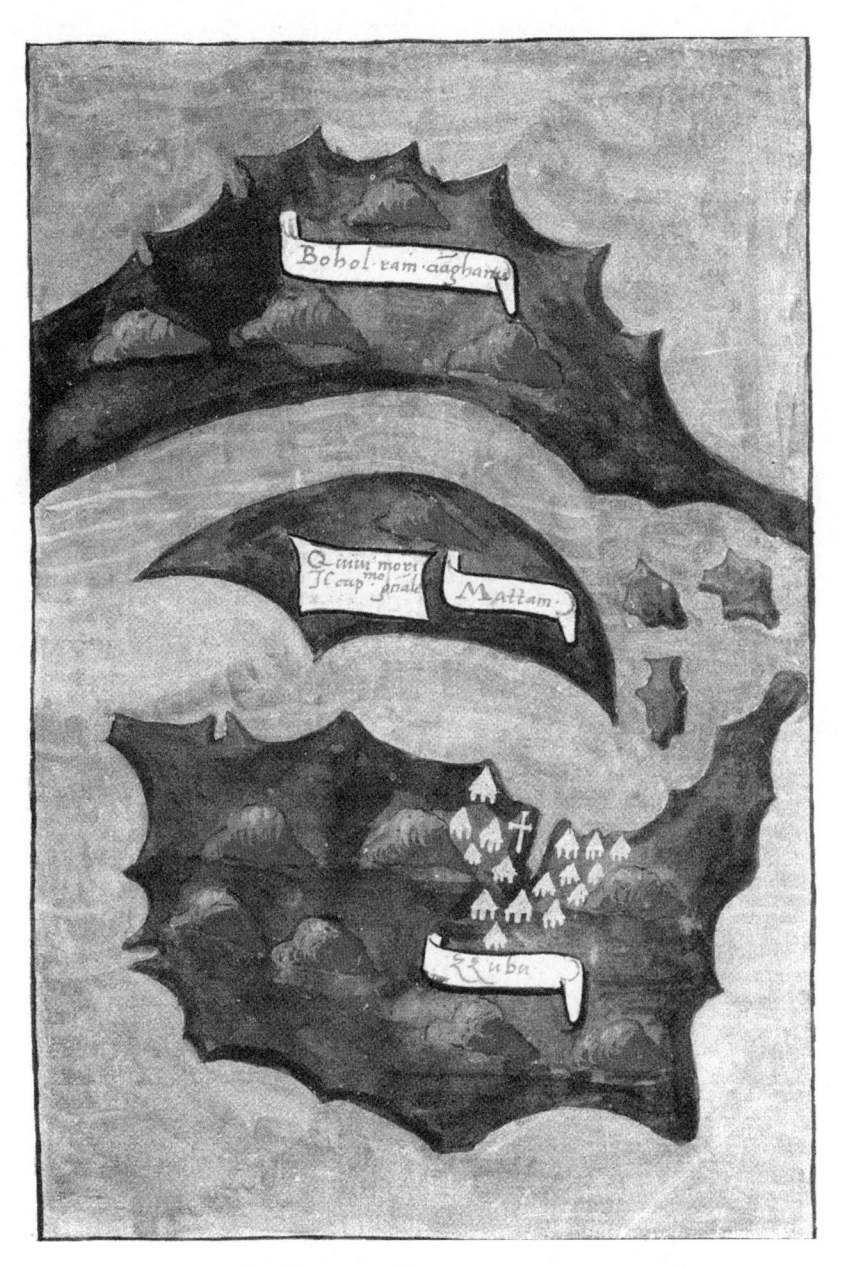

皮加费塔绘制的菲律宾麦克坦岛概貌，并配有文字："舰队总指挥命丧于此。"与许多船员不同的是，皮加费塔对麦哲伦推崇备至，认为他是一名勇敢的探险家和具有远见卓识的人。

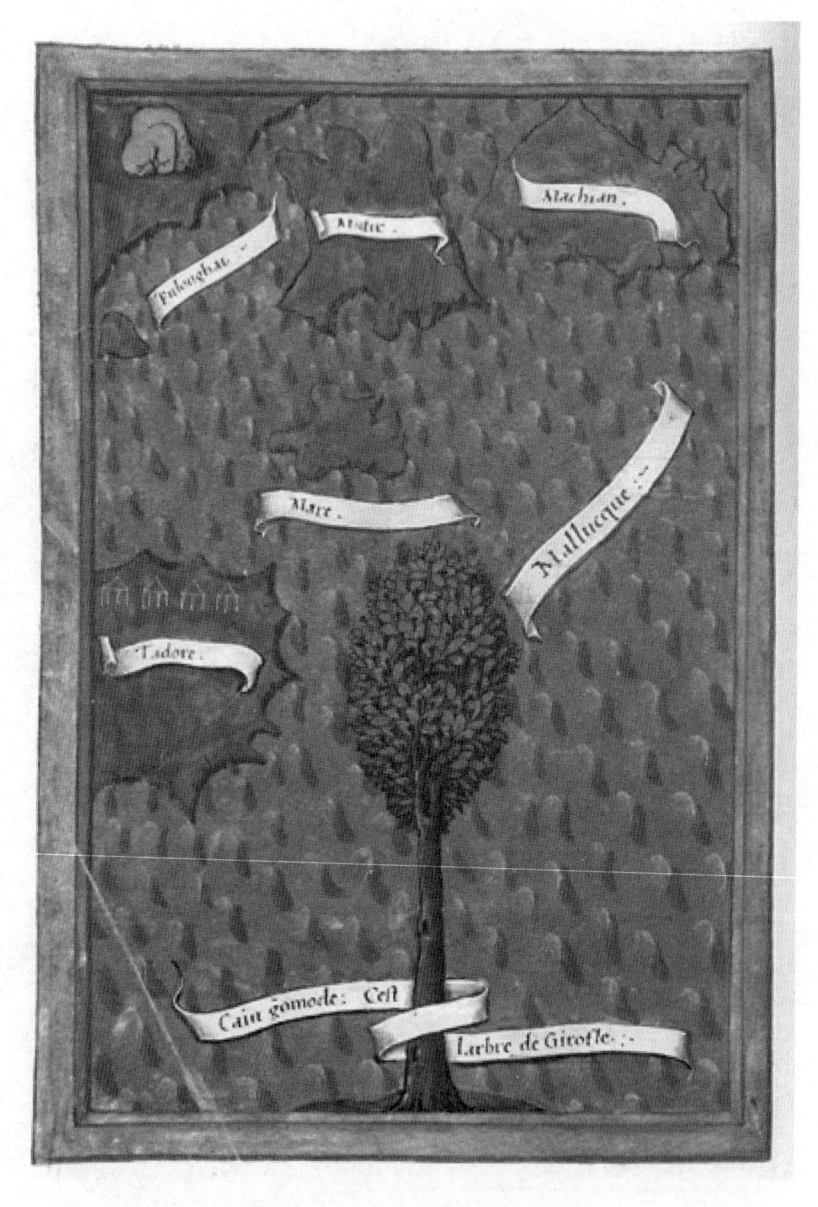

皮加费塔绘制的香料群岛概貌，图中间有一棵丁香树。当时人们认为，丁香树产自香料群岛的火山土壤和雨水中。

麦哲伦的签名。图上方的签名写于1510年，当时麦哲伦正为葡萄牙效力。图下方的签名写于1518年，出现在麦哲伦写给卡洛斯一世国王的一封信中。

在这幅 1878 年出版的版画中,古斯塔夫·多雷靠想象描绘船员忍受南半球航道的严寒。麦哲伦的船员用他们沿途获取的动物皮毛御寒。

麦哲伦与大航海时代

Over the Edge of the World

Magellan's Terrifying Circumnavigation of the Globe

[美]劳伦斯·贝尔格林（Laurence Berggreen）著

李文远 ◎ 译

中国科学技术出版社
·北京·

Over the Edge of the World: Magellan's Terrifying Circumnavigation of the Globe

Copyright © 2003 by Laurence Bergreen

Published by arrangement with William Morrow, an imprint of Harper Collins Publishers through Bardon-Chinese Me
Agency

Simplified Chinese edition Copyright © 2023 by **GRAND CHINA HAPPY CULTURAL COMMUNICATIONS LT**
All rights reserved.

No part of this book may be reproduced in any form without the written permission of the original copyrights holder.

本书中文简体字版通过 GRAND CHINA HAPPY CULTURAL COMMUNICATIONS LTD（深圳市中资海派文
传播有限公司）授权中国科学技术出版社在中国大陆地区出版并独家发行。未经出版者书面许可，不得以任何2
式抄袭、节录或翻印本书的任何部分。

北京市版权局著作权合同登记　图字：01−2022−5267。

图书在版编目（CIP）数据

麦哲伦与大航海时代 /（美）劳伦斯・贝尔格林著；
李文远译 . -- 北京：中国科学技术出版社，2023.1
　书名原文：Over the Edge of the World:
Magellan's Terrifying Circumnavigation of the
Globe
　ISBN 978-7-5046-9842-1

　Ⅰ . ①麦… Ⅱ . ①劳… ②李… Ⅲ . ①麦哲伦（
Magellan, Ferdinand 约 1480-1521）－传记 Ⅳ .
① K835.525.89

中国版本图书馆 CIP 数据核字（2022）第 202468 号

执行策划	黄　河　桂　林	
责任编辑	申永刚	
策划编辑	申永刚　方　理	
特约编辑	郎　平	
版式设计	吴　颖	
封面设计	东合社・安宁	
责任印制	李晓霖	
出　　版	中国科学技术出版社	
发　　行	中国科学技术出版社有限公司发行部	
地　　址	北京市海淀区中关村南大街 16 号	
邮　　编	100081	
发行电话	010-62173865	
传　　真	010-62173081	
网　　址	http://www.cspbooks.com.cn	
开　　本	787mm×1092mm　1/16	
字　　数	450 千字	
印　　张	31	
版　　次	2023 年 1 月第 1 版	
印　　次	2023 年 1 月第 1 次印刷	
印　　刷	深圳市精彩印联合印务有限公司	
书　　号	ISBN 978-7-5046-9842-1/k・342	
定　　价	128.00 元	

（凡购买本社图书，如有缺页、倒页、脱页者，本社发行部负责调换）

谨以此书纪念
我的兄长和父亲

权威推荐
Over the Edge of the World

《纽约时报》（*New York Times*）

《麦哲伦与大航海时代》通过惊人的研究和生动的描绘，再现了伊比利亚海员探索世界的故事，精彩的细节应有尽有，是一本扣人心弦的优秀历史读物。

《洛杉矶时报》（*Los Angeles Times*）

《麦哲伦与大航海时代》是一个全程6万英里，长度相当于绕赤道两圈的远洋航行故事，它时而令人悲伤，时而扣人心弦，时而弥漫着香艳气息……

美国图书馆协会《书单》（*Booklist*）

麦哲伦的船队首次完成了环球航行。尽管此举被认为具有里程碑式的成就，但航行中的细节一直鲜为人知。对历史爱好者来说，本书是一本引人注目的著作。

《西雅图邮讯报》（*Seattle Post-Intelligencer*）

　　这是一部优秀的通俗史作品……作者立场公正，对历史事件研究得非常透彻，故事内容引人入胜。

《圣安东尼奥新闻快报》（*San Antonio Express-News*）

　　一个非常精彩的故事，可读性极强……对麦哲伦进行了公正的评价。

《夏洛特观察者报》（*Charlotte Observer*）

　　本书以地理探索与发现为主线，讲述了大量的趣闻逸事。

丽兹·史密斯
著名专栏作家

　　本书重现了人类一段重要的历史，作者以优美的文字讲述了一个既惊悚又有启发性的故事……这是一出由王室斗争、国王、大海、沉船、恐怖的原住民、食人族、脚气病、坏血病、叛乱、黄金和香料构成的戏剧。

林永青
价值中国新经济智库首席执行官（CEO）

　　本书的阅读一定让你心潮澎湃。你将看到恐怖的叛乱和权力斗争，以及美洲与东南亚本土民族的奇特风俗。彼时，麦哲伦并不了解权力的来源正在从暴力向金钱转移，如果他能够坚持与当地部落以物易物，用经济手段和他们结盟而不是使用蛮力迫其屈服，或许他的成就会更加卓著。

姜维勇

文化学者、作家、深圳之窗城市阅读推广人

难以想象,500 年前那艘名为"维多利亚号"的帆船如何转动了人类历史。作为一部史料扎实、扣人心弦的优秀作品,《麦哲伦与大航海时代》这部可读性极强的著作,精彩地呈现了人类首次惊心动魄的环球航行,给读者带来了奇特的阅读体验。通过解读"黄金、香料、殖民地"这 3 个大航海时代的关键词,贝尔格林带我们以更为开阔的视野与更大的历史纵深感,一起穿越到全球化的真正起点。

郑磊

《区块链+时代》作者、萨摩耶云科技集团首席经济学家

这部刻画世界最伟大的海上航行的历史作品真实揭示了人类商业文明与对地球、宇宙的探索和认同同步增长的一段传奇。麦哲伦并不知道地球是圆的,也没有想到他看到的天象会以自己的名字命名。一切都是未知,而在对财富的追求的单纯动机下,他的探险写下了人类文明的新篇章。这就是商业文明的价值所在。

周昊

知名财富管理专家、财经评论员

麦哲伦航行实际上由财政需求驱动。西班牙国王为当上神圣罗马帝国皇帝向银行家大举借贷,以贿赂教皇和选民。他急需资金清偿债款,这才派遣麦哲伦寻找香料群岛。本书将让你深刻认识历史背后的金钱逻辑。

作者简介

Over the Edge of the World

劳伦斯·贝尔格林毕业于哈佛大学，是一位屡获大奖的传记作家和新闻工作者，为许多国家级刊物撰稿，包括《君子》(*Esquire*)杂志、《新闻周刊》(*Newsweek*)、《细节》(*Details*)杂志、《序幕》(*Prologue*)杂志和《军史季刊》(*Military History Quarterly*)，是美国笔会（PEN American Center）、探险家俱乐部（Explorer Club）和美国作家协会（Authors Guild）会员。

1991年，贝尔格林担任"美国笔会/阿尔布兰奖非虚构类奖项"评审，是"历史频道"的特邀历史学家。1995年，他担任美国国家图书奖非虚构类作品评审。

贝尔格林曾在纽约社会研究新学院（New School for Social Research）任教，并担任纽约广播电视博物馆（Museum of Television and Radio）馆长助理。

贝尔格林的其他作品：

《丝绸、瓷器与人间天堂》(*Marco Polo*)
  ⊙ 汉学泰斗史景迁鼎力推荐

- ⊙ 央视《读书》栏目专题播出
- ⊙ 美国图书馆协会《书单》2007年十大传记之首
- ⊙ 英国、荷兰和西班牙等16个国家出版

《海洋征服者与新航路》(Columbus: The Four Voyages)

- ⊙ 《纽约时报》编辑推荐
- ⊙ 瑞典、巴西和葡萄牙等9个国家出版

《掌声雷动：欧文·柏林的一生》(As Thousands Cheer)

- ⊙ 《纽约时报》1990年"杰出图书"排行榜
- ⊙ 拉尔夫·J.格里森音乐图书奖
- ⊙ 迪恩斯·泰勒奖（美国作曲家、作家与出版商协会联合颁发）

《詹姆斯·艾杰：人生》(James Agee)

- ⊙ 《纽约时报》1984年"杰出图书"排行榜

《卡彭：黑帮大佬的时代》(Capone)

- ⊙ 《纽约时报》1994年"杰出图书"排行榜
- ⊙ 被米拉梅公司（Miramax）选中拍摄电影

《路易斯·阿姆斯特朗：奢华人生》(Louis Armstrong)

- ⊙ 荣登《出版商周刊》《旧金山纪事报》《费城问询报》等诸多畅销书排行榜
- ⊙ 德国、芬兰和英国等多个国家出版

作者序
Over the Edge of the World

航向世界尽头的麦哲伦舰队

从麦哲伦舰队幸存者完成人类首次环球航行至今，已经过去了整整500年。15年前，我根据麦哲伦令人震惊的环球旅行写成的《麦哲伦与大航海时代》首次出版，从那时起，这本书便有了自己的生命，这是我在多年繁重写作过程中未曾想象到的。

本书的创作灵感源自美国国家航空航天局（NASA），与我上一本关于美国探索火星的《火星之旅》有密切关系，我觉得这是件很奇怪的事情。在跟美国国家航空航天局科学家和工程师打交道的过程中，我细心观察他们设计和执行火星探索任务，并偶尔听到有人提到麦哲伦的名字。

"麦哲伦"既代表着美国国家航空航天局于1989年向火星发射的飞船名字，也是文艺复兴时期的探险家。我问他们，为什么要把一艘自动驾驶飞船与几个世纪之前的航海家联系起来？他们解释说，麦哲伦和他的同龄人一样，崇尚"聪明的探索方式"，即朝着特定目的地出发，并使用最好的地图和其他辅助工具。 同样，美国国家航空航天局的管理者和科学家一直为了实现特定的科学目标和战略目标而勤奋工作，而这些目标包括人类进行太空旅行。在那之前，我并没有把麦哲伦视为一个能够激励我们探索太空的人物，更别说把他作为一本书的主题了。

不过，从孩童时代起，航海故事就让我着迷。水手们所忍受的苦难、他们所到过的奇异之地以及见过的神秘动植物，都有某种不可抗拒的魅力，他们的传奇故事比小说还要精彩。趁着写书和出版书籍的间隙，我经常徜徉于图书馆，想寻找一个与众不同的航海故事，但那些故事都无法激发我的想象力。

在20年时间里，我参观了很多海洋博物馆，并在楠塔基特岛（Nantucket）度过了几个夏天，还带着我的儿子一起去航海。他后来成为一名技艺高超的激光级（Laser Class）帆船选手。

最后麦哲伦占据了我的大脑，我开始考虑是否要叙述一个不同寻常的故事。麦哲伦表现出与北欧人截然不同的情感，他具有魔鬼般的人格：奋发图强、好幻想，而且知识渊博。他充满了神秘感，让人捉摸不透。遗憾的是，麦哲伦生前只留下了只言片语，他的著作也沉入海底。当代心理学分析也不适用于麦哲伦。

此前，我曾为热情奔放的路易斯·阿姆斯特朗（Louis Armstrong）写过传记，当我描绘他的人生时，他仿佛就坐在我身旁。与阿姆斯特朗不同的是，除了极少数基本信息以外，我对"真实的"麦哲伦一无所知。我只能想象他站在舰船甲板上的样子，除此之外，我很难想象他出现在别的地方，但航海生活正是故事的重点。这位神秘人物让我日渐着迷，与他相比，赫尔曼·梅尔维尔（Herman Melville）笔下的亚哈（Ahab）船长看上去就像一位圆滑的外向之人。

我还面临着其他困难。关于麦哲伦的资料以西班牙语、意大利语和法语居多，英语资料屈指可数，且每种语言的手稿内容往往忽略其他语种的内容。我的解决办法就是博采众长，兼收并蓄。我自己懂法语，只要请人把其他语种关于麦哲伦的故事翻译成英文即可。通过这种方法，我重现了麦哲伦环球航行的各方面细节。

接下来，我前往世界各地查看一些重要的原始文件，这些文件在网上和绝大多数图书馆都是找不到的。位于塞维利亚的印度群岛档案馆（Archive of the Indies）是主要资料来源处，该档案馆曾是座雪茄工厂，那里保存着大量与西班牙探险相关的官方文件，同时也是法国作曲家乔治·比才（George Bizet）和歌剧词作者们排演歌剧《卡门》的场地。

另一个资料来源处是离家较近的美国布朗大学（Brown University）的约翰·卡特·布朗图书馆（John Carter Brown Library），这是一个侧重探险主题的双语图书馆，工作人员非常博学，我每次去查阅资料都颇受启发。

在我研究历史档案的过程中，最重要的时刻莫过于拜访耶鲁大学的贝尼克珍本与手稿图书馆（Beinecke Rare Book & Manuscript Library）。那天早上下着大雪，我从纽约驾车前往该图书馆，查阅了几本存世的著名期刊副本，这些副本是由一位名叫安东尼奥·皮加费塔的年轻学者和外交官保存的。

皮加费塔自愿追随麦哲伦，成为此次环球航行的官方编年史官，参与了这一历史性事件，并最终成为少数幸存者之一。对于此次航行，领航员、水手和其他人都有其独特的叙述角度，但只有来自威尼斯共和国（Republic of Venice）的皮加费塔试图描述整个旅程，包括屠杀和狂欢、植物学与天气，以及环游世界的恐怖、悲伤和兴奋。

耶鲁的图书管理员拿出了一部盖满灰尘的大部头，然后把它放进泡沫做成的吊篮里。这部书简直比足本词典还要大，书的封面写着《第一次环球航行》（First Voyage Around the World），作者正是安东尼奥·皮加费塔。我戴上白色手套，打开封面，翻动着里面的羊皮纸书页。书中的天蓝色、金色和黑色依旧如此绚丽，仿佛纸上的墨水还没有干，装裱图书的饰物仍然闪闪发亮。皮加费塔在书中画了很多简易插图，以帮助读者理解他的观点，并使读者无比向往那个神秘、纯洁和已经消失的世界。当我翻阅那些未受岁月侵蚀的书页时，顿时觉得500年的时空隔消失了。我仿佛能听到海浪的声音，就像用海螺对着耳朵一样专心倾听着海螺里大海的咆哮声。

直到那一刻，我才完全投入到这本书的写作中。多语言资料、故事的奇幻性以及与当代生活相距甚远，这些因素都曾让我望而却步。不过我完全被皮加费塔的精彩故事迷住了。我开始确信这是一个我必须要讲述的故事，更重要的是，我所讲的故事可信度较高。我要做的事情就是挖掘那些尘封已久的历史事实，并把它们当成考古现场发掘出来的恐龙骨，按适当顺序重新进行排列组合。

后来，我还拜访了与麦哲伦相关的重要地点，这加深了我对他的人生和那个时代的理解。除了到访塞维利亚和公认的麦哲伦出生地、位于葡萄牙的萨布罗萨（Sabrosa）之外，我还追随他的足迹，穿越麦哲伦海峡，到达南美洲最南端附近。

在为这本书做调研的过程中，我周围的微观世界和宏观世界都在发生变化。

2001年初，我哥哥死于霍奇金淋巴瘤；六个月后，我父亲意外去世了，而我和妻子的长久婚姻也在走向破裂。我的文稿代理人苏珊娜·格鲁克（Suzanne Gluck）说，我也在走向世界的边缘。

几个月后，发生了"9·11"袭击事件，爆心投影点距离我在纽约的家只有几英里。该事件一夜之间彻底改变了全球地缘政治。现代人的生活变得动荡起来，而麦哲伦也许早就意识到了这点。那是一段奇怪的时期，人们不再外出，路上不再车水马龙，整个世界都愕然止息。写书就变成了一种安慰和逃避，而不是繁杂的工作。

在此期间，一位热心的朋友劝说我参加了一场由哥伦比亚大学著名历史学家彼得·庞西（Peter Pouncey）教授主持的编史研讨会（即探讨历史写作）。我阅读了李维、塔西佗、希罗多德和其他熟悉历史动乱时期的史学家所写的大量资料，这让我又回到学习拉丁语的痛苦中。多年后，这份痛苦仍然令我记忆犹新。我开始把这些大师的经验运用到对麦哲伦的研究中，有时候也试着模仿他们精确简练、公正、平静以及不带任何意识形态的故事描述方式。

重现史无前例的探索

2002年1月，当我开始麦哲伦海峡之旅时，全球旅游业已经跌入谷底（我原本打算接下来去菲律宾的，那里是麦哲伦殒命之地，但"9·11"事件发生后，恐怖袭击的阴霾仍然笼罩着全世界，这段行程似乎有点不明智）。带着一位勇敢的同伴，我从纽约飞到地球最南端的城市之一：蓬塔阿雷纳斯（Punta Arenas），然后登上一艘小型游轮。我们乘船穿过令人惊叹的麦哲伦海峡，从海峡的一端航行到另一端，然后折返回来。

一路上，我做了详细的笔记，拍了很多照片，并将当代资料与500年前麦哲伦和他的船员所做的记录和插图进行了对比。这条海峡没有发生任何变化，或者说没有明显变化。自然环境从未像现在这样强大，同时兼具保护性和破坏性。我看到的景色和吸入的空气都是麦哲伦经历过的。开始写作时，我把自己观察到的事物和麦哲伦手下的所见所得结合起来，重现了麦哲伦海峡的壮观景象。

美国国家航空航天局的科学家们也影响着我对这个环境的理解。训练有素的科学家擅长用精确技术来描述自然现象，而这种精确性在新闻史或大众史上是很少见的。麦哲伦的环球航行既是对自然的探索，也体现出了人类的冲突和渴望，所以，每当我观察到阴郁的海峡、蓝色的冰川和叽叽喳喳的企鹅，总会不由自主地运用包括地质学、植物学和气象学等"科学"方法去分析这些赋予这个世界独特色彩的事物。

麦哲伦和他的船员常常不明白他们所经历的事物。航行开始时，他不知道太平洋这个地球上最大的水体到底有多大；在偶然发现麦哲伦海峡之前，他也不知道海峡到底在哪里。而这就是"探索"一词的定义之一，即找到某种你不知道其存在的事物。我记得，我出席过一场美国国家航空航天局举办的火星探索新闻发布会，在场记者争相向科学家们提问，问他们打算在火星上发现什么东西。最后，一位科学家说，如果美国国家航空航天局的人事先知道他们要探索什么，那就称不上"探索"了，不是吗？

航行之初，生性刚强的麦哲伦与传统意义上的船长别无二致，他带着明确的商业目标起航，要为西班牙国王带回丁香或其他货物。然而，在艰苦航行中有了惊人发现之后，麦哲伦已经进化成一名从事精神探索的探险者。

距离家园千里之外，各地风土人情截然不同，那里的政府、婚姻习俗和语言都不同于他所了解的欧洲和地中海社会。他面临的最大危险不是来自预料中的风暴灾害、饥饿或疾病，因为技术和运气足以让他在这些灾害中生存下来；最大危险反而来自他手下那些叛变的船员，其中几名叛徒认为他们比麦哲伦更有资格领导这次远航。

他们发动叛变，回到西班牙，四处宣扬麦哲伦背信弃义和无能。这样既为他们自己的叛逃行为找到了借口，又能确保麦哲伦一旦回来就会立刻被监禁、审判和处决。正在环游世界的麦哲伦变成了一个无国之人，不但被自己的祖国葡萄牙所拒绝，也丧失了资助这次航行的西班牙国王的信任。

颠覆宇宙学与地理学的时空之旅

麦哲伦对海洋、陆地和天空等宇宙万物的认知仍在不断扩充。例如，他首先注意到了如今被称为"麦哲伦云"（Magellanic cloud）的天文现象。他观察到夜空中有微弱的云雾状天体，这实际上是与银河系相连的两个矮星系，至少在南半球是如此，所有这些星系都是肉眼可见的。

如果说太平洋的大小让麦哲伦难以想象的话，那麦哲伦云的大小和范围已经超出了他的想象范围。这些天空中的斑点由无数恒星和星系组成，而在麦哲伦时代，人们是不可能想象得出这些天体的，因为他们仍然相信所有天体都围绕着地球旋转。按卡尔·萨根（Carl Sagan）的说法，地球只是茫茫宇宙中一个"淡蓝色的点"，但麦哲伦及其船员根本无法接受这个观点。

当麦哲伦航行穿越地球表面时，他也在时空中旅行，展开了一次多维度的宇宙学之旅。尽管这次旅行极大地加深了我们对地球的理解，但却让他感到困惑。

值得一提的是，在麦哲伦时代，几乎没有人认为地球是平的。看到离岸船只逐渐消失在地平线以下，任何水手都会告诉你地球是弧形的。它也不像人们想象出来的世界地图所描绘的那样，逐渐变成"薄雾"。岛屿没有浮在海面上，美人鱼也不会用魔法迷惑易上当的水手，更没有强大的水下磁铁吸走船体的钉子——这些迷信说法已经被麦哲伦证实是错误的。他的环球航行证明世界是圆的，而且大部分被海水覆盖。即使向西航行，也有可能到达东方，而且几乎可以到达任何海岸线。

所有这些意外发现都让麦哲伦感到不安，他所看到的世界比他想象的还要多姿多彩。500年后，我面临的挑战就是把1520年左右的世界写成一本书。我笔耕不辍，想把当时发生的事情都记录下来。这本书终于完成了，但有一个问题：我写出来的文字几乎是我应该写的两倍。我的责编亨利·费里斯（Henry Ferris）为人彬彬有礼，技术娴熟，说话从不拖泥带水。他对这本书充满热情，对手稿审得很严。经过他的梳理，这本书变得更简洁、更具可读性，因为一些无关的内容已被删除掉了。

2003年10月，这本书出版了。几个月后，其他语种版本也相继问世。我被来自世界各地读者的反应吓了一跳。这是我的第七本书，我还以为我多多少少了解自己的读者群体，但没想到这本书的读者范围超出了我的想象，他们来自美国各地、瑞典、菲律宾、葡萄牙、西班牙、希腊、巴西，甚至在海上航行的船只。

水手们的反应非常热烈，失眠症患者也是如此。我的初恋从遥远的驻外使馆给我写了一封信，说她也拜读了我的大作。我的母亲注意到文稿排版的一些小错误，并在书中做了旁注和提问。我拜会了葡萄牙总理，他请我为葡萄牙经济提点建议（可我没有任何建议）。

本书如今仍在各国陆续出版。我听说过印尼语版本已经面世，但我从未见过该版本，甚至在这个互联网时代也难以寻觅其踪迹。我女儿巧妙地删节了部分内容，使它更符合年轻读者的口味，一个新的版本出现了。我很高兴这本书有了自己的生命，并成为麦哲伦环球航行500周年纪念活动的一部分。葡萄牙成立了一个全球性的麦哲伦网络，它将回顾这次非凡的旅程，并反思它对全球商业、文化和"历史"的意义。

读者对作品的反响让我感到惊讶。起初，我只想写一个扣人心弦的好故事，让人们熬夜翻着书页，看接下来会发生什么事情。我还想对我们所居住的世界表达一种惊奇感，因为在500年前，一些勇敢、大胆和自负的探险家也体验过同样的感觉。

如今，麦哲伦环球航行常常被视为人类有史以来最伟大的海上航行，它仍然激励着今天的探险家们，美国国家航空航天局的火星探索任务便是明证。

主要人物表

Over the Edge of the World

- 卡洛斯一世国王，后改称神圣罗马帝国皇帝查理五世（Charles V）
- 曼努埃尔一世（King Manuel），葡萄牙国王
- 胡安·罗德里格斯·德·丰塞卡（Juan Rodriguez de Fonseca），布尔戈斯主教（bishop of Burgos）
- 克里斯托瓦尔·德·阿罗（Cristobal de Haro），金融家
- 鲁伊·法雷罗（Ruy Faleiro），宇宙学家
- 彼脱利兹·巴尔波查（Beatriz Barbosa），麦哲伦妻子
- 迪奥古·巴尔波查（Diogo Barbosa），麦哲伦岳父

摩鹿加舰队（Armada de Molucca）人员名单
（从塞维利亚出发时）

特立尼达号（Trinidad）

- 斐迪南·麦哲伦（Ferdinand Magellan），西班牙舰队总指挥
- 埃斯特万·戈麦斯（Estevao Gomez），领航长
- 冈萨罗·戈麦斯·德·埃斯皮诺萨（Gonzalo Gomez de Espinosa），纠察长

- 弗朗西斯科·阿尔沃（Francisco Albo），领航员
- 佩德罗·德·巴尔德拉马（Pedro de Valderrama），牧师
- 希内斯·德·马弗拉（Gines de Mafra），海员
- 恩里克·德·马拉卡（Enrique de Malacca），翻译
- 杜阿尔特·巴尔波查（Duarte Barbosa），麦哲伦的小舅子，临时雇员
- 阿尔瓦罗·德·梅斯基塔（Alvaro de Mesquita），麦哲伦的亲戚，临时雇员
- 安东尼奥·皮加费塔（Antonio Pigafetta），编年史官，临时雇员
- 克里斯托万·雷贝罗（Cristovao Rebelo），麦哲伦私生子，临时雇员

圣安东尼奥号（San Antonio）

- 胡安·德·卡尔塔海纳（Juan de Cartagena），船长兼舰队监察长
- 安东尼奥·德·柯卡（Antonio de Coca），舰队会计
- 安德烈斯·德·圣马丁（Andres de San Martin），占星师兼领航员
- 胡安·德·埃洛里亚加（Juan de Elorriaga），船主
- 赫洛尼莫·格拉（Geronimo Guerra），文书
- 伯纳德·德·卡尔梅特（Bernard de Calmette），也被称为佩罗·桑切斯·德·拉·雷纳（Pero Sanchez de la Reina），牧师

康塞普西翁号（Concepcion）

- 加斯帕尔·德·凯塞达（Gaspar de Quesada），船长
- 若昂·洛佩斯·卡瓦略（Joao Lopes Carvalho），领航员
- 胡安·塞巴斯蒂安·埃尔卡诺（Juan Sebastian Elcano），船主
- 胡安·德·阿库里奥（Juan de Acurio），大副
- 埃尔南多·布斯塔门特（Hernando Bustamente），理发师

- ⊙ 若昂齐托·卡瓦略（Joaozito Carvalho），船上侍者
- ⊙ 马丁·德·麦哲伦（Martin de Magalhaes），临时雇员

维多利亚号（Victoria）

- ⊙ 路易斯·德·缅多萨（Luis de Mendoza），船长
- ⊙ 瓦斯科·戈麦斯·加耶戈（Vasco Gomes Gallego），领航员
- ⊙ 安东尼奥·萨拉蒙（Antonio Salamon），船主
- ⊙ 米盖尔·德·罗达斯（Miguel de Rodas），大副

圣地亚哥号（Santiago）

- ⊙ 胡安·罗德里格兹·塞拉诺（Juan Rodriguez Serrano），船长
- ⊙ 巴尔塔萨·帕亚（Baltasar Palla），船主
- ⊙ 巴托洛梅·普里耶（Bartolome Prieur），大副

麦哲伦环球航行大事年表

Over the Edge of the World

1519 年

- 8 月 10 日——麦哲伦率领摩鹿加舰队五艘帆船离开塞维利亚。
- 9 月 20 日——舰队离开圣卢卡 - 德 - 巴拉梅达,前往香料群岛。
- 12 月中旬——造访巴西里约热内卢。

1520 年

- 2 月 3 日——麦哲伦继续向南航行,寻找海峡。
- 4 月——麦哲伦镇压了圣胡利安港叛乱。
- 8 月 24 日——舰队起航;"圣地亚哥号"在暴风雨中沉没;舰队剩下 4 艘帆船。
- 10 月 21 日——麦哲伦发现了海峡,并开始穿越海峡。
- 11 月——"圣安东尼奥号"发生叛乱,返回西班牙。
- 11 月底——麦哲伦率领剩余 3 艘帆船进入太平洋。

1521 年

- 3 月 6 日——经过 98 天航行之后,麦哲伦发现了关岛。
- 4 月 7 日——麦哲伦到达菲律宾群岛中的宿务岛。

- 4月27日——麦哲伦在麦克坦岛的流血冲突中阵亡。
- 5月21日——"圣安东尼奥号"抵达塞维利亚。
- 5月——"康塞普西翁号"被焚毁,舰队剩余两艘帆船继续航行。
- 11月——舰队抵达香料群岛,发现了德那地岛和蒂多雷岛。
- 12月21日——"维多利亚号"离开蒂多雷岛;"特立尼达号"留下维修,后被葡萄牙人俘获。

1522年

- 9月6日——"维多利亚号"返回圣卢卡-德-巴拉梅达,舰队原有的260名船员此时只剩下18人。
- 9月8日——在巴斯克籍船员胡安·塞巴斯蒂安·埃尔卡诺的率领下,"维多利亚号"进入塞维利亚。

关于日期的说明

本书的日期为儒略历（Julian calendar）。该历法从尤利乌斯·恺撒时代开始推行，经修改后被世界各地的基督教会采用，包括西班牙教会。

1582年，也就是麦哲伦结束环球航行60年后，西班牙、法国和欧洲的其他国家转而采用公历（Gregorian calendar）。该历法由梵蒂冈教皇格里高利十三世（Pope Gregory 13）颁布施行，旨在纠正儒略历中逐渐增加的日期误差。由于新教徒国家反对更改历法，整个欧洲历经两百多年才完成新旧历法的转变。为了纠正错误，新历法在旧历法的基础上加了10天，所以儒略历的1582年10月5日变成了公历的1582年10月15日。

除了历法发生变化，麦哲伦环球航行还发生了一些前所未有的问题。探险队的编年史官安东尼奥·皮加费塔和弗朗西斯科·阿尔沃记录的各种事件在时间上相差一天。这种差异也许是因为他们二人在计算日期时使用了不同的方式。阿尔沃身兼领航员一职，他按照航海日志的记录方式，以正午而非子夜作为一天的开始。皮加费塔则在日志中使用了一种非航海参照系的记录方式。也就是说，同一事件，两人记录的时间可能会相差一天。

在麦哲伦环球航行之前,"国际日期变更线"这个概念还未诞生(如今,这条变更线从太平洋关岛向西延伸)。当阿尔沃和皮加费塔即将完成环球航行时,他们才发现自己计算时间的方式是错误的,实际用时比他们想象中多了一天。

计量单位换算

1 埃尔 ≈ 45 英寸 = 114 厘米

1 磅 = 0.453 千克

1 巴哈尔（丁香粉）= 406 磅 ≈ 184.32 千克

1 布拉扎（布）= 5.5 英尺 ≈ 1.68 米

1 公担 = 100 磅 ≈ 45.4 千克

1 节 = 1.825 千米／时

1 卡蒂 = 1.75 磅 ≈ 0.795 千克

1 里格 ≈ 5500 米

1 码 = 0.9144 米

1 马勒威迪 = 12 美分

1 平方英里 = 2.59 平方千米

1 品脱 = 0.4732 升

1 英尺 = 0.3048 米

1 英里 = 1.609 千米

1 英寻 = 6 英尺 ≈ 1.83 米

1 西里 = 4 英里 ≈ 6.436 千米

1 掌尺 = 20 厘米

一艘越过教皇子午线的帆船,如何顶着狂风暴雨抵达南极附近的严寒地带?又如何从那里前往太平洋热带地区?船上的水手经历了哪些奇怪的际遇?这些原本上不了岸的水手又是如何回到祖国的?

——塞缪尔·泰勒·柯尔律治(Samuel Taylor Coleridge)
《古舟子咏》(*The Rime of the Ancient Mariner*)

前 言
Over the Edge of the World

诡异的幽灵

噢！美梦成真！眼前出现的，
果真是那熟悉的灯塔？
那熟悉的山丘？那熟悉的教堂？
我真的回到了家乡？

1522年9月6日，一艘破旧不堪的帆船出现在西班牙圣卢卡·德·巴拉梅达（Sanlucar de Barrameda）港口附近的地平线上。

当这艘船驶近港口时，那些聚在岸边看热闹的人注意到船上破烂的风帆在风中轻轻摇摆，船上的索具残破不堪，船体在阳光的直射下褪去了颜色，船舷在暴风雨的肆虐下布满了小孔。一艘小型领航船受命去引导这艘奇怪的帆船穿过暗礁，驶进港口。待领航船靠近这艘帆船时，船员们惊讶地发现，等待他们领入港口的帆船由18名水手和3名囚徒操控。

船上所有人均由于严重营养不良而骨瘦如柴，绝大多数人没力气走路甚至开口说话。他们舌头浮肿，皮下长满了黄水疮。这艘帆船的船长、官员、水手长和领航员都死了，剩下的船员也都奄奄一息。

领航船带领这艘名为"维多利亚号"的帆船缓缓穿过港口周围的暗礁，沿着蜿蜒曲折的瓜达尔基维尔河进入塞维利亚市。三年前，"维多利亚号"就是从那里起航的。从那时起，没人知道它经历了什么。而在那些远眺地平线、准备扬帆远航的人看来，它的出现足以令他们震惊。

"维多利亚号"充满了神秘色彩，它从无名岛屿归来，船上每一名骨瘦如柴的船员心中都藏着不为人知的秘密。虽然经历了无数艰难险阻，船员人数锐减，但"维多利亚号"还是实现了前人未完成的壮举。它从欧洲出发，一路向西航行，到达遥远的东方。然后继续西行，首次实现了环球航行这一人类自古以来就拥有的梦想。

三年前，"维多利亚号"隶属于一支探险舰队。该舰队由5艘帆船、260多名船员组成，受斐迪南·麦哲伦（下文简称麦哲伦）指挥。麦哲伦出身于葡萄牙名门望族，早年做过领航员，后来离开葡萄牙，通过海上航行为西班牙王室探寻未知世界，开疆拓土。他所领导的探险队是地理大发现时代规模最大、装备最精良的船队之一。

现在，这支探险队只剩下"维多利亚号"这艘"幽灵船"和几名饱受摧残的船员，200多名船员死于航行途中。他们大多数死得很痛苦，有些船员死于败血症，有些船员被酷刑折磨而死，还有一些人是被淹死的。舰队总指挥麦哲伦死得更惨，他被原住民野蛮杀害。"维多利亚号"并非一艘胜利之船，而是一艘充满了忧伤和痛苦的帆船。

"维多利亚号"上的寥寥几名幸存者给我们讲述了一个极不寻常的故事。这是一个关于船员们如何谋划实施叛乱，如何在遥远的海岸纵情享乐以及环球探索的故事。此次环球航行改变了人类历史进程和我们认知世界的方式。在地理大发现时代，许多探险活动以失败告终且很快被世人遗忘。尽管这次探险活动也遭遇不测,但它最终成为历史上最重要的一次海上航行。

这次环球航行永远改变了西方世界对宇宙学[①]和地理学的看法。它不仅证明了地球是圆的,证明了美洲不是印度的一部分而是一个独立的大洲,还证实了地球大部分表面被海洋覆盖。

除此以外,麦哲伦环球航行最终证明我们活在同一个世界,也证实这个世界充满持续不断的自然冲突和人为冲突。这些发现是船员们承受了无数苦难甚至付出了生命代价才获得的。探险队出发的时候,没人料到代价会这么大。他们经历了一场探索人类灵魂最深处的旅行,幸运的是,他们在探索世界尽头的壮举中活了下来。

[①] 宇宙学:专门研究宇宙以及地球在宇宙中所处位置的学科。——译者注(下文若无特殊说明均为译者注)

目 录
Over the Edge of the World

第一卷 寻找帝国的边界

第1章 探索东方世界　　　　　　　2
世界分界线的诞生　　　　　　　3
堪比石油的香料　　　　　　　7
航海家的豪赌　　　　　　　14

第2章 无国之人麦哲伦　　　　　　36
来自西葡两国的敌意　　　　　　37
环球航行将不了了之？　　　　　46
临行前的遗嘱　　　　　　　60

第3章 无敌舰队开航　　　　　　　64
地理大发现之前的"地理"　　　　　65
随身携带的《马可·波罗游记》　　　75
"道听途说君"的终结者　　　　　　77

第 4 章 "无法无天者的教堂"　　　　　　87
　　纵欲新世界　　　　　　　　　　　　88
　　船上社会　　　　　　　　　　　　 102
　　寻找传说中的海峡　　　　　　　　 113

第二卷　世界的边缘

第 5 章 领导力的严酷考验　　　　　　124
　　圣胡利安港上的谋杀与叛乱　　　　125
　　麦哲伦反败为胜　　　　　　　　　135
　　海上探险的终极武器　　　　　　　142

第 6 章 海上暴风雨与陆上食人族　　　151
　　"圣地哥亚号"沉没　　　　　　　 152
　　巴塔哥尼亚巨人　　　　　　　　　157

第 7 章 超越哥伦布的壮举：穿越麦哲伦海峡　168
　　魔力海峡：捷径还是迷宫？　　　　170
　　"圣安东尼奥号"失踪　　　　　　 181
　　航向最大洋　　　　　　　　　　　190

第 8 章 与死亡赛跑　　　　　　　　　199
　　横渡太平洋　　　　　　　　　　　200
　　在苦难与希望中漂流 98 天，重见陆地　208

第 9 章　消逝的帝国　　217
　　麦哲伦烧杀抢掠"盗贼之岛"　　218
　　菲律宾"史前史"：与中国的海上外交与贸易　　227
　　麦哲伦的国王盟友　　234

第 10 章　最后一战　　252
　　洗礼与性　　253
　　探险家成为传教士　　262
　　麦哲伦之死　　269

第三卷　死里逃生

第 11 章　叛乱者之船　　286
　　宿务岛大屠杀　　287
　　造反派的洗白　　293

第 12 章　幸存者再次启航　　310
　　游荡于迷宫般的群岛间　　312
　　文莱历险　　318
　　叩响香料群岛的大门　　333

第 13 章　改变东西方各国命运的香料　　341
　　罪恶之源——丁香　　342

从葡萄牙倒戈的属国	349
满载香料的"特立尼达号"搁浅	363

第 14 章　幽灵船踏上万里归途　　369
神秘国度	370
葡萄牙舰队杀到	377
回家的"鬼魂"	391

第 15 章　后麦哲伦时代　　398
统治者与生还者	400
争霸香料群岛	412

麦哲伦之死的另一种版本	419
劳伦斯·贝尔格林访谈录	423
鸣　谢	427
参考文献	433

第一卷

寻找帝国的边界

第1章
探索东方世界

> 他用枯瘦的手把他抓住，
> "曾经有一艘船……"他说道。
> "滚开！放手，你这老疯子！"
> 他立刻撒开了手。

　　1494年6月7日，教皇亚历山大六世将世界一分为二，把西方给了西班牙，把东方给了葡萄牙。

　　亚历山大六世本名罗德里哥·迪波吉亚（Rodrigo de Borja），出生在西班牙瓦伦西亚①。假如教皇不是西班牙人，或许历史会被改写。亚历山大六世曾是一名受过正规训练的律师。后来，他的舅舅阿方索·德·博尔吉亚（Alfonso de Borja）成为教皇加里斯都三世②，他便改姓为博尔吉亚。

　　亚历山大六世的族谱表明他是一个相当世俗的教宗。他曾是欧洲最富有和最具野心之人，后来拥有很多情妇和私生子，并将自己的精力和能力都消耗在情欲上。为了满足西班牙"天主教双王"斐迪南国王（King Ferdinand）和伊莎贝拉女王（Queen Isabella）对于瓜分世界的野心，亚历山大六世频频滥用职权。

---

① 瓦伦西亚（Valencia），最初是一个由古希腊人所建的小村落。公元前138年被罗马人占领，更名为"瓦伦西亚"城，并一直沿用至今。
② 加里斯都三世，历史上第一位西班牙籍教皇，出身意大利文艺复兴时期著名的博尔吉亚家族。在位时间为1455—1458年，任内曾为圣女贞德平反。

1492年，来自热那亚的航海家克里斯托弗·哥伦布（Christopher Columbus）为西班牙找到了一片新大陆。为了争夺这块新大陆的所有权，"天主教双王"一边设立了专门清洗犹太人和摩尔人的宗教裁判所，一边对教廷施压。"天主教双王"希望教皇站在他们这边，保护西班牙的既得利益。从当时的形势看，完全有理由相信罗马教廷会做出对他们有利的判决。

与此同时，一直与西班牙争夺世界贸易控制权的葡萄牙同样想争取这块新大陆的所有权，英格兰和法国也想从中分一杯羹。

世界分界线的诞生

斐迪南和伊莎贝拉恳求教皇亚历山大六世将新大陆的所有权赋予西班牙。作为回应，亚历山大六世颁布教皇诏书，用一条在西班牙和葡萄牙领土之间的分界线将世界划成两半。这条分界线从北极延伸到南极，位于当时鲜为人知的佛得角群岛以西100里格（1里格≈4英里，下同），在离北非海岸线不远的大西洋上。

1460年，热那亚航海家安东尼奥（Antonio）和巴托洛梅奥·达·诺利（Bartolomeo da Noli）在葡萄牙的资助下发现了佛得角。从那时起，佛得角群岛一直充当着葡萄牙奴隶贸易的前哨站。教皇诏书将分界以西的世界划给了西班牙，分界以东的土地归葡萄牙所有。

诏书还规定：假如西班牙或葡萄牙碰巧发现了一片由基督教统治者管辖的土地，那么两者都不能占有这块土地。然而，这一规定不但没有解决葡萄牙和西班牙之间的争端，反而激化了两国之间的矛盾。一方面它们争相挪动分界线，为自己争取最大利益；另一方面，它们为了争夺新大陆和控制世界贸易路线展开激烈的竞争。两国一

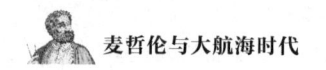

直为分界线的位置争吵不休。最终，双方决定派出外交官，在位于西班牙西北部的小镇托尔德西里亚斯会面，商定一个折中方案。

在托尔德西里亚斯，西班牙和葡萄牙的代表同意遵守教皇划分世界的构思，毕竟该构思看似同时保护了两国利益。与此同时，葡萄牙代表劝说西班牙代表将分界线向西移动270里格，也就是说，新的分界线①位于佛得角群岛以西370里格。按照现在的计算方式，它的位置大约在西经46度30分。

这条新的分界线在大西洋中间，大约在佛得角群岛和位于加勒比海的伊斯帕尼奥拉岛②之间，它给了葡萄牙人充分的空间，让他们能够从水路进入非洲大陆。更重要的是，它让葡萄牙人得以占领新探寻到的巴西土地。但是两国关于分界线的争议拖延数年之久，因两国位置而对帝国提出的索偿要求也持续了多年。

1503年，教皇亚历山大六世去世。1506年，教皇尤利乌斯二世继位后同意两国分界线的变更方案，《托尔德西里亚斯条约》（*Treaty of Tordesillas*）终于落地。这份条约是无数次妥协的结果，它所产生的问题远超它解决的问题。分界线的位置根本无法确定，因为当时的宇宙学家并不知道如何划定经度。即便是200年后，他们也对这个问题束手无策。还有一个更为复杂的问题，即该条约并没有明确规定这条分界线是划分整个地球还是仅把西半球一分为二。

当时人们对海洋和陆地的地理位置知之甚少，纵然人们相信地球真的是圆的，自然科学界和人文科学界也已同意这一观点，但是1494年的世界地图与我们今天所了解的地球大相径庭。他们将地理学与神话混为一谈，不仅对真实存在的大陆视而不见，而且大肆宣扬虚

---

① 新的分界线即教皇子午线。1494年，在罗马教皇亚历山大六世仲裁下，西班牙和葡萄牙瓜分殖民地的分界线。
② 伊斯帕尼奥拉岛（Hispaniola），即海地岛，是加勒比海的第二大岛，仅次于古巴。

幻的大陆，他们绘制的世界地图也与实际严重不符。

在哥白尼之前，世人普遍认为地球是宇宙的中心，包括太阳在内的其他圆形星球都在固定轨道围绕地球做圆周运动。如果把这些轨道想象成一个鸟窝，地球就位于这个鸟窝的正中央。即便是最精细的地图，也让当时宇宙学的局限性显露无遗。

在地理大发现时代，宇宙学属于专业学术领域，它侧重描述世界的形象，不仅要研究海洋和陆地，还要研究地球在宇宙中的位置。宇宙学家在大学里拥有崇高的地位，深受欧洲王室器重。

尽管许多宇宙学家都是技艺高超的数学家，但他们通常只专注于被认为是天文学分支的占星术，因此他们得到了那些既缺乏安全感又想在乱世寻求慰藉的统治者的青睐。然而这门学科的变化速度超出宇宙学家的预期。

整个16世纪，尽管新发现已经推翻长久以来的假设，但宇宙学依旧以古希腊和古埃及的数学家、天文学家的运算方式和理论为基础。宇宙学家不仅不承认真正意义上的科技革命已近在眼前，而且企图用修改和歪曲主题的方式应对这项挑战，尤其是歪曲经典宇宙学体系，该体系由希腊裔埃及人、天文学家兼数学家克罗狄斯·托勒密①于公元2世纪创立。托勒密曾做过大量的数学和天文学运算，但他的研究成果在随后的十几个世纪里都没得到重视。1410年，这些汇编资料重见天日。

中世纪，人们对世界的认识是以他们对《圣经》的字面理解为基础，这种理解通常带有某种神奇色彩。经典学说的复苏彻底将中世纪的观点晾在一边。尽管托勒密的数学计算方法比僧侣们对宇宙的幻想复杂了许多，但他对地球的描述依然与事实存在巨大差距。

---

① 克罗狄斯·托勒密，罗马帝国统治下的著名的天文学家、地理学家、占星学家和光学家。"地心说"的集大成者，著有《天文学大成》《地理学》《天文集》《光学》。

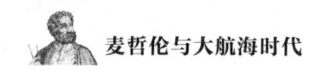

欧洲宇宙学家仿照托勒密的做法，他们没有在地图上画出覆盖地球表面三分之一的太平洋，同时根据一些传说和谣言画出不完整的美洲大陆。托勒密这一不经意的疏忽反而激励了后人勇于探险，因为他笔下的世界看起来比实际更小，更适合航行。假如他准确预测了地球的大小，那么地理大发现时代也许不会到来。

在这混乱的局面下，两种地图应运而生：一种是船舶领航员凭借实际观测绘制的"波多兰"航海图，这种图简单而精确；另一种是宇宙学家绘制得较为精细的地图。

航海图只显示如何从一个点航行到另一个点，宇宙学家则试图将整个宇宙都涵盖在图表中。宇宙学家主要靠数学计算描绘地图，领航员则依赖经验和观察。领航员的航海图上有港口和海岸线，而宇宙学家的世界地图充满了虚无缥缈的推测，对实际航行毫无用处。

总之，这两种地图都无法将《托尔德西里亚斯条约》的条款很好地应用于真实世界。有人认为领航员应该与宇宙学家密切合作，实际情况并非如此。

领航员是船主雇来的打工者，社会地位较低，很多领航员是文盲，他们依靠简单的航海图以及自己对风向和洋流的判断航行，那些地图中描述的海岸线和港口都是他们熟悉的。

宇宙学家看不起领航员，称其为"粗鲁之人"，认为他们"见识短浅"。在海上风里来雨里去的领航员则将宇宙学家视为不切实际的空想家。事实上，海上探险家要同时拥有两项技能，他们既要有宇宙学家的灵感，也要具备领航员的执行力。

虽然《托尔德西里亚斯条约》挑战了原有的宇宙方法论，但它终究是以错误假设为前提的，注定要土崩瓦解。在对世界产生巨大误解的基础上，西班牙和葡萄牙竞相建立自己的全球帝国，因为《托尔德西里亚斯条约》划分的不仅是全世界的陆地，还有海洋。

堪比石油的香料

有了《托尔德西里亚斯条约》壮胆，斐迪南国王和伊莎贝拉女王开始想方设法地开拓教皇分给西班牙的那部分领土，但结果不尽如人意。克里斯托弗·哥伦布数次远航前往新大陆，试图找到一条通往东印度群岛的水路，均以失败告终。

哥伦布之后，卡洛斯一世国王再度谋求创建一个全球化的西班牙帝国。他和顾问们意识到，东印度群岛可以为西班牙提供无价的商品，其中最珍贵的莫过于各类香料。

自古以来，香料在人类文明的进程中发挥着重要的经济作用，其重要性不亚于如今的石油。欧洲对香料的需求驱动了世界经济的发展并影响全球政治，而且香料与探险、征服和帝国主义之间有着千丝万缕的关系，就像现在的石油一样。当然，香料本就具有独特的魅力和气质，比如一提起白胡椒、黑胡椒、没药、乳香、肉豆蔻、肉桂、桂皮、肉豆蔻干皮和丁香，人们就会联想到神秘的东方和那里的各种奇观。

阿拉伯商人经由横跨亚欧大陆的陆路贩卖香料，他们隐瞒肉桂、胡椒、丁香和肉豆蔻的原产地，坐地起价，攫取大量财富。这些商人坚称香料来自非洲，从而稳固自己在该行业的垄断地位。

事实上，他们贩卖的香料产自印度和中国，尤其是东南亚国家。渐渐地，欧洲人开始相信香料来自非洲，其实那里只是阿拉伯商人做转手贸易的地方。

为了维护垄断地位，阿拉伯香料商人还炮制了其他稀奇古怪的说法来掩盖平淡无奇的香料采收过程，让人觉得香料得来不易且充满危险。

香料贸易在阿拉伯人的生活中占据重要地位。伊斯兰教先知穆穆罕默德（Muḥammad）的祖先就以贩卖香料为生，在麦加①(Mecca)从事药品、乳香及其他香料的贸易。阿拉伯人发明了很多先进的、用香料提取精油的方法，这种精油可以用来制药和治疗疾病。他们还用香料炼制丹药和糖浆，包括药草饮料，美国人常喝的冰镇薄荷酒就是由此演变而来。

中世纪，关于香料的知识从阿拉伯传遍整个西欧，欧洲的药剂师用丁香、胡椒、肉豆蔻和肉豆蔻干皮制作药物配料，大肆发展药品贸易。虽然当时的欧洲对黄金如饥似渴，但在大部分欧洲人眼中，香料比黄金更重要，它一跃成为欧洲经济的重要组成部分。香料对欧洲经济至关重要，由于欧洲气候不适宜种植这些异国香料，所以欧洲人仍然要靠阿拉伯商人供应香料。

16世纪的伊比利亚半岛尚处于"小冰河时期"（Little Ice Age），气温远低于现在，而且十分干燥，根本不适合种植肉桂、丁香和胡椒等作物。据说曾经有位商人想在欧洲种植香料，印度尼西亚的一名统治者告诉他："你可以带走我们的植物，却带不走我们的雨水。"

在传统贸易体制下，香料、锦缎、钻石、鸦片、珍珠以及来自亚洲的其他货物要很长时间才能运到欧洲且运费高昂，需要辗转陆路和海路，横跨整个中国，途经印度洋、中东和波斯湾，最后抵达欧洲。通常欧洲商人会在意大利或法国南部接收货物，然后走陆路抵达目的地。一路上，香料要转手12次，每次转手都会使其价格飙升。不可否认，香料是当时最赚钱的经济作物。

1453年，土耳其人攻陷君士坦丁堡②，切断了亚欧之间历史悠久的陆路香料贸易通道，全球香料贸易也随之发生剧变。欧洲国家只

---

① 麦加，沙特阿拉伯城市，是伊斯兰教的圣地。
② 现称伊斯坦布尔。公元前658年始建于金角湾与马尔马拉海之间的地岬上，名为拜占庭；公元330年改建为东罗马帝国首都，改名君士坦丁堡；1453年成为奥斯曼帝国首都。

能通过海上通道开展香料贸易，这为那些掌握制海权的欧洲国家创造了发展经济的机会。对于那些愿意承担风险的国家而言，进行海上香料贸易以及掌控全球经济命脉带来的效益令人难以抗拒。

香料的魅力驱使向来冷静和谨慎的金融家资助船队去探索未知世界，虽然探险活动风险极高，但许多年轻人依然愿意投身其中。

在西班牙，人们冒险出海的普遍理由就是希望找到香料群岛，发家致富，这可能也是他们敢于冒险的唯一理由。假如一名水手耗费人生数年光阴前往香料群岛，然后以合法或非法手段带回一小袋类似丁香和肉豆蔻的香料，那么卖香料的钱不仅足够他买一幢小房子，还可以让他安稳度过余生。在地理大发现时代，船长得到的财富远远超过普通水手所得。船长名利双收，还能获得世袭爵位和海外领地。

葡萄牙是第一个进行海上香料贸易的国家，它也因此成为一个全球性帝国。早在1419年，葡萄牙就开始了对香料的探索。若昂一世①的第三子亨利王子②（Prince Henry）和王妃菲莉帕（Philippa）在位于葡萄牙西南角的萨格里什建造了一座皇宫，那里本是荒无人烟的岩石地带。

有"航海家"之称的亨利王子很少亲自出海，他总是激励其他人去征服大海。当时葡萄牙船队面临巨大障碍，这些障碍隐藏在无知和迷信之下，只有非常自信、技术极其高超的水手才敢冒险进入被称为"大洋"的大西洋。亨利王子参过军，抗击过阿拉伯人。他

---

① 葡萄牙阿维什王朝的建立者，被称为"若昂大帝"。他在位时期，葡萄牙确立了向海上发展的国策，并为大航海时代的到来吹响了前奏的号角。
② 亨利王子，全名唐·阿方索·恩里克，维塞乌公爵（O Infante Dom Henrique Duque de Viseu），是葡萄牙亲王、航海家，因设立航海学校、奖励航海事业而被称为"航海者"。在他的支持下，葡萄牙船队在非洲西海岸至几内亚一带，掠取黄金和象牙，抓捕黑奴，并先后占领马德拉群岛等。

视阿拉伯人为死敌，立志要将其赶出伊比利亚半岛和北非。与此同时，他从死敌那里学到了很多东西，比如阿拉伯商队的贸易路线、科学知识和地图制作技术，最重要的是他们的航海技术。

亨利王子初到萨格里什的时候，欧洲人对位于北纬 27 度的西非博哈多尔角①以外的海洋知之甚少。他们认为博哈多尔角以南的海域暗藏很多危险：海水中的海怪，难以预测的狂风暴雨，还有海面上无处不在的浓雾，这些危险让船只难以航行。对此，亨利王子给出一个大胆的答案："越危险的地方，回报越大。"

为了实现自己的目标，亨利王子招募了大批航海家、造船工、天文学家、领航员、宇宙学家和制图员来到萨格里什的航海学校。他们当中既有基督教徒，也有犹太教徒。在亨利王子的领导下，这些人本着探索世界的精神密切合作。他们设计出一种新型快船，船身小，易操控，以斜挂的大三角帆而著称（这种帆也被称为"拉丁帆"），其设计灵感来自阿拉伯帆船。

在此之前，欧洲的帆船（比如桨帆船）以桨手或固定帆为动力。而亨利团队发明的轻型快船吃水浅，船帆可灵活调整，既可以根据风向设定路线，又可以抢风调向，即根据风向的变化改变航向，以"Z"字形路线逆风朝目标前进。鉴于船帆的机动性和船只本身的适航性，轻型快船很快成为海上探险的首选船舶。即便如此，海洋还是充满了危险。

亨利王子在 12 年时间里至少派出 14 支探险队前往博哈多尔角，均以失败告终。他鼓动一位名叫吉尔·埃阿尼什（Gil Eannes）的葡萄牙探险家再尝试一次。

1434 年，埃阿尼什终于完成了这个不可能完成的任务，他驾着

---

① 博哈多尔角（Cape Bojador），非洲西海岸延入大西洋的海角，现也为西撒哈拉一城镇的名字。

帆船顺利驶过博哈多尔角。次年，埃阿尼什与阿方索·贡萨尔维斯·巴尔达亚（Alfonso Goncalves Baldaya）重返博哈多尔角。驶过博哈多尔角50里格后，他们发现了一处大海湾，遇到一支由商人和骆驼组成的商队。巴尔达亚继续向南航行，途中收集了数千张海豹皮，这是葡萄牙商船从非洲运回欧洲的首批商品。在后续航行中，他们还带回了黄金、兽皮、象牙和奴隶。

亨利王子命令他所资助的船长记录潮汐、洋流和风向等信息并绘制精确的航海图，将沿途海岸线在地图中标注出来。经过一次又一次的航行，这些航海图加深了葡萄牙人对海洋和伊比利亚半岛①以外的世界的了解。

葡萄牙因带领欧洲走进地理大发现时代而声名远扬，但葡萄牙的历代君王却时常让他们英勇的水手们失望。1488年，若昂二世②统治期间，巴尔托洛梅乌·迪亚斯③（Bartolomeu Dias）到达非洲最南端，绕过如今的好望角，这次航行为葡萄牙的贸易和征服世界创造了新机遇。返回葡萄牙后，迪亚斯想邀功请赏，结果一无所获。

十年后，即1498年，国王曼努埃尔一世（King Manuel I）继位，瓦斯科·达伽马（Vasco da Gama）重走迪亚斯的线路。他绕过非洲最南端，来到东南沿海的莫桑比克，先在那里补充给养，然后继续向东航行，开辟了一条通往印度的远洋航线。后来，达伽马被葡萄牙王室任命为印度总督，曼努埃尔国王则自封为"几内亚领主，埃

---

① 伊比利亚半岛，位于欧洲西南角，东部、东南部临地中海，西边是大西洋，北临比斯开湾，是欧洲第二大半岛，南欧三大半岛之一（与意大利等国所在的亚平宁半岛、希腊等国所在的巴尔干半岛并称为南欧三大半岛）。
② 若昂二世（1455—1495），葡萄牙阿维什王朝君主，大航海时代的开创者，非洲的阿方索五世之子。在位期间，他大力支持开辟通向印度的新航路。
③ 巴尔托洛梅乌·迪亚斯，葡萄牙著名航海家，于1488年春天最早探险至非洲最南端好望角的莫塞尔湾，为后来另一位葡萄牙航海探险家瓦斯科·达伽马开辟通往印度的新航线奠定了坚实的基础。

塞俄比亚、阿拉伯半岛、波斯和印度航海与商业贸易之主"，这一切都要归功于达伽马。欧洲其他国家的君主将曼努埃尔蔑称为"杂货店国王"，达伽马也逐渐意识到自己在这个国家得不到相应的回报。

不久之后，达伽马和其他探险家一样开始疏远这位自负的国王。对于那些为了推动葡萄牙帝国事业而甘愿冒生命危险的人，曼努埃尔国王总是表现得漠不关心，因为他一直担心葡萄牙内部会出现竞争对手。从1495年登基起，来自东印度群岛的财富便源源不断地流入葡萄牙王室的金库，曼努埃尔国王在商业上取得了巨大成就，这一切本应归功于达伽马和其他探险家的英勇壮举，国王却将这些功劳据为己有。

曼努埃尔国王不是探险家，除了商业利益，他并没有意识到手下探险家为葡萄牙帝国做出了怎样的贡献。曼努埃尔国王从未亲自出海冒险，他一直留在王宫，一边忠实于自己的妻子和教会，一边专心处理葡萄牙的国内事务。曼努埃尔制定了针对犹太裔葡萄牙人的严苛政策。这些犹太人中有科学家、工匠、商人，也有学者、医生和宇宙学家。

1496年，曼努埃尔国王想娶斐迪南和伊莎贝拉的女儿为妻。斐迪南夫妇告诉他，只有像四年前的西班牙那样驱逐犹太人，"净化"葡萄牙，他才能得偿所愿。然而，曼努埃尔并没有放弃在国家建设中担任重要角色的犹太族群，而是鼓励犹太教与基督教对话。当然，在很多情况下，这种对话都是强制性的。

作为"新基督教徒"（这个称呼简直是自欺欺人），犹太裔葡萄牙人继续在政府担任高级职务并享受王室给予的贸易优惠政策，尤其是在巴西。尽管葡萄牙人与犹太人相处得还算融洽，但葡萄牙国内的反犹太主义暗流涌动，最终引发了1506年的里斯本犹太人大屠杀事件。曼努埃尔处置了此事件的罪魁祸首，但敌对情绪依旧阴魂不散,许多犹太人因此离开葡萄牙,移居荷兰。在这种混乱的局面下,葡萄牙依旧野心勃勃地想与阿拉伯人争夺香料贸易的控制权并继续探索香料群岛。为了实现这个目标,勇敢而鲁莽的航海家们主动向曼努埃尔国王请缨,请求国王出资支持他们去探索充满异域风情却又危机四伏的新世界。

绝大多数航海家碰壁而归,因为葡萄牙宫廷是一个充满尔虞我诈、钩心斗角的是非之地。最后只剩下个别航海家坚持不懈地请求曼努埃尔国王支持他们。其中有一位没落贵族尤为突出,他就是麦哲伦。麦哲伦长期在葡萄牙帝国的非洲殖民地工作,命运多舛。

根据历史记载,麦哲伦出生于1480年,老家在萨布罗萨的偏远山区,家里有农庄豪宅。他的童年是在葡萄牙西北地区度过的,那里可以看到大西洋的汹涌波涛。他的父亲罗德里戈·德·麦哲伦(Rodrigo de Magalhaes)将家族的血缘关系追溯到11世纪一名法国的十字军战士德·麦哲伦(De Magalhaes)身上。德·麦哲伦战功显赫,从勃艮第公爵那里分封得了一大片土地。到了罗德里戈这辈,麦哲伦家族逐渐没落。移居葡萄牙后,罗德里戈在阿威罗港口谋得一份治安官的工作。

人们对麦哲伦的母亲阿尔达·德·梅斯基塔(Alda de Mesquita)知之甚少,坊间流传着很多有趣的猜测。"梅斯基塔"在葡萄牙语中的含义是"清真寺",该姓氏在葡萄牙秘密犹太人[①]中极为常见,他们用这个姓氏来掩盖犹太人身份。阿尔达的祖先有可能是犹太人。如果真是这样的话,根据犹太人法律,麦哲伦也是犹太人。然而麦哲伦家族认为他们是基督徒,麦哲伦一直自诩虔诚的基督徒,从未有过其他想法。

---

① 秘密犹太人,指在西班牙宗教法庭的压力下公开宣布放弃犹太教、接受基督教的犹太人。

关于麦哲伦的家世，只有上述基本信息可以追溯。即便如此，麦哲伦的血统依旧成疑。

1567 年，他的后嗣开始为了争夺遗产而闹得不可开交，有人质疑麦哲伦在家谱中究竟属于哪个分支。追溯麦哲伦家世的难点来自葡萄牙家谱学的特点。比如 18 世纪之前，葡萄牙的男性通常会继承父亲的姓氏，女性既可能采用父亲的姓氏，也可能采用母亲或圣人的姓氏。有些小孩还会继承外祖父、母亲或其他家族的姓氏，例如：麦哲伦的哥哥迪奥戈（Diogo）就是继承了他祖母的姓氏"德·索萨"(de Sousa)。这种无规律的取名方式让我们很难确定麦哲伦究竟属于麦哲伦家族的哪个分支。

航海家的豪赌

12 岁这年，麦哲伦和他哥哥迪奥戈一起来到里斯本，成为皇家宫廷的见习骑士。麦哲伦充分享受了当时葡萄牙最先进的教育资源，不仅学习了诸如宗教、写作、音乐、舞蹈、马术和搏击等多门学科，还学习了代数、几何、天文学和航海学（这几门学科得益于"航海家"亨利王子的大力推广）。

成年后，麦哲伦在宫廷听说了很多关于葡萄牙人和西班牙人探索东印度群岛的事迹，也知晓了葡萄牙探索海洋的内情。他还参与过葡萄牙舰队远征印度的筹备工作，在此过程中对粮食给养、帆具和武器的筹备等环节了如指掌。

麦哲伦似乎注定要成为一名船长。1495 年，若昂二世国王突然去世，他支持的派系没有获得王位继承权。继任者曼努埃尔国王并不信任年轻的麦哲伦，毕竟麦哲伦与他的政敌过从甚密，这使得原本迅速崛起的见习骑士麦哲伦仕途受阻。尽管他在宫廷中的地位没有改变，但领导一支大规模探险队为葡萄牙开疆拓土的愿望似乎要落空了。

麦哲伦和迪奥戈两兄弟在宫廷隐忍服务了10年，终于在1505年接到任务：加入一支由22艘帆船组成的庞大舰队，这支远赴印度的舰队由弗朗西斯科·德·阿尔梅达（Francisco de Almeida）指挥。接下来的8年时间里，麦哲伦奔波于各个贸易港口之间，参与了多次战斗，为葡萄牙在印度建立永久根据地而卖命。他身上多处负伤，撇开其他不谈，他至少学会了如何在险恶的环境中生存。

这是麦哲伦海外历险事业的第一个阶段。在这个时期，麦哲伦展现出惊人的勇气和韧性，事实证明这番冒险有得亦有失。他把绝大部分财产投资给一名商人做生意，可是这名商人不久之后就死了，生意陷入混乱，麦哲伦的资产也打了水漂。他请求曼努埃尔国王给予补偿，但国王拒绝了这项请求。尽管此时的麦哲伦已经在海外为葡萄牙王室打拼多年，出生入死，负伤无数次，但与王室的关系跟他离开时相差无几。

回到里斯本后，麦哲伦雄心勃勃地开始职业生涯的新阶段。为了让自己成为对王室有用之人，他参与了葡萄牙统治北非的战事。1513年，麦哲伦似乎找到一个向王室表示忠诚和展现自身可利用价值的机会。这一年，摩洛哥城邦阿扎莫尔（Azamor）突然拒绝向葡萄牙每年交纳贡金。

与此同时，摩洛哥总督穆雷·扎亚姆（Muley Zayam）派出一支装备精良的强大军队保卫这座城市。面对摩洛哥人的挑衅，曼努埃尔国王派出葡萄牙有史以来规模最为庞大的海军远征北非，这支海军由500艘战船组成，运载了1.5万名士兵，相当于葡萄牙这个小国的全部兵力倾巢而出。

在这支被派去捍卫葡萄牙荣誉的军队中，有个人骑着一匹老态龙钟的战马奔赴沙场,他就是麦哲伦。由于手头拮据,他也只买得起这匹老战马。

麦哲伦鼓起勇气在战场上冲杀,最终坐骑还是被阿拉伯人抢走。他从敌人的围攻中侥幸逃生,刚开始的英勇壮举以灾难结尾。不过在整个战局中,葡萄牙依然占据有利地位,他们最终夺回了阿扎莫尔。麦哲伦依旧愤愤不平,为了效忠祖国和国王,他连战马都丢了!而葡萄牙军队只给了他一点小小的补偿,他觉得那点钱根本抵不上坐骑的真正价值。

麦哲伦在处理这件事的时候显得很莽撞,不够老练,这也是他整个职业生涯的痛点。他直接写信给曼努埃尔国王,要求国王赔偿自己的全部损失。朝中大臣们原本就小心翼翼地维护着自己的权威,而麦哲伦却绕过他们越级上报。毫无疑问,这对那些大臣而言是一种侮辱。麦哲伦上次投资失败,曼努埃尔没有理会他的补偿请求;这次丢了战马,国王也没有表现得多大方,他对这类小事不屑一顾,很快就驳回了麦哲伦的请求。

麦哲伦的回应方式倒是反映出他的性格。他并没有愤然退出战场,而是坚守岗位,并且不知从哪儿又找到了一匹战马。当一群阿拉伯人从沙漠深处突然杀出,对葡萄牙士兵守卫的阿扎莫尔发起猛攻时,麦哲伦毅然投入战斗。他用行动证明自己是一名无畏的战士,每天都与敌人进行搏斗。

在一次战斗中,他被一名阿拉伯士兵的长矛刺成重伤,导致膝盖碎裂,腿部终身残疾,他的军旅生涯也就此结束。在世人眼中,麦哲伦犹如现实版的堂吉诃德(Don Quixote),不仅因为他狂热的理想主义和身上的累累伤疤,更因为他对于战斗和纠正错误有着无法抑制的渴望。

麦哲伦的英勇和受伤终于为他赢得了些许认可——他晋升为军

需官。这个职位能让他享受到一部分战利品,也为他种下了祸根。在随后的一次战斗中,葡萄牙军队缴获了阿拉伯人的一大群牲口,包括 20 多万头山羊、骆驼和马匹。麦哲伦是负责分配战利品的官员之一,他本应以公平合理的方式分配这些牲口,结果却用部分牲口贿赂部落盟友。事后麦哲伦与另一名官员被指控将 400 头山羊卖给敌人,并将收益占为己有。

从表面上看,这些指控是荒唐的。作为军需官,麦哲伦有权力处置他的战利品,况且我们也无从得知他是否真的拿到了战利品。麦哲伦没有对指控做出回应,而是在未经许可的情况下离开摩洛哥,返回里斯本觐见曼努埃尔国王。

见到国王后,麦哲伦没有为自己的所作所为道歉,反而要求国王增加津贴。他在国王面前长篇大论,称自己出身名门望族,毕生为王室卖命,他身上的伤就是最好的证明。只有增加津贴,才是对他的地位、荣誉感和理想主义的最佳认可。这番话简直是雪上加霜。嫉妒麦哲伦的政敌们在他背后闲言碎语,说他故意用自己的瘸腿博取同情。

曼努埃尔国王很快做出裁决:麦哲伦张狂无礼,所言荒谬可笑,勒令他立刻回到摩洛哥。他将面临叛国罪、腐败罪和擅自离开军队等多项罪名的指控,麦哲伦无奈之下只能照办。在对所有证据进行调查之后,摩洛哥的法官撤销了针对麦哲伦的所有指控,他拿着一封上级的推荐信回到里斯本。此刻的麦哲伦再次表现出超越常人的固执个性,他又来到国王面前,要求国王增加津贴,而且态度比以往更加激烈。

国王一如既往地驳回了他的请求。

麦哲伦已经人到中年,一条腿瘸了,名声也不太好。他个子不高,肤色黝黑,挣扎在贫困边缘,一点也不像他自认为的"贵族"。

此时的他仍渴望为葡萄牙建功立业，渴望自己能出人头地，扬名立万，成为那个时代数一数二的人物。他想成为一名探险家，为葡萄牙在东印度群岛打开一条新的贸易通道，借此发家致富。

麦哲伦想请求曼努埃尔国王资助探险，这个想法似乎愚蠢至极，毕竟国王甚至都不同意给他增加津贴。但是麦哲伦看待这个问题的角度与常人不同。他认为自己向国王提供了一个将东印度群岛的财富源源不断输送至葡萄牙王室的方案，尽管这个方案不够明确且风险较大。

麦哲伦意识到，他需要有人来帮自己说服曼努埃尔国王，于是他找到一个重量级人物——鲁伊·法雷罗（Ruy Faleiro）。鲁伊既是数学家，也是天文学家和航海学家，他是那种典型的文艺复兴时代的人物，也可以称为宇宙学家。

那个时代的文献都称鲁伊为"学者"，换句话说，就是大学里的研究者。鲁伊出生在葡萄牙东部城镇科维良，他才华横溢，但情绪反复无常，他的坏脾气给同事们留下了深刻的印象。与当时很多学者一样，他很有可能是秘密犹太人。鲁伊经常与哥哥弗朗西斯科（Francisco）合作。弗朗西斯科不仅是一名极具影响力的学者，而且他出版的航海著作广受好评。法雷罗两兄弟似乎都打算在探险队中扮演重要角色。

尽管鲁伊·法雷罗的加持给麦哲伦的探险计划带来不少说服力，但鲁伊本人也与曼努埃尔国王有过不愉快。他曾请求国王封他为"天文法官"（Judiciary Astronomer），被国王拒绝了。雪上加霜的是，国王任命他的对手担任科英布拉大学①（University of Coimbra）天文学院院长。当麦哲伦和鲁伊带着探险计划面见国王时，国王早已心存偏见。在曼努埃尔眼里，麦哲伦食古不化且公然挑战权威，鲁伊

---

① 科英布拉大学创建于1290年，是葡萄牙最古老的大学。

则是个性格反复无常之人，他曾多次拒绝过他们的请求，这次亦然。

这一年，51岁的曼努埃尔国王正经历着一场个人危机。他认为自己的漫长统治即将结束。他深爱的妻子前不久死于难产，他决定让位给儿子。然而儿子的忘恩负义让曼努埃尔改变心意，决定继续执政，同时娶了他儿子的未婚妻、西班牙卡洛斯一世的姐姐——年仅20岁的蕾奥诺尔（Leonor）。有传言称蕾奥诺尔一直以来都与若昂王子保持情人关系，流言蜚语四起，宫廷成为人们的笑柄。

当麦哲伦带着他的宏大计划向曼努埃尔国王提出请求时，这位葡萄牙君王的内心是极为忧郁和矛盾的，他对所有人充满猜忌，不希望其他人获得名望和权力。

香料群岛只是传说中鲜为人知的岛屿群。为了前往东印度群岛，找到一条通往香料群岛的海上路线，麦哲伦先后3次向曼努埃尔提出请求，3次都被曼努埃尔拒绝了。其实20多年来，曼努埃尔一直都很讨厌麦哲伦，也不信任他。

1517年9月，麦哲伦再次询问曼努埃尔国王是否考虑为葡萄牙在海外开疆拓土。让他惊讶的是，国王这次回答说他可以做任何他想做的事情。按照惯例，麦哲伦要下跪亲吻国王的双手，国王却将双手藏在披风后面，背对着麦哲伦。

事实证明，这种带有侮辱色彩的拒绝方式恰恰成就了麦哲伦。

最后一次被曼努埃尔国王断然拒绝后，麦哲伦好像突然找到了人生的方向。在雄心壮志和历史潮流的推动下，他迅速行动起来。

1517年10月20日，麦哲伦来到塞维利亚[①]。同年12月，鲁伊·法雷罗加入他的队伍，同时期到达的可能还有弗朗西斯科。三个志同道合的人组成一支葡萄牙外籍探险团队，在一片充满喧闹和活力的新土地上开始寻找财富之旅。到达塞维利亚几天后，麦哲伦

---

① 塞维利亚，西班牙安达鲁西亚自治区和塞维利亚省的首府，是西班牙第四大城市。

签署了正式协议，成为卡斯提尔王国和卡洛斯一世的臣民。在西班牙，他放弃了原来的葡萄牙名字麦哲伦，改称"费尔南多·德·麦哲伦"（Fernando de Magallanes）。

在麦哲伦之前已经有很多外国人移居西班牙，他童年时代的偶像克里斯托弗·哥伦布就是从热那亚移居到西班牙。哥伦布希望西班牙王室能资助他发现一条通往东印度群岛的海上通道。经过多年蹉跎和挫折，哥伦布终于获得卡洛斯一世的祖父斐迪南国王和祖母伊莎贝拉女王的资助。麦哲伦坚信自己能够实现哥伦布未完成的梦想，即一直向西航行，穿越大洋，到达神话般的东印度群岛。

西班牙与葡萄牙之间的关系日趋紧张，假如按照这条路线航行，很可能会引发一场国际争端。葡萄牙一直深藏着自己的帝国梦，就像阿拉伯人对称霸世界这件事讳莫如深一样。曼努埃尔国王曾在1504年11月13日颁布了一项法令，宣布任何人不得泄露与葡萄牙探险任务相关的发现或计划，违法者将被判处死刑。

1500—1550年，葡萄牙从未出版过关于地理大发现的书籍，至少在葡萄牙国内是这样。在16世纪绝大部分时间里，葡萄牙规定私人不得拥有关于印度贸易和相关主题的资料。葡萄牙航海图和地图被视为保密信息，国家将其视为机密。假如麦哲伦代表葡萄牙远航，那么他的环球之旅很可能会被湮没于历史长河。

幸运的是，西班牙人发明了一种截然不同的帝国扩张方式。西班牙史官喜欢事无巨细地记录一切，包括法律、世系、金融等，因此麦哲伦航行的细节也被他们悉数写进史书。西班牙人不同于葡萄牙人和阿拉伯人，他们会把本国的海外探险过程公之于众，公开表明西班牙对世界各地都拥有主权。此外，地理大发现时代恰逢活字印刷术问世，他们印刷的书籍和小册子传遍欧洲，再辅以由职业抄书吏为贵族图书馆编制的手写献本，所有这些都有助于传播探索新世界的成果和重新绘制世界地图，还有助于重塑公众对地球的认知。

麦哲伦前往西班牙时，从葡萄牙带走了大量珍贵而敏感的机密。他不但掌握了诸多秘密探险活动的相关信息，而且对葡萄牙在东印度群岛的活动了如指掌，熟悉葡萄牙在欧洲以外其他地方的航海信息。麦哲伦曾在"航海家"亨利王子缔造的皇室传统中受过熏陶，他在航海探险方面绝对是一个惊世之才。但是现在，他需要别人的资助。

18岁那年，卡洛斯一世国王继承了卡斯提尔、阿拉贡、莱昂等王国的王位，他敏锐地意识到自己的祖先令人敬畏。他只比麦哲伦早一年来到西班牙。他也是这个国家的新来者，或者比麦哲伦更加不熟悉西班牙。卡洛斯一世是哈布斯堡家族①成员，在佛兰德地区（Flanders）长大，说佛兰德语，喜欢喝啤酒。

现在，卡洛斯一世的当务之急是学会西班牙语，了解西班牙的风土人情。他具有典型的哈布斯堡家族的体格：足以俯视绝大多数臣民的高大身材，皮肤白皙，下巴宽大。他正尝试着留胡子，以掩盖宽大的下巴；他还想成为一名出色的骑手，因此正在努力练习马术。据说，为了展示自己的勇气，他甚至参加过斗牛比赛。

刚到西班牙，卡洛斯一世对名誉和荣耀的渴望便立刻显露无遗，而他身边的谏臣也起到了推波助澜的作用。从斐迪南和伊莎贝拉执政起，绝大多数谏臣就已经是身居高位的天主教会要员，他们把年轻的卡洛斯一世当作实现个人野心的完美工具。来西班牙不到一年，在家族成员的幕后牵线下，卡洛斯一世被教会选为罗马国王，这一

---

① 哈布斯堡家族，欧洲历史上支系繁多的德意志封建统治家族。主要分支在奥地利，也称奥地利家族。祖系日耳曼人中的一支，祖先来自法国，最早居住在法国阿尔萨斯，后来向东迁移至瑞士北部的阿尔高州，并逐渐扩张到整个德意志地区。

任命意味着他最终将会加冕为神圣罗马帝国皇帝查理五世。为了获得该封号，他必须花费大量金钱贿赂德国选帝侯。因此，卡洛斯一世把东印度群岛和新世界视为实现个人抱负的资金来源。对于一位追求荣耀和急需财富的年轻君主而言，像麦哲伦这样的探险家是很有利用价值的。

麦哲伦来到西班牙的时机正好，但他的前途显然不那么明朗。尽管他拥有专业知识，而且掌握了不少葡萄牙帝国的机密，可对于西班牙王室和大臣们而言，他还是一个未知数。他的西班牙语说得结结巴巴，要靠抄写员用书面的西班牙语进行沟通。他已经宣布放弃效忠葡萄牙，但在西班牙，他仍然是一个局外人，处在待观察和被怀疑的阶段。

在这种困难的局面下，如果想为探险计划获取资金支持，他不仅要付出非凡的努力和智慧，还需要大量的运气。这个时期的西班牙仍是一个封建社会，被有权有势、令人畏惧和贪污腐败的神职人员统治。主教的私生子通常被称为"侄子"或"外甥"，他们在社会生活中扮演着重要角色。

麦哲伦发现，当下的西班牙社会秩序充满了残忍、虚伪和暴虐色彩，可是眼下他要靠迎合西班牙王室统治世界的欲望来壮大自己，他要让自己逐渐融入西班牙的权力架构中。

到达塞维利亚后不久，麦哲伦便结识了另一名移居西班牙的葡萄牙人迪奥古·巴尔波查，后者14年前就来到了塞维利亚，当时正担任圣地亚哥骑士团的骑士长，同时还拥有其他头衔。迪奥古的侄子杜阿尔特曾为葡萄牙出海航行，他经常向麦哲伦描述自己的航行经历，麦哲伦可能深受其影响。与此同时，麦哲伦开始追求迪奥古的女儿彼脱利兹。两人的关系发展得很快，年底前便结婚了。突然之间，麦哲伦在塞维利亚有了一个重要的资助人，而且还多了一笔经济收入，因为彼脱利兹带来了 60 万马勒威迪的嫁妆。结婚的时候，她可能已经有孕在身。婚后第二年，他们的儿子罗德里戈便出生了。

在巴尔波查家族的指引下，麦哲伦准备说服有强大影响力的西班牙贸易局允许他进行冒险航行。该机构是由伊莎贝拉女王于 1503 年 1 月 20 日在塞维利亚成立的，其职责就是代表王室探索新世界，并以西班牙人特有的官僚主义热情处理一些日常行政事务。刚成立时，西班牙贸易局位于塞维利亚造船厂附近的兵工厂里，但为了突显该机构的地位，伊莎贝拉女王将它搬到了王宫所在地，也就是阿尔卡萨城堡。

贸易局的角色迅速从征收赋税和关税扩展到管理各方面探险事务，包括登记货物、为船只和船上的武器安装制订规则。成立几年后，贸易局便开始向船长下发指令，惩治一直以来都存在的走私活动。很快，贸易局起到了海事法庭的作用，所有探索新世界过程中产生的合同纠纷和保险索赔要求都要由贸易局裁定。贸易局甚至管理宇宙学事务，负责维护和更新皇家航海图。当时，所有离开西班牙出海远航的船只都要配备一份航海图，而皇家航海图就是这些航海图的母本。

到了 1508 年，贸易局聘请了一位领航长，负责管理一所航海学校，培养那些希望深造的领航员和水手。这位领航长就是用自己名字命名美洲大陆的亚美利哥·韦斯普奇①（Amerigo Vespucci）。贸易局由一个人说了算，这个人既不是航海家，也不是探险家，而是布尔戈斯②主教胡安·罗德里格斯·德·丰塞卡（Juan Rodriguez de

---

① 亚美利哥·韦斯普奇（1454 年 3 月 9 日—1512 年 2 月 22 日），意大利商人、银行家、航海家、探险家和旅行家，美洲是以他的名字命名的。
② 布尔戈斯是西班牙北部的一个城市、布尔戈斯省省会。建于 9 世纪，10 世纪成为教区，11 世纪成为卡斯蒂利亚王国首都。1574 年升为大主教区。西班牙内战时期为佛朗哥的根据地。

Fonseca），曾担任伊莎贝拉女王的御用牧师。早在贸易局成立之前，他就成功资助过哥伦布的探险活动。

丰塞卡是一个冷漠无情的官僚主义者，控制欲极强，总是小心翼翼地维护着自己的权威。从西班牙出发、针对新世界的所有探险活动都要经过他这关：任何想获得西班牙资助的人，必须先得到丰塞卡的许可。然而，众多探险家将会证明，丰塞卡本人正是许多灾难的祸根。

哥伦布和丰塞卡互相厌恶，经常明争暗斗。丰塞卡总想让斐迪南、伊莎贝拉和他们的继任者不要理会哥伦布这种独立探险家的要求，他想劝说王室完全控制西班牙派往新世界的所有探险队。当然，这也意味着丰塞卡可以控制这些探险队，并获得贸易活动的所有收益。在争议中，哥伦布对丰塞卡手下的一名会计发起人身攻击，抨击他是丰塞卡的代理人。尽管如此，丰塞卡还是逐渐将自己的意志施加在哥伦布身上。

直至麦哲伦时代，关于贸易特权的争夺才逐渐从哥伦布转移至王室。

麦哲伦和其他处境相同的探险家都不得不仰仗王室的鼻息，完全没有权利建立属于他们自己的海外贸易帝国。不过，王室赐予他们的财富也多得超乎想象。假如没有丰塞卡和西班牙贸易局的支持，麦哲伦是不可能前往香料群岛探险的。

麦哲伦找到贸易局代表，宣称他坚信香料群岛位于西班牙管辖的半球内。他的话正合贸易局代表们的心意，或者说，这是他们需要听到的话。与贸易局高层来往密切的编年史官彼得·马特尔（Peter Martyr）记录了他们的沾沾自喜之情："如果这次航行能够取得预想的结果，我们就能从东方人和葡萄牙国王手里夺过香料和钻石贸易的主动权。"

然而，《托尔德西里亚斯条约》中的条款为麦哲伦提议的探险活动设置了巨大障碍。贸易局成员一直不明白，麦哲伦如何才能在不侵犯葡萄牙利益的情况下向西航行并到达东方。

麦哲伦早就预料到贸易局会以这个理由反对他的计划，于是他请贸易局的高官们参阅《托尔德西里亚斯条约》的一则条款。该条款赋予西班牙或葡萄牙海上自由通航权，两国船只均可到达对方所属的土地。这样的条款有多种解读方式，如果麦哲伦想利用该条款的话，可能会与葡萄牙发生冲突。

麦哲伦的国籍也是一大难题。他是葡萄牙人，却要率领一支西班牙探险队穿越葡萄牙领海。一想到这点，贸易局的几乎所有人都感到心神不宁，如果葡萄牙人发现了这支探险队，两国本就剑拔弩张的关系也许将濒临崩溃。然而，贸易局的某个新成员以截然不同的角度看待这个问题。

胡安·德·阿兰达（Juan de Aranda）是一位野心勃勃的商人，他把麦哲伦拉到一边，说他可以代表探险队游说贸易局，条件就是探险队要给他20%的收益作为回报。麦哲伦私底下很厌恶阿兰达干涉他的计划，但阿兰达是探险计划得以实现的最大希望，所以麦哲伦同意跟他合作。

阿兰达代表麦哲伦给贸易局写了一封热情洋溢的推荐信，结果遭到贸易局的训斥。贸易局提醒他，他没有权利独自与麦哲伦协商探险条件。雪上加霜的是，麦哲伦的合作伙伴鲁伊·法雷罗获悉阿兰达混进探险队之后大为震怒，把麦哲伦狠狠地骂了一顿，麦哲伦只能打消原来的想法。

法雷罗之所以发怒，除了愤怒之外，还有另外一个原因：他的精神状态变得越来越不稳定，而发怒只是精神失常的一个症状而已。阿兰达本人很想向法雷罗道歉，虽然各方存在意见分歧，阿兰达还是设法安排麦哲伦前往西班牙中北部城市巴利亚多利德①觐见卡洛斯一世国王。巴利亚多利德是斐迪南和伊莎贝拉喜结连理之地，克里斯托弗·哥伦布也是在这个城市逝世的，现在它是卡斯提尔大区的首府。

1518年1月20日，麦哲伦、鲁伊·法雷罗及其兄长弗朗西斯科从塞维利亚出发，一道前往巴利亚多利德。

麦哲伦到达巴利亚多利德时，西班牙王室恰好处于动荡时期。卡斯提尔摄政王、枢机主教希梅内斯·德·西斯内罗斯（Cardinal Ximenes de Cisneiros）当时正要去辅助缺乏执政经验的卡洛斯一世国王，结果他在路上突然去世。对此有人怀疑他是被毒死的。

国王初来乍到，枢机主教是全西班牙最关心他安全的人，他安排了3.2万名士兵维持秩序，现在他去世了，年轻的卡洛斯一世着实怀念西斯内罗斯这盏"指路明灯"。此后，卡洛斯一世转而依赖一群佛兰德大臣，每当要做决策时，他都要听取他们的建议。

谢弗尔男爵纪尧姆·德·克罗伊（Guillaume de Croy）也许是这群大臣中最有能力之人，他长期担任查理国王的导师，教导卡洛斯一世如何行使权力，并小心翼翼地维护着自己在这位年轻国王面前的威信。卡洛斯一世的亲信还包括希梅内斯的继任者、大学校长兼乌得勒支枢机主教阿德里安。后来，这位枢机主教晋升为阿德里安六世教皇，尽管如此，他似乎并没有赢得人们的赞赏。

19世纪的一位历史学家是这样描写阿德里安的："他出身低微，性格懦弱，这样一个人能够当上教皇，简直就是奇迹。"当时卡洛斯一世从国外初到西班牙，操着一口外语，又缺乏执政经验，他只能依仗这些人决定国家大事。

---

① 巴利亚多利德，位于西班牙中部皮苏埃加河畔的工业城市，也是卡斯蒂利亚-莱昂自治区政府驻地与巴利亚多利德的首府。

第一卷 寻找帝国的边界

在阿兰达的争取下，麦哲伦获得了与国王谏臣会面的机会，他可以劝说他们考虑组建一支前往香料群岛的探险队。这也许是麦哲伦人生中最重要的一次会议，为此，他做好了充分的准备。会议一开始，他就向大臣们呈上几封来自他朋友、葡萄牙探险家弗朗西斯科·塞朗（Francisco Serrao）的信件，信中描述了富饶的香料群岛。

塞朗这趟充满艰险的香料群岛之旅始于1511年。葡萄牙任命的印度总督派出三艘帆船前往香料群岛，塞朗是其中一艘船的船长。他们一路向东航行，既遭遇过船只失事，也被海盗洗劫过。最终，塞朗和几名同伴于1512年到达香料群岛中的特尔纳特岛①。他们极有可能是最早一批抵达这些传奇岛屿的欧洲人。

塞朗小心翼翼地与特尔纳特岛的统治阶级建立友谊，尤其是在与岛上的君主接触的时候。他甚至还想推动特尔纳特岛与葡萄牙之间的贸易，但他所期望的欣欣向荣的跨洋贸易进展缓慢。

塞朗没有放弃，而是留在岛上。在岛上新婚妻子的殷勤服侍下，塞朗在干丁香的香气缭绕中给麦哲伦写了数封充满诱惑力的信件，描述香料群岛的绝世美景和富庶，并邀请麦哲伦亲自来看一看。"我在这里发现了一个新世界，它比瓦斯科·达伽马发现的新陆地更加富饶和辽阔，"塞朗在信中写道，"邀请你加入我的行列，或许你也能体验到待在我身边的快乐。"

麦哲伦一心想去天堂般的特尔纳特岛拜访塞朗，他回信说："如果情况允许的话，无论取道葡萄牙还是卡斯提尔，我都想早点跟你会合，这是我喜欢做的事。你要在那里等我，因为我们都知道，在事情朝有利于我们的方向发展之前，我们需要等待一段时间。"麦哲

---

① 特尔纳特岛，印度尼西亚一南北走向列岛的最北岛屿。位于哈马黑拉(Halmahera)岛以西23千米，由特尔纳特火山构成圆形岛屿，半径约5千米，属马鲁古(Maluku)省北马鲁古县。岛上过去是丁香种植中心，现在贸易以肉豆蔻和椰干为主。

伦是一个言出必行的人，只要许下承诺，他会尽自己的最大能力去实践诺言。

值得注意的是，塞朗在信件里将香料群岛的位置放在远离其真实方位的东边，该位置恰好位于《托尔德西里亚斯条约》所规定的西班牙辖区范围内。这也许是塞朗有意为之，其目的就是让局外人分辨不清香料群岛的真实方位。但不管怎样，他的这招地理学骗术缓解了西班牙人的焦虑，他们终于不用担心麦哲伦的香料群岛之旅会违反《托尔德西里亚斯条约》了。

为了说明这次探险任务的必要性，麦哲伦向大臣们介绍了长久以来跟随他的奴隶恩里克（Enrique）。据说恩里克是来自香料群岛的原住民（虽然这种说法不太准确，不过恩里克在之后探险中扮演口译的角色）。还有一种说法是麦哲伦从东印度群岛带回一名楚楚动人的女奴，她来自苏门答腊岛[①]，会说多种语言。

介绍完奴隶后，麦哲伦兴致勃勃地说道，他想沿着大陆（这块大陆如今被称为"南美大陆"）的东部沿海航行，直至陆地的尽头，然后转头向西，朝香料群岛进发。他提到自己为葡萄牙效力了七年，帮助国王治理帝国并推动了海上贸易兴旺发展。为了增加说服力，麦哲伦还展示了一幅地图或一只地球仪（原始文件中的措辞含糊，没有明确说明到底是地图还是地球仪），描述他打算走的路线。然而，地图并没有标示清楚一条重要线路，即贯穿南美、一直延伸到香料群岛的水路。

麦哲伦迫切希望说服大臣们支持这次探险活动，但他依旧担心有人盗取他的地图、剽窃他的策略，在他出发前捷足先登，所以故意抹掉了海峡的位置。

[①] 苏门答腊岛是世界第六大岛屿，东北隔马六甲海峡与马来半岛相望，西濒印度洋，东临南海，东南与爪哇岛遥望。

"麦哲伦有一个画得很好看的地球仪，整个世界都被刻在地球仪上面，"参加过此次会议的历史学家兼传教士巴托洛梅·德·拉斯·卡萨斯（Bartolome de las Casas）写道，"他在地球仪上标出他建议走的路线。"与贸易路线相关的可靠信息都十分敏感和珍贵，所以欧洲各国政府极力保护关乎国家安全的地图和航海图。对麦哲伦而言，展示一幅有可能从葡萄牙剽窃而来的地图，这种做法不啻在冷战巅峰期倒卖核武器。

对于他打算探索的新世界，麦哲伦没有一个准确的概念。与地理大发现时代的绝大多数探险家一样，他对于地球的大小、大陆板块的方位等知识都来自托勒密。假如麦哲伦知道太平洋有多大，了解它的洋流、暴风雨和礁脉等情况，可能他就不敢去探险了。但是，由于在计算路程时没有把太平洋包含在内，结果，他所预计的旅程只有实际的一半。

麦哲伦自信满满地预测说，最多只需两年时间，他就可以到达香料群岛，并让所有船只载满奇珍异宝返回西班牙。他要做的就是找到一条绕过或贯穿南美的水路，然后直抵东印度群岛门户。这跟哥伦布四次航行中重复犯下的错误如出一辙，在实际航行中，麦哲伦经历了巨大磨难，许多船员也为此付出了生命代价。此后，麦哲伦才把这个错误纠正过来。

向大臣介绍完探险计划之后，麦哲伦受丰塞卡邀请，前往贸易局讨论此次探险活动的具体细节。"我问他打算走哪条路，"卡萨斯写道，"他说，他想取道圣玛丽角，也就是我们所说的拉普拉塔河①

---

① 拉普拉塔河位于南美洲东南部阿根廷和乌拉圭之间，河长约 290 千米，其宽度从西端两河汇集处的 48 千米逐渐扩大至东部与大西洋相交处的 220 千米，最宽处约达 290 千米，是世界上最宽的河口。西北段因受大量河水注入，为淡水；东南段因受海洋影响，为咸水。阿根廷首都布宜诺斯艾利斯位于拉普拉塔河西南岸，乌拉圭首都蒙得维的亚则位于东北岸处。

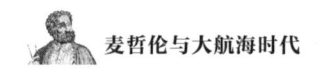

（Rio de la Plata），然后从那里沿着海岸线航行，直至抵达入海口。"

麦哲伦坚信海峡的存在，但卡萨斯对此深表怀疑，他问麦哲伦："可是，假如你找不到可以进入其他海域的入海口，那该怎么办？"麦哲伦告诉他，如果他找不到入海口，他"会走葡萄牙人走过的路线"。从这番话可以听得出来，麦哲伦已经做好了违反《托尔德西里亚斯条约》的准备。

卡洛斯一世国王和他的亲信们对这个计划太过着迷，根本不想拒绝麦哲伦的提议。"尽管麦哲伦身材矮小、称不上仪表非凡，"卡萨斯惊叹道，"但他必定是个敢想敢做、堪担大任之人，他很精明，又有勇气，因此大家都认为他可以取得成功。"

对麦哲伦而言，外表并不重要。他的计划足够宏大，而且回报丰厚，足以说服卡洛斯一世国王和他的权臣支持他们。

巴利亚多利德会议结束后，这次探险活动的几名牵头人立即向王室递交了一份条件清单。这份清单的措辞彬彬有礼，但还是提出了诸多条件。他们要求国王给予他们长达10年的香料群岛独家探险权，对"我们发现的所有类似岛屿"的租金和收益收取5%的金额，同时拥有自主贸易特权，前提是他们要向国王交税。

他们还提出了一个条件：假如他们发现的岛屿数量超过6个，就可以拥有任何一座岛屿，并将新发现岛屿的所有权传给"我们的后代和继承人"。

在那个瞬息万变的时代，麦哲伦坚持要求得到10年香料群岛独家探险权的做法看似极不合情理，这背后隐藏着他的担忧。麦哲伦担心，一旦他离开大陆，西班牙就会派出数支同样的探险队。这个国家将把他提出的理论和他提供的机密信息交给这些队伍。如此一来，假如他失败了，他们还有可能成功找到香料群岛。尽管麦哲伦没有左右这件事的权利，但他坚持立场的做法是正确的。

1518 年 3 月 22 日，卡洛斯一世国王端坐在巴利亚多利德王宫的宝座上，递给麦哲伦和法雷罗一份"关于探索香料群岛"的协议。这份协议相当于一张特许状，授权麦哲伦和法雷罗代表西班牙探索新世界。"现有原籍葡萄牙王国的鲁伊·法雷罗及麦哲伦两位绅士希望为我国效力，兹责成此二位在隶属我国国界线、岛屿、大陆范围内的大洋区域中寻找各种香料，"协议开头写道，"朕令以下协议内容皆记录在案。"

在协议的首则条款中，卡洛斯一世国王似乎同意了麦哲伦提出的 10 年独家探险权要求："倘若其他人与你们竞争，则有失公允；且考虑到你们二人为此项任务付出辛劳，朕愿意做出承诺，今后 10 年，朕不再授权他人在同一片区域中寻找香料。"

然而，查理国王并没有信守诺言，麦哲伦离开西班牙六年后，他又派出一支探险队前往香料群岛，这恰恰验证了麦哲伦此前的担忧。对查理国王来说，香料群岛实在太重要了，他不会把所有希望寄托在一名探险家的运气和航海技术上。

卡洛斯一世国王责令麦哲伦和法雷罗尊重《托尔德西里亚斯条约》规定下的葡萄牙领土主权："你们的探险之旅不得侵犯葡萄牙国王、朕挚爱的姨丈兼姐夫的国界线与边境，也不得损害其利益，所有探险活动应在我国国界线内进行。"

卡洛斯一世提醒麦哲伦，为了争夺海洋所有权和世界贸易主动权，西班牙与葡萄牙之间原本就势不两立，而微妙的外交和家族问题会让这种关系更加复杂。葡萄牙君主曼努埃尔国王先后娶了查理的两位姨母伊莎贝尔和玛丽亚，现在他又打算在几周之内迎娶查理的姐姐蕾奥诺尔。

家族关系夹杂着诸多理不清的情感和礼数，西班牙和葡萄牙不可能爆发全面战争，但两国之间的紧张对立状态也不可能完全消失，这种对立要么转入地下，要么体现在外交领域，其激烈程度并不亚于战争。

卡洛斯一世很想超越年迈的葡萄牙国王。无论这份协议表面上说得多么动听，事实就是这位年少气盛的君主坚称香料群岛位于西班牙管辖的半球，希望借此歪曲《托尔德西里亚斯条约》中的某些条款。就算他无法证明自己的说法是正确的，也没人能够提出反驳的依据。麦哲伦的探险活动只需要给西班牙一个合理的理由，证明香料群岛是属于西班牙的，那么他的航行就成功了。

从麦哲伦的立场看，这份协议非常重要，它几乎给了麦哲伦想要的一切东西。例如，协议给予麦哲伦的土地比他预想的多得多："朕愿将你们所发现土地与岛屿的5%赐予你们。此外，朕将赐予你们上述土地与岛屿行政长官及总督称号，你们的子孙后代亦可永久保留此称号，但土地与岛屿的最高所有权归我国现任及后世君主所有。"

麦哲伦将会发现，他的名字将出现在所有重新绘制的世界地图上，比如"麦哲伦群岛"和"麦哲伦陆地"。他不仅是这些土地的发现者，也是拥有者，而且这些领地永远属于麦哲伦和他的合法男性继承人。这个世界，或者说绝大部分世界都有可能是他的。

在丰塞卡看来，这份协议谈不上有利，因为它赋予麦哲伦太多权限。后来，丰塞卡花了好几个月时间才报了这一箭之仇：他夺回了王室协议中没有给予他的探险主导权。

查理国王还答应给麦哲伦5艘帆船："2艘排水量130吨，2艘排水量90吨，还有1艘排水量60吨，配备船员、足以供上述船只航行两年的食物、火炮及其他必要人员。"这支队伍被称为"摩鹿加舰队"。"摩鹿加"在印尼语中就是"香料群岛"的意思。这些船大多数都是全黑的。除了风帆以外，船身、桅杆、索具以及船体几乎每一个裸露面都被焦油覆盖着，散发出一种不祥的气息。它们的船尾离水面很高，超过海浪30英尺左右。站在船尾甲板往下看，让人有一种支配大海的感觉。高耸的船体容易造成剧烈的晃动，即使是在相对平静的海面，船员也像玩偶一样被晃来晃去。

这些帆船堪称当时最精密的机器之一，是文艺复兴时代的科技产物，更是熟练工匠们用专业技术打磨数千小时的杰作。出于实际需要，船的体型被设计得相对较小。

塞维利亚港有很多缺点，其中一个缺点就是瓜达尔基维尔河太浅，船只必须非常小、非常轻，才能通过大西洋狭窄的航道。因此，麦哲伦的旗舰"特立尼达号"重100吨，负责粮草供应的"圣安东尼奥号"重120吨，"康塞普西翁号"重90吨，"维多利亚号"重85吨，而承担侦察任务的"圣地亚哥号"只有75吨。

除了"圣地亚哥号"属于轻快型帆船之外，其他4艘帆船都被简单归类为"船"。这种船的示意图没有流传下来，我们很难确定它们的配置是怎样的，但是麦哲伦时代留存下来的资料提到它们有高耸的船楼和多层甲板，还有大量点缀军官宿舍的"枯木头"。每艘船都有三根桅杆，每根桅杆上斜挂着一面三角帆。

根据协议，卡洛斯一世国王应该承担麦哲伦船队的费用，然而西班牙王室早已负债累累。为了支付探险费用，贸易局向金融界的一位熟人克里斯托瓦尔·德·阿罗求助。阿罗是德国奥格斯堡（Augsburg）颇有势力的富格尔家族①（House of Fuger）派驻西班牙的代表，他的姓氏源自西班牙中北部的阿罗市。阿罗市是西班牙的葡萄酒酿造中心，大量犹太金匠和银行家曾聚居于此。

14世纪，西班牙爆发内战，犹太人被驱逐出家园。许多受迫害

---

① 富格尔家族，15世纪到16世纪德意志著名的工商业和银行业家族。早期主要经营纺织品，后因向中欧国家的君主和诸侯出借巨额贷款而获得了许多矿山的开采权和货币铸造权，16世纪初家族产业达到顶峰。富格尔家族还从事对美洲的贸易，在秘鲁建立殖民区，开采美洲的贵金属资源，此外还贷款给帝王诸侯，赚取巨额利息。

的犹太人改名换姓，采用一些听上去像是基督教的名字，成为秘密犹太人。克里斯托瓦尔·德·阿罗的祖先就在其中。

多年来，阿罗一直都是富格尔家族驻里斯本的代表，负责香料贸易、借钱资助葡萄牙的秘密探险活动，并强化富格尔家族与那个时代许多伟大探险家之间的友情，包括巴尔托洛梅乌·迪亚斯。阿罗熟知葡萄牙的秘密探险活动，也了解到一些与探险发现相关的诱人传言。他听说有一条海峡贯穿美洲大陆，直达东印度群岛——也正是这一传闻，激发了麦哲伦探索东方世界的强烈欲望。

后来，阿罗与曼努埃尔国王发生了激烈争执，他随即离开里斯本前往塞维利亚，并在那里结识了麦哲伦，两人一拍即合，决定去寻找这条海峡。

对于一位需要资金支持的探险家而言，克里斯托瓦尔·德·阿罗是理想的朋友。他所效力的富格尔家族资金充裕，足以资助十次探险活动，甚至再多也没问题。实际上，这个家族的富裕程度远非卡洛斯一世国王可比。

阿罗加入探险计划后，国王和他的谏臣们就要放弃大量收益。香料贸易危机四伏，漫长的海上航行充满不确定性，因此只有一样东西能够诱使阿罗这样的金融家拿自己的钱冒险，那就是丰厚的利润。假如一支舰队能够顺利地从东印度群岛探险归来，或只有部分船只归来，它也能获得4倍收益。阿罗比较务实，他预计麦哲伦的探险活动能够产生2.5倍收益，而他预付资金的利息只有14%。

根据官方计算结果，此次远航的总支出为8 751 125马勒威迪，包括购买5艘舰船、粮食供给、预付工资以及船只装备等。麦哲伦的报酬为50 000马勒威迪，另外每个月有8 000马勒威迪补贴。按王室规定，麦哲伦每月的薪资会直接交给他的妻子彼脱利兹。

在探险总费用中，国王要支出6 454 209马勒威迪，其中大部分都是阿罗以高息借给国王的。尽管王室资料称阿罗为这次伟大航行所投入的资金只有 1 616 781 马勒威迪，但这个数字具有欺骗性，因为他的东家富格尔家族还资助了葡萄牙的探险活动，他们可能隐瞒了出资金额，偷偷贷款给卡洛斯一世国王。

最后，卡洛斯一世国王同时任命麦哲伦和法雷罗为舰队总指挥。在地理大发现时代，由于航海探险存在巨大风险，所以舰队一般都有两名总指挥，这种情况不在少数。然而，这一次的双指挥官制无意间为日后两人的激烈争执埋下了祸根。

在协议中，国王赋予麦哲伦和法雷罗无可争议的绝对权力："朕命令摩鹿加舰队的所有船长、水手长、领航员、水手、杂工、随从及其他人员与官员，以及新发现陆地与岛屿的居民皆将你们二人视为舰队总指挥。因此，他们应听从你们的指令，若有违反，你们应以朕之名义实施惩戒。"这段话的意思很清楚，麦哲伦和法雷罗在海上航行过程中拥有绝对权威。"朕将舰队人员与货物的裁判权授予你们二人，若航行途中舰队产生任何争端与冲突，则无论在海上或陆地上，你们皆可迅速以合法手段进行判断和公平解决。"

麦哲伦没料到他的香料群岛探险计划会这么快成形。查理国王为此次探险搭上了西班牙的权威和名声，银行家们赌上了自己的资本。但麦哲伦付出的最多，因为他要用自己的生命去冒险。

第 2 章
无国之人麦哲伦

> 太阳从左边升起,高悬在汪洋大海上,
> 把金色阳光洒在海面,然后从右边坠入海里。

麦哲伦接受西班牙王室任命的消息让曼努埃尔国王深感忧虑。葡萄牙王室成员认为麦哲伦背叛了他们,他们无法理解麦哲伦为什么要这样做。曾与麦哲伦有过一面之交的葡萄牙宫廷史官若昂·德·巴罗斯(Joao de Barros)认为麦哲伦内心被一股邪恶的力量占据:"恶魔善于蛊惑人心,让人们做出一些邪恶的事情。它故意为麦哲伦设下此局,让他疏远自己的国王和祖国,误入歧途。"事实上,麦哲伦远走他乡的真正原因,是曼努埃尔国王不但拒绝继续支持麦哲伦,而且一次又一次地羞辱他。

曼努埃尔国王既想败坏麦哲伦的声誉,又想引诱麦哲伦和法雷罗回到葡萄牙。他派使节阿尔瓦罗·达·科斯塔(Alvaro da Costa)面见卡洛斯一世国王,命令科斯塔找到麦哲伦和法雷罗,向他们承诺曼努埃尔国王会重新考虑其探险请求。

科斯塔心里很清楚,如果这两人继续执迷不悟,一心要为西班牙航海探险,那么他们就要承受可怕的后果。他们将触怒上帝,得罪曼努埃尔国王,并将失去所有个人荣誉。当然,他们受到的恶果将不止于此。他们的家人,甚至子孙后代也会因此受到牵连。更重要的是,在曼努埃尔国王准备迎娶查理国王的姐姐蕾奥诺尔的关键时刻,他们的行为很可能会破坏两国之间敏感的休战期。

然而,任凭科斯塔苦苦哀求,麦哲伦依然不为所动。麦哲伦认为,倘若自己现在返回葡萄牙,肯定会被打入监牢,以叛国罪论处,然后被施以绞刑。于是他使出自己仅有的一点外交技能,说他已经公开宣布不再效忠曼努埃尔国王,转而服从卡洛斯一世国王,所以他没有义务为其他人服务。

来自西葡两国的敌意

麦哲伦的顽固不化让阿尔瓦罗·达·科斯塔十分沮丧,他只好向卡洛斯一世国王求助。他对卡洛斯一世国王说:"国王陛下,您手下有诸多家臣可以去探索新世界,不必依仗那两个背叛自己祖国的家伙。"卡洛斯一世国王不知该如何处理这件事,于是向谏臣们寻求建议。谏臣们认为,香料群岛位于西班牙管辖的半球,且麦哲伦的探险活动并没有违反《托尔德西里亚斯条约》。最后,卡洛斯一世国王采纳了谏臣们的建议,帮助麦哲伦和法雷罗避开来自葡萄牙的压力,并继续支持他们。

达·科斯塔试图掩饰这次失败的外交努力。他写信告诉曼努埃尔国王,麦哲伦和法雷罗其实是想回到葡萄牙的,可是卡洛斯一世国王不允许他们这样做。达·科斯塔以为这封信不会被外人知晓,但它的内容很快就传了出去,这让卡洛斯一世国王大为光火。达·科斯塔的信口胡言不仅影响了葡萄牙的雄图霸业,而且更坚定了卡洛斯一世国王的决心,他更加支持四面楚歌的麦哲伦和法雷罗。

一直以来,卡洛斯一世国王的谏臣们认为,葡萄牙正在酝酿一个极具战略价值的计划，而葡萄牙对麦哲伦的人身攻击则证实了他们的看法。

这两个一衣带水的国家之间的关系远比表面看上去的更复杂，尽管两国关系剑拔弩张，曼努埃尔国王还是打算履行两国在1518年7月16日签订的一项协议，即迎娶卡洛斯一世的姐姐蕾奥诺尔。如此一来，这两个争夺世界贸易控制权的对手因为联姻而强行结合在一起。然而即将到来的联姻并没有结束冲突，而是把冲突推向大海。西班牙和葡萄牙不再竞争伊比利亚半岛的控制权，而是转为争夺世界贸易线路的控制权。国家大事与儿女情长如戏剧般轮番上演，两国之间既是对手，也是盟友。

曼努埃尔国王婚礼结束四天后，卡洛斯一世国王便命令贸易局安排麦哲伦前往香料群岛探险，不得延误。前期资金即将到位，麦哲伦和法雷罗奉命前往塞维利亚舾装船只。

塞维利亚素来被称为"黄金之城""水城""信仰之城"，有一句西班牙谚语这样说："没到过塞维利亚，就是没见过世面。"千百年来，这座位于安达卢西亚大区的城市一直深深影响着西班牙。"我把塞维利亚视为安达卢西亚大区最重要的城市，该地区所有的荣耀与繁华皆汇聚于此；确切地说，是上帝赋予了它这样的地位，"一位塞维利亚历史学家写道，"因为它是西班牙人口最多、最伟大的首府。"

当时正是地理大发现的鼎盛时期，塞维利亚也处于高度繁荣期，其影响力达到巅峰。这座城市横跨瓜达尔基维尔河，融合了罗马、西哥特、伊斯兰、犹太和基督教等多元文化。它在已知世界家喻户晓，然后由远航船只将它的名气传播到人迹罕至之处。

塞维利亚人口规模达10万人，在整个欧洲仅次于威尼斯、那不勒斯和巴黎，与热那亚和米兰不相上下，而这些都是日渐兴盛的贸易中心。即便是英国最大的城市伦敦，它的人口也只有塞维利亚的一半，而其繁华程度更远不及塞维利亚。

最重要的是，塞维利亚是一个商业中心。"非常适合进行各种赢利活动，那里买卖兴旺，任何商品都有人销售。"借用16世纪一位观察家的话："它是全世界共同的家园，是孤儿的母亲，是罪人的庇护所。那里需求旺盛，任何东西都供不应求。"只有塞维利亚才能给麦哲伦提供技术、人力和资金，让他穿越半个地球去探索新世界，并带回各种香料。

塞维利亚还是一座信仰之城，是世界第三大教堂所在地。塞维利亚大教堂仅次于罗马的圣彼得大教堂和伦敦的圣保罗大教堂。这座教堂的建设工作持续了一百多年，直至1519年才竣工，而麦哲伦也是在1519年起航前往香料群岛。

塞维利亚大教堂的钟楼、穹顶和大堂融合了哥特、希腊、罗马和阿拉伯等国家的建筑色彩，充分体现出塞维利亚力争上游、自成一派的风格。圣周节（Semana Santa）期间，塞维利亚的天主教信仰表现得最为明显。圣周节从复活节前的周日，也就是从棕枝主日（Palm Sunday）持续到复活节周日（Easter Sunday）。

节日期间，虔诚的忏悔者排队走过狭窄蜿蜒的大街小巷和宽阔的广场，这些人表情严肃，甚至面带恐惧。忏悔者们赤脚走在嵌有尖锐碎石的路面上，身背一个木制十字架，脚底流着血，模仿耶稣受难的一幕。这一传统源自中世纪，体现了信众对万能上帝的盲目遵从，对人世间苦难的认知和感悟，以及对罪孽的忏悔。

麦哲伦和法雷罗刚抵达塞维利亚便开始为即将到来的航行做准备。与此同时，西班牙和葡萄牙的紧张关系导致流言四起，有传言称曼努埃尔国王的心腹巴斯孔塞洛斯主教建议暗杀麦哲伦和法雷罗，两人的性命危在旦夕。麦哲伦本不想理会这些传言，但卡洛斯一世国王对此高度重视。他不仅给麦哲伦和法雷罗安排了保镖，而且再次召见二人,赐封他们为"圣地亚哥骑士团骑士",同时重申探险委任状的条款。卡洛斯一世国王一方面竭尽全力向外界表明他对这两位葡萄牙人的支持,一方面敦促他们早日起航,因为时间紧迫,西班牙帝国正处于生死攸关的重要时刻。

1518年10月23日,为远航舾装舰队的麦哲伦写信告诉卡洛斯一世国王:"臣有事启奏国王陛下。"与很多船长不同的是,麦哲伦会亲自参与舰队的日常准备工作,甚至会像一名普通水手那样往船上吊装货物,完全没有舰队总指挥的架子,而麻烦就是从这里开始的。麦哲伦早已习惯了西班牙各界对他的尊重,在与葡萄牙水手和码头工人的互动中,他认为这些人没有足够的团队精神,也不太尊重他。无奈之下,他只能向能够帮他整顿秩序的卡洛斯一世国王求助。

从某种程度上说,麦哲伦的问题源自他蹩脚的西班牙语。他需要通过翻译与别人交流,语言障碍更突显了他外来者的身份。即便是给卡洛斯一世国王写信,他也要依靠抄写员,"因臣尚未精通西班牙语的书写"。他继续解释这件事:"外加海水退潮,臣须将'特立尼达号'帆船拖上岸。臣凌晨三点即起,以确保绳索到位。到了开工时间,臣命工匠在桅杆上升起四面旗帜与臣的盾徽,此处本是悬挂船长旗帜与盾徽的地方;而国王陛下的旗帜与盾徽皆悬挂于'特立尼达号'顶端。"

在外人看来,这种不同寻常的旗帜并列方式表明西班牙探险队的指挥官是一名葡萄牙人,一大群喜欢八卦的旁观者被吸引过来。"世间不乏闲言碎语之辈,围观者窃窃私语,称臣升起盾徽属错误之举。"鉴于围观者纷纷指责麦哲伦升起的盾徽代表了葡萄牙国王,一名官员命令麦哲伦撤下那面四处激起民愤的旗帜。"臣走上前对他说,这面旗帜并非葡萄牙国王所有,而是臣的物品,臣是国王陛下的忠实奴仆。"于是他拒绝降旗。另一名官员走向麦哲伦,提出同样的要求。麦哲伦坚称，他是不会取下旗帜的。

正当麦哲伦向这名官员解释时，第一名官员"在事先没有提出警告的情况下……擅自走上船阶，命人抓住升起葡萄牙国王旗帜的臣"。他质问麦哲伦为何要升起这些旗帜。和之前一样，麦哲伦仍然拒绝解释原因。

就在那一刻，骚乱开始了。那名蛮横无理的官员"命军士前来逮捕臣，且对臣拳脚相加，高呼拿下臣与船员"。更严重的是，"有人欲加害船员，阻挠臣等为陛下效力"。这时候，质问麦哲伦的两名官员吵了起来，因为他们都想按自己的方式处置麦哲伦。"特立尼达号"的舾装工人顿时作鸟兽散，就连一些水手也跑得无影无踪，这更加激怒了麦哲伦。

他无助地站在甲板上，眼睁睁地看着本地官员们解除水手的武装，还逮捕了几名水手，把他们押往监狱。在打斗中，麦哲伦手下的一名领航员被剑刺中，当时他正在忙自己的工作。尽管麦哲伦本人没有受伤，但他的尊严和权威大受打击。而且这次打斗发生在公开场合，一名葡萄牙奸细目睹了全程，他后来把斗殴的消息带回了里斯本。

"因臣坚信，对远离故土亲眷前来为陛下效力之人，陛下是不会允许别人虐待他们的，"麦哲伦在信中写道，"臣诚惶诚恐，不知以何种方式为陛下效劳，故请求陛下圣裁。无论陛下作何指示，臣皆欢欣鼓舞，因臣认为，受此奇耻大辱之人并非臣麦哲伦，而是陛下任命之船长。"

麦哲伦对这件事的愤怒可以理解。作为流落西班牙的葡萄牙人，他名义上得到了卡洛斯一世国王的保护，实际上却受一群暴徒和好管闲事之人摆布。如果他在塞维利亚的码头上无法维持秩序，又怎能带领船员经历风险，穿越未知大洋前往香料群岛呢？如果在遥远的海岸再次发生暴动，到时候他无法向卡洛斯一世国王求救，又该怎么办？

收到麦哲伦信件几天后，卡洛斯一世国王便下令惩戒了擅自登上"特立尼达号"，刺伤领航员并逮捕麦哲伦的闹事官员，并捉拿了逃跑的水手。这件事也充分反映出卡洛斯一世国王对麦哲伦的信任。远航的准备工作继续进行，对麦哲伦而言，这次夺旗事件给他敲响了警钟。他的手下，尤其是西班牙船员所构成的威胁并不亚于大海本身。

1519年4月6日，卡洛斯一世国王给另一名官员胡安·德·卡尔塔海纳下达指令，而该指令也成为整个探险活动中最具争议性的话题。国王指派卡尔塔海纳担任舰队监察长，受麦哲伦和法雷罗指挥，他的薪资高达11万马勒威迪，比舰队总指挥麦哲伦高出许多。探险队所有商业活动的决定权基本上在卡尔塔海纳手里，因为他是国王派驻舰队的总会计师和国库代表：

"你要确保所有装入货舱的货物都记录在案，且做好标记。不同商品需分门别类，尤其要标注好个人用品，因为你以后就会知道，所有收益都将公平分配，以防止欺诈行为发生。"

卡尔塔海纳的职责不止于此，他还要"务必确保舰队的实物交易和贸易活动尽量符合我国利益"。卡尔塔海纳要检查每本账簿的每一个条目，确认无误后再在上面签字。他的每一步工作都要做得"小心谨慎"。当然，卡尔塔海纳也很喜欢做这些事，因为他也为探险活动投入了一笔资金。根据该条款，凡涉及舰队的商业活动，麦哲伦都要向卡尔塔海纳报备。

条款的措辞（即"尽量符合我国利益"）让卡尔塔海纳能够随时干涉探险队的事务，防止麦哲伦中饱私囊。纵使麦哲伦坚信他与卡洛斯一世国王签订的协议赋予他这么做的权利，但国王给卡尔塔海纳下达的这些新指令以一种含蓄的方式凌驾于此前的协议之上。

还有，在整个探险过程中，卡尔塔海纳将充当国王的耳目：

"你要把朕在上述土地颁布的指令与授权的履行情况，我国司法制度的执行情况，对待上述土地原住民的方式……（以及）上述船长与官员是否遵守朕的指令以及舰队的其他事宜完整、详细地向朕汇报。"

这里所说的"上述船长与官员"指的就是联合指挥官麦哲伦和法雷罗，如果他们有任何过失行为，卡尔塔海纳要以书面形式向贸易局汇报。指令的内容如此详细，这让原本就不信任麦哲伦和法雷罗的西班牙船员认定舰队的最终决策者是卡尔塔海纳，而不是麦哲伦和法雷罗。

卡尔塔海纳也是这样认为的。

尽管削弱了麦哲伦的权力，卡洛斯一世国王还是担心西班牙与葡萄牙之间的矛盾会公开化，于是他尝试通过个人外交手段斡旋此事。1519年2月28日，卡洛斯一世国王在巴塞罗那给曼努埃尔国王写信，他在信中承认了自己的过失："从陛下亲人的来信得知，陛下有些担心朕派往东印度群岛的由麦哲伦和鲁伊·法雷罗指挥的舰队可能会对陛下在东印度群岛的利益造成损害。"

这番话说得很委婉。卡洛斯一世国王继续写道："为了不使陛下焦虑，朕特此告知陛下，无论过去和现在，朕都会遵守朕之祖父母、天主教国王与女王与贵国签订的教皇子午线协议。"他发誓说，"朕向麦哲伦和法雷罗下达的首要指令就是尊重教皇子午线,任何情况下都不能染指由分界线划定的、属于陛下的土地或海洋区域。"

1519年5月8日,正当舰队为远航紧锣密鼓筹备之际,卡洛斯一世国王向麦哲伦和法雷罗下达了最后几项指令。这些指令内容极为详细,麦哲伦和法雷罗一度以为国王会亲自出海,跟他们一同去探险。根据指令,每次踏上陆地,麦哲伦和法雷罗要记录下他们看到的任何地标。假如他们找到了有人居住的土地,就要"想方设法查明这片土地上是否存在有利于我国利益的事物"。指令还要求他们以人道方式对待原住民,哪怕只是为了确保舰队的粮食与淡水供应。

倘若在葡萄牙所辖半球发现阿拉伯人,麦哲伦可以抓住他们。如果他愿意的话,还可以把他们当奴隶卖掉。这条指令以一种含蓄的方式允许麦哲伦违反《托尔德西里亚斯条约》。

相反,如果麦哲伦在西班牙所属半球遇到阿拉伯人,他要善待他们,并与他们的首领签订条约。只有在这些阿拉伯人主动挑衅的情况下,麦哲伦才能用惩罚手段以儆效尤。毕竟此次探险的目的不是奴役阿拉伯人,麦哲伦的使命是寻找香料和发现新大陆,除此之外别无他图;而当他到达香料群岛的时候,他要遵循的指令就变成了"与当地国王或领主签署和平条约或通商条约",然后把当地货物装上船,运回西班牙。

尽管卡洛斯一世国王提醒麦哲伦在与原住民打交道的过程中要小心,比如"千万不要相信原住民,因为有时候你在手无寸铁的情况下会发生一些不幸的事情"。但他的指令还是要求麦哲伦公平对待原住民:"你不能以任何方式欺骗他们,也……不应该违背(和约)……更不应该以任何方式允许别人伤害他们……相反,你应该惩罚那些伤害他们的人。"还有一个敏感问题，那就是让麦哲伦和法雷罗禁止船员接触当地妇女："你们不应允许任何人接触当地妇女……因为当地人可能会由于这种事情造反，加害你们。"

事实证明，这项指令是根本无法实施的，另一项禁止使用枪支的法令也同样如此。为了与原住民保持友好关系，探险队队员被禁止在新发现的土地上开枪，以免吓坏了当地原住民。这项法令的出发点是好的，但却非常不实用，因为只要探险队员手里有枪，他们就会使用它。

这些指令还详细说明了有船只脱离舰队的情况下麦哲伦该怎么做："船只应该在原定地点停留一个月，离开之前，须在河两岸地面上各留下两组十字架标志，一个由五颗岩石组成，另一个由木棍组成。此外，你们还要留下书面信息，放在一个容器里，埋在地下，注明船只经过此地的时间和日期。"

这些指令还涵盖了一些很小但很重要的事情，比如允许船员写信回家时提及任何事情，舰队不得对信件内容做任何审查。对于后世历史学家而言，这真是一件幸事。

另一方面，亵渎神明的行为在船上是严格禁止的，比方说打牌和玩骰子，但麦哲伦发现这条指令也很难实施。在探险船上，纸牌和骰子是很常见的物品，麦哲伦不太可能禁止船员们赌博，但在招募船员时，他可以将职业赌徒和老千拒之门外，从而避免这些人在旅途中敲诈其他船员。

除了探险队联合指挥官麦哲伦和法雷罗收到这些指令之外，舰队监察长卡尔塔海纳也收到了一份副本。卡尔塔海纳可能觉得自己地位很高，在他看来，这些指令意味着西班牙国王已经把他当作与麦哲伦平起平坐的人了。

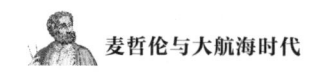

环球航行将不了了之？

为了暗中破坏摩鹿加舰队，曼努埃尔国王再次出招。他派自己的代理人塞巴斯蒂安·阿尔瓦雷斯（Sebastian Alvares）前往塞维利亚，后者的使命就是挫败麦哲伦的探险计划。

1519年7月18日，阿尔瓦雷斯秘密向曼努埃尔国王汇报说，贸易局的官员"无法忍受"麦哲伦。这位狡猾的间谍称，贸易局与麦哲伦之间经常因船员薪资而争吵。虽然这份密报语焉不详，但阿尔瓦雷斯的话很有煽动性。他还说，他曾尝试过游说麦哲伦取消这次探险活动。"我去到麦哲伦的住所，发现他正在用篮子和盒子装腌菜和其他食物。"这些美食是为舰队领导层准备的，船员无权享用。一见面，阿尔瓦雷斯就游说麦哲伦取消这趟邪恶之旅，这番说辞他早已仔细排练过多次：

> "我想唤起他的回忆，作为一名善良的葡萄牙人和他的好友，我曾多次跟他谈过，并反对他正在犯下的巨大错误……我一直对他说……他应该明白，这条航线充满危险，它们比圣凯瑟琳之轮（St. Catherine's wheel）还要恐怖。"

民间流传着这样一个传说：公元305年，凶残的异教徒马克西米努斯皇帝（Emporor Maxentius）俘虏了一位改信基督教的年轻女子，她的名字叫凯瑟琳。据说，当时有50名哲学家想说服凯瑟琳，说她改信基督教是一种愚蠢的行为。凯瑟琳虽然年纪轻轻，却逐一反驳了他们的观点，让那50名哲学家也改信了基督教。

马克西米努斯下令处死这些哲学家，并将凯瑟琳投入监狱。皇后去监狱探望凯瑟琳，结果也被凯瑟琳说服，改信基督教。因此，皇帝决定处死凯瑟琳。他命人打造了一个车轮，轮毂上布满尖刀。凯瑟琳被绑在轮毂上，但车轮并没有把凯瑟琳切成碎片，反而是轮子碎掉了，破碎的轮子和刀片还弄伤了不少旁观者。恼羞成怒的皇帝只能下令将凯瑟琳斩首。阿尔瓦雷斯劝麦哲伦说，如果他不想遭受凯瑟琳的命运，那就"回到祖国，重新博得国王陛下的欢心，这对他只有好处，没有坏处"。

麦哲伦答道，他已经承诺效忠西班牙，没什么能让他改变心意。

阿尔瓦雷斯的回答很老练，却并没有使心理强大的麦哲伦感到恐惧。

"我对他说，以不恰当的手段，而且还是以如此有损名声的手段获取荣誉，既不明智，也不光荣……因为他可能知道，这座城市的绝大多数卡斯提尔人在谈到他的时候都认为他是出身卑微的贱民。他接受了这项任务，却伤害了他真正应该效忠的国王和君主……他可能还知道，人们都认为他是一个卖国贼，背叛了国王陛下的国家。"

阿尔瓦雷斯咒骂麦哲伦的一席话反而坚定了麦哲伦执行这项任务的决心，甚至连阿尔瓦雷斯也对麦哲伦的坚定信念留下了深刻印象："在我看来，他一心要完成这件关乎荣誉和良心的大事。"

虽然已经下定决心，麦哲伦还是对自己背弃祖国的决定感到不安。"他显得十分悲伤，"阿尔瓦雷斯说，"他想不出什么借口可以为离开一位给予他如此多恩惠的国王的错误辩解。我对他说……他应该认真考虑返回葡萄牙这件事。"

阿尔瓦雷斯并没有理解麦哲伦所受的精神折磨，他只想说服自己和曼努埃尔国王相信这次探险肯定会不了了之。他还想利用曾经才华横溢、现在精神状态日益不稳定的法雷罗来实现葡萄牙的阴谋诡计。"我跟鲁伊·法雷罗谈过两次,"阿尔瓦雷斯向曼努埃尔国王汇报说,"在我看来,他好像有点精神失常……我认为,如果麦哲伦被解除职务,那无论他干什么,鲁伊·法雷罗都会追随他的。"

阿尔瓦雷斯还说,即使舰队成功出发,那五艘帆船也不太适宜航海:

> "它们很破旧,都是临时拼凑而成的,因为我看到过它们被拖上岸维修,足足修了十一个月,现在终于下水了,但船员还得在海里继续填塞船上的裂缝。我上过(其中一艘)船几次,我敢向国王陛下保证,换做我的话,肯定不愿意开着这些船去加那利群岛(the Canaries)。加那利群岛距离伊比利亚半岛海岸只有几天航程,假如这些船连这么短的距离都到达不了,又怎么可能前往东印度群岛呢?"

阿尔瓦雷斯继续吹嘘说,他知道舰队打算走哪条路线。退一万步来说,即使舰队真能远航,在它穿越大西洋并朝教皇子午线航行的时候,巴西会一直位于"舰队的右边",然后往西驶向开放海域,再朝西北方向航行,前往香料群岛。

然而,他给国王提供的情报是错误的。"他们携带的地图上没有标明陆地方位,"阿尔瓦雷斯幸灾乐祸地说道,"上帝保佑,希望他们这次航行会落得跟雷亚尔·科尔特家族(Corte Reals)一样的下场。"雷亚尔·科尔特家族是葡萄牙的探险家族,他们的舰队在探险过程中沉没并失踪。

在阿尔瓦雷斯描述的所有问题当中,最严重的莫过于鲁伊·法雷罗脆弱的精神状态。自从离开葡萄牙之后,甚至有可能在离开之前,

第一卷 寻找帝国的边界

这位才华横溢的宇宙学家已经表现出精神紊乱的症状。法雷罗身边的一位熟人说,"法雷罗睡眠不足,还经常魂不守舍地四处晃荡。"其他人也提到他喜怒无常,或者干脆说他脑子有问题。

尽管证据不充足,但还是有迹象表明,法雷罗当时意志极度消沉,或者患上了狂躁抑郁性精神病。麦哲伦对于同事的精神状况缄口不语,但他身边的所有西班牙的高级船员都说,此行路途遥远,而且会面临不少艰难险阻,假如带上精神状态不稳定的法雷罗,可能会存在风险。万一他突然发疯,滥用舰队联合指挥官的权力,危及整个探险活动,那该怎么办?

甚至连卡洛斯一世国王也注意到法雷罗的状况。1519 年 7 月 26 日,卡洛斯一世国王颁布了一份诏书,宣布法雷罗将不与麦哲伦一同出海。

法雷罗将留在塞维利亚,为麦哲伦之后的另一次航行做准备。该诏书违反了卡洛斯一世国王给予麦哲伦 10 年独家探险权的规定,这一举动更像是给本来就没有多少尊严的法雷罗保全些面子,因为他再也没有机会出海远航。

摆脱喜怒无常的法雷罗后,麦哲伦似乎松了一口气。他同意王室解除法雷罗的职务,条件是舰队要留下法雷罗珍贵且先进的航海仪器,王室批准了他的要求。这些航海仪器包括法雷罗收藏的 35 个罗盘和麦哲伦在塞维利亚另外购买的 15 个罗盘,法雷罗亲自制作的 1 个木制星盘,6 个普通的金属星盘,21 个木制象限仪,以及 18 只沙漏,有些沙漏是麦哲伦亲自购买的。

除此之外,还有 24 张极其宝贵的航海图,而且绝大部分属于绝密文件。任何人在未经授权的情况下擅自拿走航海图,被抓住后将接受严惩,甚至被处以死刑。这些图被锁在安全的地方,而且由全副武装的警卫守护着。在这 24 张航海图中,有 6 张是法雷罗绘制的,另外 18 张则是出自宇宙学家努诺·加西亚（Nuno Garcia）之手（其中 7 张由法雷罗指导完成，11 张由麦哲伦指导完成）。所有这些无价之宝都留在了摩鹿加舰队，归麦哲伦支配。舰队还有大量预先制作好的空白羊皮纸和必要时用来制作更多羊皮纸的干羊皮，以便于绘制更多地图。

从里斯本时期开始，麦哲伦和法雷罗就是此次探险活动的推动者，而现在，这对搭档要分道扬镳了。事实上，法雷罗撤职事件的策划者很有可能是丰塞卡，而不是卡洛斯一世国王。

作为贸易局掌门人，丰塞卡一直在想方设法改变两名葡萄牙人指挥这次探险活动的局面，而法雷罗的精神疾病正好给了他一个借口。有传言称，丰塞卡故意将国王旗帜交给法雷罗，表明法雷罗才是舰队指挥官，而不是麦哲伦，从而巧妙地引发两人争吵。据说麦哲伦被彻底激怒，他要求把法雷罗从舰队调走，丰塞卡当然乐于效劳。

丰塞卡安排安德烈斯·德·圣马丁接替法雷罗。圣马丁是一名西班牙宇宙学家和占星家。他人脉关系极广，一直想在贸易局里觅得一份要职。他在舰队身居高位，而且拥有一份丰厚的薪水。舰队给他预付了 3 万马勒威迪工资，另付 7 500 马勒威迪作为日常花销，但他没有获得法雷罗的头衔。法雷罗的才华、激情和神秘气质让西班牙人为之倾倒，相比之下，圣马丁只是一名合格的天文学家和占星家，虽然得到西班牙官方的尊重，但并无特别之处。

监察长卡尔塔海纳一直想取代法雷罗，后者的免职为他打开了机会之门。在丰塞卡看来，提拔卡尔塔海纳是合情合理的。这样一来，探险队就有了一名西班牙指挥官和一名葡萄牙指挥官，但麦哲伦不这样认为。他认为自己是舰队的唯一指挥官，卡尔塔海纳只是监察长，而不是联合指挥官。

显然，丰塞卡主教另有打算，他任命卡尔塔海纳接替法雷罗的职位，并明确规定卡尔塔海纳为"联合长官"（persona conjunta）。该头衔有多种解读，往小里说，它意味着麦哲伦在所有事务上都要与卡尔塔海纳协商；往大里说，它表示麦哲伦和卡尔塔海纳是两个平起平坐的指挥官，而且身为监察长的卡尔塔海纳在地位上还比麦哲伦略高一筹，是麦哲伦的上司。

胡安·德·卡尔塔海纳完全没有航海经验，却要领导西班牙所筹划的规模最大的一次海上探险活动。之所以会出现这种离奇的局面，与任命卡尔塔海纳的那个人，也就是丰塞卡主教有着莫大的关系。卡尔塔海纳被认为是丰塞卡的侄子，但大家都知道，"侄子"是一种委婉的说法，卡尔塔海纳其实就是丰塞卡的私生子。这种裙带关系不仅体现在卡尔塔海纳身上，也表现在舰队的会计安东尼奥·德·柯卡身上，他是丰塞卡哥哥的"侄子"。

不仅如此，丰塞卡还任命与自己关系紧密的两位"朋友"和"随从"担任船长，这两人分别是任"维多利亚号"船长的路易斯·德·缅多萨以及任"康塞普西翁号"船长的加斯帕尔·德·凯塞达。从上船那一刻起，卡尔塔海纳、缅多萨和凯塞达这三名由丰塞卡任命的船长就看不起麦哲伦。考虑到他们的背景，这也就不足为奇了。

丰塞卡终于报了一箭之仇。无论协议是怎么规定的，通过在舰队的重要岗位上安插私生子和亲密盟友，丰塞卡已经成功限制了麦哲伦的权力，而且还有望分掉麦哲伦在这趟探险活动中所得的收益。对于舰队事务、财政安排，以及人员和资源的调度与分配，拥有最终话语权的人不是麦哲伦，而是丰塞卡等人。没错，麦哲伦仍然拥有"总指挥"的头衔，但他手中的权力早已大打折扣。

在丰塞卡看来，麦哲伦得看那几位卡斯提尔籍船长的脸色行事，而非船长们听从麦哲伦的命令。如此一来，即便麦哲伦和那几位船长彼此心怀善意，他们也不可能共同决策。假如他们相互缺乏信任感和尊重（这种情况可能更常见），麦哲伦的权威将遭到无休止的挑战。换句话说，船员们有可能发生哗变。

法雷罗被撤职后，丰塞卡主教还不满足，又把邪恶的目光投向把麦哲伦介绍给卡斯提尔王室的胡安·德·阿兰达。丰塞卡开始调查阿兰达与麦哲伦和法雷罗的生意往来，并对这三个人进行单独讯问。麦哲伦先是宣誓不作假证，然后描述了阿兰达向他们收取的服务费用，并谈及双方签署过协议，探险的一部分收益将归阿兰达所有。

1519年6月15日，阿兰达本人接受东印度群岛最高委员会（Supreme Council of the Indies）质询，据说他表现得很好。阿兰达辩解称，他与麦哲伦和法雷罗的交易都是以西班牙王室利益为重，而他在这次探险中获取的个人收益也符合当时的习俗。

虽然所有证据都对阿兰达有利，但最高委员会还是谴责了他的行为，宣称他收取麦哲伦钱财是一种犯罪行为。判决书由委员会主席签字生效，而这位主席恰恰就是丰塞卡。两周后，西班牙王室批准了委员会针对阿兰达的指控，禁止他继续参与此次探险活动。简言之，阿兰达已经名誉扫地。

丰塞卡本来可以用同样的罪名抹黑麦哲伦和法雷罗，但他们不是此次调查的目标，委员会最终宣布这两个人是清白的。喜怒无常的法雷罗和贪婪的阿兰达被清除后，麦哲伦既如释重负，又心生一丝恐惧，因为他不知道拥有无上权力的丰塞卡下一步会对摩鹿加舰队做些什么。

随着起航日期的临近，麦哲伦把精力放在最复杂、花销最大的舰队粮食供给问题上。在长达数月的准备过程中，麦哲伦的五艘帆船停泊在"石磨盘"码头（Puerto de las Muelas）上。该码头之所以得此名称，是因为它的地面是由石磨铺成的，麦哲伦的船队就在码头上装载旅途所需的航行用具、武器、粮食和供给，另外这也是唯一一个允许装载红酒的码头，而红酒是船员日常饮食中的基本组成部分。码头及其周边区域热闹非凡，小船来回穿梭，海面上不时激起浪花。街道上挤满了装载着补给品的手推车，海关稽查员要对这些手推车进行检查，确保商人们已经向相关部门交清关税并完成货物结算。

在准备给养的过程中，麦哲伦对于细节的关注程度不亚于舾装船只，这是事出有因的。食品的采购金额高达 1 252 909 马勒威迪，几乎是整支舰队的制造成本，而这笔钱购买的食物只够前一两段航程使用。驶过这一两段航程后，船员们需要在每个港口和海里寻找食物。

麦哲伦在塞维利亚购买的食物中，有将近五分之四由红酒和硬饼干这两种食物组成。红酒被认为是最重要的食物，它不用交税，只需一名官员上船确定红酒没有变酸或受污染。红酒储存在被严加看护的小木桶里和用软木塞及沥青封住的管子里。麦哲伦还制订了一份计划，将这些木桶和管子妥善放置在船上，以充分利用甲板下的有限空间。

硬饼干是船员食谱中一种难吃的主食，成分是带皮粗麦面粉，制作时必须加热水揉捏，然后烘烤两遍。出炉后，这种饼干又硬又脆，在售卖之前还要储存一个月。海上环境潮湿，硬饼干难免会受潮，当它变软、腐烂，甚至无法食用的时候，船员们就把它称为"面糊"。他们把这东西煮成软糊状，称其为"小麦粥"。据说这种食物非常难以下咽，就算饥肠辘辘的船员也不想吃这玩意儿。

舰队还把面粉储存在木桶中，使用时用海水揉捏，然后烤成一种薄馅饼。一部分肉也是用海水腌制的，如猪肉、熏肉、火腿及腌牛肉，其他肉则是现宰的。舰队携带了七头牛和三只猪，这些牲口在出发前或刚出发不久就要屠宰掉，否则它们会一路上吃掉大量重要的食物。它们把舰队变成了流动的牲口棚，臭气熏天。

船上还装有一桶桶奶酪、未去壳的杏仁、芥末、小桶装无花果。令人难以置信的是，麦哲伦的舰队还携带了各种鱼，包括沙丁鱼、鳕鱼、鲲鱼和金枪鱼，所有的鱼都是晒干后腌制的。考虑到沿途可以捕到新鲜的鱼，舰队的货舱中还存放了大量钓线和钓钩。船上储存的新鲜蔬菜数量极少，船员只能吃鹰嘴豆、蚕豆、大米、大蒜、杏仁和扁豆。所有水果都是经过腌制的，船员特别爱吃两种葡萄干，一种是露天暴晒而成的葡萄干，另一种是用温和的碱液煮过的"碱水葡萄"。

麦哲伦还带上了果酱，包括一种特制的苹果酱。其他官员则随身携带了美味的榅桲果酱，这种果酱是由一种像苹果的硬肉类水果制成的。在航行途中，榅桲果酱将在船员和麦哲伦的日常生活中扮演重要角色。

船上还有装满食用醋的木桶，这些醋既可用来为船只消毒，还可用来净化受污染的饮用水。在极少数情况下，饥饿的船员会向腐坏的硬饼干里添加一些醋。糖和盐也在食物清单中占有一席之地，其中以食盐的数量最多，船员在航行途中用其腌制肉类和鱼类，但糖的储存量不足，只用于为生病的船员治病，而不会用来烹煮食物。蜂蜜的价格比食糖低得多，它被用来当作日常甜味剂。

这些食物含盐量过高，蛋白质含量不足，而且缺乏船员所需的维生素，导致他们膳食结构不均衡，难以经受海上航行的严酷考验。后来，每次在沿途港口停靠，麦哲伦想到的第一件事就是补充粮食储备。考虑到食物供应不足和不稳定，这种做法也就不足为奇了。因为在补充粮食的同时，船员的健康状况和士气也得到了提升。

舰队离开塞维利亚前，船员的组成和薪水问题一直困扰着麦哲伦。麦哲伦聘请了几名经验丰富的葡萄牙籍领航员，并给予他们较高的薪水。因此，三名西班牙籍领航员要求同等薪资水平，但卡洛斯一世国王拒绝了他们的要求，并提醒这三名领航员说，他们已经提前领取了一年薪水，而且在塞维利亚享受免费住宿，还有希望获得骑士称号，这些都是给予他们的丰厚回报。

船员的组成引发了更大争议。有人怀疑麦哲伦任人唯亲，大量启用自己的同乡。但实际情况是，有经验的西班牙籍船员都不想参与这次航行，所以麦哲伦不得不大量招募外国人。

贸易局规定，麦哲伦必须把整支舰队的人数限定在235人，包括船上的侍应生。贸易局还严厉警告说，假如他不遵守这一约束条件，他将承担由此而造成的"流言蜚语或损失"，"因为不遵守王室命令的人都会有此下场"。当时舰队里充斥着有强硬后台的西班牙人，人数早就超额，贸易局因此差点叫停准备工作。

麦哲伦马上警觉起来。他之前聘请了17名实习水手，后来不得不解雇了他们。有人提醒他，诸如记账员和会计这种关键岗位必须由西班牙人担任，麦哲伦则申辩说他聘请的会计中只有2名葡萄牙人。他还以书面形式请求贸易局允许他招聘的人员登船，无论他们是什么国籍。他坚称，如果他得不到自己想要的船员，他便放弃此次探险活动。

贸易局并没有让事情到此为止。1519年8月9日，也就是舰队从塞维利亚起航的前一天，正在做最后紧张准备的麦哲伦受到传唤，前往贸易局证实他已尽最大努力聘请西班牙籍高级船员和水手，而不是外国人。其实，麦哲伦已经竭尽所能去遵守贸易局的规定，所以他在提供宣誓证词时内心充满自豪感：

"我（通过一名街头公告员）在本市（塞维利亚）的广场、

集市、繁华地段和沿河两岸向市民宣布：无论是水手、船舱侍应生、填船缝工、木匠或是其他官员，凡愿意加入摩鹿加舰队者均可联系我本人或从各船船长那里了解情况。我还提到了由国王制订的薪资待遇，即水手月薪为1 200马勒威迪，船舱侍应生800马勒威迪，见习骑士500马勒威迪，木匠和填船缝工则每月可获得5枚达克特①金币。本地村民都不想加入舰队。"

麦哲伦此言不假。在塞尔维亚，符合要求的水手本来就不多，而既符合要求又愿意冒着生命危险前往香料群岛的水手更是凤毛麟角。

麦哲伦迫不及待地想招募符合要求的船员，于是开始遍地撒网。他派舰队纠察长带着一封贸易局的函件前往马拉加，函件上注明加入摩鹿加舰队将获得的薪资和收益。

舰队其他高级船员也纷纷前往加的斯②（Cadiz）等各大港口城市寻找志愿者，事实证明，愿意冒险踏上未知旅途的人少之又少。"我找不到足够的人手，"麦哲伦解释说，"所以，无论是不是外国人，只要是我们需要的，我们都接受。他们当中既有希腊人，也有威尼斯人、热那亚人、西西里人和法国人。"但他并没有说很少有西班牙籍海员愿意在一名葡萄牙籍船长带领下出海远航。

出发前，官方只允许麦哲伦招募10来名葡萄牙人，实际上他招入了将近40名葡萄牙籍船员。在最后一刻，他解雇了私下招募的三

---

① 达克特是欧洲从中世纪后期至20世纪期间，作为流通货币使用的金币或银币。这一时期，各种达克特的金属含量和购买力都大不相同。威尼斯的金达克特获得了广泛的国际认可，地位等同于中世纪的拜占庭的超纯金币、热那亚的热那维诺与佛罗伦萨的弗罗林，或是现代的英镑和美元。
② 加的斯，位于西班牙西南沿海加的斯湾的东南侧，是西班牙南部主要海港之一。临大西洋，在狭长半岛顶端，三面十余千米为海洋环绕，仅一方与陆地相连。

位亲戚，其中一位是得到贸易局认可的领航员。不过，他至少为两位亲戚预留了岗位，一位是他母亲那边的亲戚阿尔瓦罗·德·梅斯基塔，另一位则是他的私生子克里斯托万·雷贝罗。

在船员组成这个问题上，麦哲伦最后时刻的妥协平息了贸易局的怒气，舰队总指挥麦哲伦终于获得许可，继续他的探险活动。为了确保这次航行能顺利进行，他舍弃了自己的祖国，牺牲了与鲁伊·法雷罗之间的友谊，还放弃了他作为总指挥的许多权力。经过12个月的艰苦准备后，摩鹿加舰队终于能够启程征服大海了。

出发前，舰队5艘船只的官员和船员一起前往海员聚居区特里亚那（Triana），在那里的维多利亚圣母大教堂（Santa Maria de la Victoria）参加弥撒仪式。仪式举行过程中，麦哲伦在圣母像前下跪，卡洛斯一世国王的代表桑丘·马丁内斯·德·莱瓦（Sancho Martinez de Leiva）向他递上王室的旗帜。这意味着卡洛斯一世国王第一次将王室徽标授予一名非卡斯提尔人。直到此时，麦哲伦才真正感觉到自己完全获得了国王的信任。

麦哲伦仍然跪着，低着头，宣誓说自己是国王忠实的仆人，会履行一切义务以确保探险活动取得成功。宣誓结束后，其他几位船长重复了一遍誓言，并发誓服从麦哲伦的领导。无论他要把舰队带向何方，他们都将一路追随。

那天，在维多利亚圣母大教堂参加弥撒的人中，有一位名叫安东尼奥·皮加费塔的威尼斯学者，他常年为教皇利奥十世（Pope Leo X）特使安德里亚·基耶里卡蒂（Andrea Chiericati）服务。当教皇任命基耶里卡蒂担任教廷驻西班牙的使节时，约30岁的皮加费塔跟随基耶里卡蒂一起来到西班牙。皮加费塔将自己描述为一个博学之人，"看过很多书"，而且有着坚定的宗教信仰，也渴望冒险，或者用他的话说，"渴望丰富自身阅历和获得荣耀"。

得知麦哲伦要前往香料群岛探险后，皮加费塔感觉命运在召唤自己，然后找了个借口离开外交界，并于1519年5月抵达塞维利亚找到大名鼎鼎且正忙着为航行做准备的麦哲伦。在接下来几个月里，他协助麦哲伦收集航海仪器并极力讨好麦哲伦，最终获得麦哲伦的信任。尽管皮加费塔和麦哲伦国籍不同，但他很快就奉麦哲伦为偶像。

此次任务目标远大，危险重重，皮加费塔难免心怀畏惧，可他还是决定追随麦哲伦。虽然皮加费塔缺乏航海经验，但他有资金，有教皇的推荐书。他接受了每月仅1 000马勒威迪的薪资并收取4个月预付工资，然后以临时雇员的身份加入舰队。

做事严谨的麦哲伦给皮加费塔安排了一项任务。他让这位年轻的意大利外交官记录航行途中发生的事情，不是写那种枯燥乏味的、流水账式的航海日志，而是行云流水般更个性化地记录逸闻趣事。

这份文稿要符合当时流行的其他旅游著作风格，比如麦哲伦的小舅子杜阿尔特·巴尔波查，另一名造访过东印度群岛的意大利人卢多维科·迪·瓦尔泰玛（Ludovico di Varthema）以及最著名的意大利旅行家马可·波罗所写的游记。皮加费塔丝毫不掩饰自己想与这些人齐名的野心，欣然接受了这项任务。

皮加费塔只效忠于麦哲伦，而不是卡尔塔海纳或船上的其他官员。对他而言，摩鹿加舰队完全是麦哲伦的努力成果，如果这次探险活动能够成功的话，那完全得益于麦哲伦的熟练技艺和天意。皮加费塔非常笃信这一点。

作为舰队的书记官，皮加费塔对待工作非常认真。从舰队离开塞维利亚那一刻起，皮加费塔每天都记录着舰队里发生的事情。他所叙述的内容逐渐从海上的日常生活演变为涉及大量的植物学、语言学和人类学，极其生动而真实的记录，最后成为关于此次航行的最佳记载，同时也是一份充满人道主义色彩和人文关怀的历史记录。

皮加费塔有着与众不同的立场，稚嫩中显出修养，正经却又夹杂着几分浮浅。在当时少数几部海外探险的编年史著作中，只有皮加费塔的作品保留了些许自嘲和幽默色彩，也只有他描述了船员们真实感受到的恐惧、欢乐和矛盾情绪。他的叙述既有自我怀疑，又有自我启发，因此带有一种超前的现代感。这次航行的主人公麦哲伦就像堂吉诃德，他环游世界的举动看似愚蠢和徒劳，却值得赞赏。而皮加费塔就像他的跟班桑丘·潘沙，坚定不移地忠实于主人，同时也带着将信将疑和尖酸刻薄的眼光看待这次航行。

皮加费塔渴望冒险，这让他能够像其他海员那样经历此次探险活动，并近距离观察麦哲伦这位杰出的航海家是如何在缺乏相关专业知识、船员忠诚度不足以及他本人倔强性格的影响下领导舰队探险的。

记录此次航行的不止皮加费塔一人："特立尼达号"领航员弗朗西斯科·阿尔沃写下了一本航海日志，一些生还的海员回到西班牙后接受了深入面谈并提供了书面证词，还有些人则根据记忆写下了此次航行途中发生的故事。

借助于大量关于航行的一手资料，加上皮加费塔极其详尽的记录，我们能够从不同角度重现和理解这次探险活动。这些记录带有非常个性化的色彩，偶尔夹杂一些逸闻趣事和墨守成规的官方叙述方式。在这次史诗般的探险活动中，上至王室成员，下至普通海员，都有机会讲述自己的故事。

尽管这些叙述各有不同，但它们都有一个非常明显的缺点。此次探险将对世界各国和文化产生深远影响，而这些资料只讲述了欧洲人眼里的麦哲伦探险之旅，却没有来自麦哲伦舰队所到之处原住民的证言。至于这些原住民会做出何种反应，以及他们是怎么看待

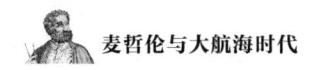

这些驾驶着黑色帆船并带着礼物和枪炮闯入他们地盘的远方客人的，我们只能偶尔从这些文字当中找到一些令人不安的线索。

临行前的遗嘱

麦哲伦的起航给他的亲人带来了极大影响。麦哲伦的妻子彼脱利兹已经怀上了第二个孩子，并且与其另一个孩子在她父亲的保护下过着平静的日子。根据麦哲伦与卡洛斯一世国王签订的协议，彼脱利兹每月都能收到一份俸禄。实际上，她只是西班牙当局的一名人质而已。如果麦哲伦在探险途中做出任何不同寻常的举动，或者表现得对卡洛斯一世国王缺乏忠诚，她就是国王手下第一个要找麻烦的人。

从表面上看，麦哲伦把他怀孕的妻子和孩子留在了充满敌意的塞维利亚，使他们受到了威胁。实际上他在1519年8月24日订立的遗嘱中采取了周密的防护措施，以确保家人未来的安全和他身后的名声不遭外界玷污。

经验丰富的麦哲伦知道，从探险之旅开始的那一刻起，风险便无处不在。在旅途的每一天，都有一股超乎想象的巨大力量在干扰着他，只有对上帝的坚定信仰和对卡洛斯一世国王无比忠诚，才能帮他战胜这股力量。尽管他渴望探险成功所带来的名誉和回报，但他也知道，自己也许会客死他乡，死在一个在欧洲人的地图上依旧空白一片的地方。这种想法为他的遗嘱平添了一种压力和紧迫感。

在遗嘱中，麦哲伦将数千马勒威迪捐给塞维利亚的几间教堂和宗教组织，他把它们当作今生和来世的永久家园：

"假如我在塞维利亚这座城市去世，我希望我的遗体可以葬在特里亚那郊区维多利亚圣母大教堂给我预留的坟墓中；

而假如我在此次探险途中不幸身亡,我希望船员可以在我去世的地方找一间专门为圣母玛利亚设立的教堂,将我的遗体葬在那里。"

他还为自己制订了一个非常具体和虔诚的葬礼方案:

"我希望,在我葬礼那天,神职人员能够为我的遗体做30道弥撒,即吟唱2遍圣歌,诵读28遍祷文,并按照遗嘱执行人的意愿为我准备面包、红酒和蜡烛作为祭品。我希望教会可以在维多利亚圣母大教堂为我的灵魂做30天弥撒,使我得以安息,然后按惯例进行布施。我希望我的遗嘱执行人在我下葬那天,能向3名穷人赠送衣物,每人一件灰色的披风、一件衬衫和一双鞋子,这样他们就可以祈求上帝安抚我的灵魂;我还希望在我下葬那天,遗嘱执行人能够将食物赠予上述3名穷人和其他12名穷人,请他们向上帝祷告,让我的灵魂受到抚慰。"

麦哲伦想确保所有家人和仆人都能得到妥善安置。他明确指出,要将彼脱利兹的60万马勒威迪彩礼返还给她,他的私生子、被他称为"私人随从"的克里斯托万·雷贝罗会得到30万马勒威迪遗产,而他的奴隶恩里克将获得自由。与克里斯托万一样,恩里克要陪同麦哲伦前往香料群岛探险,所以他获得自由的前提条件尤为有趣:

"出生于马六甲的黑白混血儿恩里克年约26岁,是我的奴隶。我宣布,从我去世当天起,恩里克将获得人身自由,不用再受到任何人的关押和奴役,也不再从属于任何人。从

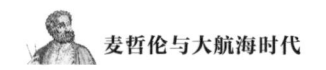

此以后，恩里克将永远被解放，成为一名自由人，可以按照自己的愿望和想法做任何事情。"

除此之外，麦哲伦还将赠予恩里克1万马勒威迪。麦哲伦想象着自己离开这个伟大帝国之后的情形。此次香料群岛之行，卡洛斯一世国王赐予麦哲伦不少权利和头衔，而在遗嘱中，麦哲伦将这些权利和头衔赠予"嫡子"罗德里戈以及他跟彼脱利兹·巴尔波查所生的其他合法继承人。

换句话说，待孩子长大后会发现自己居然是受西班牙管辖的遥远国度的统治者，而且还非常富有。麦哲伦只要求他们将自己的一部分收入交给彼脱利兹，让她成为一名阔绰的寡妇。在麦哲伦死后，即使她再婚，"我也希望她能够得到2 000西班牙达布隆金币"。

这份遗嘱涵盖了像麦哲伦这种大探险家可能会遭遇到的任何不测结果，然而，从塞维利亚出发后就发生了一件完全出乎他意料的事情。

听到摩鹿加舰队即将起航远行，葡萄牙国内反应强烈。曼努埃尔国王命人骚扰留在葡萄牙的麦哲伦的亲戚。为了当众羞辱麦哲伦，曼努埃尔派人前往麦哲伦在萨布罗萨的庄园捣乱。这些暴徒将麦哲伦家大门的盾徽拆下来，狠狠地砸到地上。

麦哲伦的一些亲戚家的小孩子也成为人们奚落的对象，被别人投掷石块。他们担心自己的生命安全，于是逃离了葡萄牙。自称是麦哲伦外甥的弗朗西斯科·德·席尔瓦·特列斯（Francisco de Silva Tellez）后来逃往葡萄牙的殖民地巴西避难，他的一番话足以反映麦哲伦背叛葡萄牙给他们带来的耻辱感：

"我告诉萨布罗萨的所有亲戚和家族子弟，别再在我家门口树任何碑石和盾徽了……因为我想让它们永远消失。我们要遵守君主的命令,这是对麦哲伦叛逃卡斯提尔的一种惩罚。"

特列斯还警告说,倘若有人想继承麦哲伦的衣钵,他是不会认可他们的:

"假如我知道他们怀有某些不道德的想法和计划,我就不承认他们是家族成员,因为我和我父亲也遭遇过这种事情。出于羞愧和对邻里攻击的担心,我们被迫离开家园,因为我们的邻居不能容忍他背叛祖国葡萄牙,跑去为我们的宿敌卡斯提尔人效力。"

麦哲伦在萨布罗萨的故居被遗弃了,而且逐渐年久失修,后来有人在原址基础上又盖了另一所房子。曾经镶嵌着麦哲伦盾徽的石碑上面盖满了粪便,这一荣誉的象征最后落得个悲惨的命运。

第 3 章
无敌舰队开航

大海卷起风暴，它来势凶猛，
飞速向我们扑来，将我们赶向南方。

"8月10日，"安东尼奥·皮加费塔在他的日记中写道，"所有必备物资已经就位，来自各个国家的237名船员齐聚5艘舰船，舰队已经做好从塞维利亚出发的准备。各船火炮齐鸣，升起长三角帆，正式起航。"在统计人数的时候，皮加费塔漏掉了大约20名船员。麦哲伦独自殿后，他要对舰队的粮食供给作最后安排，等舰队离开西班牙再与舰队会合。

想进入大西洋，5艘色调一致的帆船首先要穿过蜿蜒的瓜达尔基维尔河。这条河流危机四伏，非常考验领航员的能力。受冬天降雨量增多和融雪的影响，瓜达尔基维尔河水位上涨，奔腾的河水一路向西注入加的斯湾。它的最后40英里航程要穿过一块名为"拉斯马里斯马斯"（Las Marismas）的沼泽地，那里一望无际，危机四伏。

沙丘、船只残骸和浅水区隐藏在湍急且混浊不堪的河水下，这些障碍有时会给探险队带来灾难，让船只在到达外海之前沉没或搁浅。不太精通航海的皮加费塔立刻变得警觉起来，他在日记中写道："河上有一座通往塞维利亚的大桥，桥身已经垮塌，只剩两个桥墩留在水底。因此，我们必须请经验丰富的西班牙航海专家指出正确的通道，让船只从两个桥墩中间安全通过。"

当年，摩尔人战败后被逐出西班牙，但他们给西班牙人的精神和血统以及西班牙土地留下了不可磨灭的印记。皮加费塔在日记中提到了摩尔人留下的一座军营："顺流而下，我们经过了一处名为'吉万·德·法拉克斯'（Gioan de Farax）的地方，那里是摩尔人的主要聚居点。"瓜达尔基维尔河的名字源自阿拉伯语"瓦迪-阿尔-卡比尔"，意为"大河"，是由该地区的阿拉伯统治者命名的。

此外，舰队所有人都知道，摩尔海盗依旧在西班牙沿海晃荡，伺机抢掠那些载有宝贵资源，尤其是武器的船只，而摩鹿加舰队是他们最喜欢攻击的一类目标。

地理大发现之前的"地理"

离开塞维利亚一周后，舰队抵达温暖舒适的沿海小镇圣卢卡·德·巴拉梅达，那里也是舰队进入大西洋前的最后一个起航点。"我们利用西风进入港口，然后借助东风驶离港口。"皮加费塔重复着他刚刚学到的专业知识。抵达港口时，船员们发现这个位于世界边缘的港口刚经历了飓风的肆虐，冒险感顿时油然而生。

几个世纪以来，圣卢卡·德·巴拉梅达不断被异族侵占，从罗马人到阿拉伯人，再到1264年征服了这片土地的阿方索十世国王。1498年，克里斯托弗·哥伦布将这里作为他第三次探索新世界的起航点。而麦哲伦之所以选择同一港口，大抵也是为了向外界表明他想要超越哥伦布的决心。

这座拥挤的小镇旁边便是波涛汹涌的大西洋。对麦哲伦及其船员而言，这片海域就是环绕整个地球的大洋。一看到浪潮涌动的蔚蓝海水，所有船员的脉搏都加快了。只要征服这片海洋，他们下半生就能过上衣食无忧的生活。在此之前，无数船只从圣卢卡·德·巴拉梅达起航，有些船只很幸运，能从遥远的港口或者新发现的大陆返回西班牙，但是还没有人能环行整个地球。

为了确保船员们在陆地上的最后几天依然过着虔诚的宗教生活，麦哲伦在舰队出发前就开始行使指挥权。"数天后，在其他几名船长的陪同下，舰队总指挥乘船沿河岸巡视。"皮加费塔在日记中写道，"我们在港口停留了好多天，听圣卢卡附近的巴拉梅达圣母教堂做弥撒，提督命令舰队所有人在远航前要忏悔自己的罪过。当然，他在这方面也是以身作则。此外，凡是女性，无论是何种身份，皆不允许参观舰队或登船，这是有一定理由的。"

麦哲伦这种独断专行的行事风格也延伸到宗教仪式之外。皮加费塔在日记中称，为了压制异议，麦哲伦没有将此次远航的最终目的告诉普通海员："考虑到这一路上会遇到狂风暴雨和惊涛骇浪，他并没有将航行的真实目的公之于众，以免人们因为震惊和害怕而拒绝陪他去长途冒险。"皮加费塔的这种说法需要澄清一下。

作为一名葡萄牙航海家，麦哲伦早已习惯将探险活动视为机密，他从不轻易向别人透露细节，这也是葡萄牙人的做事方式。然而，舰队的所有人都知道此行的目的地是香料群岛，"摩鹿加舰队"这个名称说明了一切。

也许皮加费塔这番话的意思是麦哲伦想按原定计划寻找一条能够通往东方的海峡，但是还没来得及告诉大家，麦哲伦就被那些不忠诚的船员抛弃了。然而，这份计划注定是难以实现的，因为舰队不但要遭遇暴风雨，还要深入人迹罕至的海域去探索未知海峡。到那时，那些被他用花言巧语骗来冒险的船员很有可能背叛他。

皮加费塔还在日记里透露，麦哲伦之所以对航行目的地守口如

第一卷　寻找帝国的边界

瓶，是出于另一个更加令人不安的理由："同行的其他几位船长并不爱戴他，我不知道为什么会这样。也许是因为提督是葡萄牙人，而他们是西班牙人和卡斯提尔人。长久以来，这两个国家一直势同水火，互相怀恨在心。"

为了巩固他的权力，在那几位心怀怨恨又喜欢争吵的船长面前树立威信，麦哲伦制定了严格的航行规则。用皮加费塔的话来说，"这些规则很实用，值得遵守。"而且这些规则与其他舰队采用的航行规则一致："首先，提督要求他的舰船要行驶在最前面，其他舰船紧随其后。所以每到晚上，他会在艉楼甲板竖起一支火把或点燃一捆木头，葡萄牙人将其称之为'灯塔'，这样可以让其他舰船一直看到它。有时麦哲伦也会在艉楼挂一盏灯，或者挂着一根点燃的粗大灯芯草。这种灯芯草要事先用水浸泡，再用力敲打，最后在太阳下晒干或用烟熏干。"

麦哲伦还规定，如果旗舰"特立尼达号"向其他舰船发出信号，它们要立即回应，这样麦哲伦就能知道舰队是否跟在身后。皮加费塔写道："当遇到天气变化、风向不顺或者想减速的情况时，他会点燃两盏信号灯。如果麦哲伦想让别人收起阀帽（阀帽是与主帆相连的风帆上的一个部件），他需要打出三盏信号灯。因此，即便天气非常适合船队加速航行，只要旗舰打出三盏信号灯，就意味着船队要收起阀帽，这种方式便于船队在天气突然恶化的时候更加快速地降下和收拢主帆。"假如"特立尼达号"点起四盏信号灯，则表示其他舰船应该急速收帆。如果值班海员突然发现了陆地或暗礁，麦哲伦便会点燃信号灯或发射炮弹。

按照惯例，麦哲伦制定了一套值班制度，这套预防措施很重要。皮加费塔称，值班人员分为三批："第一批守到入夜，第二批从入夜守到午夜，第三批从午夜守到黎明时分……而且每天晚上值班人员都要轮换。也就是说，第一天晚上值第一批夜班的船员需要在第二天值第二批夜班，第一天晚上值第二批夜班的船员需要在第二天晚上值第三批夜班。他们每天都按这种方式换班。提督还发出命令，所有船员都要严格遵守信号制度和值班制度，以确保航行安全。"

麦哲伦的严格制度让一群既没有航海经验又不尊重他的船员不得不遵守纪律。在这些常规指令中，最让船长们耿耿于怀的一条规定是他要求所有舰船在黄昏时分向"特立尼达号"汇报航行情况，因为这表明麦哲伦才是摩鹿加舰队的总指挥，而非旁人。

1519年9月20日，舰队的五艘舰船依次驶离瓜达尔基维尔河口进入大西洋。胡安·德·埃斯卡兰特·德·门多萨（Juan de Escalante de Mendoza）是一名经验丰富的西班牙籍海员，据门多萨描述，当舰队驶过圣卢卡·德·巴拉梅达进入大西洋时，所有船员都无比兴奋。

"扬帆起航的那刻，"门多萨写道，"领航员命令船员收起船锚，只留下一只船锚在海底，然后把缆绳绑在最后一只船锚的起锚机上……桅桁杆和风帆就这样飘在高空中。两名学徒爬上前桅杆，做好准备，一听到指示就打开风帆。"领航员就这样通过喊话指导船员们完成一系列复杂而忙乱的动作。在这个关键时刻，他们的指令听起来更像是祷告，而不是命令。

门多萨继续写道："船上有一名专门观察沙洲的领航员，如果他说是时候扬帆了，舰船领航员就会朝着桅桁杆上的两名船员大喊：'松开前桅帆的绳索，以圣父、圣子、圣灵的名义，三位一体的真神啊，希望你们与我们同在，请保佑我们平安出航，平安回到家乡！'"祷告声在船员们耳边回荡，他们用力把绑着船锚的麻绳拉上来，放下船帆，感受着清风拂面。舰队开始加速，并逐渐远离海岸线，现在再也不能回头了。此行要么功成名就，要么万劫不复。

为了实现目标，麦哲伦不仅要征服未知的大洋，还要管好手下那群无知的船员。

自古以来，人类都有一个梦想，那就是航行到世界的尽头。然而在地理大发现时代到来之前，这个梦想一直没有机会实现。当时的欧洲人对欧洲以外的世界一无所知，整个欧洲大陆被一群充满迷信观念的贵族统治，他们极度渴求宗教救赎。对平民百姓而言，欧洲以外的世界就像《一千零一夜》里描述的奇幻国度，而这本民间故事集还包括了"辛巴达航海记"这样的传说。

正如文艺复兴时期人们都梦想成为宇航员一样，在地理大发现时代，航海是一项最具冒险精神的事业，参与的人很可能会因此失去生命或遭遇灾难。如今，地球上几乎再无人类尚未踏足之地，有了全球定位系统的我们再也不会迷路。但是在地理大发现时代，有一半以上的世界既没有被欧洲人探索过也没有被标记在地图上。当时很多欧洲人对未知世界存在误解，航海家们总是担心自己会穿过世界的边缘。他们认为大海深处潜藏着随时可以吞噬他们的海怪，一旦他们穿越赤道就会被沸腾的海水烫死。

有些人对欧洲以外世界的顽固观念源自老普林尼。公元79年，老普林尼死于维苏威火山爆发，他生前所著的多卷百科全书《自然史》(*Natural History*)在文艺复兴时代再次走入世人眼中，被人们广泛查阅。该百科全书试图将人类掌握的一切自然知识汇集起来，包括山脉、大陆、植物群和动物群等。

《自然史》中还有部分章节是关于人类的，所述内容既有事实也有想象。老普林尼曾提到一个被称为"独眼族"的部落，"这个部落的人只有一只眼睛，就长在前额的正中央"。书中还引用了学术权威说过的话，比如希罗多德讲过一个故事，是关于"独眼族和狮身鹰首兽之间的一场战斗，这场大战就发生在狮身鹰首兽栖息的矿井附近。民间传言狮身鹰首兽是一种带翅膀的野兽，擅长在隧道里挖金子并守卫这些黄金，而独眼族想抢夺黄金，双方的贪念都很重"。老普林尼认为这场生动的战斗是真实发生过的。虽然麦哲伦那个时代的自然学家提出过质疑，但人们普遍认为这是史实。

此外，老普林尼还描述了稀奇古怪的森林居民，"他们的双脚长在大腿后面，奔跑速度极快，跟随野兽的足迹四处流浪。"印度是各种奇怪生物生长的沃土，根据老普林尼的描述，印度"有披着兽皮的狗头人，他们不会说话，只会发出狗吠声，靠狩猎和捕鸟为生"。老普林尼说，曾经有那么一段时期，印度全国遍布着超过12万名狗头人。

老普林尼向他的读者保证，自然界永远不缺少奇迹。他的著作中收集了诸多犹如天方夜谭却又不得不让人相信的奇闻逸事，而且带有古典文学的色彩。"女人变成男人并非虚构的故事，"他写道，"我们在史籍中发现……一名卡西努姆女孩在她父母的眼皮底下变成了男孩。"为了强调自己的观点，老普林尼宣称他手上有关于这种现象的第一手资料："在非洲，我亲眼看到一位新娘在结婚那天变成男人。"他说类似的奇迹不胜枚举，比如：东欧人有两双眼睛、有可以向后看的脑袋，甚至根本没有脑袋。

老普林尼还写道，在非洲有些人具有双重性别，但是他们能够繁殖后代；有些人不吃饭也可以活下来；有些人耳朵很大，大到足以盖住他们的整个身躯；还有些人的腿长得像马腿。他还说，在印度有些人长了6只手。这些不可思议的怪事随后被那些受人敬重的史学家们反复讲述，深受麦哲伦时代民众的广泛认可。

在汪洋大海里，还隐藏着一些更加奇怪的生物，如鲸、鲨鱼、6英尺长的龙虾和300英尺长的鳗鱼，水手们无法分辨老普林尼的描述哪些是真实的，哪些是幻想。

第一卷　寻找帝国的边界

麦哲伦时代的欧洲人对地球主要大陆板块一无所知。他们只知道地球有三块大陆，分别是欧洲、亚洲和非洲大陆，也有人猜测地球存在尚未被发现的新大陆。在麦哲伦航行前和航行后的很长一段时间里，欧洲人已经认定地球上有一个未知岛屿，也就是所谓的"南方之地"，据说它位于南半球的某个地方，幅员辽阔，足以平衡北半球大陆的重量。

根据高度简化的中世纪地图，已知的欧亚非大陆被大洋包围着，尼罗河、顿河和地中海将其分成三块，大陆板块内的海水和河流都流入大洋。这张地图就像是将英文字母T镶嵌在字母O里，所以这类型的中世纪地图也被称为"T-O"型地图。为了与宗教传统保持一致，"T-O"型地图将耶路撒冷放在地图中央，而天堂则被放置在地图上方。更复杂的是，亚洲位于地图的北半球，欧洲和非洲位于南半球。在某些版本的中世纪地图中，大洋的海水甚至流进了宇宙。这种地图既不适宜航海，也不能像指南针一样定位，更不能用于规划路线。它们只是概念模型，无法描述真实的地理环境。因此，对麦哲伦来说，这种地图毫无用处。

1513年，也就是麦哲伦开始环球航行的6年前，胡安·庞塞·德·莱昂就去寻找过"不老泉"。文艺复兴时代另一位德高望重的人物彼得·马特将"不老泉"描述为"具有神奇作用的流动泉水，既可以直接饮用，也可以辅以饮食，能让老年人重获青春"。

按传统说法，"不老泉"位于巴哈马群岛的比米尼岛。庞塞·德·莱昂是一名军人和贵族，参与过哥伦布第二次探索新世界之旅，因而声名在外。斐迪南国王命他去寻找比米尼岛，并将其纳入西班牙领土。莱昂前往巴哈马群岛和波多黎各转了一圈，却没有找到"不老泉"。虽然此次探险以失败告终，但传说并没有就此结束。直到1601年，西班牙著名的历史学家安东尼奥·德·埃雷拉·易·托尔德西利亚斯依然在书中信誓旦旦地说,"不老泉"的泉水能够让人重获青春,而且能提高老年人的性能力。

以今天的眼光来看,庞塞·德·莱昂探索的东西似乎太过于天马行空和荒谬,但在那个时代,他却是一位了不起的人物。迷信观念主导着欧洲民众甚至是学术界,使其改变了对外部世界的看法。

1560年出版的一部著作中描述了各种海怪大量出没于海洋之中。其中一只海怪名为"漩涡",据说它拥有人类的容貌;另一只海怪据说曾在1513年被人发现,它有着丑陋的鳞状皮肤。该书还描述了其他海怪,包括半人半兽的海神、体型与一头大象相当的海象以及脸带火焰的神奇蜈蚣。这意味着在进行海上航行尤其是环球海上航行的时候,人们很可能会遇到这些怪物和其他海怪。

彼时,即便是知识分子也坚信地球上存在神奇的地域。比如有人坚信世界上真的存在由祭司王约翰统治的神秘国度。祭司王约翰是一位传奇人物,在中世纪末期和文艺复兴初期,他给欧洲人带去无限的想象空间。有人说他是基督教统治者,有人说他是忽必烈。关于祭司王约翰和他的王国虽然有诸多细节存在很多矛盾点和不可信,但数百年来,人们普遍认为这个人是真实存在的。

那个时期的基督教与伊斯兰教势同水火,基督教派出东征的十字军屡次铩羽而归,所以祭司王约翰的传说打消了基督教信徒的顾虑,让他们坚信在欧洲大陆之外还有一个繁荣富饶的基督教前哨站。

祭司王的传说始于1165年。当时各国基督教领袖间流传着一封长长的信件,随着时间的流逝,许多匿名作者在这封信里加入大量引人入胜和异想天开的细节,使其更加具体形象。这封信相继被翻译成法语、德语、俄语、希伯来语、英语和其他语言,随着活字印刷术被引入欧洲,它又被无数次重印和再版,成为中世纪流传最广、最具探讨价值的文件之一。

事实上，这封信是写给君士坦丁堡皇帝曼努埃尔和罗马皇帝弗雷德里克的，其内容如下：

"若您想造访我的王国，我将奉您为上宾，您可以随意享用这里的美味佳肴，且满载奇珍异宝而归。若您想知道我国之强大实力从何而来，请坚信一点：我是至高无上的祭司王约翰，论财富、品德和权力，天底下无人能及。七十二国国王向我进贡，我是虔诚的基督教徒，随时随地保护我们帝国的基督教徒，从不让他们缺衣少食。"

信件接下来的内容明显带有象征色彩，但人们依旧认为这些内容是真实的："我们的伟大国家统治着印度三国，并延伸至东印度地区，那里是圣徒托马斯安息之地。它穿过沙漠，直达太阳升起的地方，然后穿过荒无人烟的巴比伦，那附近就是巴别塔。"无论这封信是否为祭司王约翰亲笔写就，信中所指"印度"并不仅仅指印度次大陆。中世纪，人们认为印度包含非洲东北部的绝大部分，所以"印度"是一个有弹性的词，而中世纪地理学家遵守约定俗成的说法，即当时所称的"印度"包含很多地方，有些地方离欧洲近，有些离欧洲远些。

祭司王约翰将他的王国描述成一个极乐世界，比那些被战争、瘟疫和饥荒蹂躏过的欧洲国家奢华得多，更何况小冰河期还让欧洲人经历了不少苦难，只不过鲜有人记得这段时期而已。

相比于欧洲的苦难，祭司王约翰口中的王国处处有奇观："我们国家有大象、单峰骆驼、双峰骆驼和天底下各种各样的野兽，盛产蜂蜜和牛奶。我们这里没有害人的毒药，没有吵闹的青蛙，没有毒蝎，更没有蟒蛇爬过草丛。剧毒的爬行动物在我们这里无法生存或无法使用它们的致命杀伤力。在一个未开化之地有一条名为'菲逊'的河流。这条河从天堂而来，蜿蜒流过整个区域，河里有翡翠、蓝宝石、红宝石、黄宝石、橄榄石、黑玛瑙、绿柱石、红玛瑙和许多其他珍贵的宝石。"

除此之外，这位神秘的宗教领袖还宣称他管辖的领土从东欧一直延伸到印度，那里有半人半兽神、狮身鹰首兽、不死鸟以及其他神奇的生物。他说他住在一间用黄金和宝石盖成的宫殿里，宫殿既没有门也没有窗户。

其实，祭司王约翰的信件是由一些异想天开的僧侣绞尽脑汁杜撰而成的，他们希望人们将这封信视为具有象征意义的文件，抑或是把它当作寓言故事和表达信仰的方式。令他们始料未及的是，人们认为信件所述的内容都是事实，而且把它当作一种外交手段。凡是看过或听说过这封信的人，都想知道祭司王约翰住在哪里。

到了1177年，这封信的名气越来越大，教皇亚历山大三世甚至给这位"威名显赫的东印度群岛国王及耶稣的爱子"写了一封回信，朝圣者们四处寻找这位只闻其名、不见其人的祭司王约翰。

慢慢地，这封信就像匹诺曹的鼻子，变得越来越长。有人临摹这封信，对其内容进行渲染，夸大了祭司王约翰的领土范围。其中有一份经过篡改的信件里绘声绘色地描述了祭司王王国里种植的香料："我国另一个地区的民众专门种植和收割胡椒，用于交换玉米、谷物、布料和皮革……"这话听起来很合理，但接下来的内容就开始天马行空：

"该地区树林茂密，到处都是体型巨大的双头蟒蛇，蛇头上长着羊角似的东西，眼睛像灯一样闪闪发亮。每当胡椒成熟的时候，附近乡下的人们带着谷糠、干草和干燥的木材赶来，他们将这些东西布在森林四周。待强风刮起之时，人们在林子里面和外面点燃烈火，将蟒蛇困在林中。就这样，除了那些藏在洞穴中的蟒蛇，大部分蟒蛇被熊熊大火烧死。"

在宗教信仰最为狂热的时代，蟒蛇代表恶魔，它们入侵了如伊甸园般的胡椒种植园，故而只能用信仰之火打败它们。

随身携带的《马可·波罗游记》

中世纪有两部最受欢迎的游记，分别是《马可·波罗游记》(*The Travel of Marco Polo*)和《曼德维尔游记》(*The Travels of Sir John Mandeville*)。这两部书均包含大量关于祭司王约翰信件的线索，使旅行内容和关于祭司王约翰的传说更为可信。

《马可·波罗游记》的出版时间更早一些。1298—1299年，作为战俘的马可·波罗被囚禁在热那亚，在一位名叫鲁斯提契洛的比萨浪漫主义作家的协助下完成本书。马可·波罗在东方生活了20年，游历过蒙古和中国，甚至还去过缅甸。他的父亲和叔父常年背井离乡，在忽必烈的夏宫，即"上都"（上都也是塞缪尔·泰勒·柯尔律治描写大元帝国的灵感来源）生活多年，最终以忽必烈特使的身份返回欧洲。也就是说，马可·波罗的青年时期是在东方度过的。

正如马可·波罗和鲁斯提契洛预想的那样，《马可·波罗游记》并不完全是一部旅行日记，它的内容常有前后矛盾之处。一直以来都有人认为，尽管马可·波罗对中国风土人情的描述显然是第一手资料，但他可能从未到过中国，否则他为什么没有在游记中提到长城或茶叶？该书提到马可·波罗在中国生活的经历，并配以一些犀利的评论，还提到东方的各种奇闻，尤其是关于祭司王约翰的，这些内容增加了它的可读性和吸引力。即便如此，它还是达不到所谓的真实性标准。更复杂的是，这份手稿是用法语和意大利语方言写成的，翻译难度大且没有明确版本，在市面上流通的100多个版本的手稿中，几乎没有内容完全相同的版本。

马可·波罗喜欢借名人抬高自己的身价。马可说，在遇到祭司王约翰之前，祭司王的大名他早有耳闻。他知道祭司王是北方游牧民族鞑靼人的领主，鞑靼人"每年要将自己驯养的十分之一牲畜进贡给他"。马可·波罗和鲁斯提契洛在祭司王约翰的传说中加入了另一个人物，并将其设定为祭司王的敌人。从某种程度上来说，这一创作灵感来源于一位真实人物。

马可·波罗在游记中提到，1200年，成吉思汗命人带话给祭司王约翰，说他要娶祭司王的女儿为妻。"成吉思汗居然想娶我的女儿，难道他不觉得羞耻吗？"祭司王约翰怒斥信使，"难道他不知道他是我的属臣和奴隶吗？回去告诉他，我宁愿把女儿扔进火里烧死，也不会许给他为妻。"鲁斯提契洛开始借此发挥想象，称成吉思汗听闻此言，顿感无比痛苦，"他的心脏难受得不得了，几乎要从胸口爆裂开来。"身体康复后（这早在读者预料之中），成吉思汗决定向祭司王约翰开战。

根据马可·波罗的叙述，这是一场史诗般的战斗，双方在"祭司王约翰的属地天德州的广袤平原"上聚集了有史以来最大规模的军队。现代观点认为，这片平原应该位于蒙古境内，就像祭司王约翰的其他传闻一样，我们无法确定它的准确方位。开战前，成吉思汗命他的占星师们预测这场战斗的结果，占星师说他将大获全胜，他很高兴。

两天后，战斗打响了："这是一场世所罕见的战斗，双方都损失惨重，但成吉思汗最终胜利了，祭司王约翰在战斗中阵亡。从那天起，他失去了自己的领土，而成吉思汗继续征伐四方。"

对于祭司王约翰和基督教在中国的溃败，马可·波罗增加了一段奇怪的后话。他说，天德州成为成吉思汗和祭司王约翰后裔的家园："该地区被一位名叫乔治的国王统治，他是祭司王约翰的宗亲，也是一名基督教徒和祭司。他继承了'祭司王约翰'的头衔，以忽必烈属臣的身份控制这片领土，但他并没有控制该地区所有领土，而只是控制了其中一大部分。我可以告诉你，忽必烈经常把他的女儿或女性亲属许配给祭司王约翰的继承人。"

马可·波罗还说，天德州有各种神奇的生物，甚至可以找到《圣经》中提到过的歌革人和玛各人。尽管这些内容过于天马行空，但《马可·波罗游记》还是激励欧洲人幻想着与亚洲的王国做贸易以及探索整个世界。许多参与麦哲伦远航的船员都很熟悉这本书，而且不止一名船员随身携带了《马可·波罗游记》。

"道听途说君"的终结者

约翰·曼德维尔（John Mandeville）也是一位伟大的旅行家，非常会讲故事。曼德维尔身上有一种与生俱来的、温文尔雅的自信，他能够将古代作家所讲述的故事与他所谓的个人经历完美结合。实际上，与其说他是旅行家，不如说他是人云亦云之人，因为他讲述的大部分故事都来自中世纪的百科全书《世界的镜子》（*Speculum Mundi*），这本百科全书不仅摘录了老普林尼和马可·波罗的叙述，还引用了其他权威人士的故事。故事最后，曼德维尔从祭司王约翰的信中抄了一大段内容，以此充当他的个人作品。

在这些令人惊讶的故事中，曼德维尔声称他曾前往圣地朝圣，但这种事情不太可能发生。作为一名贵族，他可能从未到过比他家藏书馆更远的地方。他称自己曾横穿印度，看到那里到处是黄色和绿色人种；他说自己到访过祭司王约翰的王国，却没有指明这个国度的准确方位；他甚至吹嘘说他顺利到达了天堂边界，因为觉得自己没有资格进入天堂，所以没有进去。当然，他还说他在旅行过程中发现了"不老泉"，并喝了三口可以让人返老还童的泉水，"从那以后，我感觉身体更加舒畅和健康。"

每每人们说起充满异域色彩的东方世界，总是离不开香料这个话题。曼德维尔将香料这个主题描述得活灵活现，让那些不知情的读者信以为真。他装出一副知识渊博的样子，说他到过一个名为"康巴尔"的梦幻岛，胡椒长满了"整片树林"。他所说的梦幻岛也许位于香料群岛或其他真实存在的地方，也有可能是他杜撰出来的。

曼德维尔在书中写道："要知道，胡椒是野藤植物，通常依附在大树旁边，顺着树干生长。胡椒的果实呈束状，像葡萄那样一串串悬挂在树上。有时候果实长得太稠密了，蔓藤无法支撑它们的重量，只能由其他树木支撑。果实成熟后会全部变成绿色，就像常春藤的浆果。椒农们将摘下的果实放在太阳下晒干，然后把它们铺在干燥的地面上，直至它们变得又黑又皱。"这段叙述很有说服力，足以激励欧洲商人和政府去寻找这种神秘的香料。

与麦哲伦一起出海的船员们注意到，曼德维尔的描述中提到了一种磁性很强的岩石，这让他们非常不安。按照曼德维尔的说法，倘若船员粗心大意，船只很容易被这种岩石摧毁。他在书中警告说，"海里有一种被称为'硬石'的巨大岩石……可以吸引铁器"。因此，"如果船上有铁钉，就不应该在这种岩石附近航行，因为它会把船只吸过去，所以来往船只都不敢往那儿去"。假如船只靠近这种有磁性的岩石，它的铁钉会被吸出，船只会因此漏水甚至沉没。

曼德维尔还想拿其他牵强附会的故事冒充事实，比如：会说话的鸟（可能他指的是鹦鹉），黎明发芽、中午结出果实、黄昏就枯萎的树木，60英尺高的野人，还有因为夭折婴儿获得重生而欣喜若狂的妇女。此外，他重温了一遍古希腊神话中关于亚马孙女战士的传说，但他的叙述比古人更加直白。"她们都是品质高尚和充满智慧的女战士，"他说，"因此邻国的国王们都请她们去打仗。亚马孙女战士居住在一座小岛上，四周被大海环绕，只有两处地方可以上岛。海的另一边住着她们的爱人，当女战士们需要享受肉体的欢愉时，就会去海的另一边找他们。"

总而言之，《曼德维尔游记》是一部奇异志，尽管里面讲述了很多不太可能发生的事情，但人们认为曼德维尔的叙述都是真实的。这本书被民间广泛收藏，而且人们对游记当中那些信口胡诌的内容不以为意，认为这是多年来抄写或复制原文内容的人犯错或擅自篡改的结果。曼德维尔在书中借用了许多经典作家的观点，人们却并没有把这种行为视为剽窃，这更增强了他作为学术权威的地位。

曼德维尔认为，人类是可以进行环球航行的，但他也提醒说，"环球航行有很多条路线，而且要经过很多国家，除非得到上帝的垂青，否则很容易走错路线。"他提到一位曾经完成此壮举的航海家，"他经过印度和印度之外的5 000多个岛屿，通过水路和陆路到达遥远的国度，环绕了整个地球。最后，他找到一个小岛，那里的人跟他说一样的语言，"曼德维尔写道，"这让他惊叹不已，因为他不明白怎么会这样。据我推测，他一路长途跋涉，经过陆地和海洋，早已环绕整个地球，回到本国边境。如果他继续往前走的话，可能就会到达自己的故乡。但是在听到熟悉的语言之后，他不想继续前行，而是转身原路返回。这段旅程可真够远的！"

整个欧洲都流传着各种可怕和奇妙的自然界故事。从修道士和医师转行成为著名作家的弗朗索瓦·拉伯雷在他1532年出版的系列

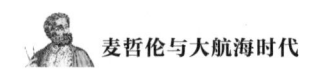

讽刺小说《巨人传》中不遗余力地讽刺了这种现象。在小说里，主人公在异国土地上发现了奇特生物。拉伯雷用这种滑稽的叙事手法嘲笑古代德高望重者所讲述的荒谬故事。

小说中有一位人物名叫"道听途说君"（Hearsay），他是个又盲又驼背的老者，经营着一所学校。他有七根舌头，每根舌头分为七段。拉伯雷笔下的这个人物性格狂暴，喜欢模仿宇宙学家，完全是个势利小人。

"我看到无数人围在他身边，全神贯注地听他说话。在这群听众当中，我看到了几位名人，其中一人拿着一幅世界地图，向其他人简要地讲解着地图的内容。就这样，他们马上成为文人和学者，字斟句酌地谈论许多重大事情（他们的记性也真够好的）；倘若换作普通人，恐怕终其一生，也不足以了解他们所谈论内容之一二。"

他们谈论金字塔、尼罗河、巴比伦、类人猿、希柏里尔山脉（Hyperborean Mountains）、伊吉潘神（Aegipans）以及各种各样的恶魔，所有这些知识都是"道听途说君"教的。拉伯雷想表达一个严肃的观点，他要引导读者回归古希腊的"亲身体验"（autopsis）理念。"亲身体验"首先强调的是第一手资料的重要性，其次是从拥有第一手资料的目击者那里获取可靠信息。

"亲身体验"是地理大发现时代的一个革命性理念，以求实的态度研究这个世界，而不是听信神话和宗教文献。这正是麦哲伦所提倡的做法，他要亲自看看是否有前往香料群岛的海上通道；如果真的存在连接这条通道的海峡，他要找到它，然后向卡洛斯一世国王汇报。

麦哲伦身处古代中世纪世界与现代世界的分水岭，他的这趟香料群岛探索之旅将完全以实践和实证为基础。这是一次横跨地球的亲身体验，光是如此雄心壮志就让此行成为一次勇敢和具有重大意义的尝试。麦哲伦和他的舰队一扫千年混乱思想的时机已经成熟，"道听途说君"统治的时代行将结束。

摩鹿加舰队出发这天，天气晴朗，一阵阵强风将五艘黑色舰船送到西南方的加那利群岛，那里距离西撒哈拉海岸不远。"1519年9月20日，周二，我们离开了圣卢卡，顺着西南风向前行驶，"皮加费塔写道，"9月26日，我们到达大加那利岛（Grand Canary）的其中一个岛屿特内里费岛（Tenerife）……我们在那里停留三天半时间，用于补充给养和其他急需的东西。"

数百年来，大加那利岛、富爱特文图拉岛（Fuerteventura）、兰萨罗特岛（Lanzarote）、特内里费岛、帕尔马岛（La Palma）、戈梅拉岛（Gomera）和耶罗岛（Hierro）这七座火山岛一直都是船只进出伊比利亚半岛的中转站。老普林尼很熟悉这些岛屿，而当传统历史学家提到幸运群岛（The Fortunate Islands）时，他们所指的也许正是加那利群岛。

后来，一波又一波的阿拉伯和欧洲航海家顺着强风造访加那利群岛，在此补充给养，并努力改变岛民或被俘虏的奴隶的宗教信仰。1314年，加那利群岛开始出现在地图上。麦哲伦到达加那利群岛时正值1519年9月底，七大岛屿在大西洋海域闪闪发光。

在加那利群岛，皮加费塔证实了一个与这些岛屿相关的古老传说："要知道，在属于大加那利岛的其他岛屿中，有一个岛屿春天从不下雨，岛上面也找不到河流。但有天中午，天上突然降下一朵云彩，它围住岛上的一棵大树，树上的叶子瞬间落下，叶子蒸发出大量水分，犹如一股清泉。这场甘露滋润了岛上的居民、家畜和野生动物。"这段话表明，皮加费塔首次用他的亲身经历去检验古代作家们的言论，因为老普林尼曾经在他的作品中提及加那利群岛有一股找不到源头的泉水。而在皮加费塔看来，雨云正是这股泉水的天然来源。尽管这段话算不上是一种具有革命性的观点，但它却让皮加费塔有别于老普林尼和马可·波罗这样的圣人，后者只依赖于道听途说，或者把道听途说与事实巧妙地结合起来。

如果说皮加费塔曾经想仿效马可·波罗的话，那么他现在已经打消了这个念头。他并没有对过时的传说加以渲染，而是用自己的双眼观察这个世界，然后把看到的现象如实呈现出来。他会用实际看到或经历过的东西去检验传说。借助这种完全实事求是的方法，皮加费塔打破了一种古老的传统。

在加那利群岛短暂停留的几天里，麦哲伦忙着对舰队补充储备物资，这也是开航前最后一次补充物资的机会。他的动作很快，但正是因为动作太快了，他后来才惊恐地发现加那利群岛的批发商和杂货商耍诈，用篡改提货单的方式骗取钱财。他们大幅虚报了卖给舰队的补给品数量，而且他们卖出的商品质量很差。这种欺诈手段很常见，对于探险队而言是非常危险的，因为探险队在加那利群岛购买的食物关乎船员生死。虽然麦哲伦通常在补充储备物资这件事上会非常小心，但这一次他太过信任自己的供应商了。

皮加费塔写道，在特内里费岛的一个港口忙碌了三天之后，"我们便从那里出发，来到一个被称作'蒙特罗赛'（Monterose）的港口城市，并在那里停留两天，给船只补充沥青。对于舰船而言，沥青是一种必需物资。"在那里，麦哲伦听到一个令人不安的消息：葡萄牙国王已经派出两支由轻快帆船组成的舰队前来抓捕他。这一举措过于极端，却并非没有先例。

曼努埃尔的父亲也曾派舰队去拦截过哥伦布。麦哲伦收到一份来自他岳父迪奥古·巴尔波查的密函，称摩鹿加舰队的卡斯提尔籍船长打算找机会发动叛乱，为了达到目的，他们有可能会杀死麦哲伦。

迪奥古告诫麦哲伦："你要小心提防。"他还说出了叛乱主谋的名字，这个名字对麦哲伦而言并不意外，那就是与丰塞卡主教有血缘关系的卡斯提尔人胡安·德·卡尔塔海纳。

在给迪奥古的回信中，麦哲伦坚称自己是舰队总指挥，不惧怕任何事情，但他答应岳父，为了舰队和西班牙的利益，他一定会与其他几位船长紧密合作。迪奥古把这封带有和解之意的回信给贸易局官员看了，麦哲伦因为宽厚仁慈的态度而受到表扬，至少在短期之内，贸易局对他产生了好感。尽管麦哲伦展示出了自己的外交手腕，但一想到葡萄牙舰队在对他穷追不舍，麦哲伦对舰队和自身生命安全的担心又增加了几分。舰队的船长们本来就桀骜不驯，为了不制造更多恐慌，他没有把这两件事告诉别人。

麦哲伦认为，在这种情况下，立刻离开加那利群岛才是上上策。倘若葡萄牙舰队追上了麦哲伦，就会给他戴上镣铐，将他送回葡萄牙受审。他将会被宣判犯下叛国罪，受尽严刑拷打，可能还会被处以极刑。虽然物资未储备到位，但由于担心自身生命安全和舰队福祉，麦哲伦在1519年10月3日午夜命令舰队起锚开航。

"舰队一路向南航行，"皮加费塔写道，"我们身处大洋之中，经过了佛得角，沿着几内亚或埃塞俄比亚沿海航行了很多天，那里有一座山，名为'塞拉利昂山'（Sierra Leone），距离赤道有八个纬度。"

麦哲伦命令舰队日夜兼程，希望尽量拉大舰队与葡萄牙追兵之间的距离，并沿着一条让葡萄牙人意料之外的路线行进，从而躲避对方的追捕。他率领舰队朝西南方向紧贴非洲海岸航行，而不是向西横跨大西洋。卡尔塔海纳站在紧随旗舰的"圣安东尼奥号"甲板上，质疑麦哲伦的命令有问题。他很不客气地问道：麦哲伦为什么要走这条非常规路线？

麦哲伦告知他：跟着旗舰走，不要问问题。

卡尔塔海纳继续抗议，坚称麦哲伦事先应征求船长和领航长的意见。他还说，麦哲伦采用这条危险的路线，难道是想让所有人丧命吗？

麦哲伦根本不想解释，他只是提醒其他船长跟上旗舰，船长们只能执行他的指令。麦哲伦预想中的叛乱并没有发生，各舰船严格遵守命令，至少暂时是这样。

在接下来的15天里，摩鹿加舰队一路顺风顺水，这安抚了船长们的怒气，也让麦哲伦有时间规划最佳航行路线，以躲避葡萄牙的追兵。尽管他没有发现葡萄牙人出没的迹象，但他还是继续沿着非洲海岸航行，而不是向西行进。

然而，正当舰队继续往南走时，天气突然变坏，风向每天都不同。他们手里没有可靠的航海图，不知道哪里有岩石，也不知道哪里有其他危险等着他们，更不知道糟糕的天气何时会变好。船上无法生火煮饭，船员无法入睡。帆船受恶劣天气重创，船员们随时面临生命威胁，只要不小心滑倒，就有可能一头扎进海里，毫无被救的希望。

变幻莫测的大风将船只侧吹到浪沟里，船只颠簸翻腾，桁杆浸入翻滚的海水中，这是船只有可能沉没的预兆。为了避免船只被巨浪吞噬，船长们有好几次差点命令船员砍断桅杆。这是孤注一掷的举动，因为一旦砍断桅杆，天气变晴朗之后舰队将无法继续航行。不过他们并没有这样做，而是几乎降下所有船帆，让光秃秃的桅杆经受无情狂风的考验。

"就这样，我们冒着大雨航行了60天，到达赤道线，"皮加费塔写道，"在老船员和那些以前到过几次赤道的船员看来，这是一件非常奇怪和罕见的事情。"他们"经受了狂风暴雨和惊涛骇浪的折磨，无法向前航行。为了避免船只沉没或打横（飓风来临时经常会发生这种情况），我们急忙降下风帆，就这样在海上四处漂流着"。

在这场煎熬中，鲨鱼经常出没在舰队周围，令船员们心惊胆战。"它们的牙齿很锋利，"看到这幅景象，皮加费塔早已吓得目瞪口呆，"只要有人落水，无论是死是活，它们都要吃。有船员随身携带着铁钩，我们就用铁钩钓鲨鱼。不过大鲨鱼的肉很难吃，小鲨鱼的味道也好不到哪里去。"

这场危及船员生命的暴风雨持续了好几周。随后，几团嘶嘶冒着热气、发出白色光芒的球状物出现在麦哲伦旗舰"特立尼达号"的桁杆上方，令人觉得不可思议。有人大声喊道：圣艾尔摩之火！

圣艾尔摩之火是一种自然现象，足以媲美老普林尼或约翰·曼德维尔爵士所归类的任何一种空想出来的超自然幽灵现象。它的本质是一种剧烈的放电现象，当电荷沿着船只桁杆向下移动时，看上去就像是一道火焰。它甚至可以出现在人的头上，形成一种可怕的刺痛感。

迷信的船员总是很注意各种征兆，他们把这种现象与圣彼得·冈萨雷斯（Saint Peter Gonzalez）联系起来。冈萨雷斯是多米尼加的一位牧师，航海家们奉他为守护神，并称其为"圣艾尔摩"。因此，圣艾尔摩之火被认为是得到守护神庇护的象征。

受尽暴风雨折磨的船员们第一次看到圣艾尔摩之火，它"像一把火炬高悬在桅楼上方，并在那里停留了差不多三个小时，让我们所有人感到欣慰不已，因为我们早已泪流满面，以为难逃此劫。而当这团圣火快要离开我们时，它变得非常耀眼，大概有一刻钟的时间里，我们如同盲人般祈求上帝大发慈悲。毫无疑问，我们都没想到自己能逃离这场暴风雨"。这团幽灵似的圣火逐渐消退后，有些船员开始认为麦哲伦受到某种超自然力量的保护，去完成一个特殊

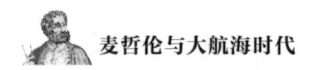

的使命。虽然他们在危急关头侥幸逃生，但事实证明，这只是短暂的解脱而已，麦哲伦拯救船员的能力将很快再次经受考验。

麦哲伦的官方书记官安东尼奥·皮加费塔暂时可以享受难得的平静，并思考海上出现的各种神秘事物。他们并没有遇到脸上冒着火焰、威胁舰队安全的海怪；相反，他们看到飞鱼从海里跃起，而且数量不止一点点，而是"数量庞大，看上去就像是海里的一座岛屿"。这奇妙的景象亦真亦幻，让皮加费塔深深为之着迷。

海里和天上都有超乎人们想象的奇迹和危险，这不是古代和中世纪历史学家靠臆想而描述出来的世界，它比想象中的世界更奇怪、更丰富多彩，也更加危险。

第4章
"无法无天者的教堂"

> 无聊的时光里,
> 人人喉焦舌干,目光呆滞,
> 无聊的时光!无聊的时光!
> 疲倦的眼神无比呆滞,向西远眺,
> 我看到空中飘浮着某样东西。

经历了60天狂风暴雨的折磨后,摩鹿加舰队的船只急需修理,此外船上很大一部分宝贵的食物供给也在暴风雨中被毁。麦哲伦觉得有必要减少船员的口粮配给量,每人每天可得到4品脱饮用水和2品脱红酒。作为船员主食的硬饼干也减少到每人每天1.5磅。由于麦哲伦从来不就他做出的决定向别人解释理由,所以他也没有告诉船队为什么要减少食物和饮用水的配给量,而这一点很可能引起了船长和船员们的不满。

风暴减弱后,5艘遭受重创的帆船缓缓漂流到平静的赤道海域。此时,气温逐渐升高,船帆懒洋洋地张开着,船只无助地漂浮在海上。现在的时机对那几位想要造反的西班牙籍船长有利,他们又开始密谋推翻麦哲伦的领导。这一次,他们不再公开作乱,而是直接无视麦哲伦这个总指挥,把他当作地位低贱之人。

麦哲伦提醒船长们,卡洛斯一世国王颁发的指令已经赋予他整支舰队的控制权,然而这番话却在不经意间为哗变埋下了伏笔。根据规定,每艘船都要在傍晚时分靠近"特立尼达号",接着船长必须参见麦哲伦，并接受他的命令。但是卡尔塔海纳决定刻意蔑视麦哲伦的权威——当"圣安东尼奥号"靠近"特立尼达号"时，卡尔塔海纳让领航员向麦哲伦致敬，并且拒绝以正确的头衔称呼麦哲伦。通常情况下应该由卡尔塔海纳对麦哲伦说："上帝保佑你，总指挥先生，我的主人和好朋友。"然而，那名职位低微的领航员却称呼麦哲伦为"船长"，而不是"总指挥"。

麦哲伦严厉地提醒卡尔塔海纳亲自以正确的方式称呼他，但卡尔塔海纳却趁机再次羞辱麦哲伦。既然麦哲伦不同意"圣安东尼奥号"的领航员向他行礼致敬，那卡尔塔海纳下次就会挑选一名地位更加卑微的随从去做这件事。领航员致意事件发生几天后，卡尔塔海纳便不再以任何形式向麦哲伦致敬。

此时麦哲伦必须想出一个有效的办法对付卡尔塔海纳的叛逆态度，否则他可能会失去整支舰队的控制权。

纵欲新世界

就在这段剑拔弩张的时期，"维多利亚号"爆发了新的危机。麦哲伦得知，"维多利亚号"船主、来自西西里岛的安东尼奥·萨拉蒙被发现与船上的一名男侍应生安东尼奥·希诺维斯发生了同性恋行为。由于两人被捉奸在床，所以这件事的真实性毋庸置疑，最大的问题在于如何处理。

根据西班牙法律，同性恋是死罪。尽管这一现象在当时已经十分普遍，但西班牙官方和天主教仍然以最严厉的方式惩罚同性恋行为。作为舰队总指挥，麦哲伦别无选择，只能对他们进行纪律处分，但他发现自己处于一种两难的困境中：一方面，残酷的西班牙法律要求他严加处置同性恋行为；另一方面，同性恋行为又必定会在航海过程中发生。船只长期在海上航行，船员社交空间有限，同性恋行为不可避免。过往的记录显示，很少有船长会惩罚进行同性恋行为的船员。相反，他们对此故意视而不见，息事宁人。但这次麦哲伦采取了一种较为严苛的做法。他对萨拉蒙进行了军事审判，在法庭上既当法官又当陪审员。很快，萨拉蒙被判掐死。这一判决将于数周后的12月20日执行。

审判结束后，麦哲伦在他的船舱内召见了舰队的其他船长，包括"圣安东尼奥号"船长卡尔塔海纳、"康塞普西翁号"船长凯塞达、"维多利亚号"船长缅多萨以及"圣地亚哥号"船长塞拉诺。会议的气氛相当紧张，因为麦哲伦意识到，除了塞拉诺之外，所有船长都想带领手下哗变。

卡尔塔海纳从会议一开始就抨击麦哲伦，说他率领舰队沿非洲海岸线航行的做法太过反常和危险。卡尔塔海纳抱怨说，在麦哲伦的领导下，舰队先是遭遇暴风雨，然后又被困于平静的赤道海域无法前进。他坚称，麦哲伦这种怪异行为的唯一原因就是想要暗中破坏西班牙的海上探险行动，无论麦哲伦宣称自己多么忠于卡洛斯一世国王，但他真正效忠的人只有葡萄牙国王。

受以上表象的误导，卡尔塔海纳形成了要不顾一切地篡夺麦哲伦的指挥权的偏执逻辑。事实上，麦哲伦之所以选择这条危险且少有人走的航行路线，是为了躲避葡萄牙追兵，而且他已经尽自己最大努力去挫败西班牙的敌人。

此外，某种嫉恨心理也助长了卡尔塔海纳的哗变情绪。卡尔塔海纳坚决认为卡洛斯一世国王指派他和麦哲伦担任舰队联合指挥官。可事实上，虽然卡洛斯一世国王赋予他监察长的头衔，并任命他为"联合长官"，但并没有打算让他与麦哲伦分享指挥权。卡尔塔海纳缺乏航海经验，当然没有资格担任西班牙历史上最雄心勃勃的海上探险队的总指挥。他只能充当舰队的一种象征，向外界表明这是一支属于西班牙的舰队。除了与丰塞卡大主教的关系之外，他最大的资本就是卡斯提尔人身份。正是基于这样的原因，享有特权的卡尔塔海纳认定自己有资格与麦哲伦平起平坐。假如卡尔塔海纳知道麦哲伦躲避葡萄牙人的真实目的是为了拯救舰队，而不是暗中破坏，那真相也许会打破卡尔塔海纳偏执的逻辑，但仍然无法约束他毫无节制的盲目爱国之心和特权意识。

卡尔塔海纳在会议上宣布，作为一名忠于君主的卡斯提尔人，他不再听命于麦哲伦。

舰队总指挥麦哲伦早就准备好应对卡尔塔海纳的挑衅。他当即发出信号，"特立尼达号"的纠察长冈萨罗·戈麦斯·德·埃斯皮诺萨火速冲入船舱，麦哲伦的忠实追随者杜阿尔特·巴尔波查和麦哲伦的私生子克里斯托万·雷贝罗紧跟其后，三人手上都握着剑。与此同时，麦哲伦扑向卡尔塔海纳，抓住他衬衣的飞边，一把将他推到椅子上。"造反！"麦哲伦咆哮道，"你这是造反！我以国王的名义逮捕你！"

一听到这些话，卡尔塔海纳马上吼叫着让其他两名想要哗变的船长凯塞达和缅多萨用短剑刺杀麦哲伦。从他说话的方式来看，这三人显然早就谋划着推翻麦哲伦的领导，但在眼下这个关键时刻，凯塞达和缅多萨失去了付诸行动的决心。

纠察长埃斯皮诺萨趁机掌握了主动权。他把卡尔塔海纳从椅子上揪起来，拖到船长室外面，再将他推倒在主甲板上，然后用足枷把他锁了起来。这些足枷是专门为那些犯下轻微过错的普通水手准备的。看到一位卡斯提尔官员遭受如此严重的公开羞辱，凯塞达和缅多萨实在无法忍受。他们恳求麦哲伦放了卡尔塔海纳，就算不放他，也请麦哲伦把他交给他们羁押。他们提醒麦哲伦，他们两人无视卡尔塔海纳的命令就足以证明自己的忠心。

最终，他们说服麦哲伦相信他们不会造反，并且同意释放卡尔塔海纳，但前提是缅多萨必须将卡尔塔海纳拘禁在"维多利亚号"。卡尔塔海纳被当场解除指挥权。

假如麦哲伦能够重新选择，他很可能会对卡尔塔海纳也进行军事审判，并判处其死刑。作为舰队总指挥，他有权利这样做，因为卡尔塔海纳密谋杀死他，这是不可饶恕的罪过。然而，麦哲伦是个精明人，他知道卡尔塔海纳位高权重，一旦将他处死或者对其严加惩治，可能引起轩然大波。所以，这是他有生以来头一回因为谨慎而失误。麦哲伦没有惩处性格暴戾的卡尔塔海纳，这导致后者注定会继续挑战他的权威，甚至不惜鱼死网破。

短暂的哗变就此告一段落，麦哲伦命令小号手登上旗舰，吹响号角召集其他船只，并宣布从此以后"圣安东尼奥号"由安东尼奥·德·柯卡指挥。

被剥夺指挥权之后，卡尔塔海纳非但没有从失败的哗变中吸取教训，还对毫无航海经验的安东尼奥·德·柯卡极为不满。从那时起，他一心只想报复麦哲伦，不管这会给探险活动造成何种后果。作为丰塞卡的儿子，卡尔塔海纳完全拥有制造麻烦的能力。在探险活动的第一段航程，麦哲伦就遭遇了各种危险，而最大的危险莫过于卡尔塔海纳的变节。

卡尔塔海纳被解职之后，或者说被暂时剥夺权力后，麦哲伦又将注意力放在一再推迟的穿越大西洋的任务上。从1519年10月底到11月中旬的三周时间里，舰队一直向南航行，苦苦等待适合西行的大风。风终于来了，麦哲伦命令各舰船朝西南方向的里约热内卢进发。有人告诉麦哲伦，"康塞普西翁号"的领航员若昂·洛佩斯·卡瓦略在几年前的一次探险活动中到过里约热内卢。得知这一消息，麦哲伦马上把洛佩斯调到"特立尼达号"。为了增加卡瓦略的专业知识，麦哲伦给了他一张巴西沿海地图。这张名为"海之书"（Livro da Marinharia）的地图尽管不是完美无缺，却相当可靠。几乎在同一时间，弗朗西斯科·阿尔沃开始写航海日志，供摩鹿加舰队之后的探险者使用。

舰队原本想往西南方航行，但南赤道洋流将它带向了西方，而舰队的专业领领航员们却对此一无所知。舰队并没有如愿到达里约热内卢，而是在11月29日来到圣奥古斯丁角（Cape Saint Augustine）。舰队书记官皮加费塔写道，舰队就在这里短暂停留，补充新鲜食物和饮用水，然后很快又沿着巴西海岸线寻找里约热内卢。即使是舰队经验最丰富的领航员也在为偏离航向大伤脑筋。

阿尔沃在日记中写道："我们早上起床，看到右手边是圣托马斯岛（St. Thomas），岛上有一座大山，山脉沿着海岸线朝西南方向延伸。在距离舰队4里格的海岸线上，我们发现海底深度为25英寻，无浅滩。山脉相互独立，周围有很多暗礁。"两周后，也就是1519年12月13日，舰队终于进入草木茂盛风景如画的圣露西湾（Bay of Saint Lucy），并接近里约热内卢河口。

"特立尼达号"率先进入河口，它悄然穿过糖面包山（Sugar Loaf），静静地在港口抛锚。至此，麦哲伦来到了新世界。

1499年底，一位名叫维森特·亚涅斯·平松（Vicente Yanez Pinzon）的西班牙航海家首次发现了后来被称为"巴西"的地方。平松在巴西最东边的海岸进行探险活动，并冒险进入亚马孙河口，但当时西班牙并没有在这片新发现的蛮荒陆地建立定居点。几个月后，葡萄牙探险家佩德罗·阿尔瓦雷斯·卡布拉尔（Pedro Alvares Cabral）宣布该地归葡萄牙国王及国家所有。然而，此时巴西的轮廓在地图上并不清晰，人们对它的了解也不够透彻。葡萄牙国土狭小，西临大西洋，东与西班牙接壤，已无可扩充的版图，因此这片新发现的土地不仅具有重大的商业价值，对葡萄牙人的自信心也是一种提升。然而，巴西缺少黄金和香料，葡萄牙人不知道如何开发这片遥远的土地，所以治理起来漫不经心。

此后10年中，这片新陆地多次更名，直至1511年，"巴西"一词才首度出现在地图上，但这个名字的起源到现在还是个谜。有人猜测，它可能源自葡萄牙语"brasa"，意思是"燃烧的煤炭"。这种煤炭的颜色类似于葡萄牙人十分重视的一种深红色木材。还有人认为，"巴西"起源于"巴西苏木"一词。

自中世纪起，巴西苏木便从印度被运往欧洲，这种鲜红色的木材可以用来制作衣柜和小提琴的琴弓，还可以当作燃料使用。后来，人们在南美洲发现了与传统印度树种相似的树种，但新发现的树种更容易采伐，且成本较低。无论这个名字是如何衍生而来的，实际上它经过了很长一段时间才逐渐被人们接受。皮加费塔在日记中将这片土地称为"韦尔辛"（Verzin），即意大利语"巴西苏木"的变体。

在整整10年时间里，葡萄牙从南美进口巴西苏木的生意都交由一位颇具势力的商人费尔南·德·诺洛尼亚（Fernao de Noronha）垄断经营。作为交换条件，诺洛尼亚必须向葡萄牙王室缴纳大笔费用。在他的管理下，南美巴西苏木贸易盛极一时。巴西沿岸长满了这种树，葡萄牙人将树木砍倒，把树干和树枝锯成适于运输的尺寸，然后储存在厂房，等待船只把这些重要货物运回里斯本。

"康塞普西翁号"领航员若昂·洛佩斯·卡瓦略早年就参与过巴西苏木贸易。1512年，卡瓦略乘坐葡萄牙商船"贝托阿号"（Bertoa）第一次来到巴西。这艘船很快就返航了，但卡瓦略留在巴西管理伐木工厂，并一待就是4年。

葡萄牙的南美巴西苏木贸易模式堪称该国攫取遥远大陆的自然资源为己所用之典范。但由于运输船队要横跨大西洋，所以这种贸易模式存在不可预知的风险。后来随着葡萄牙航海家们逐渐掌握了影响航行线路的风向和洋流规律，穿越大西洋也变得没那么困难了。然而，葡萄牙与巴西相隔千山万水，很难对南美巴西苏木贸易实行统一管理。

法国人早就能够独立获取南美的巴西苏木，完全不受葡萄牙干扰。而摩鹿加舰队的5艘舰船出现在巴西的时候居然没有人前来干预，更表明葡萄牙的"垄断贸易"是多么的脆弱和有名无实。虽然巴西的战略地位很重要，但葡萄牙并没有在那里设立永久定居点。这一王国占领巴西的唯一证据就是一间早已被废弃的海关办公室。当麦哲伦到达里约热内卢时，港口里根本没有葡萄牙的船只，因此才放心抛锚。

虽然麦哲伦第一次来到巴西，但他读过亚美利哥·韦斯普奇于1502年到访此地之后写下的游记，所以他对这片风景优美的土地相当熟悉。用韦斯普奇的话来说，巴西的自然景观简直无异于天堂。

在整个环球航行过程中，麦哲伦也只遇到了这么一处天堂般的地方。"这片土地气候宜人，生长着郁郁葱葱的树木。有些参天大树从不落叶，常年散发着香甜的芬芳，而且结出各种各样的水果。这些果实不仅味道上佳，还对身体有益，"韦斯普奇写道，"田地里长满了香草、鲜花和带甜味的根茎植物，真是太不可思议了……我觉得自己身处人间天堂。"韦斯普奇的描述虽然夺人眼球，但绝不是约翰·曼德维尔爵士那种天马行空式的吹嘘；他的大部分叙述都与事实相符，堪称地理大发现时代现实主义叙事方式的先驱，而非中世纪魔幻式叙事方式的延伸。

韦斯普奇根据他的亲身经历描述巴西的印第安部落："在和他们

一起吃住的二十天时间里,我已经尽了最大努力去理解他们的生活方式和习俗。"他所描绘的印第安人生活画面虽然很诱人,却也隐藏着不安,而麦哲伦和他的船员后来也在里约热内卢遇到了这个印第安部落:"他们没有法律,没有信仰,就这样顺其自然地活着。他们不认可'灵魂不死'这一观念,也没有私有财产,因为一切都为整个部落共有。他们没有设置国家和省份的边界,更没有国王!他们不服从任何人,因为每个人都是自己的主人。他们没有正义心,也不懂得感恩,因为正义之举和感恩对他们来说都是多余的,不在其行为准则之内。"

谈到这些印第安人的风俗习惯,韦斯普奇的恐怖描述会让读者不寒而栗:"这些人习惯在自己嘴唇和脸颊上钻孔,然后往孔里放骨头和石头。千万别以为这些孔很小。绝大多数原住民有三个孔,有些人甚至打了9个孔,然后把绿色和雪白色的石头塞进去,这些石头就跟加泰罗尼亚产的李子一样大,整张脸看起来很怪异。他们说这样会显得更凶猛。这真是极其野蛮的做法。"

在韦斯普奇看来,印第安人的婚姻和性习俗则更令人反感,但也非常新奇。他写道:"印第安男人不喜欢从一而终,他们想娶多少老婆就娶多少,而且不需要很多结婚仪式。据我们所知,有个印第安人娶了10个老婆,深受其他人的羡慕。假如其中一个老婆出轨,他就会惩罚她,把她暴揍一顿。"

更令人不安的是,印第安人打仗时会同类相食,而且拿活人当祭品。"他们是好战的民族,喜欢相互残杀,"他警告说,"在战争中,他们毫无战术可言,只会征求长者的意见。他们打起仗来非常残忍,如果己方的人战死,他们会将其就地掩埋;但如果是敌人战死了,他们就把尸体切碎,然后吃掉。他们把战俘带回部落当奴隶,如果战俘是女人,他们就与之发生性关系;如果战俘是男人,他们就把本部落的年轻女子嫁给战俘。有时候，为了消灾，他们会把部落里当了母亲的女人和她的小孩当作祭品，在举行某种仪式之后将他们杀死并吃掉；战俘和他们的孩子也同样会遭此厄运，"韦斯普奇最后写道，"有一名印第安人向我坦白说，他吃过 200 多具尸体的肉，我相信他所言不虚。"

韦斯普奇笔下的印第安人很可能是分布广泛的瓜拉尼部落（Guarani）的一个分支。在麦哲伦到达巴西的时候，瓜拉尼印第安人的总数在 40 万人左右，按方言划分成不同支系。他们占据了南美大部分地区，一路延伸至安第斯山脉，并且以共享茅屋的方式聚居，每间茅屋住了大约 12 个家庭。一夫多妻的情况时有发生，但不会非常普遍。他们个头很矮，很少有人高过 5 英尺，但即使按欧洲人的标准来讲，他们的体型也很粗壮。

印第安男人通常只穿一条兜裆裤，偶尔戴上用羽毛做成的头饰，女人则穿着齐整。他们擅长制作陶器、木雕和最理想的武器——弓、箭和吹箭筒。外界只知道他们的部落叫瓜拉尼，却并不清楚这一名称的来源。他们把自己称为"阿巴"（Aba），在印第安语里就是"人"的意思。

摩鹿加舰队到达里约热内卢这天，该地区开始下起暴雨，结束了连续两个月的干旱。"我们刚上岸，天上就下起大雨，"皮加费塔写道，"当地居民都说我们是上天的使者，是我们带来了降雨。"皮加费塔后来才知道，当印第安人看到这几艘船停靠在港口时，他们的态度是和善的，并没有打仗的想法。他在日记中写道："他们以为舰船上的小艇是舰船的孩子，当运输船员上岸的小艇从舰船上放下来的时候，他们还以为舰船生下了小艇。"

然而，正如韦斯普奇一样，皮加费塔也对瓜拉尼印第安人感到不安。皮加费塔毫不怀疑印第安人会残忍地食用同类，他甚至讲了一个故事，告诉人们这种食人恶习是如何起源的："食人是印第安人的一种习俗，它最早始于一位印第安老妇人。这位老妇人的独子被一群敌人杀死了，"皮加费塔继续写道，"几天后，老妇人的朋友俘虏了一名杀害她儿子的共犯，并将他带到她居住的地方。她一看到这名俘虏，立刻想起了自己的儿子，于是冲向前去，像发了疯的泼妇一样撕咬他的肩膀。不久以后，他逃回了本部落，对族人说老妇人和她的族人想吃掉他，并且露出肩膀上的牙齿印给他们看。"

皮加费塔称，这件事之后，两个部落便展开了无休止的战争，同时人吃人的做法也开始了。他还对吃人场景作了一番令人毛骨悚然的描述，说明人吃人是如何融入印第安人日常生活的："他们不会把尸体一下子吃完，而是每人切下一块人肉，带回家里烟熏。然后，他们每周都要从上面切下一小片肉，就着其他食物一起吃，这样能让他们记住仇人。"

麦哲伦的舰队刚靠岸，一群女人就跑过来欢迎他们。这些女人赤身裸体，急切地想跟短暂逗留的船员发生关系。船员们好几个月没碰过女人了，他们觉得这里简直就是人间天堂，对于印第安食人族的恐惧早已消散在欲火中。

船员们发现，这些印第安女人是来出卖自己肉体的，他们当然也乐于用廉价的从欧洲大陆带来的刀具去交换肉体的欢愉。每天晚上，船员和印第安女人们在沙滩上又唱又跳，在月光下毫无节制地交换彼此的性伴侣。

但印第安人是有底线的："为了换得一把斧头或大刀，他们会给我们一两个年轻的女儿当奴隶，但他们不会用自己的妻子交换任何东西。在任何情况下，印第安女人绝不会让自己的丈夫蒙羞，此外有人告诉我们，她们不能在白天拒绝丈夫提出的要求，只有在晚上才能这样做。"船员们发现，即便如此，这些女人还是很容易骗到手的。不过有一名印第安女人也想占舰队的便宜。

"有一天，一位漂亮的印第安女人来到我所在的旗舰，"皮加费塔写道，"她没有其他目的，就是想看看有什么发财的机会。她站在那里等候传唤的时候，将目光投到船东的房间，看到一枚比手指还长的钉子，顿时兴高采烈。她麻利地把钉子捡起来，弯下腰，用力将钉子插进自己的下体藏起来，然后马上离开了。我和总指挥亲眼看到了这一幕。"她之所以做出这种令人震惊的举动，是因为瓜拉尼印第安人十分看重金属物体，比如钉子、铁锤、鱼钩和镜子。他们认为这些物体的价值大于黄金，甚至大于生命本身。

舰队中还发生了另一件令人不安的事情，也与这些印第安女人相关。在女色的诱惑下，麦哲伦最信任的盟友、协助他镇压卡尔塔海纳哗变的杜阿尔特·巴尔波查几乎在里约热内卢失去了理智。被印第安女人迷住的他幻想着能够留在巴西做个贸易商，过上安逸的生活，于是决定离开舰队。

获悉杜阿尔特的意图后，麦哲伦在最后关头果断介入，派船员上岸逮捕了杜阿尔特，把他拖回船上。在舰队短暂停留于里约热内卢的剩余时间里，这个可怜的家伙只能戴着脚镣，被关押在他的船上，怀念着岸上的女人和自我放纵的生活。一切都被麦哲伦和他的职责剥夺了。

就在船员们与印第安女人厮混的时候，麦哲伦抓紧时间跟部落的男人们做生意。为了给舰队补充新鲜的饮用水和补给品，他用塞维利亚带来的铃铛等一些不值钱的小玩意儿跟印第安人交换宝贵的食物。"只要用一把小刀或一枚鱼钩就能跟当地人换来五六只家禽，一把梳子也能交换到两只鹅，"皮加费塔写道，"一面小镜子或一副剪刀可以交换足够我们十人吃的海鱼。而一只铃铛或一条皮带子可以换来满满一篮水果。还有，如果我给他们一张意大利扑克牌的小王，他们就会给我五只家禽，甚至还觉得占了我的便宜。"

麦哲伦和舰队的三名牧师希望在整个航行过程中严格举行宗教仪式，这么做既是为了让船员保持忠诚，也是为了用基督教的力量打动当地居民。被基督教感动的印第安人毫不犹豫地接受了麦哲伦的邀请，在岸上参加了礼拜仪式。

"我们在岸上做了两次弥撒。在这个过程中，印第安人一直跪在地上，双手紧握举向空中，向上帝表达忏悔之心。看到他们这样做，我感觉无比光荣。"皮加费塔言语间明显流露出满足感和自豪感。麦哲伦后来才知道，印第安人将摩鹿加舰队视为幸运的预兆，因为它到来的时候刚好遇上了大雨。但皮加费塔的结论是，不管什么原因，"说服这些人皈依基督教是件很容易的事情"。

1519年12月20日，安东尼奥·萨拉蒙被执行死刑。这件极不愉快的事情打破了舰队在里约热内卢短暂的平静时光。行刑这天，麦哲伦召集"特立尼达号"的所有官员和船员观摩这个犯下"天理难容之罪"的家伙是如何被处死的。为了防止身份泄露，一位水手戴着面罩，双手扼住萨拉蒙的咽喉，将他活活掐死。麦哲伦故意让所有人都看到这毛骨悚然的一幕，以起到杀鸡儆猴的作用。刽子手行刑效率极高，颇有军人的作风，但这恐怖的场景令船员对麦哲伦的怨恨又增加了几分。

至于被麦哲伦网开一面的船舱侍应生安东尼奥·希诺维斯，其结局有两种相互矛盾的说法。一种是希诺维斯受不了其他船员的冷嘲热讽，跳海以后不知所踪；另一种是希诺维斯成为被挖苦的对象之后，被人扔到海里淹死了。关于这一双重悲剧的说法，无论哪种是真实的，麦哲伦在整个航行途中对同性恋问题的处理就只有这一次，因为他已经暗下决心，假如舰队再次出现同性恋（这种情况仍然极有可能发生），他就遵循传统，对这种现象视而不见。

五天后，摩鹿加舰队在里约热内卢港口的临时住处庆祝了圣诞节，这是船员们自离开西班牙以后头一回过圣诞，但他们没有太多时间回味这个节日，因为舰队马上就要出发了，而且准备工作正在紧锣密鼓地进行着。起锚前，麦哲伦找来他信任的领航员和驾驶员，想和他们一起确定里约热内卢的坐标。尽管他们缺乏必要的技能和工具来精确地标记经度，但他们认为，依靠鲁伊·法雷罗绘制的地图和舰队占星师兼天文学家安德烈斯·德·圣马丁提供的建议，他们能够计算出里约热内卢的准确坐标。

对于里约热内卢的经度值，他们果然只得出了一个不太可靠的估算数字，但对于几个到访过的地标，他们却算出了相当精确的纬度值。即使麦哲伦的测量结果只有一两度的误差，但它们仍然无法提醒后来的航海家们远离浅滩和岩石等危险的障碍物。从这一点来看，这些数字充其量也不过是粗略的近似值而已。

快要起航时，麦哲伦让毫无经验的阿尔瓦罗·德·梅斯基塔取代了刚刚从卡尔塔海纳手里接过"圣安东尼奥号"指挥权的舰队会计安东尼奥·德·柯卡。无论是德·柯卡还是卡尔塔海纳，都把这次"洗牌"视为一种侮辱，因为从塞维利亚出发以来，梅斯基塔只是旗舰上的一名临时雇员而已。

被罢免职务的德·柯卡和卡尔塔海纳抱怨麦哲伦任人唯亲。因为梅斯基塔是麦哲伦的表亲，所以他们的抱怨倒是理由充分。在整个航行过程中，缺少合格的船长这个问题一直困扰着麦哲伦。尽管他手下有许多合格的领航员，但绝大多数都是葡萄牙人，不能担任这支西班牙探险队的高级船员。随着舰队继续前行，这些专业且技艺高超的领航员心怀恨意地在这些有名无实的船长手下工作。

经过两周的肉欲放纵后，舰队于 1519 年 12 月 27 日从里约热内卢起航，离愁别绪涌上人们的心头。自七年前离开巴西后，麦哲伦的领航员若昂·洛佩斯·卡瓦略重新回到了那里，他满心欢喜地与以前的情人重聚，后者还把他们的私生子带给他。卡瓦略一眼就喜欢上了这个孩子，给他取名若昂齐托（Joaozito），并带他到船上当侍应生。

舰队准备起航时，卡瓦略乞求麦哲伦允许他带上孩子的母亲，但麦哲伦绝对不允许女人上船，于是卡瓦略只能独自上路。麦哲伦担心其他船员也会受到私人感情的影响，他命人检查所有舰船，看是否有女人藏在船上。几名女人被找了出来，并被立即遣返上岸。当舰队终于起锚远航时，印第安女人们划着独木舟跟在后面，泪流满面，恳求来自遥远国度的船员们留下来和她们厮守终生。

1519 年的最后一天，舰队顺着大风重新向南航行，到达了靠近巴西海岸线的巴拉那瓜湾（Paranagua Bay）。巴拉那瓜湾是太平洋西南部最大的港湾之一，但为了弥补浪费掉的时间，麦哲伦命令舰队留在近海，而没有去探索它。摩鹿加舰队现在粮草充足，夜以继日地航行着，直至 1520 年 1 月 8 日。那天麦哲伦突然发现前方有一片浅滩，一眼望不到头。他担心船只撞上隐藏在海下的地层，于是下令在夜晚就地抛锚，到了早上，舰队还是继续航行。

1520 年 1 月 10 日，南美海岸连绵起伏的群山替换成眼前难以辨别的小山丘，这意味着舰队到达了近海岛屿。卡瓦略宣布他们已经来到圣玛丽亚角（Cape Santa Maria），有传言称这里是通往海峡的门户。假如舰队足够幸运的话，麦哲伦可以在冬季暴风雨来临前实现自己的目标。在近赤道地区，现在还是夏天，他想趁天气相对暖和的时候抓紧时间航行，并且在天气变冷之前穿越海峡。正当他认为舰队已经接近海峡入口时，他发现手上的所有地图对这个地方的标记全都含糊不清，他遇到的仍是南美海岸这一成不变的障碍。

麦哲伦希望迅速完成探险的心愿落空了。

船上社会

离开塞维利亚五个月，舰队的全体船员和官员不仅已经熟悉各自的船只，也适应了极端严酷的海上生活。他们已经了解狂风暴雨，还学会了探测海底深度，因为这是生死攸关的事情。他们也更清楚船只的缺点，因为他们要靠这些船航行在一望无垠的大海上。此前他们一直无法摆脱晕船的折磨，甚至连经验丰富的船员也不例外，但如今他们终于不用受晕船之苦了。按照民间说法，性行为会增加晕船的可能性，但几乎没有哪个船员在远航前愿意放弃跟女人亲密的机会。

在海上，睡觉变成了最奢侈的事情，它能给船员带来慰藉，却可望而不可即。无论白天还是晚上，船员们抓紧一切机会打盹。那时候船上还没有使用吊床，所以疲惫不堪的人们喜欢躺在木板上睡觉。如果甲板上有片阴凉区域能让他们伸开四肢躺着，那就再好不过了。甲板木头很硬，躺在上面硌得慌，所以他们会在甲板上铺一层茅草，然后往身上盖一张很厚实的毛毯，以抵御寒冷和潮气。即使这样，他们也睡得很不舒服。

船上总是弥漫着一股恶臭，船员们很不习惯这种气味。船员用醋给储料槽消过毒，依旧无法阻止渗入的海水再次将其污染。船上还养了猪牛等动物，加上慢慢腐烂的食物和货舱里飘来的咸鱼臭味，那股恶臭变得愈发浓烈。

在海上生活中，害虫无处不在。蛀船虫或者说船蛆慢慢蛀蚀着船体，使船只无法航行。麦哲伦舰队中的一艘舰船就是因为这种可恶的小生物而最终解体的。每艘舰船都有大批老鼠出没，船员们早就习以为常，甚至还经常跟它们玩耍。那个年代的欧洲人尚未熟悉猫这种家畜，但麦哲伦的船员可能带了一只猫上船捕鼠，只是没有明文记录。

另外，据记载，摩鹿加舰队船员们被各种各样的虱子、臭虫和蟑螂所折磨。每当天气变得炎热潮湿时，虫子会爬满衣服、风帆、食物，甚至是索具。船员们边挠痒边抱怨，但他们对这些生物束手无策。更糟糕的是，硬饼干长满了象鼻虫，老鼠也在上面拉屎拉尿，进一步污染了饼干。船员们饥饿难忍，只能强忍着咽下这些恶心的、脏兮兮的食物。

船员们发现，要保持个人卫生是件很困难的事情。很多船员随身携带了香皂和洗澡布，但只能用海水来洗澡，而海水会引起瘙痒和过敏。船员还用海水洗衣服，但洗不干净。

为了保暖和防潮，船员们都穿着宽松的衣服，比如他们会在里面穿一件蓬松下垂、通常带有风帽的衬衣，外面再穿一件被称作"塞乌洛"（Sayuelo）的羊毛套衫，腰间系一条腰带。船员们所穿的裤子是出名的宽松半筒裤，它的长度到达膝盖以下，穿着像睡裤似的。裤子的材质根据船员的级别和富裕程度而有所不同，便宜点的是用一种名为"安茹"[①]（Anjeo）的粗亚麻布制成的，贵点的则用精纺羊毛和塔夫绸制成。

天气恶劣的时候，普通船员和船长们都会披上深蓝色的披风。最常见的一幕就是守夜的船员躲在披风里，外面只露了个脑袋，在风雨飘摇的甲板上往海面望去，一守就是好几个小时。船员们用一种被称作"博内特"（bonete）的羊绒帽子保护自己的脑袋和耳朵，

---

① 源自法国的安茹地区（Anjou）。

它比其他服饰更能显示船员的身份。麦哲伦出发前买了很多帽子，绝大多数都是红色的。他认为在去香料群岛的路上肯定会遇到印第安人，可以拿这些帽子来与印第安人交朋友。不过，绝大多数船员都戴着一顶代表高贵的黑色或蓝色"博内特"帽。由于穿着时间过长而且环境恶劣，船员们的衣物磨损得很厉害，经常需要修补，因此他们学会了用针缝衣服。另外出于安全考虑，许多船员都在裤头里塞了一把小刀。

船员们把自己的衣物、一些简易的木制碟子（临时发生打斗时，可以用来砸敌人）、餐具，以及用来盛放每日配给红酒的水罐放在大行李箱里。他们还经常在里面放几副扑克牌和几本书，其中扑克牌可能是摩鹿加舰队最受欢迎的消遣玩具了。

西班牙宗教裁判所强制实行严格的审查制度，凡是船员带上船的书籍都要经过审核。根据部分留存下来的审查记录，我们大致能了解这些船员喜欢什么样的读物。

他们看的书大多数与宗教灵修有关，比如圣人的生平、关于教皇的介绍、神迹故事以及用于背诵的祷文。一些关于颂扬骑士冒险精神的传说，以及骑士打败恶棍、拯救无辜少女的故事也同样流行，而且他们对这些书可能还看得更仔细一点。有些船员喜欢看历史书，但更多有文化的人则钟爱大名鼎鼎的前辈所写的著作——《马可·波罗游记》。

麦哲伦的舰队以卡斯提尔人和葡萄牙人为主，但也有来自西欧主要国家、北非、希腊、罗德岛和西西里岛的船员，甚至还有他们的宿敌英国人、巴斯克人、佛兰德人和法国人。不同国籍的船员说着家乡话，根本无法沟通。麦哲伦舰队的通用语言是船员专用的卡斯提尔语，他们操作绳索、帆桁和装置都要使用专业术语。若麦哲伦和船长们用卡斯提尔语命令船员"Iza el trinquete",意思是让他们升起前桅帆;"Tira de los escotines de gobia"的意思是收起上桅帆绳索;"Dad vuelta"通常会说得很有气势,意思是全力以赴。

此外,还有其他很多卡斯提尔语指令,足以涵盖船员操作帆船所需的任何动作。例如,"Dejad las chafaldetas"指放出托帆索,"Azal aquel briol"指拉起那条帆脚索,"Leva el papahigo"指升起主帆,"Pon la mesana"指扬起后桅纵帆,"Tira de los escotines de gobia"指收起上桅帆绳索。若船长喊出"Suban dos a los penoles",就是要派两名船员迅速爬上桅杆,而且在向上爬的时候不要往下看翻滚的波涛。而"Juegue el guimbalate para que la bomba achique"则表示再多派些人到甲板下面拼命摇泵,直至将舱底污水抽出船舱。

水泵周围的舱底污水四处横流,非常不卫生,船员们一闻到那股恶臭就作呕。水泵是海上航行的必需品,假如没有它,船只会慢慢进水,直至沉没;但操作水泵能让好几队身体强壮的船员筋疲力尽。有些船员为了拯救船只而拼命抽水,最终由于疲劳过度而病倒甚至死亡的事情并非没有发生过。

在进行日常繁重的工作时,船员们会吟唱一些被称为"萨洛玛"(saloma)的非宗教歌谣。他们对歌词了然于心,如果正在起锚,领唱的船员会先吼出或大声唱出歌词的前半部分,其他拉绳索的船员则接着唱后半句。比如领唱员先唱"O dio",其他船员整齐划一地接上"Ayuta noy";领唱员又大声唱道"O que somo",其他人则接着唱"Servi soy",然后领唱员再唱"O voleamo… Ben servir"。双方就这样你来我往地唱下去,直至船长命令加快速度,船员们才气喘吁吁地把船锚拉上来。

踏上征途后,船员们很快就把自己在岸上的身份抛诸脑后,因为他们要遵守舰队的规则。无论他们是卡斯提尔人、希腊人、葡萄牙人还是热那亚人，他们的国籍都不再重要了，既然加入了摩鹿加舰队，就要统一生活在舰队严格的社会结构之下。船员们所住的船舱虽然紧紧挨在一起，却属于不同阶级。想要生存下去，他们只能依靠自己。

船上所有人都有着严格的劳动分工。最底层的是杂工，两人一组被分配到各舰船。许多杂工只是8岁小孩，年纪最大的也不过15岁，而且通常都是孤儿。并不是所有杂工都生来平等。有一类做杂工的小孩其实是被人从塞维利亚码头诱拐来的；如果他们没有上船，也许就要在街上流浪，学做扒手，四处招惹麻烦。然而在舰队里，他们经常被虐待，被大人们无情剥削，得不到应有的收入，有时候还成为其他老船员的性侵对象。他们平常要做很多杂务，比如用水桶从海里打海水上来擦洗甲板，在用餐的时候负责上菜，用完餐后清洗餐具，此外还要完成上级交代的其他杂事。

另一类杂工则过着不一样的生活，他们享有特权，相对没有那么多差事，而且还受到舰队官员的保护。这些年轻人通常是从家境富裕、有良好社会关系的家庭中精挑细选出来的，只给自己的保护人当杂工，学习一门手艺，然后从基层逐步晋升。他们的职责比那些被强迫服役的小孩要轻得多。

享有特权的杂工需要看管舰队的16只威尼斯砂时计。这些砂时计其实就是沙漏，在古埃及，人们用它来计时和导航。这种计时器由一个上下两段的玻璃容器组成，上段的玻璃容器里装有一些沙子，在一个经过精确测量的时间段内，沙子会慢慢流入下段的玻璃容器，而这段时间通常是半小时或一小时。

看管砂时计的工作很轻松，只要在白天和夜晚每隔半小时把沙漏翻一面就行，但这项工作非常重要。对于一艘漂泊在海面上的船只而言，砂时计是唯一可靠的计时工具，船长要靠它来推算船位和

第一卷　寻找帝国的边界

换班，假如一艘船的砂时计出现故障，那这艘船也就基本上陷入瘫痪了。

在摩鹿加舰队，每艘船都有两名砂时计杂工，而且在船上操作砂时计还带有某种宗教意味。人们认为，负责看管砂时计的杂工是天真纯洁的。他们一边翻转砂时计，一边吟诵圣诗或祷文，以呼唤上帝的指引，保佑船只旅途安全。通常情况下，两名学徒要同时大声吟唱，以显示他们在及时履行自己的职责。到了晚上，他们的声音盖过了船员们说黄色笑话的喧闹声。他们向圣母玛利亚祈祷，时刻提醒着船员：即使在这离家千里的地方，他们仍要履行自己的宗教义务。

完成祈祷后，这两名杂工便召唤新的值班人员就位。"上甲板！上甲板！"他们大声叫道。值早班的船员摇摇晃晃地走到老地方，背对一块挡板或悬空的木饰物，以一种舒适的姿势蜷缩着。他们手里可能抓着一把硬饼干或咸鱼，并且肯定痛惜自己长期睡眠不足。大海永不眠，值班的船员也因为船上的夜晚跟白天一样嘈杂而睡不着觉。

在当班之前，如果船员刚好有空，他们可能会去解个手。在航行过程中，解手是件不快甚至可笑的事情。小便的时候，他们就面朝大海站着，不过要确保海风不会把尿液往回吹甚至吹到别人身上。大便就更加困难了，需要高超的平衡能力。船员要把身子探过栏杆，保持放松，然后蹲坐到一张悬在半空的粗糙坐便椅上，椅子下面就是汹涌的波涛。

每艘船有两张被称作"花园"（jardine）的坐便椅，船首一张，船尾一张。如厕之地居然起了个与鲜花相关的名字，想想也可笑。船上毫无隐私可言，所以解手的船员蹲下将屁股坐到椅子上之后，还要避免自己暴露太多被别人看见。如果船员大便的时候恰好遇上风急浪大，冷冰冰的浪花就会溅在他光溜溜的屁股上（有人甚至从"花园"坐便椅一头栽进海里，就这样丢掉了性命，而且这种情况还出现了不止一次）。大便结束后，他就用一小段沾满沥青的绳子擦屁股，然后再爬上甲板，心里肯定舒了一口气。这种肮脏不堪、充斥着噪声和恶臭的船被西班牙人称作"飞猪"，也算实至名归吧？

值班的船员虽然疲倦不堪，但就位后还是要紧盯着海面，看前方是否有隐藏的浅滩；另外他们要检查索具，擦干绳索上的露水，然后检查风帆是否受损，还要擦洗、修理、翻修和抛光船只的每一处裸露面，把沥青抹在磨损的麻绳上，并修补破裂或崩裂的风帆。他们不仅要把武器清洁得一尘不染，还要保护食物不长害虫，只是常常无能为力。在海上航行了几个月之后，摩鹿加舰队五艘舰船的状况比它们刚离开塞维利亚时差多了。

学徒的等级仅高于杂工，也是所有船员中经常受到差遣、极其弱势的群体。他们的年纪从17岁到20岁不等，每当船长下令收起或扬起风帆，他们就要马上奔向桅杆上的观察哨，或者前去划动船桨，或者操作复杂的机械装置、滑轮、吊臂、缆绳、船锚，以及各种固定和活动的索具。他们要相互配合操作绞盘，用杠杆转动鼓轮，还要装卸沉重的补给品、武器和压舱物。他们甚至要给船长剃腿毛或修剪脚指甲，可能也是为接下来两人发生性关系创造条件，尽管同性恋行为是被严格禁止的。学徒是最有可能因不服从命令而被处罚的群体，还有可能戴着足枷禁足一周时间。

如果学徒经受住了海上的各种磨难和危险，他就可以申请"水手"证，该证书是由舰船的领航员、水手长和船长签发的。获得水手证之后，学徒就变成职业海员，只要寿命够长，其职业生涯便可持续大约二十年之久。水手将逐步学习掌舵、放测深绳和捻接缆绳，从而逐渐获得晋升。如果他们表现出数学方面的才华，还可以学习画航海图及测量天体以确定船舶方位。

绝大多数水手都只有十几二十岁，三十岁的水手已经是老油条了。如果他们到了这个年纪还能活着，那么他们早就见识过海上生活的残酷、孤独、病痛，也体验过短暂的友情和英雄主义情怀，并且经常遇到阴险狡猾和残酷无情之人。他们知道船东的贪得无厌，也深知国王令人难以置信的冷漠，以及船长们的独断专行。四十岁以后，水手就基本上不出海了，但麦哲伦离开塞维利亚时就大概是这个年纪，即便他不是摩鹿加舰队中最年长之人，也称得上是元老级人物了。

普通水手再怎么晋升，级别也不会高过舰船炮手这样的专业人员。这种专家能手不可多得，是新大陆探险队的中流砥柱。他们擅长操作大炮、制作火药、挑选炮弹，而且要在整个航行过程中护理武器，确保其安全、干净、不生锈，随时可以投入战斗。绝大多数炮手都是佛兰德人、德国人或意大利人，卡斯提尔人不擅长用炮，为了训练他们，贸易局在队伍中保留了一名炮击教官。贸易局负责提供大炮，但受训炮手要支付教官的工资和火药费用，这一点足以打消许多潜在学员的学习念头。

还有一些专业领域虽不像炮手那么充满魅力，但对于舰队同样重要，比如木匠、填船缝工和箍桶匠。箍桶匠通过更换卡箍和桶板以及封堵漏水点等方式来修补舰队上数以百计的酒桶和水桶。舰队还配备了潜水员，他们的职责就是潜到船底，在必要的时候清理舵叶和龙骨上的海藻，并检查船体是否出现破损和渗漏。

舰队还有另外一种专业人员，那就是理发师。"理发师"这个名称带有一定的欺骗性，刮胡子并非其主要职责，他们在船上还扮演着牙医、内科医生和外科医生的角色，用各种秘方、草药甚至是偏方医治船员。摩鹿加舰队的理发师名叫埃尔南多·布斯塔门特，他是乘坐"康塞普西翁号"出海的。现存资料表明，他的医疗用品是在起航前不久的1519年7月19日从一个名叫霍安·维尔纳尔（Johan Vernal）的药剂师那里采购的。他的药品中有用茴香、蓟花、菊苣等各种草药蒸馏而成的液体，也有被称为灵丹妙药的泻药，还有松节油、猪油、各种药膏和油膏、甘菊、蜂蜜、熏香以及水银，它们都被他小心翼翼地藏在一些小罐子里。布斯塔门特还随身携带了一套工具。

在那个年代，除了用来研磨药粉的一只铜研钵和一把铜研杵之外，船舶急救箱里的工具还包括一把手术剪、一把柳叶刀、一只拔牙器、一只铜制灌肠器以及一杆秤。在未来好几年时间里，这些为数不多的药物和医疗工具要满足舰队260名船员全天候的医疗需求。事实上，布斯塔门特在航行过程中最常做的事情是拔牙，而不是治疗其他身体疾病。

没人想做舰队的厨师，因为大家都觉得这份工作太有失身份了。假如一名船员对厨师说他的胡子闻起来有一股油烟味，两人肯定会打起来。因此，船员们只好轮流做饭，或者花钱让学徒煮给他们吃。在天气恶劣的时候，船上根本就没人做饭，船员们只能喝着葡萄酒，吃点冰冷的硬饼干和咸鱼。

除了这些传统角色之外，舰队的人员名单中还有一些实际上不在船上的人。按照航海界的习俗，圣徒也要列入船员名单。麦哲伦舰队中的圣徒包括布尔戈斯守护圣徒圣阿德尔莫（Santo Adelmo），深受船员喜爱、以拯救失事船员和顺风护航而著称的里斯本守护圣徒安东尼奥·德·里斯本（Saint Antonio de Lisboa），被西班牙人奉为抗击暴风雨的守卫者的圣巴巴拉（Santa Barbara），以及本笃会①（Benedictine）所信奉的蒙特塞拉特夫人（Nuestra Senora de

---

① 天主教隐修院修会之一。529年由意大利人本尼狄克创立。

Montserrat)。更值得注意的是，舰队要把一部分收益赠予这些圣徒，以感谢他们的庇护。其实，基督教会是最终的受益者，这样的安排非常聪明。

在舰队的等级制度中，高级船员的地位比水手和专业人员高。负责监管船上食物供应的膳务员、水手长、副水手长和纠察长都属于高级船员。"纠察长"是一种比较笼统的叫法，其身份相当于国王的驻船代表或武官，承担纠察职责。如果麦哲伦想逮捕一名船员，只需要吩咐纠察长去做就行。由于这一职务不受船员待见，纠察长总是与其他人保持距离。

舰队中地位最高的人是规划航行路线的领航员、监管贵重货物的船主及船长。这三名高级人员都有自己的随从（麦哲伦有好几名随从，包括他的私生子），而且尽量避免与普通船员和学徒打交道。他们有自己的隔间，里面的空间当然很狭窄，但却是他们有别于其他人的标志。他们也几乎很少与其他船员一起就餐。对于舰队甚至是旗舰"特立尼达号"的绝大多数人而言，麦哲伦似乎是一个高不可攀的人物，专横独裁，凡事随心所欲。他说的每句话都是王法，其他人必须靠他的技能、运气和良好判断力才能在船上活下去。

虽然包括麦哲伦在内的船长们会非常专横，但船员们的命运实际上掌握在西班牙《海事法》（Consulado del Mare）手里，至少理论上如此。《海事法》正式编纂于 1494 年，但在这之前，它就已经存在并生效了。该法典规定了几种招聘船员和向船员支付薪水的方式，并明确指出了普通船员必须完成的日常杂务，比如"进树林找木头，寻找和制作木板，制作圆木和绳索，烘焙食品，与水手长一起操纵小艇，装卸货物，时刻听从大副的命令，拿圆木和绳索，搬木板，把商人的所有食物搬上船，把小船拖过去"。

法典还规定了船员不服从命令时将受到的惩罚，比如"若非在港口过冬，海员不得赤身裸体，若有违纪者，应用绳子将其捆绑，从桁杆上扔入海里三次。若有海员违规三次，应停发其薪水，扣留其在船上的一切物品"。

此外，无论船长命令船员去哪里，船员都要照做，即便"去到世界的尽头"。因此，根据《海事法》，麦哲伦有权把船员带到任何他想去的地方，比如香料群岛，甚至更远的地方。

《海事法》的条款也明确规定了船员的日常饮食，从而给他们提供了某种程度的保护。例如，船员有权利每周吃三顿肉，"即周日、周二和周四"；其他时间应为船员提供"麦片粥，而且每天晚上都要提供面包作为辅食。周日、周二和周四早晚应向船员提供红酒"。至于麦哲伦到底允许船员喝多少红酒，有各种不同版本的说法，但他很可能准许他们每人每天喝两升。

《海事法》还规定，在人们经常庆祝的宗教节日期间，船长要将船员的食物配给量加倍。据说，麦哲伦一丝不苟地遵守了这些规定，但为了避免饿肚子，他不得不缩减食物配给量。随着探险活动的不断深入，他跟当时的其他船长一样，显然受到两件事情的困扰——一是如何维持脆弱船只的适航能力，二是如何为那些难以驾驭的手下找到足够的食物。

为什么船员们能忍受这一切？为什么普通船员和训练有素的高级船员都放弃了温暖舒适的家庭生活，经年累月地生活在这严酷的环境当中？为什么他们能够忍饥挨饿，忍受屈辱以及极其痛苦的鞭笞和棍棒毒打？为什么他们能够忍受害虫、干渴、中暑和没有女人的折磨？他们出于各种各样的原因而出海航行。有人为了荣誉，有人因为贪婪，有人为了逃避现实，有人出于习惯和绝望，还有的人则纯属机缘巧合。

在经验丰富的西班牙船员埃斯卡兰特·德·门多萨看来，船员可分为两类。"其中一类属于刚开始以航海作为谋生手段的人，比如穷人……为了维持生计，做海员是他们所能找到的最合适的职业，对于那些出生在港口和沿海地区的人而言更是如此。这种海员所占的比例最大。"他指出，"尽管他们也想接受其他职业的训练，但他们不是个性不适合其他行业，就是能力不足，"所以只能选择做海员。出海不仅是他们，也极有可能是其父辈的谋生手段。他们对大海的了解更甚于陆地。

出海航行时，他们可以把日常琐事抛诸脑后。他们知道，待在家中就要整日面对枯燥无味的生活；而在海上，任何事情都有可能发生。经历了远航的磨难之后，如果他们能生存下来，那么余生就有了吹嘘的资本。他们还知道，假如能成功地把少量黄金或香料偷偷带回国，他们和家人就有了足以维持生活的储备金，以应付生命中的各种不测。

很多人当海员只是为了"出逃"。有些人为了逃避审判、绞刑或严刑拷打，有些人为了抛弃家人或逃避家庭责任。

另外有些人则是因为害怕欠债入狱而出海，因为他们一旦被招进船队，只要待在海上就永远不会被逮捕。还有许多船员早就计划好了，只要到了传说中的东印度群岛，他们就带着黄金、女人和贵重物品弃船而逃。对这些人而言，东印度群岛就像塞万提斯所说的那样，是"西班牙亡命之徒的避难所和藏身之处、无法无天者的教堂、杀人犯的避风港、老千的故土和庇护所，以及放荡女人的诱饵。它欺骗了很多人，也拯救了少数人"。

寻找传说中的海峡

1520年1月10日深夜，摩鹿加舰队遭遇了一场强烈的暴风雨，麦哲伦不得不找地方避雨。他命令舰队调转航向，向北航行，前往巴拉那瓜湾的避风港。在驶向巴拉那瓜湾的过程中，反复无常的狂风使舰队偏离了航线，麦哲伦发现他们来到了一片危险的浅滩之中。在他们面前的是开阔的拉普拉塔河口，而这条漏斗状的河流就位于如今的阿根廷海岸。

如今我们知道拉普拉塔河有两条重要的支流，即乌拉圭河（Rio Uruguay）和巴拉那河（Rio Parana），这两条河都源自安第斯山脉。然而，麦哲伦当时并不知道这一点。他带领舰队驶入这片富含沉积物的浅滩，还以为进入了通往亚洲的水路。他想对周围水域勘探一番，但当地的天气不允许他这么做。该区域是典型的中纬度温带气候，干燥的热风从安第斯山脉吹下来，在大西洋与寒冷的气流相遇，从而形成被称作"苏台斯塔达斯"（Sudestadas）的强暴雨。可能正是因为遭遇了强暴雨天气，麦哲伦才被迫调转航向去寻找避风港。

麦哲伦面临两难抉择。如果他降下风帆，迎着风暴前进，狂风会把他无助的舰队刮上浅滩，甚至导致船只搁浅，到那时就棘手了。但如果他暂时进入避风港，也有可能在浅水区触礁。最后，麦哲伦选择战战兢兢地向北航行，并且一路探测水深。幸好该水域够深，他的舰队最终安然无恙地通过了那里，这让他松了一口气。

当风暴最终减弱时，麦哲伦再次向南调转船头，返回了拉普拉塔河。虽然很多船员认为这条河通往海峡，但麦哲伦对此仍持怀疑态度。但为了以防万一，他还是仔细监测海面情况。即使前面没有海峡，他们也能找到大量食物，因为船员们会在接下来的两周里下海抓鱼，或者说学习如何抓鱼。

早在麦哲伦到达拉普拉塔河之前，西班牙和葡萄牙舰队就在这里寻找过海峡了。安东尼奥·加尔万（Antonio Galvao）担任过葡萄牙驻摩鹿加总督。他曾提到一幅"极其稀有和精美的世界地图，对于航海家唐·亨利（Don Henry）探索新世界帮助极大"。

加尔万称，葡萄牙国王的长子在1428年游历了英格兰、法国、德国和意大利等国，"并带回来一幅世界地图。该图详细描绘了世界各国在地球上的分布状况。在那上面，麦哲伦海峡被称作'龙尾峡'（the Dragon's taile）"。用"龙尾"来形容这条海峡，实在非常贴切。它暗示这条海峡蜿蜒曲折、危险四伏，还带有某种神话色彩。哥伦布也相信这条海峡真实存在。据传，在第四次探索新大陆之前，这位神秘的探险家在幻象中看到了一幅描绘龙尾峡的地图。当然，他后来并没有找到这条海峡。

1506年，阿拉贡国王斐迪南和卡斯提尔国王菲利普一世委托两名探险家胡安·德·索利斯（Juan de Solis）和维森特·亚涅斯·平松组织探险队去探明教皇子午线的位置，并寻找一条通往东印度群岛的海峡。

与麦哲伦一样，索利斯是一位经验丰富、雄心勃勃的葡萄牙航海家，而且也在西班牙找到了乐于接受其理念的资助者；但与他不同的是，索利斯是一名逃犯，他杀死自己的妻子后逃到了西班牙。索利斯和平松共同指挥的探险队于1508年出发，却无功而返。当探险队的两艘舰船返回西班牙时，失望至极的斐迪南国王恼羞成怒，立刻将索利斯投进了监狱。

1512年，索利斯巧妙地利用自己的影响力恢复了自由之身，斐迪南国王任命他为领航长。然后，他接受了一项野心勃勃的新任务：为西班牙获取香料群岛的主权。葡萄牙的曼努埃尔国王为此提出抗议，但斐迪南国王想隐瞒真相，谎称索利斯此行只是寻找教皇子午线，别无他图。不久以后，斐迪南国王取消了这次探险活动，但他命令其加勒比海地区的代表寻觅通往东印度群岛的海峡，并扣留任何有同样目的的葡萄牙船只。不出所料，西班牙帝国派驻在遥远加勒比地区的前哨站发现了一艘葡萄牙帆船闯入领地。后来事实证明，这艘船当时正在执行机密任务。

1511年，克里斯托瓦尔·德·阿罗资助葡萄牙的一支秘密探险队前往巴西。这支舰队由两艘轻快帆船组成，船长分别是埃斯特万·弗罗斯（Estevao Froes）和若昂·德·里斯本（Joao de Lisboa）。

西班牙人对弗罗斯和里斯本的探险活动一无所知，直到弗罗斯指挥的舰船准备向东北方向穿越大西洋返回葡萄牙，中途在加勒比海地区进行维修时，他们才发现了这个秘密。西班牙当局马上逮捕了船员，并将他们投进监狱。

与此同时，里斯本率领另一艘船返回葡萄牙，将探险结果透露给资助者的代理人——德国的富格尔家族。从那时起，里斯本的秘密才逐渐为公众所知。

1514年，德国报纸刊登了一篇关于里斯本探索新世界的报道。这篇名为《巴西见闻》（"News from the Land of Brazil"）的新闻报道称，里斯本比此前的探险队向南多航行了700英里，并遇到了一条海峡。他们进入那里之后一路向西航行，直至猛烈的暴风雨迫使舰队返航，而当时他们可能已经驶入太平洋。

尽管该报道语焉不详，但关于里斯本穿过神秘海峡的描述与麦哲伦后来探索的海峡相一致。西班牙和葡萄牙的航海家和宇宙学家都看了这篇引人注目的文章。

与此同时，西班牙国内流传着这样一个说法：瓦斯科·努涅斯·德·巴尔博亚（Vasco Nunez de Balboa）已经到达过美洲大陆以西广阔的太平洋。听闻这一消息，斐迪南国王几个月之后便再次派遣胡安·德·索利斯去寻找这条海峡，或者正如《国王报》（*El Rey*）所说的那样，去"探索'黄金卡斯提尔'①（Golden Castile）的

---

① 黄金卡斯提尔：16世纪西班牙殖民者对中美洲的别称。

大后方"。依据当时能够获取的最可靠信息,这条海峡横穿现在的巴拿马。该探险队由三艘舰船和70名船员组成。他们于1515年10月8日出发,到达南美后沿着大陆海岸线航行,并且发现了一个至少从远处看来没有任何恶意的印第安部落。索利斯精神为之一振,带着7名船员上岸与他们打招呼。

对于后来发生的事情,彼得·马特做了最好的描述,因为事件发生后不久他就用拉丁文将其记录下来了。后来,他的文章被一名剑桥大学的学者理查德·伊登(Richard Eden)于1555年翻译成英语。在这本广为流传的著作《西班牙探索新世界与西印度十年见闻录》①当中,伊登以鲜活的语言写下了这一幕,急转直下的形势让人震惊:

> 突然,一大群原住民扑向他们,当着船队其他人的面用棍棒打死了这几名船员,没人能幸免于难。原住民的怒气并没有平息,他们又把船员的尸体砍成碎块。这一切都发生在海边,船上的其他人也许亲眼看到了这可怕的景象,但由于吓得胆战心惊,他们不敢下船,也没去想如何为枉死的船长和同伴报仇。经历了这起不幸事件之后,他们便离开了海岸……带着惨痛的损失回家。
>
> 探险者不仅被杀死,还被印第安人狼吞虎咽地吃光,而同船的伙伴们只能无助地看着,这不幸的一幕已经深深刻入欧洲探险队的脑海。

当麦哲伦的船员在索利斯遇难的地方发现印第安人时,他们表

---

① 英文书名为 The Decades of the Newe Worlde and West India, Conteyning the Navigations and Conquestes of the Spanyards, with the Particular Description of the most Rych and Large Landes and Islandes lately Founde in the West Ocean。

现出了非凡的勇气，甚至可以说是草率蛮干。麦哲伦派了三艘大划艇向岸边驶去，所有人都配备了武器。虽然武器是他们的优势，但从另一方面讲，他们因为这些累赘而完全受拉普拉塔河流域印第安人的摆布。船一靠岸，船员们就跳进海里，追赶那些在岸上观察他们的印第安人。后者既没有站在原地，也没有与前者搏斗，而是逃之夭夭。"他们的步伐很大，我们又跑又跨，还是追不上他们。"皮加费塔写道。

当天晚上，一条巨大的独木舟离开岸边，向"特立尼达号"驶去。一名印第安人笔直地站在独木舟中间，身上披着一件兽皮，显然是位酋长。独木舟靠近"特立尼达号"的时候，旗舰上的船员注意到他脸上毫无惧色。他做了个手势，表示自己要上船，麦哲伦同意了他的请求。

两人碰面时，麦哲伦送给酋长两份礼物，即一件衬衣和一件针织套衫，随后他又拿出了一块金属，想知道这个印第安人是否熟悉这东西。酋长认出了它，并表示自己的部落还有其他种类的金属。麦哲伦觉得酋长肯定想趁机多拿点金属，于是想用铃铛和剪刀等物件跟他换一些食物，并且让他协助探查这片区域。然而，酋长离开"特立尼达号"之后，就再也没有回来。

与这位冷漠酋长的短暂会面使麦哲伦和他的官员们很困惑。假如印第安人热情地接待他们，那么船员们已经准备好纵欲狂欢，牧师也准备好向他们布道；假如印第安人发起袭击，他们也做好了战斗的布置。但是，他们没料到印第安人居然会无视他们。

在舰队的短暂停留期间，麦哲伦不断测量拉普拉塔河的深度，希望海水能够淹没船体的吃水线，因为这样就说明他找到了海峡。然而，河流的水位一直很浅。他认为，海峡的水位应该比这里要高一点，水流也会湍急很多。麦哲伦不想让整支舰队进入拉普拉塔河，于是他派体型最小、吃水最浅的"圣地亚哥号"去考察这条浑浊却富有吸引力的水道。在接下来的两天里,"圣地亚哥号"逆流而上,并且为了避免搁浅而在沿路不断地测量水深。

与此同时,麦哲伦暂时离开了旗舰"特立尼达号",登上"圣地亚哥号"亲自探索这条水道。拉普拉塔河没有哪个地方的水深超过3英寻,过低的水位不适合船只安全通航,并且表明它并非通往亚洲和香料群岛的海峡。尽管大量迹象证明这只是一条大河而已,其他船长仍坚信拉普拉塔河能通向东印度群岛。他们力劝麦哲伦继续勘察,可麦哲伦已经下定决心返航,而一旦他决定采取某种行动,就没有人能够阻止他。

1520年1月底,麦哲伦放弃了对拉普拉塔河的探查,调转了航向,但由于逆风,船只返回河口的速度很慢,而且线路很不规则。

1520年2月3日,摩鹿加舰队又向南航行,重新去寻找那条"真正"的海峡。但是,"圣安东尼奥号"船体突然严重渗水,花了两天时间才修补完毕。舰队开始沿着如今被称为"科连特斯角"①(Cape Corrientes)的地方绕行。

麦哲伦采取了很多措施,以确保不会错过他正在寻找的那条海峡。他命令船队晚上抛锚,早上尽量沿海岸航行,而且时刻留意周边地形,看是否有海峡存在的迹象。当他们往40度纬度线前进,路过今天阿根廷的东海岸时,天气逐渐转冷,这预示着前方的危险与身体折磨。他们忍受着清冷的早晨和严酷的寒夜,为的就是找到这条海峡,但它却一直与他们捉迷藏,实在令人恼火。其实船员们并没有意识到,这个纬度是有名的飓风带。那里的飓风不仅频繁出现,而且来势汹汹,让人措手不及。

---

① 科连特斯角,位于阿根廷东北部巴拉那河畔,邻近巴拉圭边境,是科连特斯省的首府。

1520年2月13日，舰队又遇上一场暴风雨，船只在海浪中颠簸，"维多利亚号"的龙骨受损。暴雨伴随着电闪雷鸣，着实让船员们心惊胆战。当暴风雨最终停息时，圣艾尔摩之火再次出现在旗舰的桅杆上，照亮了舰队前进的道路，使船员们确信自己受到神灵庇护。

第二天，所有船只扬起了风帆，但由于没有可靠的地图指路，舰队面临着在浅滩搁浅的危险。这些浅滩由暗礁或露出水面的沙滩构成，隐藏在浅水区的水下很难被人发现，"维多利亚号"就因此搁浅过好几次。任何船员都害怕撞上浅滩，如果船只在行进过程中发生剧烈抖动，船员们会惶恐不安，甚至沮丧地放声大哭。如果浅滩有很多岩石，那么船体就可能会被切成两半后沉没；而如果浅滩有很多沙子，或者被海草所覆盖，那么船只就有可能被牢牢缠住。

为了把尾舵的海草清理掉，少数会游泳的船员必须冒着鲨鱼出没的危险潜到船只下面，徒手将海草拔掉。他们要长时间在水下憋气，随时可能窒息。对于搁浅船只而言，潮汐至关重要。海水涨潮时，它便可全身而退。如果正好遇上退潮，船只就会被困在浅滩上，无法动弹。每次遇到搁浅，"维多利亚号"都是利用潮汐全身而退。尽管有可能再也看不到陆地或海峡，但麦哲伦为了找到更深的水域，最终还是决定带领舰队远离海岸和浅滩。

越往南行，麦哲伦就越担心自己错过了海峡。

1520年2月23日，他重走了一部分路线。24日，舰队到达阿根廷沿海的圣马蒂亚斯湾（San Matias Gulf），那里有宽阔的入海口。在麦哲伦看来，与拉普拉塔河相比，圣马蒂亚斯湾更有可能通往海峡，因为那里的海水更深、更蓝，也更寒冷。船员们也许看到了鲸，因为那里是南露脊鲸[①]（Southern Right Whale）的主要繁殖区。如果

[①] 南露脊鲸，又名黑露脊鲸，为真露脊鲸属（已知有3种）的其中一种，目前估计有1万只南露脊鲸生活在南半球的温寒带海域。

他们靠近陆地航行的话，也许能看到企鹅、海狮，甚至是在岩滩上打滚的巨大海象。如果他们上岸，也许会进入一个野生动物的天堂，那里有狐狸、野兔、美洲狮、隼、猫头鹰、火烈鸟、长毛羚猞和鹦鹉。但是麦哲伦宁可在近海区抛锚，也不愿意靠近危险的浅滩，因为他只想找到海峡。

整支探险队的命运都由能否找到这条海峡来决定。

第二卷

世界的边缘

第 5 章
领导力的严酷考验

> 倾斜的桅杆，下沉的舰艏，
> 仿佛身后有敌人在呼喊追打，
> 无论如何奔跑，都摆脱不了敌人的阴影，
> 只能低头狂奔，船在急驰，狂风在呼啸，
> 我们一路逃往南方。

在海上航行六个月之后，麦哲伦领导舰队的能力依旧深受质疑。许多位高权重的卡斯提尔官员，甚至是葡萄牙籍领航员都认为麦哲伦性格暴戾，凡事不懂得变通。他狂热地寻找香料群岛，把他们带上了一条不归路。他们还认为，麦哲伦这趟前往世界边缘的航行几乎没有任何生还的机会。

从 1520 年 2 月到 10 月这 9 个月时间里，麦哲伦尝试过改变自己的领导风格，甚至性格。在经历了这段时间的严峻考验之后，他完全变成了另一个人，再也不是航行开始时的麦哲伦了。

2 月份的时候，麦哲伦差点被手下谋杀，而 10 月份，麦哲伦已差不多在历史上赢得了自己的一席之地。在这 9 个月里，他所经历的一系列考验迫使他重新审视自己作为领导者的局限性。他要么改变领导风格，要么死路一条。

1520 年 2 月的最后一周，舰队沿着海岸向西驶向布兰卡湾① (Bahia Blanca)。这个海湾非常开阔，值得好好勘察一番。麦哲伦带

---

① 布兰卡湾，位于阿根廷东南沿海，濒临大西洋西南侧。

领舰船在海湾内部及其周围的岛屿四处巡查,却未发现海峡存在的迹象。熟悉了海岸线之后,他对自己的航海技能越来越有信心,又指挥舰队重新开始全天 24 小时航行,晚上就让船只远离海岸,以免碰到隐藏于海底的岩石和礁石。

2 月 24 日,舰队来到另一个疑似海峡的入口处。"我们深入海湾,"阿尔沃在航海日志中写道,"直至完全进入里面,我们才发现那里的水底深度足有 80 英寻,其周长为 50 里格。"麦哲伦认为这个巨大海湾的周长不止于此。事实证明,他的推测是正确的,在接下来这几天里,舰队不再漫无目的地勘察。

圣胡利安港上的谋杀与叛乱

1520 年 2 月 27 日,舰队终于发现了一个有可能是海峡入口的地方。那里有两座岛屿,岛上似乎有无数只鸭子。麦哲伦将这个入口命名为"鸭子湾"(Bahia de los Patos),他小心翼翼地对这个地方进行勘察,想找出海峡入口的准确位置。他相当谨慎,只派出 6 名船员登岛收集生火的木材和淡水等给养。登岛先遣队担心遇到那些潜行于森林中的好战部落,因此仅将活动限于其中一座小岛。那里既缺乏淡水也没有木材,却繁衍着大量野生动物。

近距离观察之后,他们才发现那些像鸭子的动物其实并不是鸭子。皮加费塔认为它们是"母鹅"或者"小鹅",他说,这些鹅多如繁星,而且非常好抓。"不到一个小时,我们就把它们都抓上船了。"他在日记中写道。很快,船员把盐撒在鹅肉上,然后狼吞虎咽地吃完了。"它们很肥,我们没有拔毛,而是直接剥皮生吃。这些小鹅体形都差不多,全身覆盖着黑色的羽毛,有着像乌鸦一样的喙。它们不会飞,以鱼类为食。"从皮加费塔的描述可以看出,这些"鹅"明显是企鹅。皮加费塔还为他们遇到的另一种野兽感到诧异。它们比普林尼笔下所描述的神兽更加奇妙，因为它们是真实存在的：

> 这两座岛上有各种颜色和体型的海狼，它们大小跟小牛差不多，头也跟小牛相类似，只是耳朵较小、较圆，还长着长长的獠牙。它们没有腿，但双脚直接连着身体，而且长得像人手，脚趾之间的皮肤像鹅的蹼且脚趾上长有趾甲。如果这种动物能在陆地上跑的话，肯定会非常凶猛、残忍，但它们一直生活在水里，以鱼类为食。

皮加费塔所说的"海狼"指的是生活在北部亚热带至南部极地之间的海狮或海象，而我们通常要靠它们凸起的口鼻区分这两种动物。尽管这些哺乳动物大部分时间都待在海里，并且能够下潜到深达4 000英尺的海底，但偶尔有几个月时间，它们还是会像人类大家庭那样上岸嬉戏打闹，或者伸懒腰、打呵欠、挠痒痒，懒洋洋地看着周围的同伴。每头雄海狮或雄海象都有一大群伴侣，这些伴侣有时多达15只。

到了交配的季节，雄性海狮或海象往往因为争夺配偶而大打出手，在彼此身上留下深深的伤痕。成年海狮或海象的体重可达1 000磅，如果屠宰方式正确的话，它们肥美的肉和脂肪可以成为充足的食物来源，而它们厚实、光滑的银灰色毛皮将会是这个寒冷地区所急需的保暖用品。

那六名勇敢的船员悄悄靠近一群"海狼"，用棍棒把它们打晕，然后尽可能多地把它们拖上大划艇。然而在先遣队返回舰队之前，一场特大暴风雨突然降临。来自海上的狂风将麦哲伦的舰队刮到外海，这六名船员则被困在小岛上。他们心惊胆战地过了一晚，担心自己会被"海狼"吃掉或在这严寒天气下冻死。

第二天早上,麦哲伦派出一支救援队上岛,但他们只发现了那艘被遗弃的大划艇,顿时觉得大事不妙。他们仔细搜寻小岛,大声呼喊失踪船员的名字,结果只是惊吓到了"海狼"们而已。救援队发现,有几只"海狼"已被杀死,于是他们走近查看,看到失踪的船员筋疲力尽地蜷缩在死去的"海狼"下面。他们身上溅满泥巴,浑身散发一种恶心的气味,所幸都还活着。他们在"海狼"尸体下找到了躲避暴风雨的地方,那里很暖和,足以让他们撑过寒冷的夜晚。

上天仿佛觉得这些人遭受的苦难还不够似的,正当他们打算返回等在海上的舰队时,突然又兴起一场暴风雨。虽然他们最终还是平安地回去了,但由于风暴太大,"特立尼达号"的锚缆一根接一根地被风吹断了。

"特立尼达号"在风暴中无助地颠簸,船员们被晃得东倒西歪。突然,船身转向朝岸边的岩石漂去,形势危急。整艘船只被一根缆绳牵着,如果它也断了的话,"特立尼达号"上包括麦哲伦在内的所有船员都会丧命。船上的人向圣母玛利亚和他们所知道的所有圣徒祈祷。在绝望恐惧之中,他们许诺,只要能熬过这场磨难并返回西班牙,他们就会发起一场宗教朝圣之旅。

上天终于显灵了,据说有三团圣艾尔摩之火出现在舰队的桁杆上,投射出神圣的光芒,给人以希望和鼓舞。"我们濒临死亡,"皮加费塔写道,"但是,圣安瑟伦(St. Anselm)、圣尼古拉斯(St. Nicolas)和圣克莱尔(St. Clare)在我们面前显灵,暴风雨马上就停了。"信徒尤其适合在这样的场合向圣克莱尔祈祷。他通常以手提明灯的形象出现,被认为是盲人的守护神,民间甚至相信他有让浓雾消散、大雨停歇的能力。在虔诚的船员看来,这些突然出现的征兆表明，即便在地球上的偏远角落，上帝仍然在守护着他们。更能显示圣人显灵的证据是，直到黎明时分暴风雨停息，剩下的唯一一根缆绳依旧完好，让他们幸免于难。

遭受了暴风雨的重挫之后，麦哲伦带领舰队在一个小海湾里修整，但天气并没有配合——大风停了，摩鹿加舰队因为无风而不能航行。到了午夜，第三场风暴再次袭击了舰队。这场风暴极具破坏力，而且整整持续了三天三夜。茫然无助的船员们被冻了好几天，并且几乎饿死。狂风和海浪扯断了桅杆，船楼受损，甚至连船尾的甲板也破裂了。四面楚歌的船员自始至终都被困在快要解体的船里，随时可能一命呜呼。绝望之中，他们只能拼命地祈祷。

他们的祈祷再次灵验了，舰队安然度过了这场暴风雨。虽然狂风和巨浪给船只造成了严重损伤，但它们还是可以修补的。令人难以置信的是，尽管船员在陆地和海上都遇到了危险，但并没有人因此丧命。麦哲伦发出指令，舰队终于又扬帆起航。

麦哲伦继续搜索海峡。他已经亲眼看到了这片区域的海上飓风对舰队的摧毁能力，因此，寻找一条逃生路线变得比以往更加迫切。在海上搜寻了几天之后，麦哲伦发现了另一个海湾。他想带领舰队驶入这个避难所，却并没有发现入口，这让他有点沮丧。这仅仅是一个小湾，但至少麦哲伦认为它足以保护舰队不受飓风破坏。然而6天后，另一场旷日持久的暴风雨证明他想错了。

和之前一样，风暴将一支已经登陆的小分队困在陆地上，但这一次却没有"海狼"给他们提供庇护和温暖。他们只能忍受刺骨的寒冷，皮肤、头发和胡子经常被冰冷的雨水打湿，手指和脚趾冻得发麻。为了填饱肚子，他们不得不跳入冰冷的海水寻觅贝类，双手被贝壳划破而流血。贝壳捞上来之后，他们只能把壳砸碎了生吃。

将近一周以后，他们才得以返回舰队。

离开那个小海湾①之后，舰队继续向南航行到副赤道带。纬度的增加导致昼短夜长，天气也变得愈发寒冷，持续变化的阵风使海水漆黑一片。风反复吹打着风帆，而且随时可能变成另一场飓风。麦哲伦终于厌倦了勘察，决定暂时放弃寻找海峡，等来年春天再继续。他转而寻找一个安全的港湾，让舰队安然度过即将到来的严寒天气。

1520年3月31日，他在纬度49度21分终于找到了这样一个港湾。从"特立尼达号"的制高点看过去，它似乎是一个理想的避风港，四周有屏障，海面上经常可见高高跃出水面的鱼，它们似乎在欢迎舰队的到来。麦哲伦把这个港口命名为"圣胡利安港"（Port of Saint Julian）。

港湾的入口四周耸立着灰色的悬崖，其高度有100英尺，待船驶进时，海湾迅速缩短成宽度为半英里的航道。尽管它能够为船只提供保护，但其狭窄入口处的浪高可达20多英尺，水流速度达到6节，在这种情况下，船员必须小心翼翼地抛锚，并在必要时将缆绳绑在岸上，以固定住船只。

麦哲伦认为圣胡利安港是一个非常重要的地标，他想确定其经度。他问领航员是否能借助他朋友鲁伊·法雷罗的技术计算出港口的经度，领航员说算不出来。

麦哲伦又咨询舰队天文学家圣马丁的意见，圣马丁说可以尝试一下。他边测量边咨询领航员，最后得出一个结论：舰队有可能已经误入了《托尔德西里亚斯条约》所规定的葡萄牙领土。这让麦哲伦大为震惊，因为根据卡洛斯一世国王的旨意，他不仅不能进入葡萄牙的领海，而且要向世人证明香料群岛毫无争议地位于西班牙领土之内。而现在，舰队似乎已经越过了教皇子午线。麦哲伦意识到，

---

① 即今天的托尔湾（Bay of Toil）。

他环绕地球航行半圈，却得到了与预期相反的结果。这有可能造成非常严重的后果，危及所有人的前途，因此，领航员们故意将圣胡利安港在地图上的位置标得很模糊。

麦哲伦预料舰队可能要在圣胡利安港度过一个漫长而令人煎熬的冬季，虽然船上装满了屠宰好的"鹅"肉和"海狼"肉，港口里也有大量鱼类可供捕捞，但他还是决定减少船员们的口粮。

在刚刚过去的七周里，船员们连续经历了一系列生死考验，他们希望自己能够因这份勇气和毅力得到嘉奖，而不是惩罚。缩减口粮一事让船员们无比愤怒，并开始反抗。有些人坚持要得到全部口粮，而有些人则要求整支舰队或部分船只返回西班牙。

他们认为通往东印度群岛的海峡根本不存在。为了找到它，他们冒险尝试了一遍又一遍，却一次次陷入绝境之中。他们争辩说，如果继续航行下去，他们会被肆虐该地的强风暴夺走性命，或者在海岸线的尽头从世界的边缘掉下去。当然，卡洛斯一世国王不希望他们都死在探索香料群岛的路上，人命还是有一定价值的。

麦哲伦态度强硬，提醒船员们必须执行王室使命，无论海岸线通往何处，他们都要继续走下去；此次航行是国王的旨意，他会坚持到底，直至世界的尽头，或者找到通往东印度群岛的海峡。可能他还说过，看到敢于冒险的西班牙人如此怯懦，他十分惊讶。

至于船员们所关心的食物问题，麦哲伦认为圣胡利安港有很多木头、大量的鱼、淡水和禽肉，足够果腹，但是船上储存的饼干和红酒必须定量供应才够吃。麦哲伦还让船员想想那些葡萄牙航海家，后者曾毫不费力地通过了南纬35°26′线，而如今他们也到达这里——也就是南纬35°26′所在地，他们自己是何等勇敢的航海家！

麦哲伦坚称他宁死也不带着耻辱返回西班牙，并鼓励船员们耐心等待冬天过去；他们经受的考验越多，卡洛斯一世国王给他们的奖赏可能就越多。他还劝告船员不要质疑国王，探索一个未知的世界才是他们要做的事，那里有大把的黄金和香料，足以让他们所有人都变成富翁。

对于那些立场摇摆不定的船员而言，这番演讲颇具说服力。它让麦哲伦又多了几天喘息时间，但也就几天而已。船员们早就看不惯麦哲伦的所作所为和孤注一掷的狂热态度，而麦哲伦严厉的措辞更加证实了他们内心的担忧。他们认为麦哲伦必定不在乎他们的生死。船员们在接下来的几天里开始争吵，民族偏见就像突然出鞘的利剑，刺向以麦哲伦为首的葡萄牙籍船员。

卡斯提尔籍船员再次挑衅说，麦哲伦一直坚持就算死也要找到海峡，这证明他想暗中破坏此次探险活动，让所有人死在途中。他们认为，麦哲伦那番颂扬卡洛斯一世国王的演讲只是一种策略，其目的就是诱使他们赞同他的自杀计划。只要想一想他们不断向南航行进入冰天雪地，就会不禁怀疑麦哲伦想颠覆这次探险，因为香料群岛和东印度群岛在他们西边，那里气候温暖，晴空万里，遍地奢华。

在这场骚乱期间，舰队官员和船员们迎来了一年一度最神圣的节日，即1520年4月1日的复活节。这天，麦哲伦只关心一个问题：谁对他忠心耿耿，谁对他虚与委蛇？只有忠心船员的数量足够多，他才能经受住这次前所未有的挑战。没有他们的帮助，他可能会被监禁，也有可能被绑在尖桩上受尽折磨，甚至可能被丧心病狂的叛变者吊死在桁杆上。为了评估自己所面临的危险局面，他跟每一名船员都进行了深入面谈。

"麦哲伦对船员极尽花言巧语，还许下不少空头承诺，"希内斯·德·马弗拉后来回忆说，"他问船员，其他船长打算谋反，他们对此有什么看法。他们回答说，他们只愿意服从麦哲伦的命令。麦哲伦……明确告诉船员，谋反分子已经决心在他于复活节上岸做弥撒时杀死他，但他会假装不知道这事，照常行动。他果然言出必行，偷偷带着枪，前往一片建着小房子的沙洲参加复活节庆祝仪式。"

麦哲伦原本以为他会看到其他四位船长，结果只有"维多利亚号"的路易斯·德·缅多萨出席了复活节仪式。现场弥漫着紧张的气氛。"两人交谈起来。"德·马弗拉说道。他们面无表情，以此掩饰内心的真实想法，并一起做了弥撒。仪式结束时，麦哲伦直言不讳地问缅多萨，为什么其他几位船长居然敢违抗他的命令，都不来参加弥撒？缅多萨胆怯地回答说，他们可能生病了。

两人仍然假装一团和气。麦哲伦邀请缅多萨到舰队总指挥专用的餐桌共进晚餐，这相当于迫使缅多萨承认他效忠麦哲伦，但缅多萨冷冷地拒绝了麦哲伦的请求。对于缅多萨的公然抗命，麦哲伦显得泰然自若，他现在已经知道缅多萨是同谋了。

缅多萨回到"维多利亚号"，继续跟其他船长密谋造反，并用大划艇在船与船之间传递信息。弥撒结束后，只有麦哲伦的表亲、刚刚被任命为"圣安东尼奥号"船长的阿尔瓦罗·德·梅斯基塔登上"特立尼达号"，与麦哲伦共进晚餐。麦哲伦知道，那些空荡荡的椅子都是不祥之兆。

就在这紧要关口，运气帮了麦哲伦一把。"康塞普西翁号"船长加斯帕尔·德·凯塞达派出他的大划艇在各船之间传递谋反信息，但湍急的洋流使划艇迷失了方向。上面惊慌失措的船员们只能无助地看着划艇漂向麦哲伦的旗舰，这时候他们最不愿意遇到的就是麦哲伦。可让他们惊讶的是，麦哲伦吩咐手下船员将他们从失控的大划艇上救起；更让他们吃惊的是，麦哲伦在旗舰上热情迎接他们，并邀其吃大餐、喝红酒。

宴席上，这群意欲谋反的船员喝了不少红酒。他们觉得舰队总指挥一点儿都不可怕，甚至还向麦哲伦透露了谋反计划。他们对麦哲伦说，如果计划成功实施，麦哲伦当晚就会被"逮捕和处死"。

闻听此言，麦哲伦完全没兴致再招待那些人，立刻命令旗舰准备对付偷袭。为了知道谁效忠于他，谁又是叛徒，他再次质问"特立尼达号"上的所有船员。最后，他对结果甚为满意，因为所有船员都表态说，一旦发生叛乱，他们都将站在他这一边。于是，麦哲伦静静地等待这次不可避免的袭击。

当天深夜，"康塞普西翁号"上人头攒动。船长凯塞达偷偷坐上一艘大划艇，朝"圣安东尼奥号"驶去。当他来到船边时，看到那里还有另一群人等候在漆黑的海面上。这群人当中有"圣安东尼奥号"前任船长、大主教的私生子、叛变失败的胡安·德·卡尔塔海纳，"康塞普西翁号"船主、经验丰富的巴斯克航海家胡安·塞巴斯蒂安·埃尔卡诺，还有30名携带武器的船员。

在夜色的掩护下，他们登上"圣安东尼奥号"，冲进船长室，挥舞着手里的兵器，将倒霉的梅斯基塔赶出了船舱。这艘船曾经归卡尔塔海纳指挥，即使到现在他也认为自己仍是这艘船的主人。叛乱分子用脚镣把几乎未做任何反抗的梅斯基塔锁了起来，然后将他押到赫洛尼莫·格拉的船舱严加看守。

此时，暴动的消息传遍了"圣安东尼奥号"，船员们突然躁动起来。巴斯克籍船主胡安·德·埃洛里亚加勇敢地劝说凯塞达离开"圣安东尼奥号"，以免发生流血冲突，但凯塞达拒绝撤走。于是，埃洛里亚加转过身，让水手长迭戈·埃尔南德斯（Diego Hernandez）命令船员将凯塞达绑起来，以平息这场叛乱。

"不能让这个蠢材坏了我们的好事。"凯塞达大声叫道，他知道现在已经无法回头了。他用一把匕首刺了埃洛里亚加四刀，后者血流如注，应声倒地。凯塞达以为他死了，但这位忠心的船主活了下来。不过，假如他当场死掉可能还好一点，因为他在病床上挣扎了三个半月，才因为伤势过重去世。正当这两人扭成一团的时候，凯塞达的警卫扣留了埃尔南德斯，"圣安东尼奥号"突然间就没有了指挥官。船员们因为没有人给他们发号施令而不知所措，他们担心自己性命不保，于是向叛乱分子缴械投降了。其中一名船员、舰队会计安东尼奥·德·柯卡甚至加入了叛乱队伍，把收缴上来的武器藏在他的船舱中。叛乱的第一阶段正在按计划进行着。

一直详细记录此次行程的舰队书记官皮加费塔对叛乱一事几乎只字未提。他跟麦哲伦之间的关系太近了，对我们了解这件事没有太大帮助。作为麦哲伦忠实的追随者，皮加费塔对他极其敬重，从不去打听或转述任何与麦哲伦相关的流言蜚语。他用自己的文采把麦哲伦描述成一位伟大和睿智的探险家，为其增添了一层神秘色彩；但与此同时，他对整个航行过程中发生在麦哲伦身边的丑闻和叛乱事件采取了熟视无睹的态度。

皮加费塔也在日记中粗略提到过圣胡利安港发生的戏剧性事件，但混淆了叛乱主犯的名字。只要他愿意，完全可以极其精确地记录每一件事，但他很可能在航行结束后才拐弯抹角地提及叛乱一事，因为这时候他才有安全感，敢于讨论曾经发生在他周围的流血事件。

叛乱分子控制住"圣安东尼奥号"后，马上把它变成一艘战舰。巴斯克水手埃尔卡诺掌握了船只的指挥权，下令关押三名疑似忠于麦哲伦的水手，他们是葡萄牙人安东尼奥·费尔南德斯（Antonio Fernandes）、冈萨罗·罗德里格斯（Goncalo Rodrigues），以及卡斯提尔船员迭戈·迪亚斯（Diego Diaz）。

安东尼奥·德·柯卡和凯塞达的仆人路易斯·德·莫里诺（Luis de Molino）带领叛乱分子将船上的库存食物扫掠一空。无论面包、红酒还是其他任何可以找到的食物，都被这些饥饿难耐的人吃个精光。为了讨好和他们一起叛乱的追随者，柯卡和莫里诺还允许他们吃那些管控食品。正忙着为埃洛里亚加做临终祈祷的巴尔德拉马神父（Father Valderrama）亲眼看到了这一切。他发誓说，有机会的话，他一定要向麦哲伦汇报这些罪恶的行为。与此同时，埃尔卡诺命令手下准备好火器，把当时最强大、最尖端的武器——火绳枪和十字弩都拿了出来。如果有人敢接近这艘被叛乱分子控制的舰船，迎接他们的将是由致命的弓箭和喷火的枪口构成的拦截网。

数小时之内，叛乱就像传染病一样蔓延到另外两艘舰船"维多利亚号"和"康塞普西翁号"。"维多利亚号"船长路易斯·德·缅多萨从离开圣卢卡·德·巴拉梅达那天起就憎恨麦哲伦。卡尔塔海纳、凯塞达和他们的支持者来抓麦哲伦只是时间问题，只有卡斯提尔人胡安·塞拉诺指挥的"圣地亚哥号"保持中立。凯塞达决定暂时不理会"圣地亚哥号"，但后来发生的事情证明，叛乱分子们为此吃尽了苦头。

麦哲伦反败为胜

1520年4月2日，太阳在圣胡利安港升起，海上风平浪静但危机隐藏其中。摩鹿加舰队安静地停泊在港口，经过一夜折腾之后，船员们睡得正香。麦哲伦在自己的大本营"特立尼达号"上暂时是安全的。为了验证手下的忠诚度，他派一艘大划艇前往凯塞达和埃尔卡诺控制的"圣安东尼奥号"，将一些船员运到岸上寻找淡水。当这艘大划艇靠近"圣安东尼奥号"时，叛乱分子挥手示意船员们离开，并宣布"圣安东尼奥号"不再听从梅斯基塔或麦哲伦的命令，因为现在船上的指挥官是凯塞达。

大划艇返回"特立尼达号",向麦哲伦汇报了这个令人不安的消息。麦哲伦立刻意识到他面临着非常严重的问题,但仍不知道叛乱的蔓延范围。他一直认为叛乱的舰船只有一艘,而不是三艘,直到派出大划艇去调查其他舰船的忠诚度,才明白事态的恶劣程度。凯塞达站在叛乱大本营"圣安东尼奥号"对麦哲伦派来的船员说:"我为了国王和自己而起事,"之后"维多利亚号"和"康塞普西翁号"也一同效仿凯塞达的行为。

为了证实自己的立场,凯塞达无耻地列出一份要求清单,让大划艇送回旗舰。目前的形势让凯塞达充分相信麦哲伦已经四面楚歌,因此他想迫使麦哲伦向叛乱分子投降。他以书面形式告知麦哲伦,舰队现在归他指挥,他想结束麦哲伦给予舰队官员和普通船员的苛刻待遇。他要给他们提供更好的伙食,不再随意做一些危及船员生命的事情,而且将带领舰队返回西班牙。凯塞达说,如果麦哲伦同意这些要求,叛乱分子就将舰队指挥权归还给他。

在麦哲伦看来,这些要求简直蛮横无理。假如照做,他将在西班牙和葡萄牙名誉扫地,而且要坐穿牢底,甚至会被处死。大家都以为麦哲伦可能会对"圣安东尼奥号"发起全面反攻,但这一次,他压抑住了心中的怒火,没有急于维护自己的权威,而是派人回话说,他很乐于倾听他们的意见,当然,受降的地点最好选在旗舰上。

叛乱分子们犹豫不决,他们不想离开自己的大本营。一旦登上"特立尼达号",谁知道会发生什么事情?于是他们回应道,他们要在"圣安东尼奥号"上面与麦哲伦见面。让他们吃惊的是,麦哲伦居然同意了。

令凯塞达及其手下产生了错误的安全感并放松警惕之后,麦哲伦便悄悄地准备发起反攻。无论以哪种客观标准衡量,他都处于巨大的劣势。叛乱分子已经控制了五艘舰船中的三艘,绝大多数船长和船员也站在他们一边。他们不仅有民意支持，还手握大量武器。在敌强我弱的形势下，麦哲伦不想硬碰硬。他要逐一瓦解叛军，不让自己陷入更危险的境地。夺取为凯塞达输送情报的大划艇，是麦哲伦重掌舰队指挥权计划的第一步。有了这艘划艇，下一步就要收复至少一艘舰船，然后再找其他叛乱分子算账。他决定收回"维多利亚号"，而不是"圣安东尼奥号"，因为后者的叛乱势力更根深蒂固，而前者对于叛乱者的忠诚可能相对脆弱一些，有可能让他得到更多人的支持。

"维多利亚号"是整个计划的关键，为了收复这艘船，麦哲伦用了一个计策。他选出五名船员，吩咐他们坐上夺回来的大划艇，从远处假扮支持叛乱者的样子。他们将武器隐藏在宽松的外套下面，随时准备使用。纠察长冈萨罗·戈麦斯·德·埃斯皮诺萨也在这五名船员当中，他的参与使这项任务更具权威性。麦哲伦让埃斯皮诺萨帮他将一封信转交给"维多利亚号"船长路易斯·德·缅多萨，命令他立即上旗舰投降。如果缅多萨拒绝，埃斯皮诺萨可以立即杀死他。

当这艘大划艇离开视野、前去执行任务时，麦哲伦马上又派出一艘小帆船，上面共有15名忠于麦哲伦的旗舰船员。这些人归他的小舅子杜阿尔特·巴尔波查指挥。

第一艘大划艇停靠在"维多利亚号"旁边，缅多萨允许那五名船员登船。亲眼看到了叛乱变化过程的德·马弗拉讲述道："缅多萨这个人干起坏事来胆大包天，但为人太过鲁莽，听不进任何建议。他命令划艇靠过来，叫人把信给他，然后漫不经心地看了起来，根本不像一个做大事之人。"

根据其他目击者的说法，缅多萨看完这封信后，先是嘲弄了几句，然后哈哈大笑。他把麦哲伦的命令揉成团，随手扔到船外。说时迟，那时快，纠察长埃斯皮诺萨趁机一把抓住缅多萨的大胡子，拼命地扯他的头，然后将匕首插进他的喉咙，另一名士兵则在他的脑袋上补了一刀。"维多利亚号"船长缅多萨顿时鲜血飞溅，重重地倒在甲板上，就此一命呜呼。

缅多萨之死使麦哲伦在这场生死攸关的较量中占据上风。没多久，麦哲伦派出的第二艘大划艇来到"维多利亚号"旁边，支持麦哲伦的船员悉数登船。正如麦哲伦预想的那样，他的手下几乎没遇到什么抵抗，"维多利亚号"的船员早被缅多萨的惨死吓呆了，顺从地向麦哲伦的人投降。

仿佛缅多萨之死还不足以侮辱其他卡斯提尔人，麦哲伦后来当着所有人的面奖励埃斯皮诺萨和他的忠实追随者在这场血腥事件中的表现。"为了表彰（此次行动），舰队总指挥从缅多萨和凯塞达的积蓄中拿出钱来，将12枚达克特金币奖励给埃斯皮诺萨，"一位名叫塞巴斯蒂安·埃尔卡诺的叛乱者后来回忆道，"其他人则每人奖励6枚达克特金币。"卡斯提尔船员们不禁自问："难道我们的命就值这么几枚金币？"

杜阿尔特将总指挥的旗帜挂在"维多利亚号"的桅杆上，向凯塞达和其他叛乱分子宣布这场哗变已经结束，麦哲伦取得了最后的胜利。之后，麦哲伦下令将"特立尼达号"停泊在宣誓效忠的"维多利亚号"和"圣地亚哥号"中间，这两艘船各自守护着"特立尼达号"的一侧。三艘船一起封锁住海港入口，把那两艘叛变的舰船困于海港内部，令其无处可逃。

麦哲伦想让凯塞达意识到抵抗毫无用处，叛乱已被镇压，莫说提高食物配给量和及早返回西班牙，恐怕他的性命都难保。然而，凯塞达拒绝投降。"康塞普西翁号"和"圣安东尼奥号"停泊在海港的另一头，麦哲伦根本看不出叛乱分子们的真实意图。为了防止他们趁着夜色从封锁线旁边溜走，麦哲伦要求旗舰做好战斗准备。他把值班次数增加了一倍，并下令"储备好大量标枪、长矛、石头和其他武器，放在甲板上和桅杆上"。为了获得手下支持，他允许船员们享用充足的食物。与此同时，他也提醒船员们，千万不能让这两艘叛变船只逃出港湾进入外海。

在其他人心烦意乱之际，麦哲伦向一名船员委以重任。这项任务非常危险，这名船员要在夜幕掩护下偷偷登上凯塞达指挥的"康塞普西翁号"帆船，然后把锚缆解开或切断，让其漂离停泊点。麦哲伦推测，事成之后，大海退潮时强大的潮汐会把"康塞普西翁号"推向守在海港入口处的封锁线，他正好可以趁此机会发起突袭。他已经准备好用所有火力迎接"康塞普西翁号"的到来。

当天深夜，"康塞普西翁号"诡异地从海港的一头漂向另一头。没人知道这是麦哲伦的诡计，看上去就像船在走锚。只需要些许时间，它就会进入旗舰的火力范围，海战一触即发。

"康塞普西翁号"上的叛乱分子开始畏缩。被当作人质关押起来的希内斯·德·马弗拉和梅斯基塔注意到，叛乱的领导人凯塞达正被悔恨所折磨，但他无法说服手下结束这次造反。马弗拉后来回忆说："他把船员们召集在一起，问如果叛乱失败，他们该何去何从，该如何避免落入麦哲伦手中？"其他叛乱分子只是说，他们愿意"服从他的决定"。

凯塞达唯一的希望就是从封锁线旁边溜出去，然后逃之夭夭，但可能性十分渺茫。"他下令起锚开船，这样做的效果并不好，因为他的船仍然顺着海流漂向'特立尼达号'。由于水流湍急，凯塞达和其他船员都无法力挽狂澜。"德·马弗拉回忆，他当时没有意识到是什么样的计谋使这艘船陷于危险境地。

凯塞达佩着长剑、拿着盾牌在上层后甲板区巡视。他想重新获得这艘船的控制权，如果失败的话，至少还可以神不知鬼不觉地从麦哲伦身边溜走。然而，他没料到的是，他的船正径直驶入麦哲伦早已布置好的陷阱中。

当"康塞普西翁号"接近旗舰时，麦哲伦大喊"叛徒！叛徒！"下令船员准备好武器。"凯塞达的船刚经过旗舰，"德·马弗拉继续说道，"（麦哲伦）就下令朝它开火，那些口口声声说要为凯塞达卖命的船员顿时没了脾气，全都躲在甲板下面。"

"特立尼达号"立刻向迎面驶来的"康塞普西翁号"发起进攻，炮弹如雨点般落在它的甲板上。"凯塞达拿着武器站在甲板上，几根长矛从旗舰的上桅帆向他飞来，这种场面表明他想战死。麦哲伦发现对方几乎毫无抵抗之力，于是带领几名船员登上了'康塞普西翁号'。"凯塞达的手下还没来得及抵抗，"特立尼达号"的船员就已经用抓钩把"康塞普西翁号"拖了过去，然后冲上船；与此同时，"维多利亚号"也在倒霉的"康塞普西翁号"右舷进行同样的操作。

麦哲伦的支持者挤满了"康塞普西翁号"狭窄的甲板，他们一边四处攻击叛乱者，一边大声喊道："你们为谁而战？"

"为国王，"船员们答道，"也为了麦哲伦！"

也许是叛乱分子态度的巨大转变救了他们一命，麦哲伦的卫队听到他们的效忠后径直去找凯塞达及其党羽，而后者几乎也没做什么抵抗。卫队释放了被剥夺指挥权的船长、麦哲伦的表亲梅斯基塔以及领航员希内斯·德·马弗拉。这次突袭基本上没有造成人员死亡，德·马弗拉是唯一一个差点受伤的人。当时他还没被释放，坐在甲板下面，双脚戴着脚镣，"特立尼达号"发射的炮弹从他双腿中间穿过，差点要了他的命。

随着凯塞达及其党羽被捕，麦哲伦收回了"康塞普西翁号"的控制权,圣胡利安港的午夜哗变事件以叛乱分子的可耻失败而告终,就连"圣安东尼奥号"上的胡安·德·卡尔塔海纳也放弃了成功叛变的希望。当旗舰靠近"圣安东尼奥号",麦哲伦要求卡尔塔海纳立即投降时,卡尔塔海纳便温顺地缴械了。麦哲伦命人给他戴上镣铐,将他锁在"特立尼达号"的货舱里。

那天早上,麦哲伦成功地夺回了这两艘船的控制权。现在,五艘船都完全在他的掌控之下。虽然叛乱分子为数众多,但还是以失败告终;而麦哲伦经历这次磨难之后,则变得比以前更强大。曾经饱受质疑的探险活动将继续进行下去。

复活节叛乱终于结束,麦哲伦也要对那些有罪者进行惩罚了。他要让叛乱分子们知道,背叛他所获得的惩罚,远比海上最为猛烈的风暴还要可怕。首先,麦哲伦命令一名船员宣读起诉书,判定缅多萨为叛徒;然后,他又命人肢解缅多萨。

肢解犯人是一项非常复杂和荒唐的流程,通常情况下,要先对犯人施以绞刑,等他还剩半口气的时候把他放下来;然后刽子手或助理切开犯人的肚子,把他的肠子都掏出来;更令人难以置信的是,刽子手还要在只剩半条命的犯人面前把肠子烧掉。等犯人终于咽气之后,刽子手会把他的脑袋和四肢砍下来,用香草煮到半熟,再腌制起来不让小鸟啄食,最后拿来示众。这种刑法还有一个版本,那就是将犯人的胳膊和腿用绳子绑在四匹马身上,让马朝四个不同方向行走,慢慢将犯人肢解。

麦哲伦把这两种方法结合在了一起。缅多萨被绑在旗舰甲板上,捆住他手腕和脚踝的四根绳子分别连着四个绞盘。绞盘上还有绳子绕在专门用来起吊或移动重物的圆筒上。行刑时,船员推动杠杆,使绞盘的鼓轮转动起来,而卷筒里面还有凹槽阻止它向后转动。慢慢地，绞盘产生的压力便将奄奄一息的缅多萨撕成了碎片。

麦哲伦命令船员向缅多萨的尸体碎片吐唾沫，让大家知道叛徒会得到什么样的下场。在接下来的几个月里，腌制好的路易斯·德·缅多萨的尸体残肢被放在圣胡利安港示众，让人们永远记住叛变的后果。用如今的标准来衡量，这种做法太过野蛮，但在当时，它是惩罚藐视权威者的习惯做法。

海上探险的终极武器

麦哲伦的野蛮行径不止于此，对于藐视他的权威和侮辱国王荣耀的叛乱分子，这只是报复的开始。除了死刑以外，酷刑也是他在海上探险航程中的终极武器。在当时，实施酷刑的做法并不罕见，因为那毕竟是西班牙宗教裁判所横行无忌的时代。

宗教裁判所始于1478年，在首任宗教法庭大法官（Grand Inquisitor）托马斯·德·托尔克马达（Tomás de Torquemada）的领导下得以发展壮大。尽管西班牙并非唯一实施酷刑的国家，但只要提及它，许多欧洲人的眼前就会浮现出宗教裁判所和各种凶残酷刑的画面。酷刑的适用范围也不仅限于宗教异端，麦哲伦的做法表明，它同样适用于其他犯罪行为，比如放高利贷、同性恋行为、一夫多妻和叛国罪等。叛国罪尤为严重，它被认为是危害最大的反国家罪行。

异端审判并非现代意义的法院审判。被告人先被假定有罪，如果他们不愿承认罪行，那只能罪加一等。实施酷刑，就是为了迫使被告人认罪；越早认罪，精神和肉体上的痛苦就越快结束。其实在当时，通过严刑逼供得来的供词被认为是最佳证据。

有人曾亲眼看到过西班牙宗教裁判所审判犯人的过程，麦哲伦的犯人可能也经历过这种恐惧和绝望："西班牙宗教裁判所通常把审讯安排在一间黑暗的地下室中进行，而且还用几道门隔着。审讯室里设置了特别法庭，法官、检察官和书记就坐在那里审问犯人。开庭时，审讯室点起蜡烛，犯人被带进来，行刑者……的装扮看起来非常恐怖。他们身上穿着一件黑色麻布大衣，衣长到脚，而且绑在身上。他们的头和脸用一顶长长的黑色头罩遮盖着，上面开了两个小孔，使其能够看见东西。这身装扮的目的是为了从心理和身体上双重打击可怜的嫌犯，让其知道，他将被这个看似恶魔的家伙亲手折磨。"

在麦哲伦那个时代，酷刑是日常生活中一种令人恐惧的存在，也是船长们管束船员的撒手锏之一。酷刑披着法律和宗教的虚假外衣，比传统的鞭刑更系统化、更残忍，对受害者造成的心理伤害也更大。即使受害者肉体上的痛苦已经痊愈，心灵上的创伤也会在他们的灵魂深处继续溃烂。

早期西班牙历史学家对麦哲伦使用酷刑极为愤怒，他们宣称对麦哲伦的残暴个性深感震惊。但真正让这些历史学家不安的不是麦哲伦使用酷刑，因为在托尔克马达时代的西班牙，严刑逼供是既存事实；他们愤怒的原因是麦哲伦虐待西班牙人。在谴责麦哲伦虐待叛乱分子的人当中，来自特兰西瓦尼亚的马克西米利安（Maximilian of Transylvania）言辞最为激烈。马克西米利安是一名学者，在舰队返回塞维利亚之后，他逐一访问幸存者。他根据幸存船员的回忆，断然宣称麦哲伦的行为违法："除了卡洛斯一世国王和他的委员会之外，没人可以对这些达官显贵处以死刑。"

皮加费塔当时也在行刑现场，但正如他没有记录与叛乱相关的细节一样，他也没有记下这次野蛮的行刑过程，以免为麦哲伦招惹麻烦。假如他描绘自己敬爱的总指挥大人如何虐待四面楚歌的下属，那对他也没什么好处。早期历史学家强调说，被麦哲伦酷刑虐待的一些受害者是西班牙官员。他们想以此强调他的这种做法侮辱了卡洛斯一世国王和卡斯提尔王国，更是背叛西班牙的表现。但实际上，也有许多葡萄牙人被麦哲伦酷刑虐待过。

在收复叛乱船只的过程中，麦哲伦表现出了高超的掌控能力；相比起来，他使用酷刑的技巧也毫不逊色，并作为防止未来叛乱发生的措施发挥了重要作用。通过酷刑，他的船员逐渐明白了一个道理：听从麦哲伦的命令纵然有可能让他们丧命，但如果违抗的话，后果更加不堪设想。船员们之所以有勇气和决心环行地球，甚至敢于冒险前往世界的边缘，其中一个很重要的原因就是麦哲伦的强硬措施。恐惧感是他激励手下船员的最重要手段，对他们而言，与大海上遇到的危险相比，麦哲伦更加可怕。

为了惩罚其他罪犯，麦哲伦在圣胡利安港进行了一次世俗审判。他任命自己的表亲阿尔瓦罗·德·梅斯基塔担任法官，主持这场全面审理。此前，麦哲伦不肯使用众多更有资质、更熟练的西班牙和葡萄牙籍领航员和船员，却将经验很少的梅斯基塔提拔为"圣安东尼奥号"船长，现在又任命他为法官去决定谁犯下了叛国罪、谁要承担叛乱后果，也难怪船员们都对麦哲伦恨之入骨。

做出裁决之前，梅斯基塔花了两周时间评估犯人的犯罪"证据"。审判快结束时，梅斯基塔赦免了一名被告，只给予其轻微的处罚。毫无疑问，这一判决是麦哲伦授意的。舰队会计安东尼奥·德·柯卡只是被剥夺了头衔，而受人尊敬的天文学家兼占星家安德烈斯·德·圣马丁、领航员埃尔南多·莫拉雷斯（Hernando Morales）和一名牧师却被判叛国罪。

毫无疑问，这份判决太过严厉。这三名被告被判有罪的理由，仅仅是他们因为恐惧而非谋反所做出的一些行为。例如，在调查过程中，有人发现圣马丁拥有探险行程表。作为舰队的首席天文学家，理所当然会有这样一张表，然而他在慌乱之中将其扔进了海里。那名牧师又做了什么事情，以至于得到同样的罪名呢？根据指控，有人听到他说"舰队没有足够的粮食"，但这本来也是事实；另一个证据则是"总指挥曾要求牧师把船员在向他忏悔时所说的秘密全部告诉他，但牧师没有同意"。也许麦哲伦认为这名牧师了解谋反内情，因为船员在告解时肯定会透露出来，但他忽略了这样一种情况：这些船员并没有意识到自己的行为有罪，反而觉得自己是因为被逼入绝境才造反的。

这些行为与谋反之间的脆弱联系表明，尽管梅斯基塔和麦哲伦已经做过耐心的调查，但几乎没有找到犯人不忠的其他证据，于是只能把圣马丁和牧师当作出气筒。从1512年起，圣马丁就一直在利用和提高自己的航海技能。他表现优异，被斐迪南国王任命为王室御用领航员。后来他两度想获得首席领航员的职位，尽管卡洛斯一世国王忽略了他的请求，但他还是取代了鲁伊·法雷罗，成为摩鹿加舰队的天文学家和占星家。

圣马丁既拥有专业技能，又持有皇家特许状，而且收入不菲，像他这样一位长期效忠王室的优秀之人是不太可能叛变的。而且与凯塞达、卡尔塔海纳和其他同谋者不同的是，圣马丁并不渴望成为船长，对麦哲伦也毫无恨意，他犯下的唯一严重过错就是一时太过惊慌。然而，就是这么一个小错误，让他承受了公认的生不如死的命运。

梅斯基塔下令，对圣马丁施以宗教裁判所最常用的刑罚，即让人毛骨悚然的"吊坠刑"（Strappado）。"吊坠刑"共分五个阶段，犯人在每个阶段所承受的痛苦将逐渐加重。第一阶段：行刑者先扒光犯人的衣服，将他的双手绑在身后，然后对其极尽威逼恐吓之能事，迫使其认罪。假如第一步没有效果，那么第二阶段就会开始：行刑者用绳子将犯人的手臂从背后吊起，并将绳子连到犯人头顶的一个滑轮上。假如犯人还是不肯就范，就要面临第三阶段刑罚：他会被悬吊很长一段时间，以至肩膀脱臼，手臂骨折。假如他还是没有彻底认罪，那么刑罚就会进行到第四阶段：行刑者用力扯动悬在空中的犯人，导致其剧烈疼痛。当"吊坠刑"有条不紊地实施到这一步时，很少有犯人能拒不认罪地坚持下去。但少数犯人坚持到了第五阶段：行刑者把重物绑在犯人脚上，其重量足以将犯人的四肢从他饱受折磨的躯体上撕扯下来。

安德烈斯·德·圣马丁经历了"吊坠刑"的所有阶段：他最后被悬吊在半空，脚上挂着好几枚铁炮弹，炮弹的重量使他剧痛不已。早期的一份审讯报告描述了"吊坠刑"第五阶段的细节，圣马丁也许经历了同样的过程："犯人双手被反绑着，脚上也系着重物，然后被吊了起来，直到他的头碰到滑轮。他就这样被吊了一段时间，脚上的物体非常重，他的关节和四肢都被拉长了，看起来非常可怕。突然间，绳子一松，他猛地往下坠，但脚还是没有碰到地面。"

经过这番煎熬之后，圣马丁也许因为忍受不住痛苦而哀求过麦哲伦将他处死。他也可能在剧痛中昏厥过，但最终还是死里逃生了。实际上，他恢复得很好，并且重操旧业，又当上了舰队的天文学家和占星家。不过，从那时起，他就对包括麦哲伦在内的整支舰队怀有戒心。

梅斯基塔和麦哲伦处罚埃尔南多·莫拉雷斯的手段更甚于圣马丁。审判记录只是说莫拉雷斯的四肢"都脱臼了"，但这名可怜的领航员实际上后来因伤势过重而死。所以，我们只能想象他在梅斯基塔和麦哲伦手里遭受了哪些痛苦。也许他经历了宗教裁判所时代的另一种常见酷刑，也就是残忍的"木马刑"（Wooden Horse）：犯人被绑在一张中空长椅的金属杆上,脚被抬高到头部以上的位置。"当他以这个姿势躺着时,"早期一份报告写道,"他的手臂、大腿和胫部都被细线缠绕起来,行刑者在适当的距离用螺旋状物拧紧这些细线,使其深入骨头当中,再也无法分辨出来。除此之外,行刑者还用一块薄布盖住犯人的嘴巴和鼻子,让他呼吸困难,然后从高处向犯人嘴巴倾注一小股细线般的水流,水很容易沿着薄布渗到喉咙底部,让人根本无法呼吸。这个可怜的家伙嘴里灌满了水,鼻子又被布盖着,奄奄一息,跟一个行将就木之人没什么区别。在薄布被掀开的那一刻,犯人通常都会如实招供。此时血和水浸湿全身,仿佛肠子被人从嘴里掏出来似的。"经历此番酷刑之后,无论犯人有多么清白,都会因不想再吃苦头而认罪。

在宗教裁判所,"吊坠刑"和水刑都是非常有名的"官方"刑罚,但行刑者常常还使用一些非法手段来折磨犯人,圣马丁、莫拉雷斯和牧师也许都受到过此类对待。他们有可能没饭吃、没觉睡,甚至脚也被人绑起来,盖上大量产自圣胡利安港的天然盐,然后被一只山羊长时间舔脚底板,据说这样会让犯人痛苦不已,但又不会对其身体造成伤害。

恐怖的审讯结束后,梅斯基塔判处其他40名被告死刑。一场大屠杀似乎在所难免,但没有这40名船员的协助,探险活动肯定无法继续下去。即使像麦哲伦这种冷酷残暴之人,也不太可能处决40名船员,毕竟他们当中的很多人在叛乱发生之后就缴械投降了。从这个意义上讲,他已经大获全胜了。当前的严峻局面是他一手造成的,而现在他要做的就是想办法将它结束。

麦哲伦终于震慑住了全部船长和船员。1518年3月22日,卡洛斯一世国王在信中赋予麦哲伦管束舰队所有人的绝对权力,这相当于给了他一把"尚方宝剑"。麦哲伦发布的命令已经表明,他对所有下属皆可行使生杀大权。虽然麦哲伦的所作所为听起来很残暴，但基本上仍限制在卡洛斯一世国王赋予他的权力范围之内。不过，麦哲伦把威权主义发挥到了极致，拒绝与手下的船长们分享权力，甚至没有给他们任何获得权力的希望。船长们因此牢骚满腹，他们的这种情绪也影响到了普通船员，如此一来叛乱和酷刑也就在所难免。

对于舰队的大小事务，麦哲伦都要亲自过问，而且拒绝别人干涉他的航海计划，不听取任何建议。船长们觉得自己没起到任何作用，于是把愤怒的矛头都指向了麦哲伦。麦哲伦总是固执己见，却很少去说服别人。他不断以卡洛斯一世国王的名义约束下属，可是在舰队距离西班牙数千英里并处于极端危险的情况下，这种话显得很空洞，而且还是出自一名葡萄牙人之口。

麦哲伦认为他已经完全显示了自己的权威，于是赦免了这40名船员死刑，改判苦役。巴斯克船主埃尔卡诺也在被赦免船员之列，后来报了一箭之仇。那些被释放的船员看着操控他们命运的麦哲伦，内心肯定五味杂陈。

从短期来看，他们不会遭受四马分尸或其他酷刑而惨死，但是，考虑到有可能在圣胡利安港度过一个漫长的冬季，他们便意识到自己每天都要生活在艰苦和危险之中。岸上的食人族比麦哲伦更无情，随时可能袭击和吃掉他们；而在海上，暴风雨也随时可能掀翻他们的帆船。他们也无法弃船而逃，因为没有人可以凭一己之力在这恶劣的天气中生存下去。他们唯一的选择就是对麦哲伦俯首帖耳，即使被他带往世界的尽头也要一路追随。

有两个重要人物不在大赦之列，分别是杀死"圣安东尼奥号"船主的叛乱头目加斯帕尔·德·凯塞达及其仆人路易斯·德·莫里诺。麦哲伦坚持要将凯塞达处死，他给了莫里诺一个简单而残忍的选择：要么跟他的主子一起被处决，要么砍下凯塞达的脑袋以求自保。如果莫里诺选择后者，那他就会违背自西班牙封建时代以来就确立的行为与道德准则的最核心原则。然而正如麦哲伦所料，莫里诺接受了这笔残酷的交易。

在全体船员面前，凯塞达跪在"特立尼达号"的甲板上，莫里诺手里握着刀，站在凯塞达旁边。他请求主人宽恕他，但未能如愿。然后他举起刀，用力砍下了凯塞达的脑袋。麦哲伦似乎觉得这血腥的一幕还不够，他命人将凯塞达分尸，并将其残骸示众，以示惩戒，正如几周前他将缅多萨分尸示众一样。

现在，卡尔塔海纳成为舰队硕果仅存的西班牙籍船长。几天后，麦哲伦发现他正在跟一位名叫佩罗·桑切斯·德·拉雷纳（Pero Sanchez de la Reina）的牧师再次密谋组织叛乱。这位牧师原名贝尔纳德·德·卡尔梅特（Bernard de Calmette），来自法国南部，在"圣安东尼奥号"当牧师。他给自己取了个西班牙名字，以便跟船员打交道。经过一场大屠杀之后，卡尔塔海纳居然还想冒着生命危险造反，这简直令人难以置信。这一次估计没有谁愿意追随他，但卡尔塔海纳几乎跟麦哲伦一样顽固不化。

麦哲伦又成立了一个军事法庭，审判这两名合谋的叛乱分子。起初，他想将两人就地处决，因为这毕竟是卡尔塔海纳第三次谋反了。然而，麦哲伦发现自己处于两难境地中：他不能判处一名牧师死刑，就算这位牧师谋反，也不能将其处死。至于卡尔塔海纳，他与大主教丰塞卡有血缘关系，麦哲伦不可能对其采取死刑或酷刑等严厉的惩戒行动。于是，麦哲伦想了个办法，让卡尔塔海纳和牧师落得个更惨的下场。他决定把他们留在荒无人烟的圣胡利安港，舰队离开后，他们就只能自求多福了。

总而言之，在叛乱过程中和叛乱结束后，麦哲伦的所作所为都称得上是马基雅维利式的行动,即"精于算计,必要时残酷无情"。他经受住了这次考验,并最终成为胜利者。

在船只装备方面,麦哲伦一直都是完美主义者。平定叛乱之后,他把注意力转向了疏于打理的舰船。这些船处于年久失修的状态,风帆和索具杂乱不堪,货舱臭气熏天,船身到处漏水。他命令手下清空船只,进行彻底清洁。

这是一项吃力的工作,船员们需要把所有食物搬出来,甚至还要把压舱石也搬出来,用海水清洗干净。那40名被判做苦役的叛乱分子承担了最繁重的工作,他们脚上戴着脚链,一直操作着抽水机,使船只保持漂浮状态,直至舰队的木匠将船修好,达到适宜航行的状态。他们把船只清空之后,船员们便开始擦洗货舱,用醋洗干净木板,彻底消除那似乎无所不在的恶臭,再把压舱石搬进来。

一个难熬的冬天就这样过去了。每一天,船员时刻都在劳动,还要注意保暖。那里就像一个没有围墙的偏远监狱,而他们就像囚犯般生活着。负责监工的麦哲伦想一直用脚链锁住那40名船员,直到舰队来年春天离开圣胡利安港。

等到重新把粮食装进货舱的时候,他们才发现塞维利亚和加那利群岛的奸商们揩了舰队不少油水,足以危及船上人员的生命。尽管提货单显示船上的补给品可以使用一年半时间,足够让他们到达香料群岛,但实际上,货舱里的食物只有账面数量的三分之一。

这个残酷的发现给接下来的探险旅程蒙上了一层阴影,因为麦哲伦意识到他们很可能在到达目的地之前就断粮了。为了补足差额,船员们又开始四处捕猎,但补充的食物也很快被消耗掉了。摆脱缺粮困境的唯一方式就是尽快重新起航,无论前方是否有暴风雨。

第6章
海上暴风雨与陆上食人族

> 雾霭与冰雪齐至，
> 顿时天寒地冻；
> 绿如翡翠的巨大冰山，
> 与桅杆擦肩而过。

寻找通往香料群岛的海峡一直都是麦哲伦优先考虑的事情。到了1520年4月底，麦哲伦已经对这项工作如痴如醉。闷热的天气稍有缓解，他便急匆匆地派出一支侦察队去找这条寻之不得的海峡。他选择状况最好的"圣地亚哥号"执行这项任务，并任命卡斯提尔人胡安·罗德里格斯·塞拉诺担任船长。一名手下船员评价他："非常勤奋，从不休息。"

塞拉诺即将遇到职业生涯中的最大挑战——即使他成功找到海峡入口，在返回圣胡利安港的路上也同样危险重重。海上的暴风雨和陆地上的食人族都有可能带来灾难性的后果；而"圣地亚哥号"船员也许会抵挡不住哗变和临阵脱逃的诱惑，向东返回西班牙，或向西穿越海峡逃跑。

为了让船员断了逃跑的念想，麦哲伦只给"圣地亚哥号"提供了维持最低生存限度的粮食，并向塞拉诺承诺：如果侦察队找到了海峡，他将获得100达克特金币作为奖励，当然，只有返航后才能得到这笔钱。

得益于晴朗的天气，任务进行得非常顺利。5月3日，塞拉诺在距离圣胡利安港60英里的地方找到一个潜在的海峡入口，但仔细观察后发现，那是一条河流的河口，于是他把这条河命名为"圣克鲁斯河"（Santa Cruz）。

300多年后，也就是1834年，年轻的查尔斯·达尔文（Charles Darwin）乘坐英国皇家海军"比格尔号"（HMS Beagle）进行环球航行来到圣克鲁斯河时，也发现它可能通往海峡。达尔文在游记中写道，该河流"大部分河段宽度在300码至400码之间，河流中部深约17英尺……河水呈纯蓝色，还夹杂些许淡淡的乳白色，乍看起来没有预想中那么清澈见底"。

"圣地亚哥号"船员很快就发现，圣克鲁斯河附近的食物比圣胡利安港更充足。塞拉诺决定在那里逗留6天，多捕一些鱼和海象。塞拉诺的当务之急是寻找海峡，而他居然决定留在圣克鲁斯河捕猎，这确实是件很奇怪的事情。也许他和船员们都不想返回圣胡利安港，因为那里会让他们回想起那次叛乱，又或者他们不想再冒险出海。

短暂休整一段时间之后，"圣地亚哥号"再度起航，继续往南搜索海峡。5月22日，海上刮起大风，海水剧烈翻腾，上下颠簸的船只仿佛只是一块巨大的漂浮物。摩鹿加舰队已经多次遭遇过强烈的飓风骤雨，但这次强暴风雨却是体型较小的"圣地亚哥号"从未见过的，而且它必须独自面对这场风暴。

"圣地亚哥号"沉没

塞拉诺没有时间收起风帆。海浪无情地拍打着船身，弄得船员们心惊胆战。塞拉诺想迎风前进，安然度过这场风暴，但狂风撕裂了风帆，海浪连续拍打方向舵致其失灵，"圣地亚哥号"已不受控制。

它被困在风暴中心,而这场风暴还在不断增强,船员毫无获救的希望,情况非常危险。

就在那一刻,风暴势头突然变猛,把无助的"圣地亚哥号"推向布满岩石的海岸,船员们命悬一线。锋利的岩石刺入船身,船只开始渗水,塞拉诺遇到了任何船长都害怕见到的一幕。船员们很幸运,"圣地亚哥号"在解体之前被海浪冲上了岸边。船上的37名水手一个接一个地爬上第二斜桅末端,跳到岩石遍地的沙滩上。他们刚刚弃船不久,"圣地亚哥号"就解体了。

风暴卷走了船员维持生命所需的所有物资,包括红酒、硬饼干和淡水,更不用说刚捕获不久的海象了。令人难以置信的是,所有船员都活了下来,可正当他们刚刚感谢完上帝救了他们一命时,顿时又为眼前的绝境倒吸了一口冷气。

风暴把这群遇难船员困在了与舰队相距70多英里的地方,那里天寒地冻,没有食物,没有木材,也没有淡水。船员们又冷又累,很快便饥饿难忍。他们根本没有任何办法把自己的困境告诉麦哲伦。若想通过陆路返回圣胡利安港,他们恐怕会遇到难以征服的障碍:不仅要爬过大雪覆盖的山脉,还要穿越3英里宽的圣克鲁斯河。

遇难船员们在大致同一片区域待了8天时间。他们迷失了方向,心灰意冷,在岸上等着"圣地亚哥号"的残骸,甚至是食物漂到布满石头的海滩上。然而,海浪只送过来几片"圣地亚哥号"的船身木板。船员们只能靠岸上的植物和捡来的贝壳维持生命。很快,他们就想到了一个自救办法,那就是拖着这些木板爬过高山,在河岸那边建造一张木筏,然后乘坐木筏穿越河流。

在船员们看来,这是一项令人生畏的艰巨任务,因为圣克鲁斯河在北边,距离他们数英里远。他们把大部分木板留在身后,经过4天陆地上的长途跋涉后,终于筋疲力尽地到达了宽阔的河流旁边。

天空已经放晴，他们第一次来到这条河的时候就已经知道这里鱼群丰富，他们终于不用饿肚子了。

由于缺少木板制作一张足以承载所有人的大木筏，船员们决定分成两组作业。其中一组有35人，负责在河畔建筑营地；另一组则由两名身强体壮但名字没有被记录下来的船员组成，其任务就是乘坐小木筏抵达河对岸，然后走回圣胡利安港求助。这项工作极端危险，想要安全渡过这条河流，勇气和运气缺一不可；即使到达了河对岸，他们还要在严寒天气中艰苦跋涉，一路上看到什么就吃什么。

这两名船员乘坐着简陋的木筏成功渡河，上岸后马上朝圣胡利安港方向进发。刚开始时，他们沿着海岸线行走，这样就可以沿途捡些贝壳吃。但是广阔的沼泽地阻挡了他们前进的步伐，他们只好翻山越岭地往内陆走，吃一些蕨类植物和根茎植物，在冰天雪地中受了不少苦。当他们痛苦地徒步跋涉了11天最终到达圣胡利安港时，早已憔悴不堪、骨瘦如柴，甚至连熟人也快认不出他们了。

这两名船员恢复体力后，便立刻向麦哲伦汇报了远在圣克鲁斯河的同伴所处的绝境。

麦哲伦别无选择，只能派人救援"圣地亚哥号"的另外35名船员。他担心风暴会折损救援船只，所以只派出了一支24人的救援小队，携带红酒和硬饼干沿着那两名幸存者回来时从荒野中开辟出来的小路前往圣克鲁斯河。"这段路程很长，足足有24里格，而且道路非常崎岖，荆棘密布，"谈及这段令人不快的救援行动时，皮加费塔说道，"救援队在路上走了4天，晚上就在灌木丛里睡觉。一路上，他们没找到饮用水，周围全是阻挡他们行进的冰雪。"

由于找不到河流或泉水，他们只能化冰取水。连日的荒野跋涉使他们的身体虚弱了不少，最终，他们来到圣克鲁斯河畔的营地，找到了近乎绝望的遇难船员。接下来的重聚场面令人动容：一群疲惫不堪的船员聚在世界的尽头,吃尽了苦头,随时可能被老天夺取性命;他们只是为了生存而聚在一起,但生存的希望似乎也不大。

救援小组从"圣地亚哥号"的残骸中找到一些木板,拼凑成一张小木筏,把幸存者运回河对岸。木筏太小,每次只能运2个人,最多不超过3个。来回一趟要耗费数小时而且危机重重,但所有人都奇迹般地到达了河的北岸。尽管如此,他们并没有脱离危险,因为他们还要沿着蜿蜒崎岖的陆路返回圣胡利安港。

正当麦哲伦焦急地等待救援任务的结果时,这35名幸存者和24名救援人员正小心翼翼地踩着巴塔哥尼亚高原(Patagonian)的冬季积雪前行,路上只能靠红酒和硬饼干充饥。大约一周后,他们挨个从圣胡利安港的树林里走出来,依靠坚不可摧的求生意志安全返回了大本营。

麦哲伦用丰盛的食物和红酒招待这群神志不清、精疲力竭的船员,并视之如英雄。

与复活节叛乱的暴行和酷刑相比,"圣地亚哥号"沉没事件及其船员所经历的磨难更让麦哲伦不安。"损失了一只船,麦哲伦痛苦万分,"德·马弗拉回忆说,"这不是领航员的过错,因为在这片海域,涨潮和退潮的海水落差有8英寻之大,足以使'圣地亚哥号'搁浅。"

尽管"圣地亚哥号"失事属于重大事故,但麦哲伦更担心的是沉船所带来的情绪反应。此前,船员们一直认为麦哲伦故意怂恿他们参与这次探索之旅,途中的危险将使他们根本无法活着到达香料群岛;而沉船事件更加证实了他们的担忧。

为了确保自己对舰队剩余四艘舰船的控制权,麦哲伦要让死忠的手下指挥它们。他继续让表亲阿尔瓦罗·德·梅斯基塔掌控"圣安东尼奥号",然后又任命小舅子杜阿尔特·巴尔波查担当"维多利亚号"船长,倒霉的"圣地亚哥号"船长塞拉诺则成为"康塞普西翁号"的新负责人。"康塞普西翁号"一度由加斯帕尔·德·凯塞达指挥。凯塞达叛乱失败被杀后,脑袋被挂在一根长矛上示众,早已腐烂不堪。麦哲伦本人依旧坐镇"特立尼达号"指挥所有舰船。最后,他把受尽苦难的"圣地亚哥号"船员分散到剩下的四艘舰船上,以防止他们密谋造反。

实际上,麦哲伦任命自己的亲戚当船长这件事让许多本来就敢怒不敢言的西班牙船员非常气愤,就连葡萄牙船员也因此怨恨指挥官。假如船员们能返回西班牙,就很可能把麦哲伦对西班牙船长的傲慢态度、任人唯亲的无耻做法、导致"圣地亚哥号"沉没的鲁莽航海技术,以及明目张胆地将加斯帕尔·德·凯塞达分尸等事绘声绘色地公之于众。许多船员因为这些事件一直心怀不满,等待合适的时机和地点报复麦哲伦。

冬天无情地降临圣胡利安港,白天的日照时间缩短到只有三个多小时,山上的积雪线向山脚移动,渐次穿过田野和沼泽地,最终延伸到海边。

船员和官员们此时是否偶尔在圣胡利安港闲逛,一起比赛钓鱼,或者打打牌、玩玩恶作剧、看看《马可·波罗游记》或《曼德维尔游记》等随身携带的探险书籍,以及参与其他消遣活动,我们如今找不到任何书面记录。但毫无疑问,由于担心船员们无所事事,麦哲伦让他们忙碌了整整一个冬季,只有活下来才是最重要的事情。

船员们奉麦哲伦的命令去狩猎和捕鱼。他们抓到了河蚌、狐狸和麻雀,还找到了皮加费塔所说的"体型比我们国内小得多的兔子"。然后,他们用盐把捕获的猎物腌起来,这些盐也是他们在海湾周围的平地用海水晒出来的。

当天气变得太冷而不适宜捕鱼时,麦哲伦便冒险派出4名携带武器的船员去探索内陆。这支小分队有两个目标:一是找一座能够爬得上去的高山，然后在上面竖一个十字架；二是寻找印第安人并跟他们交朋友。内陆地形比小分队预想得更加崎岖不平，因此他们并没有太深入腹地，也没有爬上任何一座遥远的高山，而是爬上了港湾附近一座海拔较低的山峰，并将其命名为"基督山"（Mount of Christ）。小分队在山顶竖起十字架，然后返回在岸边等待的舰船，很有把握地汇报说圣胡利安港附近杳无人烟。

巴塔哥尼亚巨人

即使入冬了，麦哲伦还是决定继续搜索通往香料群岛的海峡，等到来年春天再重回风云变幻的大海。为了不让船员闲着，他派出一支小分队到岸上，用小石头围出一个锻造厂用于修理船只配件。可是，即便是这个不太大的计划，后来也以失败告终，因为天气实在太过寒冷，几名船员的手指得了严重冻疮。

因为吃尽了苦头，不满麦哲伦的船员越来越多。正当舰队有可能出现另一场哗变时，麦哲伦一行人惊诧地看到了远方飘浮的轻烟。也许附近还有其他人。

谈及舰队在圣胡利安港逗留的这段时间，皮加费塔写道：

> 我们整整两个月没见过其他人了，但有一天，我们看到一个赤身裸体的巨人站在岸边，他又唱又跳，还往自己头上撒沙子和尘土，这让我们所有人大感意外……我们的船长派手下一名船员朝他走去，并且叫他模仿那个巨人的动作又唱又跳，让对方放下戒心，并表现出很友好的样子。这名船员照他的吩咐去做了。

麦哲伦建议的这个奇怪仪式效果不错。看到这位来自欧洲的船员模仿他的动作后，巨人在继续跳舞之余显得很平和，并且渴望与船员交流。

看到这个巨人时，圣胡利安港的所有船员立刻想到了五年前胡安·德·索利斯的登陆小分队所遭遇的悲惨命运。"以前，在该流域附近，这些被称为'食人族'的高个子家伙吃了一位名叫胡安·德·索利斯的船长和他手下的60名船员。和我们一样，这些船员当时正在寻找陆地，他们太过信任食人族了。"皮加费塔写道。他的叙述夸大了索利斯登陆小分队的人数，但却清楚明了地提到了那起可怕的食人事件。

麦哲伦既想与食人族接触，又怕对方有诈，于是小心翼翼地邀请这位巨人在一个独立的、做好防护措施的地方见面，而不是带着手下去一个有可能遭遇伏击的陌生地点。皮加费塔写道："船员边跳舞边领着这名巨人到一个小岛上，船长就在那里等着他。他一站到我们面前时就开始变得惊讶和害怕，并伸出一只手指指着天上。他觉得我们是从天上来的。"

船员们则惊叹于巨人的身材，其中一些人的身高只及巨人的腰部。据说他高达12掌尺至13掌尺。"掌尺"是当时葡萄牙的度量单位，相当于一只手掌的宽度。以此衡量的话，他和其他巨人的身高至少在8英尺以上。对船员哗变只字不提的皮加费塔一看到这个巨人，马上就妙笔生花了："他的脸很大，涂了一个红色圆圈，双眼则画了两个黄色圆圈，脸颊中间还画了两颗心。他几乎没有头发，头顶涂成了白色。"

这位巨人是广泛分布于该地区的德卫尔彻印第安人（Tehuelche Indians）。事实上，他的身高大约为6英尺，船员们之所以觉得他身躯高大，部分原因在于他的着装，尤其是他脚上穿的那双靴子。靴子是经过精心制作的,让他显得更加高大。"船员把他带到船长面前,他身上穿着某种动物的皮毛,而且是经过精心缝制的。这种动物的头和耳朵像骡子一样大,脖子和身躯像骆驼,腿像雄鹿,尾巴像马(皮加费塔所说的这种动物其实就是美洲驼,与羊驼类似)……巨人脚上穿的鞋子也是这种动物的皮毛制成的。他手里拿着一把厚厚的弓,弓弦很粗,是用上述动物的肠子做的。他身上还背了一捆竹箭,箭身不是很长,而且箭尾也有羽毛,和我们的箭差不多,但他的箭头不是铁的,而是一小块黑白色石头。"

初次见面之后,麦哲伦心里有了底,他邀请巨人上旗舰做客,让他"尽情吃喝"。在推杯换盏之间,麦哲伦叫手下展示了一面很大的"铁镜子"。

巨人立刻做出了惊人的反应。"巨人看到镜子里的自己,被吓得不轻。他突然向后一跳,把我们四名船员撞倒在地。"麦哲伦叫人把镜子拿走,巨人才恢复了镇定。为了不失去巨人的信任,麦哲伦马上给了他一些小饰品当作礼物,包括"两只铃铛、一面镜子(镜子可能小一点,没那么吓人)、一把梳子和一串念珠"。

念珠是麦哲伦送出的所有礼物当中最具重大意义的。毫无疑问,念珠上刻有用拉丁语写的主祷文。麦哲伦大概知道耶稣曾教门徒学习过这篇祷文,所以他希望巨人将祷文带给其他印第安人。宴会结束后,四名船员带着武器护送巨人上岸。

在宴会进行过程中,另一名巨人从陆地上观察着船上所发生的一切,待他的族人安全返回,他便急匆匆地跑向隐藏在丛林深处的部落汇报消息。

慢慢地,其他巨人也从树林里走了出来,出现在船员们面前。船员们很惊讶,被突然出现在眼前的一些女巨人惊呆了。皮加费塔写道:

他们一个接一个赤身裸体地走过来，开始边唱边跳，伸出一只手指指向天空，并给我们看一种用草本植物根茎做成的白色粉末。他们把粉末放在陶罐里，示意说他们靠吃这种粉末为生。然后，我们的船员示意他们上船，并表示还可以帮他们搬食物。

他们登上船，手里只拿着弓，但他们的妻子跟在后面，像驴子那样驮着货物。这些印第安女人没有男人那么高，但要胖一些。当我们看到她们时，着实大吃一惊。她们的乳头有半肘（古代长度单位，一肘约45厘米）那么长，脸上涂了和男人一样的图案，衣着也和男人一样，但她们还在身前私处挂了一小块动物皮毛用来遮盖。他们带来四头用来做衣服的小动物，用绳子拴着往前走。

皮加费塔所说的小动物就是美洲驼。和巨人一样，这些美洲驼也引发了船员们的兴趣。数千年来，它们已经适应了严寒地区的生活，其胃部分为三个部分，能够有效地从咀嚼的食物中提取蛋白质；它们的腿很长，能够在高山上上下自如。

麦哲伦的船员很想拥有属于自己的美洲驼，于是他们向巨人们学习捕捉这种动物的方法。其实秘诀很简单：

他们把小美洲驼绑在一棵灌木旁边，大美洲驼就会过来跟它们玩耍，巨人们躲在一块岩石后面，用箭射杀大美洲驼。我们的人带着18名巨人，他们当中有男有女，分为两组，一组人留在港口的一边，另一组人待在另一边，一起去抓美洲驼。

第二卷 世界的边缘

几天后,船员们就拥有了属于自己的美洲驼,大家都很高兴。这种动物的肉很结实、很有嚼劲,是颇受船员们欢迎的腌海象肉替代物;而美洲驼皮毛的颜色和质地与绵羊相近,能够帮助船员们抵御圣胡利安港的严寒。

此外,印第安巨人们还是船员们很好的伙伴,让他们在荒凉的旷野中不至于太过孤独。德卫尔彻印第安人的风土人情和外表都使皮加费塔着迷:

> 那些巨人站得比马还直,他们经常吃自己妻子的醋。他们头上系着一根棉绳,出去捕猎的时候,他们就用这根绳子绑箭,而且还可以用它把阴茎绑在身体上,避免冻伤。

让皮加费塔入迷的事情还有更多:

> 当这些巨人肚子痛的时候,他们不吃药,而是将一支长约两英尺的箭伸进喉咙,然后就会吐出一堆带血的绿色东西。呕吐物之所以是绿色的,是因为他们食用蓟属植物。
>
> 他们头痛的时候,会在前额、双臂和双腿各划一刀,从身体的各个部位放血。

德卫尔彻印第安人的信仰体系最让皮加费塔着迷,因此他还对他们的内心世界做了生动记录:

> 每当有人去世,就有10名或12名打扮成恶魔的族人出现,他们用颜料把自己的脸涂成魔鬼的样子。这些人在逝者

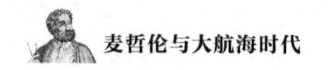

身边跳舞,其中一名"恶魔"身材最高,其他人就是按照他脸上和身上的图案给自己涂颜料的。

为了更深入了解这种习俗,皮加费塔学了一点德卫尔彻印第安人的语言。这些人告诉他,那名高个子"恶魔"是大名鼎鼎的"塞特博斯"(Setebos),个子矮点的则被称为"彻列乌勒"(Cheleule)。最后,麦哲伦给这些印第安人起名为"巴塔哥尼人"(Pathagoni)。这个词源于西班牙语"巴塔哥内斯"(patacones),意指"大爪子狗"。他之所以起这个名字,是想让人们注意他们的大脚以及脚上所穿的制作粗糙的靴子。所以,这些人又叫"大脚印第安人"(Bigfeet Indians),他们所居住的区域从此以后被称为"巴塔哥尼亚高原"。

如今在麦哲伦和他的船员们看来,这些巨人似乎更人性化了。皮加费塔称,船员们尤其喜欢跟其中一名巨人交朋友。他在日记中写道:

> 与其他人相比,这名巨人脾气更好,非常优雅大方、亲切友好,喜欢跳舞和跳跃。每当跳舞的时候,他的脚都会把地面踩出手掌那么厚的脚印出来。他和我们相处了很长一段时间,后来我们给他洗礼,并取名为"约翰"。

这次庄严的受洗仪式更像是在亲人之间进行的,不带有征服色彩。"这名巨人能够像我们一样清晰地说出耶稣、主祷文、万福玛利亚(Ave Maria)和他自己的名字,"皮加费塔说,"他的声音洪亮有力。"至于这些祷文对巨人约翰意味着什么,我们只能凭想象力去猜测了,但毫无疑问,他把它们与麦哲伦送给他的奢侈礼物联系了起来。"舰队总指挥赠送给他一件衬衫、一块布坎肩、一条水手马裤、一顶帽子、一面镜子、一把梳子、一只铃铛和其他东西,并且送他回去。他离开时兴高采烈。"为了交换更多礼物,这名刚刚皈依基督教的巨人第二天便带着珍贵的美洲驼回来了。不过,从那以后,船员们就再也没见过他,也没听到关于他的消息。皮加费塔写道:"据我们推断,他可能因为来找我们而被其他巨人杀死了。"

这纯属猜测,船员们并没有找到约翰被杀或因与船队交好而被放逐的证据,但他们如此担心约翰被害,说明无论印第安人是否表现出友好的态度,船员们都非常害怕他们。

有一天,舰队派出的一支侦察小分队在印第安人的一个地窖里发现了大量武器。这表明印第安人可能准备伏击他们,因此麦哲伦舰队与巴塔哥尼亚巨人的关系迅速恶化。再也没有人想给巨人洗礼了,因为船员们都待在船上以防不测。在接下来的整整两周里,巨人们都没有现身,麦哲伦认为是时候改变策略了。

1520年7月28日,四名巴塔哥尼亚巨人出现在岸边,其中包括两名成年男子和两名男孩。他们向舰队发出信号,称他们想到船上来。这正是麦哲伦一直在等待的机会。他派一艘大划艇将这四名毫无戒心的印第安人带到"特立尼达号"。巨人们一上船,麦哲伦就给他们送上各种各样的礼物,比如"小刀、剪子、镜子、铃铛和酒杯"。

正当客人们捧着这些礼物惊叹不已时,"舰队总指挥命人拿来专门锁犯人的铁制大脚镣",将两名巨人锁了起来。甚至皮加费塔看到这一幕也觉得厌恶,不齿于麦哲伦这种"狡诈手段"。身为舰队官方书记官的皮加费塔曾多次亲眼看到麦哲伦施展阴谋,但这一次他的内心很痛苦。

这几名巨人并没有反抗，相反，"他们看到脚镣时很开心，不知道把它们放在哪里。当他们发现手里拿不下脚镣时，顿时又觉得很难过。"还没被锁住的两名巨人想帮同伴解开脚镣，但麦哲伦不允许他们这么做。巨人们依旧天真地信任这帮狡猾的陌生人，他们"点点头，表示自己对脚镣很满意"。为了不让巨人饿肚子，麦哲伦给他们提供了"一大盒饼干、剥了皮的老鼠和半桶水"。

在环球航行的这个阶段，船员们还是非常讨厌老鼠的，每抓到一只老鼠，他们就马上将其扔进海里，但在巨人们看来，老鼠却是人间美味。他们请求船员把老鼠留给他们，而且整只吞下去。

接下来，麦哲伦继续实施自己的计划。"舰队总指挥毫不犹豫地命人将脚镣铐在他们脚上，并且用锤子将脚镣中间的螺栓敲紧，以防脚镣被打开。看到这一幕，巨人顿时慌了，但总指挥向他们打手势，表示他们不必担心。尽管如此，他们还是觉察到自己中计了，变得愤怒不已，大声召唤'塞特博斯'（即大个子巨人）来帮他们。"

双方都感到局促不安。麦哲伦突然回心转意，决定不囚禁这些巨人。他命令"康塞普西翁号"领航员卡瓦略带领一支九人小分队护送两名巨人上岸，并让其中一名巨人跟他妻子团聚，"因为他一直念叨着那个女人。"可是，当这名巨人的脚一踏上陆地，他就立即逃跑了，"他动作相当敏捷，我们的人根本看不到他的踪影。"卡瓦略的小分队担心逃跑的巨人会把这场骗局告诉其他人，然后整个部落都会回来报仇。

以暴制暴的恶性循环在继续着。"另一名双手被反绑着的巨人极力想挣脱出来。为了阻止他，我们的一名船员狠狠地打了他一顿，并把他脑袋打伤了。他非常愤怒。"为了安抚他的情绪，船员们把他带到印第安女人的小屋，但这一举动并没有给印第安人和船员带来和平。

那天晚上,小分队队长卡瓦略决定在岸上过夜。早上醒来,他发现巨人们已经弃茅屋而去,所有男女都逃进了丛林深处。他们也许不再回来,也许将重新集结人马发起袭击。

当利箭"飕飕"地从黑暗的树林里飞出来时,卡瓦略顿时明白巨人逃进丛林的真实意图了。九名印第安战士突然出现,身上系着皮腰带,上面插有三个箭筒,他们箭箭致命。"在搏斗过程中,我们的一名船员被巨人射出的箭刺穿大腿,当场死亡。看到他死后,巨人们马上跑了。"阵亡船员是"特立尼达号"的迭戈·巴拉萨(Diego Barrasa),他中箭后当场死亡,说明箭头上有毒。

其他船员怒火中烧,准备全力反击。"我们有十字弩和毛瑟枪,但就是打不中那些家伙,因为他们从不站在原地,而是四处跳来跳去。"毛瑟枪震耳欲聋的声音吓得巨人们四处逃窜,待圣胡利安港重新恢复平静之后,悲伤的队员们才把死去同伴的尸体掩埋好。

麦哲伦手上还有两名印第安人人质,一名被扣留在"特立尼达号"上,另一名则被送到了"圣安东尼奥号"。虽然麦哲伦不允许乘客、奴隶或偷渡者上船,但他还是想把这两个巨人带回去,呈献给卡洛斯一世国王。

摩鹿加舰队与德卫尔彻印第安人的相遇一开始令人振奋、愉快,但到了后来,两方关系急剧恶化。受索利斯和手下船员之死的影响,麦哲伦认为这些印第安人无论刚开始多么友好、亲切和善良,到头来还是会露出他们的獠牙。

然而麦哲伦对印第安人的反应犹豫不决。如果他认为他们只是食人族,那就没必要大费周章地把约翰变成基督教徒,更没必要给他主祷文,因为这个礼物远比闪闪发亮的镜子、叮当作响的小铃铛和其他饰物贵重得多。麦哲伦给约翰主祷文既不是要诈,也不是贿赂,而是为了在德卫尔彻印第安人和摩鹿加舰队之间建立一种联系。

约翰皈依基督教表明双方在一定程度上是相互信任、尊重的，也表明麦哲伦希望他会遵守基督教的道德标准。可是，麦哲伦不知为何突然对约翰和其他印第安人感到厌恶，也许是印第安人藏匿武器的做法使麦哲伦失去了安全感，又或许是他无法接受自己的信仰可以同时适用于欧洲人和印第安人。自哥伦布时代起，这种惊人的可能性就已经存在了。

哥伦布发现，"使印第安人皈依基督教"与"奴役印第安人"这两种做法根本不矛盾，它们都是使印第安人服从西班牙意志的手段。尽管麦哲伦本人是一名虔诚的基督徒，但他并没有制订任何关于宗教皈依的方案，而西班牙王室给他的命令当中也没有关于这一重要问题的明确指示。他是舰队的统帅，而不是传教士。麦哲伦之所以能够说服约翰皈依基督教，似乎更多的是受他个人信仰所驱使，而不是预先的谋划。

1520年8月11日，麦哲伦开始实施对其宿敌胡安·德·卡尔塔海纳及其同谋佩罗·桑切斯·德·拉雷纳牧师的判罚。麦哲伦命人将他们放逐到位于舰队视线范围之内的一个小岛上，而且不给他们供应大划艇、柴火，只提供少量衣食。面包和红酒是这两人的主要食物，数量也许足以让他们撑过这个夏天，但在接下来的冬天，他们就要独自在圣胡利安港生存了。

8月24日，麦哲伦发出了起锚开航的指令。在圣胡利安港度过了令人痛苦的五个月之后，摩鹿加舰队终于离港出海。在这段休整期间，麦哲伦经历了狂风暴雨，独自镇压了一次看似无法战胜的叛乱，失去了"圣地亚哥号"，与当地印第安人交上了朋友，然后又激怒了他们，并以损失几条生命的代价强化了他对舰队的指挥权。麦哲伦已经向船员们证明了一点：他既可以扮演骗子，也可以做一个奥德修斯式的人物。最重要的是，他活了下来，舰队的其他四艘船只完好无损，手下依旧听他指挥。

就在出发之前，麦哲伦要求所有船员上岸参加离港前的最后一场宗教仪式。他们忏悔自己的罪恶，接受圣餐，然后回到船上，低声祈求上帝保佑他们在下一阶段的航行途中保住性命。

当船只驶离给他们带来不幸的圣胡利安港时，船员们坚信霉运已经被甩在了身后。他们在逆境中变得更坚强，并且下定决心要活到航行结束。他们坚信上帝会保佑他们找到通往香料群岛的海峡，然后安全抵达那里，并带着大量财富返回西班牙安享晚年。这是一个美梦，是他们得以解脱的唯一希望。

摩鹿加舰队剩余的四艘帆船驶入大西洋，被抛弃的阴谋家卡尔塔海纳和牧师只能从被囚禁的小岛上看着舰队远去。这两个罪人跪在海边，哭喊着祈求宽恕，但船只渐行渐远，并最终消失在地平线上。

第7章
超越哥伦布的壮举：穿越麦哲伦海峡

> 此处有冰雪，彼处有冰雪，冰雪无处不在；
> 它发出破裂声，它在咆哮、在怒吼，
> 犹如人在昏厥时听到的噪音！

地球的地壳好比是一个有裂纹的蛋壳，由几个板块构成。这些板块相互碰撞或者发生张裂，形成现在的大陆和海洋，并产生地震和山脉移动等自然现象。

数百万年前，一个板块向西撞向另一个板块并挤到了它的上面，致使西部海域的深度超过 15 000 英尺，而东部只有大约 1 500 英尺。这两个板块挤压到一起，在距离南极洲不远的南美洲形成了独特的地形。西边陆地包含了安第斯山脉的最南段，那里吸收了大量水汽，而东部大陆地势相对平坦和干燥一些，摩鹿加舰队将要遇到的正是这种景观。

从离开圣胡利安港的那一刻起，他们的南行之路就充满了更多困难。起航两天后，接近圣克鲁斯河河口的摩鹿加舰队又卷入一场暴风雨当中，船只几乎被风浪吹上岸，差点落得与"圣地亚哥号"同样倒霉的下场。麦哲伦命令舰队进入圣克鲁斯河，宽阔的河面有助于他们躲避狂风，帮助他们安然度过了这场暴风雨。

暴风雨过后，麦哲伦便一心想着出海继续寻找海峡。他认为，暴风雨已经折磨了舰队好几个月了，如果舰队在开阔的海面能够生存下来并抵达海峡，就找到了一个抵挡暴风雨的庇护所。他想要为此赌一把。然而，尽管冬季正在过去，而且麦哲伦平时无所畏惧，但他仍然认为在8月份探索海岸的风险很大。他极不情愿地做出了决定：留在圣克鲁斯河，直至副赤道的春天到来，到那时他的舰队在海上才有一线生机。

麦哲伦打算充分利用在圣克鲁斯河逗留的时间做好后勤工作，所以在接下来的六周里，船员们有得忙了。他们要捕鱼，然后将鱼晒干、腌好、储存在船上。他们还要冒险上岸砍伐木材并将其拖回船上。有时候，他们还要登上圣克鲁斯河的南岸一阵，在"圣地亚哥号"解体的地方打捞被海浪冲来的箱子和圆桶等物品。

1520年10月11日，舰队的航海日志中记录了一个天文异象，写下这段文字的人很可能是舰队天文学家兼占星师圣马丁：

> 日食即将来临。在这个经线位置，日食应该出现在早上10点8分。当太阳上升至42.5度时，它的亮度似乎有所变化，颜色变得昏暗，犹如暗淡的深红色，天空中看不到任何云彩……在七八月份的卡斯提尔，周边村庄习惯燃烧秸秆，天空因此变得灰蒙蒙的，而此刻太阳的能见度也跟那时候差不多。

一周后，也就是1520年10月18日，麦哲伦决定再次冒险出海。如果舰队遇到更多风暴，最好的办法就是在一个安全的港口躲避风雨，但没必要停留太长时间。按照原定计划，他们此时应该已经到达香料群岛了，但舰队的行程已经比计划晚了好几个月，所以麦哲伦很想把耽误的时间弥补回来。决心找到海峡的他正确地判断

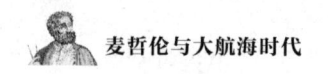

出该地区的天气非常晴朗，于是命令舰队从圣克鲁斯河出发，沿着南美大陆东部波浪状的海岸行进。

恶劣天气再次袭来，但这次风暴不太强烈，不足以迫使舰队返回圣克鲁斯河。他们在海上苦苦熬了两天时间，根本无法行进。两天后，风向终于变成了北风，四艘帆船顺着风势沿西南偏南方向迅速前进。麦哲伦越来越迫切地想找到海峡。他仔细查看沿岸的每一个河口，希望它是通向内陆的隐秘水道入口，但每一次都失望而归，只能继续向南航行。

最终，麦哲伦发现有一大块陆地延伸至外海，那是一个岬角。当舰队接近那片陆地时，麦哲伦看到一片布满了鲸骨骼的沙洲，这意味着他来到了鲸的迁徙路线，这条路线可能从大西洋通往太平洋。混浊的海水翻腾着，海浪一个接一个地拍打海岸，但入海口很宽阔，足足有一里格甚至更宽。

巴斯基多·加耶戈是"维多利亚号"上的一名葡萄牙籍学徒，也是该船领航员的儿子。根据他后来的回忆，麦哲伦逐渐意识到这处呈开口状的岬角可能不仅仅是一个海湾，他说："水道变得越来越窄，他们随后认为那是一条河流。"然后，加耶戈越说越兴奋："舰队继续向前走，发现海水越来越深，水流湍急，那似乎是一条海峡，海水从入口处注入海湾。"麦哲伦命令舰队驶入海湾。当他们完全进入海湾时，麦哲伦发现海湾出口通向西方，这正是他所祈望的。

麦哲伦终于发现了他苦苦寻找的海峡。

魔力海峡：捷径还是迷宫？

1520年10月21日，阿尔沃在他的航海日志中记录了这一重大事件，他写道："我们发现了一处类似海湾的开阔地，在入口处的右手边有一片很长的沙洲,沙洲前面的岬角被称为'一万一千贞女角'(Cape of the Eleven Thousand Virgins)。沙洲的纬度和经度分别是52度和52.5度,距离岬角大约5里格。"他们看到了连绵起伏、长满草丛的沙丘,其海拔约130英尺。

后来,一位探险家将岬角描述为"三座沙山,看上去像岛屿,却又不是岛屿"。毫无疑问,这条海峡通往某个海湾或入口。舰队沿着南美大陆海岸航行了数月之久,一直不得其门而入,如今遇到的这条宽阔的海峡恰好深入大陆内部。

一看到这条航道,皮加费塔顿时喜形于色。"在设定了以50分的角度向南极进发后,"他写道,"我们奇迹般地发现了一条海峡,并给它起名为'一万一千贞女角',因为当天恰逢'一万一千贞女节'(the Festival of the Eleven Thousand Virgins)。"经历了无数磨难之后,摩鹿加舰队终于发现了海峡,这确实称得上是一个奇迹。

"一万一千贞女角"标识了麦哲伦苦苦寻找两年多的海峡入口方位。他究竟是怎样推测出海峡位置的?从那时起,这一直是个争议不断的话题。也许他听说过里斯本在探险活动结束后宣称发现了海峡,他肯定也听说过有些地图描绘过这条神话般的海峡。

据皮加费塔所说,麦哲伦在葡萄牙的时候曾看到过一幅地图,它描绘或暗示有一条海峡穿过南美大陆。但麦哲伦看到的是哪幅地图?"他知道朝哪个方向航行才能发现一条隐秘的海峡,"皮加费塔称,"在葡萄牙国库珍藏的地球仪上,他看到了那条海峡,而地图的制作者是优秀的航海家马丁·德·波希米亚(Martin de Boemia)。"

皮加费塔所说的波希米亚其实就是马丁·贝海姆(Martin Behaim),他于1492年制造出当时最先进的地球仪(在皮加费塔最早版本的手稿中,他使用了carta一词,它既可以表示地球仪,也可以表示地图或航海图)。

人们通常认为，麦哲伦曾向卡洛斯一世国王和他的顾问展示过贝海姆的"精美地球仪"，以说服他们支持他远航，而那条海峡就被标示在地球仪上。事实上，贝海姆所制作的地球仪或地图并没有这样的标示，只是显示了一条横贯亚洲和"赛兰岛"（Seilan）的水路而已。

让地图学家感到困惑的是，地球仪把亚洲的其他岛屿放在海峡的东边。这样的描述稀奇古怪又极不准确，麦哲伦不太可能用它来说服卡洛斯一世国王相信有一条海峡横穿美洲大陆。的确，尽管皮加费塔所说的波希米亚与贝海姆名字相似，但麦哲伦不太可能见过贝海姆制作的地球仪。

皮加费塔弄错了名字，可以说是无心之失。他极有可能将贝海姆与另一名纽伦堡地图学家约翰尼斯·施纳（Johannes Schoner）搞混了。身为数学教授的施纳制作过两幅地图，一幅完成于1515年，另一幅完成于1520年，接近麦哲伦向卡洛斯一世国王展示地图的时间。对非专业人士而言，施纳的地图与贝海姆的地图十分相似，而且施纳并没有在他的地图上签名，因此皮加费塔很容易搞混。

施纳的地图描绘了一条横贯美洲大陆的海峡，它的位置就在如今的巴拿马地峡，距离实际存在的海峡几千英里远。

时至今日，我们也没找到麦哲伦看到过这幅地图的确凿证据，不过可以确定的是，尽管当时的人对南美大陆的某些海峡知之甚少，但地图学家已经开始把它们绘入地图中。假如麦哲伦是根据这幅地图去寻找海峡的，那它几乎起不到任何作用。甚至连敢于冒险的施纳在描绘南美洲西海岸时都有点犹豫不决，正如他所说的那样，"那片土地迄今不为人所知"。

南美大陆以西的地方仍不为欧洲人所知。与同时代的其他地图学家一样，施纳把浩瀚的太平洋缩小成一个迷人和适宜航行的小海湾，误导麦哲伦坚信他能在驶出海峡之后数周内抵达香料群岛。而且与同时代的其他地图一样，这幅地图还把中国放在非常靠近美洲大陆的地方。最后，施纳的地图又极不准确地把香料群岛放在教皇子午线划归的西班牙领土范围内，也许正因为如此，麦哲伦才坚信香料群岛在法理上属于西班牙，而不是葡萄牙。

麦哲伦知道不能从表面上判断这些地图的价值，但他非常容易受到它们的影响。这些地图是人们对世界的理想化设定。与旧版地图不同的是，它们没有绘制龙和磁石岛，而是描绘了一种新的奇迹、如同神话般的存在——海峡。这些地图只是猜想，而非结论，只能用来号召人们去冒险，而起不到指引作用，上面那些充满诱惑力的地理漫画形象满足了帝国的幻想。

麦哲伦最终找到了海峡，但长达 300 英里的通航里程对他来说简直是一场噩梦。通过这条海峡是一项严峻的挑战，其难度不亚于寻找海峡本身。海峡内的潮汐高达 24 英尺，而且水流非常湍急，船只很难安全停泊。海床上若隐若现的海草会危及船只龙骨和舵叶的安全。不过，假如麦哲伦能克服海峡带来的障碍，并且让那些桀骜不驯的手下毫发无损，那他就能开拓一条通往东印度群岛的路线，并重新理解各个大陆和地球本身。

舰队改变航向，开始向西航行，不畏漩涡和激流，进入内陆航道。领航员们发现，海峡的水位非常深。"在这种地方根本不可能抛锚，"皮加费塔写道，"这里的水深不见底，因此，有必要在岸上固定一根长度为 25 肘尺①或 30 肘尺的缆绳。"

麦哲伦很想知道舰队处于什么方位，他派卡瓦略上岸爬到制高点寻找缺口。卡瓦略回来后，马上向麦哲伦汇报说他没有看到西

---

① 肘尺是古代的一种长度测量单位，等于从中指指尖到肘的前臂长度，约等于 17～22 英寸。

面的太平洋。尽管如此,麦哲伦依旧坚信自己已经找到了通往香料群岛的航道。他命令阿尔沃尽量精确记录海峡迂回曲折的轮廓。他写道:

> 在这个海湾里,我们发现了一条海峡,其宽度约为1里格。从海峡入口处到岬角观察东西两侧,你将看到海湾的左手边有一处很大的转弯,那里面有许多浅滩;进入海峡时,你要当心入口处一些宽度不到3里格的滩涂。
>
> 路过这些浅滩后,你就会遇到两座由沙子冲积而成的小岛。继续向前走,航道豁然开朗,你可以毫不犹豫地随意前行。经过海峡时,我们发现了另一个小海湾,然后又发现了与第一个海峡相类似的海峡。海峡一端到另一端呈东西走向,狭窄处则呈东北和西南走向。当我们驶出这两个海峡时,又进入了一个非常大的海湾,那里有几座岛屿,舰队就在其中一座小岛旁抛锚休整。

毫无疑问,在写下这段文字时,阿尔沃脑海里是有具体地标的,但即便是像他这样一丝不苟的书记员,也无法准确描述海峡的情况。事实证明,后世航海家很难理解他所说的内容。

几天后,船员们为这条海峡的魔力着迷。在冰冷的海面上航行时,他们看到长满植物、笼罩在一片令人生畏的神秘阴影中的海岸擦身而过。那个时节昼长夜短,他们在一天深夜看到岸上有人类居住的迹象:远处不知道哪里突然燃起深红色的火光,在墨绿色的柏树、藤蔓植物和蕨类植物面前如幽灵般若隐若现。火焰形成的缕缕轻烟飘向雾蒙蒙的天空,空气中弥漫着一股辛辣气味。

麦哲伦和船员认为,这些火是隐藏在黑暗中的印第安人点燃的,他们正在树林里伺机袭击船队。船员们又有了留在船上的理由。尽管食物已消耗殆尽，但水手们依然不想上岸，尤其是在夜晚。为安全起见，这种做法是合情合理的，可这些火焰也很有可能是雷电形成的自然现象。不管怎样，麦哲伦将该区域命名为"火地岛"。

如今，我们知道火地岛实际上是一个呈三角形的巨大岛屿，来自大西洋和太平洋的海风都会吹过这里，它经常会受到暴风雨和多变天气的影响。火地岛拥有 28 000 多万平方英里的冰川、湖泊和冰碛土①。船员们观察过这片低洼地带，发现当地山丘的海拔很少超过 600 英尺；在其南边和西边，安第斯山脉的南段高耸入云，海拔达到 7 000 多英尺。

进入海峡之后，领航员们发现白天或夜晚的天空很少有晴朗的时候，所以他们几乎无法通过星辰或太阳准确测定方位。低垂的乌云在群山之上飞掠而过，不规则地分布在舰队将要经过的峡湾上空。有时候，铅灰色的雾霭会散开，让微弱且昏暗的阳光照射在难以穿越的土地和汹涌起伏的海面上。

在这种低纬度地区，偶尔穿透云层照射大地的阳光很有杀伤力，仿佛灰色的偏振光②照在景物上，让人直视时产生模糊眩晕之感。阳光洒在乱石丛生的海滩上，冰川覆盖山顶。

麦哲伦是在一年当中最温暖的季节穿越海峡的。那时微风轻拂，积雪消融，可尽管如此，山顶还是累积了大量冰川，看上去震撼人心。大雪几乎常年不断地落在冰川上，它总是在无休止地自我更新。在海拔较低的地区，冰雪融化成狭窄的瀑布，从露出地面的花岗岩层倾泻而下，流入峡湾之中。船员们没有看到的是，这些冰川跨越了

---

① 冰碛土，冰碛地貌的一种，指土壤在冰期被冰裹挟在其中，在间冰期由于气温升高而形成的一种土壤，主要分布在东欧平原和北美五大湖地区。
② 偏振光：指具有某种规则变化的光波，人在直视被这种光线照射的景物时会有一种模糊眩晕之感。

整个地区。它们实际上穿过了30英里山脉，在海边形成陡峭的冰山。

当麦哲伦的舰队沿着海峡继续前行时，一面面宏伟而坚固的冰墙突然出现在船员们面前。它们有些高达200英尺，有些则高达500英尺，甚至更高。它们是远古时代的冰川，有些是一万年前形成的。船员们看到，经历了风化作用的冰墙表面布满了凹痕。

冰川由积雪和冰组成，它们的活动从不停歇。它们会断裂、会呻吟、会怒吼，还会分解和坍塌到下面的沙滩和海面上。它们会形成不规则的晶状冰柱，悬垂在水面上，犹如动物腐烂下颚里的蛀牙。在阳光照射和大风侵蚀下，平静水面上的冰柱变得摇摇欲坠，一根接一根地崩解，扬起大量冰碴，并发出雷鸣般低沉而响亮的声音，宣告冰川解体。

让所有人感到惊讶的是，冰川既不是白色的，也不是灰色的，而是一种闪耀着亮光的淡蓝色；在冰隙和裂缝里，淡蓝色就变成了深蓝色。无数冰柱从冰川掉落下来，有些大如鲸，有些则小如企鹅。当摩鹿加舰队经过冰川时，大大小小碎裂的冰柱散发出神秘的浅蓝色，一堆如雕塑般精美的冰块漂向未知地带。

麦哲伦想为冰川的外观找到一个合理的解释，他认为，冰川独特的颜色与其悠久的岁月有关。事实上，冰川淡蓝色的外表是由冰雪与众不同的特性决定的。冰雪的表面会折射一切光线，不会偏好光谱中的任何一种颜色，但其内部对光线的处理方式有所不同。冰雪内部相当于滤光器，对光谱颜色具有偏向性。红光进入冰雪内部之后的散射率大于蓝光，所以通常情况下，从冰雪折射出的光线所含有的蓝光往往多于红光。

冰雪越厚，光线越难进入，它就会变得越蓝，这跟海水越深、颜色看起来就越蓝是同一个道理。由于这个缘故，冰川深处的裂隙会产生一种奇异的天蓝色。

第二卷　世界的边缘

无论是谁，只要来过这条海峡，都会被它呈现出的宏伟、多变的景色所折服。它像挪威风光，又容易让人想起苏格兰或加拿大的新斯科舍省（Nova Scotia），但归根到底，它与地球上的其他地方有着本质区别。

1578年，英国探险家、海盗船长弗朗西斯·德雷克勋爵（Sir Francis Drake）率领船队通过这条海峡，他也是自麦哲伦之后第二位到达该海峡的探险家。德雷克手下的一名军官弗朗西斯·普里提（Francis Pretty）惊叹于眼前的景色，在日记中写道："海峡两岸土地广阔，群山连绵起伏。有些山脉已经称得上高不可攀了，但与其他高耸入云的山峰比起来，它们还是显得小巫见大巫。前者的山顶与后者的山腰之间居然还出现了三团云彩，足见两座山的高度相差多大。"普里提惊叹道，"海峡气候极度寒冷，经常结霜和下雪，那里的树木似乎受不了如此严寒的天气，树身都是弯的，但常年不衰，而且树底下长满了郁郁葱葱的香草植物。"

美国海军历史学家塞缪尔·艾略特·莫里森（Samuel Eliot Morrison）于1972年2月造访该海峡时，也为它的魅力所倾倒。"仿佛进入了一个奇妙的新世界，这里是名副其实的世外桃源。"他写道，"除了沿岸之外，海峡本身常年不结冰。山脚长满了四季常青、叶子很细的南极山毛榉。山腰处是未经修整过的草地，它在夕阳西下时变成深棕红色。山顶上则常年积雪，每当海峡下雨，6 000英尺的高峰上就会下雪。"

天空经常乌云密布，夜晚尤其如此。偶尔放晴时，银河系的满天星星璀璨夺目，令人眼花缭乱。猎户座和北斗七星是船员们最熟悉的星座，而其中还夹杂着一些他们不熟悉的南半球星座，特别是南十字星，它的出现让麦哲伦更加坚信上帝始终都在照料他们，甚至在这世界的尽头。

进入海峡后，舰队通过了头两段峡谷，麦哲伦越来越担心前方存在风险，于是决定派人去探查未知水域。葡萄牙学徒巴斯基多·加耶戈在日记中写道："舰队总指挥派他的表亲阿尔瓦罗·德·梅斯基塔驾驶'圣安东尼奥号'进入那个峡谷入口，看看里面是否有危险，他和其他船只则留在入口开阔处，等清楚状况以后再前进。"

实际上，麦哲伦派了两艘船进去，另一艘是"康塞普西翁号"，但"圣安东尼奥号"承担了大部分风险。"阿尔瓦罗·德·梅斯基塔沿着海峡前进了50里格。他发现，某些航段非常狭窄，两岸之间的距离不足一个伦巴德炮弹（Lombard shot）的射程。在海峡向西转弯的地方，水流非常湍急，他们费了好大的劲才能继续前进。"加耶戈回忆道，"梅斯基塔只能返航向麦哲伦汇报情况。他认为这股急流来自一个大海湾，并建议寻找其源头，解开这个谜团。"

与此同时，"维多利亚号"和"特立尼达号"仍然停泊在海峡南岸的洛玛斯湾（Lomas Bay）。那里水位较浅，船只可以抛锚，看起来很安全。但是皮加费塔记录道，当天晚上，一场"大风暴"袭击了船队，并持续到第二天。麦哲伦被迫起锚，让两艘船前往海湾比较安全的水域度过这场风暴。

这片区域的风暴极其猛烈，而且貌似无处不在。皮加费塔所说的"大风暴"被称为"威利瓦飓风"，是这条海峡特有的天气。海峡周围的冰川使气温降低，于是变得很不稳定的空气沿着山脉高速下降，形成威利瓦飓风。当它到达峡湾时，就会产生强大的风暴，让那些不幸与其遭遇的水手惊恐不已，并且很容易在风暴中迷失方向。

与留守的船只相比，"圣安东尼奥号"和"康塞普西翁号"更难以度过这次险情。这两艘船的船员经历过很多可怕的风暴，但与威利瓦飓风相比，它们都相形见绌。狂风使他们无法绕过岬角，而当他们想重新加入舰队时，船只还差点搁浅了。在黑暗中，两艘船迷失了方向，领航员既没有地图，也看不清星座，担心自己会迷路。在接下来的两天，他们一直想摆脱这种困境，后来终于找到了一条可以继续沿海峡航行的狭窄水道。海峡延伸段的水面相对平静，找到这一准确位置之后，他们便返回舰队向麦哲伦报到。

重逢的那一刻颇具戏剧性，皮加费塔写道："我们还以为他们遇难了，原因有三：一是这场风暴非常猛烈；二是他们整整两天没有出现；三是他们派两名船员上岸给我们发烟雾求救信号。但是正当我们紧张等待的时候，两艘旌旗猎猎、迎风而来的帆船突然出现在眼前。当它们向我们靠近时，忽然朝天开了几炮，并爆发出欢呼声。团聚后，我们一起感谢上帝和圣母玛利亚，然后继续探索海峡。"

对麦哲伦的船员来说，这种战胜恶劣天气和地理环境之后的重聚以及被神灵保佑的感觉都是前所未有的。在过去两年的大部分时间里，他们一直都很不信任自己的舰队总指挥，语言和文化背景差异更让他们彼此隔阂，而且产生叛乱的倾向。经历过这些磨难之后，他们变得更加团结，不再视对方为破坏分子或危险人物，而是从其身上看到了取得最终胜利的可能性。

发现海峡后，麦哲伦的心情极度愉快。尽管如此，他仍然面临着巨大障碍。受那些在葡萄牙看到的地图影响，麦哲伦以为南美大陆挡住了他前往东印度群岛的去路，更错将这条海峡当作穿越南美大陆的通道，而事实上，该地区并不存在这样一条横贯大陆的海峡。相反，他所面对的是一系列复杂的入海河口，这些河口迂回于安第斯山脉南端群山脚下，潮汐汹涌。麦哲伦带领舰队进入的并非一条通往太平洋的捷径，而是一个人迹罕至的迷宫。他的航海能力将面临最严峻的考验。

他探索的水路非常开阔，最窄处不少于600英尺，而大部分时候水道的宽度达数英里。但是，航道水面虽宽，却处处暗藏危险。

这条海峡是由纵横交错的峡湾组成的，从地质学角度而言，它们是冰川依旧包围着周边环境的证明。在低海拔地区，冰川融化后变成闪闪发光的狭窄瀑布，从山脉的花岗岩表面落下，完全注入冰冷的海里。假如麦哲伦的船员不小心掉进水里，那么他们最多只能生存10分钟。

在乱石丛生的海滩上，到处都躺着懒洋洋的海象，很容易根据体长将其分辨出来。它们长约10英尺，双蹼紧挨着鱼雷似的脑袋，用于保持身体平衡的宽大尾巴慵懒地拍打着沙滩。海象上岸后很少到处走动，就躺在海边打哈欠或伸懒腰。生活在海峡附近的其他野生动物包括北极狐和挤满海滩的企鹅。体型巨大的黑白色秃鹫在天空盘旋，翼展可达10英尺。它们沿着山脊飞翔，那里有上升的热气流。它们偶尔还会成双成对地筑巢，在鹰巢附近逛荡、休息时根本不像秃鹫。

虽然每年的积雪期会持续8个月，但海峡两侧的植被由于受到瀑布灌溉，长得郁郁葱葱。距离海岸线几英尺远的地方隐藏着数十种蕨类植物，还有被风吹倒、发育不良的树木，光滑的苔藓，以及像海绵一样的冻土层。

岸上还有很多一簇簇又小又硬的浆果，果实外苦内甜，非常美味可口，其外表包裹着一层微小的气垫，可以保护它们不被大雪冻伤（吃这种浆果的时候，船员们要非常小心，虽然它们没有毒，但却有着强烈的通便效果）。两岸的泥浆中甚至还会长一种白色的小兰花。阳光几乎无法穿透厚厚的树叶，茂盛的树林因而显得格外安静阴凉。

1834年，年轻的查尔斯·达尔文乘坐英国皇家海军"比格尔号"造访这条海峡时，在日记中写道："这里的树林实在太茂密了，我们要经常使用指南针才不会迷路。在峡谷深处，死寂般的荒凉无法用语言描述。峡谷外面狂风大作,里面却听不到一丝风声,甚至在最高的那棵树上,叶子也纹丝不动。树林里到处都阴冷潮湿,就连霉菌、地衣或蕨类植物也不容易生长。"

达尔文最终走出了这座如同被施了魔法的森林,他登顶远眺,看到了一幅麦哲伦的船员倍感熟悉的风景:"连绵起伏的丘陵和山脉,间或夹杂着皑皑白雪和黄绿色的山谷,内海从多个方向贯穿陆地,山顶上的大风冰冷刺骨,到处都是一副薄雾蒙蒙的景象,所以我们不敢在山顶逗留太久。"

海峡两岸茂盛的植被使空气弥漫着令人陶醉的香气和活力;清风拂来,人们还可以闻到潮湿苔藓的气味和野花香,中间夹杂着冰川的寒冷气息和些许海腥味。与该地区的其他事物一样,这里的空气也充满了神秘和希望的气息。这条海峡就像是一座巨大的天然寺院,船员们到这里寻求庇护,静思大自然那些足以令人敬畏的矛盾现象。

"圣安东尼奥号"失踪

自从离开圣胡利安之后,麦哲伦就再也没见过印第安人,但他的船员一直在留意路上是否存在印第安部落,这一方面是出于安全考虑,另一方面是为了与他们交换食物。麦哲伦派 10 名船员乘坐一艘小划艇上岸寻找人类活动的迹象,但他们只找到一处树立着 200 座坟墓的原始建筑物。

很明显,天气温暖的时候,有一个火地岛印第安(Fuegian Indian)部落曾在这里埋葬去世的部族成员,然后销声匿迹,躲进弥漫芳香气味的树林里。当今历史学家认为,这些印第安人数千年前便从亚洲迁徙至南美洲。在争夺土地的战争中落败后,他们一次又一次地被迫离开家园，直至来到南美大陆的最南端，在这片其他部落不想要的土地上定居下来。

麦哲伦的侦察队没有见到印第安人。这个结果令人失望，但也许也不失为一件好事。300年后，查尔斯·达尔文偶遇一艘载着印第安人的独木舟，那些原住民的生活在这几百年时间里几乎没有太大改变。

达尔文感觉自己正透过极漫长的时间窥视人类社会的起源，认为这些印第安人是他"见过的最可怜、最悲惨的生物……坐在独木舟里的印第安人全身赤裸，甚至连船上一名发育完全的女人也是如此。那天正下着倾盆大雨，雨水和浪花顺着她的身体流下来。在不远处的另一个港口，有一名正处于哺乳期的印第安女人。有一天，她来到我们船边，一直站在那里。天上下起雨夹雪，雪融化在她裸露的乳房上。她怀中的小孩也赤身裸体，雨雪同样落在孩子的皮肤上。这些可怜虫发育不良，他们丑陋的脸上涂着白色颜料，皮肤肮脏油腻，头发杂乱，嗓音刺耳，动作粗鲁，毫无高贵可言。看到这些人，人们很难把他们当作同类"。

达尔文对火地岛印第安人的厌恶之情溢于言表，他说："他们一直无法摆脱饥饿问题，所以他们同类相食，甚至吃自己的父母。"他认为，这些印第安人是"这片穷山恶水的不幸之人"。

当舰队沿着峡湾航行时，夜间时长只有3个小时，长达21个小时的白天正好用来弥补在圣胡利安港失去的时间。至少在麦哲伦看来，成功通过这条海峡的可能性似乎大幅增加。但是，当他召集所有高级船员讨论舰队接下来的航行路线时，才发现自己的坚定信念并没有得到所有人的拥护。

会议上，麦哲伦了解到舰队的粮食可以维持三个月，对此他很高兴。根据他的计算，这些粮食足以支撑他们穿越海峡并抵达摩鹿加群岛。受此鼓舞的船长和领航员们纷纷赞同继续前进，但有一个人当场表示反对。

被重新任命为"圣安东尼奥号"领航员的埃斯特万·戈麦斯强烈反对继续前行。他认为，鉴于舰队已经找到了海峡，大家应该马上返回西班牙，重新组织一支装备更好的舰队前来探险。他提醒麦哲伦，如果继续往前走，他们还得穿越太平洋，而当时没人知道这片海洋到底有多大。戈麦斯觉得太平洋是一个巨大的海湾，他们可能会在那里遭遇可怕的暴风雨。麦哲伦坚称他要不惜一切代价继续航行，即使以桅杆的皮套为食也在所不惜。

麦哲伦充满了激情和决心，然而，并非所有人都买他的账。戈麦斯的航海技术得到了船员的普遍认可，他也因此受到许多人的拥戴。这种局面激怒了麦哲伦。他之所以召开这次会议，不是为了做集体决策，而是想以讨论会的形式把所有人集结在自己身后，让他们做好迎接挑战的准备。他相信，在上帝的帮助下，他们将战胜这些挑战。

唱反调的戈麦斯再度为叛乱奠定了基调。与前面几次不同的是，这次叛乱不是刀光剑影的暴力冲突，而是以一场暗中进行的争论开始的。这场争论发生在世界的尽头，发生在两位受人尊重的对手之间。戈麦斯是葡萄牙人，所以这次的争端不是西班牙人与葡萄牙人之间的较量。早在1517年，戈麦斯就与麦哲伦一起脱离了葡萄牙。他似乎是麦哲伦核心圈子的忠实拥护者之一，但他也有自己的野心，而且善于利用他与麦哲伦的私人关系实现个人目的。在离开葡萄牙到达塞维利亚几个月后，他就获得了国王颁发的领航员委任状，随后便开始游说王室组建属于他的摩鹿加舰队。

就在戈麦斯快要得偿所愿的时候，麦哲伦横空出世。显而易见，后者的经验远比前者丰富，人脉关系也更广，再加上他娶了彼脱利兹·巴尔波查，优势就更加明显。有了麦哲伦，卡洛斯一世国王立刻把戈麦斯抛诸脑后。

1519年4月19日，戈麦斯接受国王任命，担任麦哲伦的领航长。这一任命只是刺激了他的胃口，让他越发渴望获得更高的权力同时更加怨恨麦哲伦。两人之间的不和早已成为公开的秘密，甚至连一向小心谨慎的皮加费塔也提到过这段令人不快的经历："戈麦斯……非常恨舰队总指挥，因为在舰队成立之前，卡洛斯一世国王曾下令给戈麦斯几艘小吨位快帆船去探索新大陆。但是因为舰队总指挥的到来，国王陛下最终没有把船队交给戈麦斯带领。"

也许麦哲伦已经感觉到戈麦斯想取代自己，在平定圣胡利安港叛乱后，他拒绝任命戈麦斯为"圣安东尼奥号"船长，而是任命他做航海经验不足、但与麦哲伦关系融洽的阿尔瓦罗·德·梅斯基塔的领航员，这让戈麦斯再次遭受打击。这个职位是一种耻辱，它甚至比舰队领航长的职位还低。戈麦斯更加经验丰富、更有资格担任船长，却不受重视，为此他内心翻腾着怒火，并将愤怒传递给"圣安东尼奥号"上同情他的船员。

每当麦哲伦派"圣安东尼奥号"执行侦察任务时，作为领航员的戈麦斯就更加担忧航行的风险。由于梅斯基塔缺乏航海经验，戈麦斯便承担起探索未知海域的责任，因此他比包括麦哲伦在内的任何人都更加了解这条海峡，同时也为自己看到的东西无比担忧。在加耶戈看来，戈麦斯和他手下的船员"对此次漫长而前途不甚明朗的航行厌恶到了极点"。

戈麦斯与麦哲伦之间的争端代表着舰队船员对待此次探险活动的两种敌对观点。麦哲伦对卡洛斯一世国王的忠诚度甚至要高于对自己祖国的国王，因此他将这次以西班牙国王的名义进行的新大陆探险航行视为上天的旨意。如果麦哲伦成功发现了新世界，那他就实现了上帝的召唤。这既是地理探索之旅，也是领悟上帝启示和预言之旅，更是上帝与他所钟爱的国家西班牙之间的一次高风险合作之旅。从这个角度来说，麦哲伦认为自己只不过是上帝的仆人，他所做的一切只是执行上帝的命令。

但对戈麦斯这个桀骜不驯的理性主义者来说，麦哲伦诉诸信仰的劝勉之语在他听起来就像一个狂热信徒的胡言乱语，麦哲伦要以国王和国家的名义把他们所有人卷入死亡的深渊。按照戈麦斯的分析，返回西班牙才是唯一明智之举。

戈麦斯没有让事情就此结束。

在麦哲伦的指挥下，"特立尼达号"继续向西探索海峡。阿尔沃的航海日志显示，1520年10月28日，也就是发现海峡一周之后，舰队停泊在一座岛屿附近。这个小岛位于另一个海湾入口，它既不是伊丽莎白岛（Elizabeth Island），也不是道森岛（Dawson Island）。海峡在此分为两个方向，一个方向是福洛沃水道（Froward Reach），另一个方向则是马格德琳河段（Magdalen Sound）。

为了选择一条合适的路线，麦哲伦派两艘船前去勘察。塞拉诺指挥的"康塞普西翁号"①向西驶入福洛沃水道并到达沙丁河（Sardine River）。鉴于皮加费塔的日记和阿尔沃的航海日志中很少提及航海细节，我们很难确定探险队所说的沙丁河具体是指哪一条河，有可能它就是我们如今所说的安德鲁斯湾（Andrews Bay）。与此同时，"圣安东尼奥号"进入马格德琳湾。麦哲伦命令这两艘船四天后回来向他汇报，但六天过去了，它们还是没有出现。

"我们遇到了一条河流，称其为'沙丁河'，因为水里有大量沙丁鱼。"皮加费塔如此写道。此时留守的舰队船员都很困惑，不知道

---

① 即"维多利亚号"。

发生了什么事情,"为了等那两艘船,我们在那里逗留了好几天。"皮加费塔所说的两艘船正是"康塞普西翁号"和"圣安东尼奥号"。"那段时间,我们派出一艘装备精良的船去探索另一个海角。三天后,船员们回来报告说他们发现了海角和外海。"

舰队看到了太平洋,这本来是一件具有重大意义的事情,但"圣安东尼奥号"一直没有在指定时间返回指定地点,大家心里蒙上一层阴影,完全高兴不起来。麦哲伦不知道这艘船发生了什么事情,也许它已经沉没了,正躺在其中一个峡湾的水底。又或者,它在探险活动将近取得伟大成就的时候开小差逃跑了。

在这种关键时刻,麦哲伦只能与安德烈斯·德·圣马丁商讨对策。圣马丁这时正好在"特立尼达号"上,他测算了恒星和行星的方位后得出一个结论:"圣安东尼奥号"确实已经驶向西班牙了,更严重的是,麦哲伦的忠实追随者、船长梅斯基塔已经被俘。事实证明,圣马丁的预言相当准确,皮加费塔后来在日记中言简意赅地提到:"'圣安东尼奥号'是不会等'康塞普西翁号'的,因为它想逃回西班牙,而且也确实这样做了。"长久以来未能得逞的叛变终于成功了。更糟糕的是,这件事发生在麦哲伦最料想不到的时候。

"圣安东尼奥号"和它的船员消失得无影无踪。

在变节的"圣安东尼奥号"上,局面比麦哲伦和圣马丁想象得更复杂。船长梅斯基塔曾尝试与舰队其他船只会合,但由于海峡的湾口星罗棋布,他根本找不到它们。戈麦斯当然提供不了太多帮助。在航行结束后的一次官方正式调查中,另一名叛乱分子赫洛尼莫·格拉坚称他已经准备好了相关文件,打算在舰队指定的会合地点交给麦哲伦。然而这些所谓可以证明他们尝试过返回舰队的文件从未被找到过。

格拉的话听起来是在为自己开脱,也许他也想给自己找借口。他曾为金融家克里斯托瓦尔·德·阿罗工作过,据说还与后者关系不错。舰队从西班牙出发时,他只是"圣安东尼奥号"上的一名文书,但薪水高达3万马勒威迪,比普通海员高出20倍,可见他的角色并不止于文书。

格拉的真正使命是为阿罗谋求利益,换句话说,他是一名间谍。假如麦哲伦同意返回西班牙,那么戈麦斯与格拉的联盟就意味着阿罗家族支持返航的决定,毕竟他们的船只终于可以安然无恙地返回西班牙了。但卡洛斯一世国王不这么想,他会把麦哲伦送进监狱。

假如"圣安东尼奥号"真的想返回舰队,那它在何时做出了这种尝试?这个问题有待探讨。船上的官员们在后来的调查中作证说,他们返回的时间早于预期。如果此话属实,为什么麦哲伦没有发现失踪的"圣安东尼奥号"?有两种可能性,要么它在海峡数不清的湾口迷失了方向,要么叛乱分子占领了这艘船,然后在一个隐秘的海湾或峡湾中避难,最后才在夜色的掩护下偷偷溜出海峡,往西班牙方向驶去。

无论戈麦斯和格拉的真实意图是什么,"圣安东尼奥号"船员的不满情绪与日俱增。为了与其他船只取得联系,梅斯基塔曾发射过烟雾信号和炮弹,但是没有人看到或听到这些信号。梅斯基塔立场坚定,坚持继续寻找麦哲伦,可是不确定因素越来越多。

格拉、戈麦斯和其他有叛乱想法的船员认为这艘船已经不在麦哲伦的掌控之内,夺取船只控制权的时机到了。他们迅速制服梅斯基塔。这可是要搭上性命的勾当,叛乱一旦开始,便一发不可收拾。叛乱分子们知道,他们要么叛变成功,要么就被分尸示众。

孤注一掷的戈麦斯挥舞着匕首,刺中梅斯基塔的大腿。梅斯基塔强忍剧痛,从戈麦斯手中夺过匕首,并向戈麦斯的手掌刺了一刀。

刀锋刺进肉体的那一刻，戈麦斯不由得大声嚎叫起来。叫声引来了援兵，他们一拥而上，用脚镣锁住梅斯基塔，并将他关押在格拉的船舱中。在圣胡利安港，梅斯基塔曾主持过军事法庭，并亲自监督行刑，现在他要遭到报应了。当"圣安东尼奥号"启程返回西班牙时，叛乱分子便打算严刑拷打梅斯基塔，逼他在一份指证麦哲伦虐待西班牙官员的认罪书上签字。

一想到"圣安东尼奥号"从舰队偷偷溜走，麦哲伦就头皮发麻。他担心那些潜在的叛乱分子终于找到了报复梅斯基塔的绝佳机会。即使没有圣马丁的提示，麦哲伦也能猜到戈麦斯会返回西班牙。一旦戈麦斯回到西班牙，他肯定会想方设法败坏麦哲伦的名声，片面描述圣胡利安港发生的悲惨事件。戈麦斯可能会歪曲事实，宣称他的叛变行为是反抗麦哲伦不忠的英勇举动。在这种情形下，下一次率领舰队远征摩鹿加群岛的舰队总指挥将变成埃斯特万·戈麦斯，而麦哲伦只能从西班牙一座昏暗的监狱中听说这个消息。

"圣安东尼奥号"是舰队中排水量最大的船只，舰队把部分粮食都储存在它的货舱里。"圣安东尼奥号"叛逃后，其他船员的粮食供应便捉襟见肘，生命也受到了威胁。叛乱分子还带走了另一个战利品，即他们几个月前俘虏的那名平易近人的巴塔哥尼亚巨人。

究竟是追击叛乱分子，还是寄望于表亲夺回"圣安东尼奥号"的控制权？麦哲伦要在两者之间做出抉择。他最终选择继续追寻失踪的"圣安东尼奥号"。"我们回去寻找那两艘船，结果只找到了'康塞普西翁号'，"皮加费塔写道，"我们问船员，另一艘船到哪儿去了？'康塞普西翁号'船长兼领航员（他也是沉没的'圣地亚哥号'的船长）回答说他不知道，因为自从'圣安东尼奥号'驶入外海后，他就再也没看到过这艘船。"麦哲伦展开搜索行动，想夺回这艘失踪的船只，但这在如此一座海上迷宫中几乎是不可能完成的任务。"我们搜寻了整条海峡，"皮加费塔写道，"一直追到它逃跑的外海。舰队总指挥派'维多利亚号'回到海峡入口，查明'圣安东尼奥号'是否在那里。"

在行动过程中，麦哲伦严格遵守王室在1519年5月8日给他下达的指令，即沿路放置显眼的指示标志，帮助迷路船只寻找方向。皮加费塔描述了麦哲伦采取的措施："舰队总指挥下令，若船只迷路，船员就在附近小山丘上插一面旗，旗下埋一陶罐，罐里放一封信。这样，只要其他船只发现了旗帜，就知道伙伴们的航行路线。做出这样的安排，可以防止我们彼此走失。我们插了两面旗，并在旗下埋了信件，其中一面旗帜插在第一个港湾的地势较高处，另一面旗帜则插在第三个港湾的一个小岛上，那里有很多海狼和大鸟。"

尽管皮加费塔没有提供太多细节，但他所说的小岛很可能是圣玛格达雷纳岛（Santa Magdalena Island），该岛位于冰冷的海面上，是一座暴露在大风中的巨大沙丘。在那个季节，小岛被成千上万只企鹅占领，这些企鹅就是皮加费塔所谓的"大鸟"。它们在那里交配和挖洞，排泄物把整座小岛弄得脏兮兮，连带咸味的清新海风都掩盖不住那种恶臭。小岛上没有植被，孤悬外海，是一个做标志提醒来往船只的理想之地。

"他在一个小岛①上竖了个十字架，岛附近有一条河，河流两边都是大雪覆盖的高山，河水在沙丁河附近注入大海。"但他所做的一切都是白费力气。这些指示信号孤零零地矗立在世界的尽头，等待一艘幽灵般的帆船，但"圣安东尼奥号"早已一去不复返。

麦哲伦接受了"圣安东尼奥号"叛逃的事实，率领摩鹿加舰队剩余三艘舰船继续前进。在荒凉的圣胡利安港经历过诸多艰难险阻后，船员们很享受海峡的生物多样性和雄伟壮观的自然景色。当船

---

① 这个岛很可能是查尔斯群岛当中的一个岛屿。——作者注

只行驶于各个峡湾之间时，他们看到海豚在船边游动并欢快地跳跃。船员中流传一种说法：如果海豚在船头跃起，代表着好天气即将来临；如果它们在船的两侧跃起，则表示天气会变坏。

这条神奇而危机四伏的海峡还少个名字。起初船员们称它为"海峡"，后来皮加费塔把这条航道称为"巴塔哥尼亚海峡"（Patagonian Strait），而舰队的天文学家兼领航员圣马丁则称之为"万圣海峡"（Strait of All Saints）。第一艘船进入该水域之后，还有些船员把它叫作"维多利亚海峡"（Victoria Strait）。

1527年，也就是麦哲伦环球探险航行结束六年后，该航道被正式命名为"麦哲伦海峡"，这一名称沿用至今。虽然麦哲伦很自负，但他还不敢以自己的名字命名海峡。他在航行途中所起的一些地名要么带有描述性质（比如"巴塔哥尼亚"），要么就是从宗教中得到灵感（比如"一万一千贞女角"）。

海峡沿岸山清水秀，皮加费塔热情洋溢地描述了它的自然景观和丰富的食物来源："每半里格航程后我们就会遇到一个安全的港口，那里有淡水、最好的木材（但不是杉木）、沙丁鱼和其他鱼类。温泉附近还长有野芹菜，它们大部分都是甜的，部分品种有些苦。有一段时间我们没有食物，吃了好几天野芹菜。"船员们并没有意识到，这些食品给他们虚弱的身体补充了营养。这些野菜富含维生素C，能够帮助他们预防坏血病，至少短期内可以起到保护作用。

皮加费塔认为，从各方面而言，"这是世界上最美丽、最完美的海峡。"

航向最大洋

虽然皮加费塔对舰队取得的成就感到满意，但麦哲伦却罕见地产生了自我怀疑,他询问手下官员,他们到底应该继续探险之旅,还是像戈麦斯曾经要求的那样返回西班牙?有谣言称,"圣安东尼奥号"的哗变船员一旦回到西班牙,就会把麦哲伦的所作所为传出去。麦哲伦此刻一反常态的犹豫不决说明他很担心这些谣言是真的。

麦哲伦以口述的方式给"维多利亚号"船长杜阿尔特·巴尔波查写了封长信。该举动表明麦哲伦与舰队高级船员之间的关系已经变得很紧张,他担心如果让他们聚在一起,可能会再次引发叛乱。从信件的内容可以看得出,他迫切需要所有人就航行路线问题达成共识。信中说道:

> 我,麦哲伦,圣地亚哥骑士、受国王陛下派遣前去探索香料群岛的舰队总指挥,在此知会你,杜阿尔特·巴尔波查,"维多利亚号"船长、领航员兼水手长,我已经觉察到你的想法。你认为,如果我决定继续前行,那将是一件非常严重的事情,因为我们没有足够的时间完成航行。

接着信中呈现了以下内容:

> 我从不轻视其他人的建议和意见。相反,我所有的决策都是集体建议的结果,而且我会把决策告知所有人,我不想冒犯任何人。在圣胡利安港叛乱事件中,路易斯·德·缅多萨和加斯帕尔·德·凯塞达被判死刑,路易斯·德·卡尔塔海纳和牧师桑切斯·德·拉雷纳也被流放。出于害怕,你不敢把那些你认为对国王陛下和舰队有益的建议告诉我,但如果你不这么做,那就是对国王陛下的大不敬,也违背了你要效忠于我的誓言。因此,我代表国王和我自己请求和命令你:

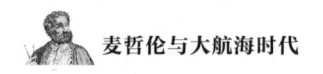

请把你的意见一一罗列下来，说明我们应该继续前行或返航的理由。说真话并不代表你不尊重我……了解你所提出的理由和观点之后，我会说出我的理由和观点，并把结论告诉你。

奉舰队总指挥费迪南德·麦哲伦之命
写于南纬53度伊斯莱塔河（Rio de la Isleta）对面的万圣海峡
1520年11月21日，周四

在现存有关麦哲伦言论的资料中，这封信件的篇幅是最长的。舰队当时处于休整期，那本应是一段和谐融洽、欢欣鼓舞的时期，但猜疑和不信任感却在麦哲伦和他下属之间迅速蔓延。

麦哲伦平日里杀伐果断，而从这封信的内容来看，他似乎想为圣胡利安港旷日持久的审判和残酷死刑道歉。显然，他意识到他与船员的紧张关系是他采取严厉惩戒手段的结果（尽管这些惩罚措施是合法的），甚至那些与他最亲近的人都疏远了他。麦哲伦担心，倘若再发生叛乱，他就会失去更多船只。此时此刻的麦哲伦已经完全处于孤立状态。

舰队的天文学家安德烈斯·德·圣马丁被麦哲伦强行安插到了一个他不熟悉的岗位。虽然圣马丁怀疑这条海峡最终不会通往香料群岛，但他还是力劝麦哲伦继续探险之旅，至少要坚持到1521年1月中旬。他提醒麦哲伦说，1月份过后，白天会变短，而他们已经见识过其破坏力的威利瓦飓风会变得更加猛烈；此外，他们不能在晚上航行，因为船员们在与狂风巨浪搏斗一整个白天之后已经疲惫不堪。他说道：

尊贵的舰队总指挥，1520年11月22日，周五，国王陛下舰队"维多利亚号"文书马丁·门德斯（Martin Mendez）给我看过您的口谕，命令我就继续前行还是返回西班牙发表意见，并列出理由。

我对他说："除了不确定从我们所在的万圣海峡和东边以及东北方向的其他两条海峡是否能找到一条通往摩鹿加群岛的水路之外，我们还有一个问题需要考虑，那就是天气问题，这与我们最终能发现什么无关。目前正是盛夏时节，总指挥大人必须继续搜索这条水路。直到来年1月份，大人才可以考虑返回西班牙。因为从那时起，白天时间会逐渐缩短，天气会变差。尽管现在加上黎明和黄昏，白天有17个小时，但我们还是遭遇了暴风雨和多变的天气。到了冬天，白天就只有15～12个小时，甚至更少，风暴和坏天气将更加频繁。因此，大人可能需要离开这些海峡，在外海度过1月份，然后搜集足够的淡水和燃料，返回加的斯湾和我们的起航地圣卢卡·德·巴拉梅达港。"

圣马丁的观点很合理，而且理由充分，但过于谨慎。他继续说道：

在圣克鲁斯河，您命令船长们继续朝南极附近行进。大人曾经说过要取道东边和东北方向的水路，绕过好望角前往摩鹿加群岛。考虑到恶劣的暴风雨天气，我认为这方案不可行，因为在这个较低的纬度，航行已经充满了危险和困难。如果到了南纬60度、75度或更高纬度地区，又会是怎样一副情形？

大人您非常清楚，等我们到达那里的时候，已经是冬天了。此外，船员们瘦弱无力，尽管现在粮食充足，但能够让船员恢复体力和健康的食品却不多，我注意到，生病的船员需要很长时间才能健壮起来。

圣马丁对麦哲伦说，舰队剩余三艘船还能继续航行，这是比较有利的一面；但他也提醒麦哲伦注意粮食正在日渐减少，可能不足以支撑舰队到达摩鹿加群岛：

> 尽管大人您的三艘船状况良好而且装备精良（托上帝的福），但有些船丢失了缆绳，尤其是"维多利亚号"。此外，船员们身体虚弱，粮食储备不足以支持舰队通过上述路线到达摩鹿加群岛并返回西班牙。

最后，他向麦哲伦提出一个建议：

> 我还认为，大人您不应该在夜间沿这些海岸航行，因为船只安全会受到威胁，而且船员们也需要休息一会儿。由于白天有17个小时，所以大人您可以让舰队在晚上停泊四五个小时，这样，船员们就有充分的休息时间，而不是忙着操作索具。最重要的是，如果老天开眼的话，我们还可以躲避一些突如其来的暴风雨。假如暴风雨是白天来的，我们还能看到和观察到事物；但如果是在晚上来的，什么都看不清楚，那就相当可怕了。因此，与其让舰队在夜间多航行两里格路程，倒不如让船员们在日落前一小时抛锚休息。作为上帝和大人您的忠实仆人，我所说的话均是为舰队和大人您着想，我已毫无保留地说出了我的建议，请大人遵循上帝的旨意酌情处理。愿大人平安，身体安康。

圣马丁说出了舰队所有人的心声：前路危机四伏，无论香料群岛在哪里，他们都无法到达，因为他们手里的地图早就不起作用了。圣马丁向麦哲伦建议说，舰队可以尝试继续前行，如果到了1521年1月份还没有到达摩鹿加群岛，那就返回西班牙，等待机会再次尝试。

麦哲伦仔细考虑了这些经过深思熟虑的忠告，无论到达香料群岛要花多久，他还是倾向于继续前进。据他估算，舰队还有至少三个月的粮食储备。更重要的是，他坚信上帝会帮助他们实现目标，毕竟他们是在上帝的授意下来探索这条海峡的，上帝当然也会引导他们实现最终目标。第二天，麦哲伦下令起锚。舰队炮弹齐发，炮声震彻海峡两岸墨绿色的秀美山川、灰色的峡谷和天蓝色的冰川。摩鹿加舰队再度起航，继续一路向西。

船员们终于看到了太平洋翻腾而混浊的海水，他们意识到自己已经到达海峡的出口。麦哲伦成功了，他找到了这条水路，实现了对卡洛斯一世国王的承诺。既然舰队已经完成了这项壮举，此前所有关于来年1月中旬返回西班牙的争论都不复存在。"所有人都觉得自己很幸运，他们来到了前人从未到过的地方。"水手希内斯·德·马弗拉回忆这一事件时欢呼道。

麦哲伦终于带领船队走出了这条海峡，他一时竟不知所措。皮加费塔在日记中写道，麦哲伦"喜极而泣"。恢复常态之后，麦哲伦将刚刚发现的太平洋海角命名为"'渴望角'（Cape Desire），因为找到这个海角是我们一直以来的愿望"。

当舰队驶向太平洋时，海水变成灰色，海上的风浪很大。天色已晚，阴沉沉的天空逐渐变得漆黑，三艘舰船悉数驶出海峡的西边入海口。皮加费塔暗暗松了一口气，他在日记中写道："1520年11月28日，周三，我们驶出海峡，进入太平洋海域。"麦哲伦不仅经历了"圣安东尼奥号"的叛乱，而且花了很长时间修复船只，此外海峡里无所不在的死胡同和至少一次强烈的威利瓦飓风也拖慢了进度。即便如此，从大西洋航行到太平洋，麦哲伦也只用了38天时间。

对麦哲伦和他的船员来说，通过海峡是一项重大事件。当他们再次进入外海的时候，又怎么会怀疑这次探险活动不受上帝庇佑呢？尽管麦哲伦和他的船员看起来很容易受到天气、饥饿、原住民部落和内部叛乱的影响，但在他们眼里，自己并没有这么不堪一击。他们都坚信自己受一种超自然力量的保护，而正是这种力量，赋予了他们环球旅行家的独特身份。

成功通过海峡确实是一大成就，但是，这番成就在多大程度上归功于麦哲伦的航海技能？又在多大程度上归功于纯粹的运气？穿越海峡时麦哲伦运气不错。遭遇过那场猛烈的威利瓦飓风之后，舰队就再也没遇到其他风暴，也没有遇到冰川崩裂；气温在35华氏度[①]至50华氏度之间波动，完全在这个季节的正常温度范围之内，因此，船员不必再忍受圣胡利安港的严寒天气。

船员们平日里经常进行勘探活动，而且在日常饮食中都能吃到新鲜蔬菜，大大提升了他们的精神状态和健康状况。与长时间海上航行相比，船员在穿越海峡期间虽然同样历尽艰辛，但身体要健康许多，因为他们的活动范围不用局限于船上狭窄且臭气熏天的空间里，靠腐烂的腌制食物和红酒度日。

尽管舰队运气不错，但事实证明，在穿行龙尾峡的过程中，麦哲伦作为一名战略家的非凡技能发挥了决定性作用。他命令瞭望员爬上船只最高处，观察前方航道情况和障碍物。此外，他定期派侦察小分队坐大划艇到周围勘测。"他们出去勘察地形，然后带着结果

[①] 华氏度（℉）是温度的一种度量单位，摄氏温标（℃）和华氏温标（℉）之间的换算关系为：$1℃=(℉-32)\div 1.8$。

回来，舰队其他船只跟着他们指引的方向前进。在穿越海峡的整个过程中，舰队都是以这种方式航行的。"希内斯·德·马弗拉回忆道。他们基于勘察信息提醒麦哲伦注意岩石密布的浅滩、让人误以为是海峡的港湾，以及可能会耽误行程的其他死角，这些都有助于麦哲伦规划下一步行动。

麦哲伦甚至通过辨别海水味道来指挥舰队前进。如果海水味道越来越淡，他就知道自己正在朝内陆行进。如果海水味道变咸，他便知道自己正朝着海峡的西面，即太平洋方向前进。

这一系列方法为舰队节省了大量时间，让他们不必长时间在死胡同似的航道和港湾里徘徊。如果一个方法失败了，还可以转而采用其他方法。即便失去了手下最优秀的领航员埃斯特万·戈麦斯和最大的船只"圣安东尼奥号"，麦哲伦也没有被打垮，因为舰队规模越小，它就越灵活。麦哲伦还有一套老练的方法，比他操控船只和寻找航行方向的技术能力更加出众。依靠这种方法，他克服了地理大发现时代最大的挑战之一，即带领一支舰队在恶劣天气中穿越数百英里未标示在地图上的岛屿群。

麦哲伦率领舰队通过整条海峡的技能被认为是人类海洋探险史上的最伟大成就，甚至有可能超越哥伦布发现新大陆的壮举，因为当时哥伦布认为他到达的是中国，而且直到去世之前他也浑然不知自己到的是什么地方，更不知道自己取得了什么样的成就，结果误导了世人。相比之下，麦哲伦很清楚自己做过什么。经过漫长的岁月之后，他终于开始纠正哥伦布在航海方面的巨大错误。

浓雾散去，阳光从低矮的云层中喷薄而出，当时被称为"西海"（Western Sea）的太平洋从毫无生气的灰色变成诱人的深蓝色，海面浪花上泛着的白色泡沫与寒冷的空气融为一体。深不可测的海水汹涌翻腾，拍打着岸边的岩石和峭壁，麦哲伦担心舰队遇到浅滩，于是调整了航行策略,没有从水位较深的峡湾中通过,而是从两块岩石中间波涛汹涌的水面穿过。一些行事谨慎的船员后来讥讽地将这两块石头命名为"传教士"和"好愿"。一股寒冷的瘴气降临水面,领航员们看不清前方路线。"海峡西面入海口很窄,雾气很重,而且大雾来得毫无征兆,"德·马弗拉写道,"从入海口驶入大海三里格后,我们便看不到入海口了。"

麦哲伦沿着智利海岸线向北航行。与现在所面对的大海相比,刚刚离开的海峡看上去就像一个充满魔力的避难所。后来,达尔文航行至此,看到这令人恐惧的景象,不禁评论道:"毫无航海经验的新水手只要看一眼这里的海岸,在接下来这一周肯定会梦见沉船、危险和死亡。"

摩鹿加舰队的船员看到这一幕,也产生了同样的预感。他们知道,这趟环球之旅还远未到结束的时候。从某种意义上讲,冒险才刚刚开始。他们穿越海峡,从大西洋来到太平洋,这纵然是一项壮举,但是如果舰队到不了香料群岛,那么一切努力都将毫无价值。舰队中剩余三艘船的所有人都知道,想抵达香料群岛,他们必须穿越世界上最大的海洋。

第 8 章
与死亡赛跑

> 和风拂面，白浪飞溅，
> 自在航行，快意人生；
> 这片沉静的大海，
> 迎来了它的第一批访客。

太平洋的广阔超乎麦哲伦的想象，它的面积达到 6 300 万平方英里，是大西洋面积的两倍，水容量也是大西洋的两倍多。此外，它占地球表面积的三分之一，而且比地球陆地总面积还要大。25 000 个小岛在无垠的太平洋上星罗棋布，地球的最低点马里亚纳海沟①（Mariana Trench）也隐藏在其波光粼粼的海面之下，那是深达 36 000 英尺的漆黑之处。

早在麦哲伦和他的船员到来之前，太平洋就已经存在了数千万年之久，其景观和自然活动从未改变过。然而，摩鹿加舰队对这些地理奇迹一无所知，在他们眼里，太平洋如同月球背面一样神秘。

即使到了今天，对科学家和海洋学家来说，太平洋仍然充满了神秘感和诱惑力。人类虽然在不久前加深了对火星和金星的了解，但对太平洋深处还是知之甚少，也没有就其起源达成共识。关于大

---

① 马里亚纳海沟，目前所知最深的海沟。该海沟地处北太平洋西方海床，位于近关岛的马里亚纳群岛东方。此海沟为两板块辐辏之俯冲带，太平洋板块于此俯冲于菲律宾海板块（或细分出的马里亚纳板块）之下。海沟底部于海平面下之深度，远胜于珠穆朗玛峰相对海平面的高度。

洋形成的假设主要有两个。一种认为，在地球形成后的头10亿年里，由冰块组成的彗星不断坠落在地球表面，冰层融化后便形成了海洋。另一种认为，地球是由太阳星云的星体物质和太空尘埃组成的。这些物质在开始时逐渐增大并发热，较重的部分沉淀为地心，较轻的部分则留在地球表面附近。在地壳成形那一刻，水被释放了出来，由此形成海洋。麦哲伦的舰队横穿太平洋时，船员们历尽艰险，才逐渐了解到一个如今妇孺皆知的常识：大洋面积占地球表面积的70%。我们居住的这个星球被起错了名字，它不应该叫"地球"，而应该叫"海球"。

麦哲伦认为，这趟香料群岛之旅不会花费很长时间。虽然返回西班牙的旅途较长，但他推测舰队在航行中不会遇到太多麻烦，而且他们面对的都是熟悉的水域。对于舰队指挥，他也信心十足。在数次叛乱之后，麦哲伦已经清除了那些胆小之辈和异己分子。

探险活动刚开始时，五艘舰船共有260名船员和侍应生，现在整支舰队只剩三艘船，人员不足200。这三艘船分别是舰队旗舰"特立尼达号"、由亲信胡安·塞拉诺指挥的"康塞普西翁号"，以及由姻亲杜阿尔特·巴尔波查指挥的"维多利亚号"。有鉴于此，麦哲伦坚信船员们已经从此前的苦难经历中吸取了教训。然而，他并不知道前方等待他的真正挑战是什么，这个挑战并非来自浅滩或天气，而是来自航行的距离。

横渡太平洋

舰队的行进速度很快，至今人们还在争论其速度快到什么程度。阿尔沃在他的航海日志中写道："1520年12月1日早上，我们发现了几片像小山丘的土地。"平常做事一丝不苟的阿尔沃将这个地点的纬度写成南纬 48 度，但他的算法有可能存在 1 度偏差，因此舰队的航行距离和速度都超出了他的预想。皮加费塔在他的日记中写了这样一句晦涩难懂的话："我们每天航行 50 里格/船位、60 里格/船位或 70 里格/船位。"

皮加费塔所说的"船位"也许指的是麦哲伦的船位推算法，即一根原木或其他物体从一艘船的船头漂到船尾所需的时间。但是他并没有提供足够的细节具体说明舰队的航行速度和距离。对船员们而言，1520 年整个 12 月和 1521 年 1 月的大部分时间他们都是在无所事事中度过的。

为了消磨空闲时光，皮加费塔没事就观察偶尔飞过头顶的小鸟。他认为这些小鸟都是尚未被人类发现的物种。它们向下俯冲，一头扎入太平洋中捕捉飞鱼。这些飞鱼会偶尔跳出海面，砰的一声落在船只的甲板上，皮加费塔称之为"科隆德里尼鱼"（colondrini），这种鱼可能是豹鲂鮄鱼，也被称为"东方盔鲂鱼"，其双鳍展开如扇状，上面长着浅蓝色脊骨，令人印象深刻。豹鲂鮄鱼是一种让人望而生畏的奇特物种，但船员们把它们当作稳定的食物来源。

"在大洋中，我们经常看到一种有趣的捕鱼方式。"皮加费塔写道，"有三种体长约一肘尺的鱼，分别是鱾鳅鱼、长鳍金枪鱼和鲣鱼。它们会追踪并捕食另一种叫作'科隆德里尼'的飞鱼，这种鱼体长约一英尺，肉质鲜美。飞鱼被上述三种鱼发现后会马上跳出水面，然后张开翅膀，有多远飞多远，其飞行距离可达一支十字弩的射程。"接着皮加费塔惊叹道："它们飞行的时候，那三类捕猎者就在水底下追踪它们的影子。不久，飞鱼坠入水中，捕猎者便迅速赶到并吃掉它们。这一幕看起来非常有趣。"

在圣胡利安港的叛乱期间以及穿过错综复杂的海峡之时，船员们的生活极不稳定。进入太平洋后，他们的日子变得乏味无聊。天刚拂晓，船员们就要用沙漏计时。他们把沙漏倒过来的那一刻，侍从们便照例念起祷文。到了中午，领航员阿尔沃会用六分仪[①]测量太阳的高度，以确定舰队所处纬度，一般情况下，测量数值相当精准。到了晚上，麦哲伦任命的两名船长会走上甲板，命令船只靠近"特立尼达号"，然后向麦哲伦行礼致敬："上帝保佑您，舰队总指挥大人，我们的主人和好伙伴！"

麦哲伦每天清晨和晚上都会与其他两名船长一起祷告。夜间没有白天那么热，船员们都待在甲板上，不想回到他们那狭小逼仄、臭气熏天以至于令人窒息的寝室。他们一边躺在甲板上休息，一边看着天上如钻石般璀璨的星星。对任何事物都充满好奇心的皮加费塔开始夜观天象："与北极相比，南极的夜空没有太多星星。许多小星星分成两部分簇拥在一起，看上去像两团薄雾。"

皮加费塔并没有意识到他刚刚记录了一个重要的天文现象。这两团"薄雾"其实是两个绕我们银河系运行的不规则矮星系，里面包含了数十亿颗包裹在气体中的行星。

如今，它们被天文学家称为"麦哲伦星云"（Magellanic Clouds），较大的那团星云名为"大麦哲伦星云"（Nubecula Major），距离地球约15万光年，其覆盖的夜空面积大约是月球表面积的200多倍。较小的星云名为"小麦哲伦星云"（Nubecula Minor），离地球更远，约20万光年，其覆盖面积只比月球表面积大50倍。在1994年以前，天文学界一直认为这些星系距离我们最近。肉眼看去，它们就像有人把银河扯开，随意扔在天上。

皮加费塔继续写道："在两团星云中间，有两颗很大且不是很明

[①] 六分仪，反射镜类型的手持测角仪器，由分度弧、指标臂、指标镜、水平镜、望远镜和测微鼓组成，弧长约为圆周的六分之一，在测绘和船舶通信导航中，用以观察天体高度和目标的水平角与垂直角。广泛用于航海和航空中，用来确定观测者的自身位置。

亮也不怎么移动的星星，它们就是南极星。"他所说的可能是南天极附近的九头蛇星座（Hydra）。他说，舰队离开陆地，进入广阔的太平洋之后，"观察到一个由五颗星星组成的十字形星座，这些星星极其明亮，相互辉映。"

通常人们认为皮加费塔所说的这个十字形星座就是南十字星座，这也是南半球最广为人知的星座，但南十字星座在夜空中的位置很低，皮加费塔看到的可能是猎户座或其他什么星座。尽管南十字星座很小，但只要一看见它，麦哲伦的船员就会被它吸引住。所以，无论是对于信仰还是航海，南十字星座都是一个很重要的标识。

由于周边没有陆地可作参照物，舰队的领航员只能靠天体导航，而南十字星座和其他星座是他们最常使用的导航参照物。时刻保持警惕的麦哲伦不断检查行进路线，以免在夜色中改变方向。正如皮加费塔记录的那样："舰队总指挥大人问那些领航员我们应该按照航海图上标示的哪条路线航行？他们回答说就按他们画下的路线。总指挥说他们画错了（事实的确如此），应该调整一下导航仪的指针。"

1520年12月18日，麦哲伦终于改变了航向。此刻，他们位于美洲大陆和胡安·费尔南德斯群岛（Juan Fernandez Islands）之间，靠近智利圣地亚哥西部。根据最新路线，他们要向西航行，远离南美大陆，进入太平洋内部洋面。

很快，南美大陆变成了地平线上的一个小黑点，然后消失在视野中，这更让船员们平添了一丝孤独感和焦虑感。传说曾有一只怪物出现在地平线上，连海水也为之沸腾。还有人传言，大洋中有一个磁力岛，它会吸走船上的所有铁钉。

事实上，舰队遭遇的这些并非超自然现象，而是另一种神迹——持续不断的信风。这股风一直在身后追赶着他们。船员们当时不知道风的名字，也不知道这股气流有多么强大。但是在随后的几周时间里，他们真正体验到了它的威力。船员们在南半球初遇的太平洋是令人畏惧的，当舰队驶向越来越高的纬度时，海面逐渐变得如丝绸般顺滑。这种神奇的变化是由日照造成的，太阳使大气升温后，便形成了这样的效果。

在赤道地区，日照最为强烈，空气受热后上升进入大气层，然后分为两股气流，一股流向北方，另一股则流向南方。当气流向南北两极移动时，其温度逐渐下降，重量逐渐增加，并在南北纬约30度的地方开始下降。接着，气流遭遇了所谓的"柯氏力"（Coriolis force），即地球自转偏向力，结果由气流形成的大风由于地球向东旋转而向西偏转。在南半球，也就是摩鹿加舰队所在区域，大风来自东南方向。它因为极大地促进了跨洋贸易而被叫作"信风"①。

在麦哲伦看来，信风还有一个好处，那就是越接近赤道风力就越强。随着舰队向北行进，地球上这股最稳定的大风将给它带来不少好处。

接下来的这段日子过得非常平静，船员们整天昏昏欲睡。海浪连续好几个小时有节奏地拍打着船身，风帆则鼓得满满的，发出呜呜声。船员们靠打牌或睡觉来打发闲暇时间，但皮加费塔没耐心看他们打牌。为了解闷，他尝试着与那名被囚禁起来的温顺巨人交谈。在此过程中，皮加费塔成为第一个学习和以音标记录巴塔哥尼亚德卫尔彻语言的欧洲人。

哥伦布等早期探险家曾经尝试用简单标音法记录南美洲语言，皮加费塔在他们的影响下也想这么做，但德卫尔彻印第安语发音比

---

① 信风，又叫贸易风，古代和中世纪商船依靠这种方向常年稳定的风航行于海上，进行贸易运输。类似威尼斯这样靠商业发展起来的城邦对于全年贸易活动的规划，很大程度上建立在信风的基础上。

较复杂，很难用标音法还原。如今，语言学家在南美洲已经发现了大约1 000种语言，德卫尔彻语及其变体是巴塔哥尼亚高原的主要方言。至于那位巴塔哥尼亚巨人说的究竟是哪一种方言，我们无从得知。尽管皮加费塔做的几份德卫尔彻语词汇表存在诸多缺陷，但它们是此次探险活动最重大的收获之一。它们不像香料或黄金那样具有商业价值，也不如被征服的领土那样重要，但它们标志着现代语言学研究的起点。对后世学者而言，词汇表当中隐藏着诸多线索，他们可以从中了解南美大陆各原始部落的迁徙情况。

皮加费塔在日记中记录了两人沟通方式的变化过程："当他说'卡帕克'（capac）的时候，就是要我给他面包，因为'卡帕克'是他们用来表示面包的词根。当他说'欧利'（oli）的时候，就表示要喝水。他看着我用字母把这两个词写下来，下次当我拿着鹅毛笔问他其他东西的发音时，他就能明白我的意思。"

就这样，皮加费塔将两人之间的对话编纂成一本名为《巴塔哥尼亚巨人常用语》（Words of the Patanognian Giants）的词汇手册。"所有词汇都以喉部发音，"他在手册中写道，"因为他们就是这样说话的。"词汇表的头一个词就是德卫尔彻语的"头部"，他将这个词的发音标为"赫"。在他听起来，德卫尔彻语的"眼睛"读作"阿德"，"耳朵"读作"塞恩"，"嘴巴"读作"鲜"，依此类推。他把自己感兴趣的词语都标注了发音。

再举几个例子："腋窝"的发音是"萨利臣"，"胸部"的发音是"欧奇"，"拇指"的发音是"欧纯"，"身体"的发音是"格切尔"，"阴茎"的发音是"斯卡切"。"睾丸"的发音是"萨卡尼欧斯"，"阴道"的发音是"伊塞"，性交的发音是"伊奥霍伊"，"大腿"的发音则是"齐亚微"。

这位皮肤黝黑、胡子刮得干干净净，但是几乎全裸的巴塔哥尼亚巨人与个子较矮、皮肤苍白、穿着马裤和宽松衬衣的欧洲人皮加费塔蹲在一起，每天认真交谈好几个小时。他们用皮加费塔手里的鹅毛笔热切地写写画画，用手势表达自己的意思，用手掌和手指表示疑问。在这深不可测的海洋上，两人正玩着一场只有彼此才明白的游戏。

显然，皮加费塔对巨人的词汇量和他听从指导的态度感到很高兴，也相当满意自己能够把德卫尔彻印第安语记录在纸上。皮加费塔先给巨人看他标注在纸上的单词，然后再教他写字。书面语言的力量就这样悄然跨越不同文化的鸿沟，最终穿越时空。

不妨想象一下，当这位巨人借助神奇的符号将自己的语言和思想传达出去的时候，他会多么惊讶。语言符号是这两个人了解彼此想法的最佳、也是唯一的方式。在欧洲人带往太平洋的所有工具中，没有哪样比书面语言更强大、更能带来持久的改变。

随着两人的交流不断进行，皮加费塔的提问也从具象事物转向抽象事物，比如，他问巨人："巴塔哥尼亚语当中的'太阳'如何发音？"巨人回答："卡列克斯-切尼。"皮加费塔又问："星星呢？"巨人回答："塞德勒。""大海呢？""阿罗。""风呢？""欧尼。""暴风雨呢？""欧洪。"皮加费塔接着问："'过来'该怎么说？"巨人答道："海西。""看东西呢？""康内。""战斗呢？""奥马切。"

皮加费塔还教巨人学习天主教。"我用手做出一个十字架的形状，"他在日记中写道，"然后在他面前亲吻了这个十字架。他马上高呼'塞特博斯'，并用手势告诉我，如果我再做出十字架的手势，它就会进入我的身体，让我浑身迸裂而死。"皮加费塔这才知道，"塞特博斯"在德卫尔彻印第安语中表示"大恶魔"，是基督教世界中十字架所代表的神的对立面。巨人凭直觉知道，十字架象征着一种精神力量。

经过一番劝说之后，皮加费塔才让他相信十字架代表的是一种力量的源泉，而不是危险。

大概就在那个时候，这名巴塔哥尼亚巨人的身体日渐衰弱，开始生病。没人知道病因是什么，也许是因为饮食习惯的改变，又或者是从欧洲人那里感染了病毒，总之他的病情日益严重。皮加费塔给了他一个真正的十字架，告诉他用嘴唇亲吻它，并从中寻找治愈的力量。他照指示做了，而且越来越依赖十字架。但他病得更加厉害（皮加费塔没有具体描述症状），显然熬不了多久。他们开始谈论宗教，接着皮加费塔成功地说服他皈依了基督教。

皮加费塔没有提到巨人原来的姓名，接受洗礼后的巨人被改名为"保罗"，并在不久之后去世。这名巴塔哥尼亚基督教徒走过了与众不同而悲惨的一生。皮加费塔没有记录巴尔德拉马神父给保罗采取了什么样的葬礼仪式，很有可能进行了海葬。

皮加费塔满怀深情地记录下他教育和感化这名巴塔哥尼亚巨人的过程。90多年后，皮加费塔的日记被理查德·伊登翻译成英文，并引起威廉·莎士比亚的注意。1611年，带有鲜明莎士比亚特色的戏剧《暴风雨》首度上演，其创作灵感必定来自皮加费塔的日记。

莎士比亚依靠想象力，把皮加费塔与这名巴塔哥尼亚巨人短暂相遇的细节编织成一幅宏大的画面。他将故事背景设置在由米兰公爵普洛斯彼罗（Prospero）统治的一个迷人的魔法小岛。普洛斯彼罗被弟弟安东尼奥篡夺了公爵爵位，并被迫与其女儿米兰达漂流海外。他们半路遭遇沉船，漂流到一个精灵居住的小岛上。他不仅从这些精灵那里学会了魔法，还与它们保持良好的关系。

一只名叫"爱丽儿"（Ariel）的小仙子与他尤为亲密，因为她是普洛斯彼罗从邪恶的女巫西考拉克斯（Sycorax）手里解救出来的。西考拉克斯有一个儿子，名叫卡利班（Caliban），他是普洛斯彼罗

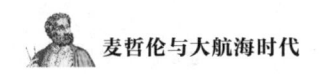

的仆人和奴隶，也是莎士比亚作品中最令人着迷和神秘的角色之一。从某种程度上说，卡利班的原型正是巴塔哥尼亚巨人保罗。

普洛斯彼罗与卡利班之间的冲突正是欧洲人发现和征服世界各地原住民的生动写照，莎士比亚用一种充满智慧和恐惧感的戏剧化手法夸大了两者相遇的情形：

> 你教我学习语言，我学会的只是如何咒骂别人；
> 就为了你教我学会语言，
> 我要诅咒你染上红色瘟疫而死！

后来，卡利班借用了皮加费塔对巴塔哥尼亚巨人的描述，说出了以下这段话：

> 我必须服从他，因为他有魔力；
> 他懂得控制我崇拜的神塞特博斯，
> 使其成为奴仆。

尽管莎士比亚没有明确说明故事发生的具体环境，但这出带有神秘色彩的戏剧足已表明，壮丽景色与野蛮并存的新世界已经扎根于欧洲人的潜意识中。

在苦难与希望中漂流98天，重见陆地

天气一直很晴朗，海上持续吹着强风，摩鹿加舰队还是无法找到富含食物和饮用水的小岛以补充船员所需。舰队经过胡安·费尔南德斯群岛东部，然后通过包括比卡尔岛（Bikar Island）、比基尼岛

(Bikini Island)和埃尼威托克岛在内的马绍尔群岛(Marshall Islands)北部。假如舰队航线往南偏几度,他们也许就能发现复活节岛(Easter Island),或者更西边的社会岛(Society Islands)和塔西提岛(Tahiti Island)。假如舰队航线往北偏几度,他们可能会遇到马克萨斯群岛(Marquesas Islands)或圣诞岛(Christmas Island)。与此同时,舰队非常惊险地避开了海上的危险,比如有可能划破船体的锋利暗礁。波涛汹涌的大海下面,隐藏着厚厚的珊瑚层,麦哲伦的舰队离这些危险的珊瑚不足100英里,但毫发未损。

乍看之下,麦哲伦穿越太平洋的路线似乎表明他在刻意避开这些岛屿和寻找补给的机会,实际上他并没有这样的意图。原因有二:首先,这些岛屿都没有出现在地图上;其次,皮加费塔的日记和阿尔沃的航海日志是现存最可靠的资料,但对于麦哲伦避开这些岛屿航行一事,两人都只字未提,可见即使麦哲伦或其他人发现远处出现陆地的迹象,比如一团上升的轻烟或者海水变成浅绿色,他们也不会认真对待。

退一步说,即便麦哲伦知道这些岛屿的存在也不会迫切上岛,因为他认为舰队在数天内就能到达香料群岛或亚洲的某个地方。一心朝虚幻目标前进的摩鹿加舰队依旧孤零零地在蔚蓝色的茫茫太平洋上漂荡着。

船员们又饥又渴。他们在巴塔哥尼亚宰杀和腌制的海豹已经腐烂变质,长满了蛆虫。这些蛆虫还吞噬了风帆、索具,甚至是船员的衣物。皮加费塔在日记中记录了食物的腐烂情况:"我们已经有3个月又20天没吃过任何新鲜食物了。我们吃的饼干不能称之为饼干,而是爬满蠕虫的饼干屑,因为它们把好的饼干都吃完了。这些饼干屑闻起来有一股老鼠尿的气味,臭气熏天。我们喝了好几天变质的饮用水,水已经发黄了。主帆桁顶端包裹着一层牛皮,用以防止桁杆与护罩发生摩擦，我们把那层牛皮也剥开吃了。经过日晒、风吹和雨淋，牛皮变得非常硬。我们先把它放入海里浸泡四五天，然后放在余火未尽的木块上烤一会儿，再吃下肚子。我们还经常吃一些木屑。另外，老鼠肉被卖到每块0.5个杜卡多银币，但即便如此，我们还是买不到老鼠肉。"

老鼠肉之所以走俏，是因为船员们相信它能抵御他们最害怕的疾病：坏血病。

整个航行途中，对船员们的健康威胁最大的就是坏血病。如果船员患上坏血病却未能得到及时救治，他们就会丧命。当时还没有治愈这种疾病的方法，麦哲伦只能靠各种民间偏方应付。一旦船员染上坏血病，这趟航行就变成了与死亡赛跑的旅途。

船员们一个个开始患上坏血病。皮加费塔在日记中描述了这种可怕疾病的症状："有些船员的上下牙龈都肿胀了，根本吃不了东西。他们逐渐产生疲惫感，牙龈开始变得酸痛和松软。当他们用舌头顶牙齿时，即便轻轻用力，牙齿也会摇晃。随着病情的发展，牙齿开始脱落，牙龈大量流血、溃烂且长满细小的毒疮，令人痛苦不已。"

尽管船员们患上严重的坏血病，但他们还得工作。如果水手长没有看到船员出现在甲板上，就会用绳子鞭打船员，把他们拖上甲板。阳光无情地照在他们身上，使其不断恶化的身体状况显露无遗。他们的皮肤就像要从骨头上掉下来似的，身上早就痊愈的旧伤疤和溃烂过的地方再次裂开。他们的身体简直快散架了。

坏血病夺去了一个又一个船员的生命，海葬也变得司空见惯。那些处于坏血病早期阶段的船员提前看到了自己的身后事：他们把死者遗体用一面破烂的旧风帆裹起来，再用绳子绑好，给死者双脚系上铁弹。由一位牧师（有时候是船长）做简短的祷告，然后两名船员将尸体放在一块木板上，使之倾斜，让遗体滑落到汹涌的大海中，并在瞬间被大海吞噬。

根据皮加费塔的记录，除了舰队俘虏的那名印第安巨人，死于坏血病的船员共有 29 人。另外还有很多人遭受病痛折磨："船上除了有船员病死，还有 25～30 人的胳膊、大腿和身体其他部位发生各种各样的病变。身体健康的船员少之又少。"

坏血病是地理大发现时代的副产品，麦哲伦那个年代的欧洲人对这种可怕的疾病知之甚少。

1498 年，瓦斯科·达伽马的船队为葡萄牙探索非洲沿岸时，首次遭遇大规模坏血病。达伽马在日记中提到，他注意到船员手上、脚上和牙龈都有明显的肿胀，而阿拉伯商人给生病的船员吃了橘子之后，他们竟奇迹般地康复了。显然，这番话暗示了阿拉伯人比欧洲人更熟悉长时间的海上航行和坏血病及其治疗手段。

后来在一次长达 3 个月的横跨印度洋的航行中，瓦斯科·达伽马再次因为坏血病的蔓延而损失了 30 名船员。"再过两周，我们就没人开船了。"达伽马在日记中写道。到达陆地后，幸存船员吃了大量橘子，才得以摆脱坏血病，捡回一条性命。瓦斯科·达伽马和欧洲其他早期探险家认为，引起坏血病的是不干净的空气，而非营养不良。但大量证据表明，事实并非如此。

达伽马以及后来麦哲伦的船员所遭受的痛苦本来是可以避免的，办法就是每天喝一勺柠檬汁，因其所含维生素 C 足以防治坏血病。维生素 C 或抗坏血酸有助于人体生成脯氨酰羟化酶，而脯氨酰羟化酶能够合成皮肤、韧带、肌腱和骨头等给予我们身体张力的结缔组织所需的胶原蛋白。倘若人体缺乏维生素 C，胶原纤维就会溶解，结缔组织也会断裂，尤其是骨头和牙齿的重要组成部分牙本质。胶原蛋白好比是胶水，它把结缔组织连接在一起。如果胶原蛋白解体，结缔组织就会断开，造成毛细血管出血，从而在皮肤表面形成青一块、紫一块的瘀斑。有意思的是，麦哲伦的船员认为吃老鼠肉能够预防坏血病其实是有事实依据的，因为老鼠体内可以合成和储存维生素 C，这一点是人类无法比拟的。

此后两百多年，坏血病继续折磨着探险家们。人们通常把这种病归咎于船员在航海途中很难获得橘子。然而，即便是最勤奋的研究者也找不出坏血病的真正成因，与此同时，数以千计的海员死在航海途中。最终，一位名叫詹姆斯·林德（James Lind）的苏格兰海军军医在 1746 年注意到了坏血病。

当时，英国海军水手正遭受坏血病的折磨，为了找到病因，他进行了人类出现文字记录以来的首次现代临床试验。林德将 12 名患坏血病的船员隔离开，给他们提供同样的食物。然后，他每天用不同方式对船员进行治疗。他给一部分实验对象喝海水，又给另一部分人吃肉豆蔻和其他香料，剩下的船员必须喝醋或每天吃两只橘子和一只柠檬。"结果，效果最显著、康复最快的是那些吃橘子和柠檬的船员，"林德说，"试验进行到第 6 天时，其中一名吃橘子和柠檬的船员已经可以工作了。"

尽管证据确凿，大众还是不肯接受林德的研究结果，但他坚信自己的结论是正确的。从海军退役后，林德获选爱丁堡皇家内科医学院院士（Fellow of Edinburgh's Royal College of Physicians）。随后，他发表了一份详尽的研究报告，题目为《关于坏血病基本特征、成因及治疗方式的专题论文》（"A Treatise of the Scurvy Containing an Inquiry into the Nature, Causes and Cure of That Disease"）。

在这份篇幅达 400 页的专题论文中，林德针对坏血病的起源提出了奇特的理论。他宣称，寒冷和潮湿的气候堵塞了人体皮肤毛孔，为身体埋下了病根，而这只能说是麦哲伦时代所盛行理论的升级版本。直至 1795 年，英国皇家海军才终于要求水手每天都喝柠檬汁或酸橙汁来抵抗坏血病。这种做法催生了一个新的英语单词"limeys"，即"喝绿柠檬汁的人"，代指英国水手（当时"绿柠檬"一词兼有柠檬和酸橙之意）。皇家海军那时并没有为这种做法找到科学依据，只是相信这个方法有效而已。

人们一直不知道蔬菜以及包括柠檬、酸橙、橘子在内的水果为什么能够防治坏血病，直到三名医学研究人员 W.A. 沃夫（W.A.Waugh）、C.G. 金（C.G.King）和艾伯特·圣-捷尔吉（Albert Szent-Gyorgyi）于 1932 年成功分离并合成抗坏血酸。他们就维生素 C 对身体的作用给出了科学的解释，并说明这一成分的缺乏为何会引发坏血病。

尽管身边的船员都患上坏血病并相继死去，但麦哲伦、皮加费塔和其他几名高级成员一直很健康，这着实令人费解。皮加费塔在日记中惊叹道："托上帝的福，我没有生病。"他和其他高级成员都不知道为什么会这样，但他们没患上坏血病显然是有原因的。在坏血病肆虐期间，高级成员们经常吃腌制的榲桲——一种类似于苹果的水果。他们并没有意识到，榲桲其实就是一种强大的抗坏血病特效药。圣艾尔摩之火似乎依旧眷顾着麦哲伦，给他带来好运，让他在不经意间逃过一劫，至少眼下是这样的。

至于舰队的高级成员是否不顾其他船员生死，合谋将船上的榲桲据为己有，我们在皮加费塔的日记中找不到任何相关信息。当时，麦哲伦和其他人都不知道榲桲具有抵抗坏血病的作用，他们一直认为船员的疾病是由各种因素引起的，比如绝大多数人吸入的"污浊空气"。根据资料，麦哲伦曾在船员生病期间亲自照料他们。因此，如果他知道榲桲的疗效，有可能会要求他们每天服食这种水果。

"在这 3 个月又 20 天的时间中，"皮加费塔写道，"我们在太平洋上航行了 4 000 多里格。太平洋真是恰如其名，我们一路上都没遇到暴风雨，也没看到任何陆地，只路过了两座无人居住的小岛，那里只有小鸟和树木。"

舰队是在 1521 年 1 月 24 日这天才见到陆地的，但他们失望地发现那只是一座从海底隆起的环状珊瑚岛。麦哲伦给它起名为"圣巴布罗岛"（San Pablo）①，因为他们遇到这座岛的当天恰好是圣保罗皈依节（Feast of the Conversion of Saint Paul）。事实证明，这座环礁岛对麦哲伦的舰队而言毫无价值，他既没看到岛上有人类居住的迹象，也没找到可以抛锚的地方。沿着小岛绕行一圈之后，他示意舰队继续按原定路线前进。

11 天之后，也就是 1521 年 2 月 4 日，麦哲伦发现了另一个小岛，那很可能是密克罗尼西亚群岛当中的加罗林岛（Caroline）。朝小岛驶去的舰队想找到一个能够抛锚的地方，但未能如愿。皮加费塔抱怨说，那里的海水太深，"根本无法抛锚，因为找不到海床"。

这件事过去很久以后，德·马弗拉把那天的经历记录了下来。他回忆说，船队遇到了一片无法穿越的暗礁，只能知难而退："我们在这个纬度发现了一个无人居住的小岛，并在它附近捕捉到很多鲨鱼。因此，我们将这个小岛命名为'鲨鱼岛'（Isle de los Tiburones），"阿尔沃则在航海日志中写道："仿佛老天给这个小岛披上一层厚厚的铠甲，帮助它抵挡大海似的。"

面对着单调乏味的大海，再加上因为疾病而变得虚弱不堪，船员们只能呆呆地看着可怕的鲨鱼如幽灵般绕船游弋。这样的一幕场景令人绝望，就连平常充满非凡决心和无视困难的麦哲伦也因横渡

---

① 1947 年，探险家托尔·海尔达尔（Thor Heyerdahl）乘坐仿古木筏"康提基号"（Kon Tiki）横渡太平洋期间，看到的第一片陆地也是圣巴布罗岛。

太平洋进展缓慢而逐渐意志消沉,情绪反复无常。有一天,他大发雷霆,把那些没用的地图扔进海里,并大声说道:"真是对不起这些地图学家了,我们找不到他们所说的摩鹿加群岛!"

舰队找不到陆地,只能随信风漂流很长一段路程。"我们每天航行 50 里格或 60 里格,甚至更远,"提及这段看似不可思议的西行之路时,皮加费塔写道,"感谢上帝和圣母玛利亚帮助我们,给我们好天气,让我们找到粮食和其他东西恢复精力;不然的话,我们早就死在大海上了。我觉得,以后不会再有人做这样的航行了。"

舰队向北航行的速度很快,到 2 月 13 日的时候,他们穿越了赤道,但麦哲伦已经产生了强烈的挫败感。按照原定计划以及他之前研究过的地图,他本应早就横跨整个太平洋到达亚洲的香料群岛了。雪上加霜的是,他还进入了《托尔德西里亚斯条约》所规定的葡萄牙海域。假如香料群岛恰好位于葡萄牙领土范围内,那就违背了此次探险的宗旨,因为他根本无法宣布香料群岛归西班牙所有。另外,舰队的淡水快喝光了,船员们也因坏血病奄奄一息。麦哲伦倍感压力,如果想度过这场劫难,他得尽快找到一个安全的港口。

舰队离开海峡 98 天后,麦哲伦终于迎来了转机。1521 年 3 月 6 日早上 6 点左右,海平面上缓缓出现了两片陆地,它们似乎在前方 25 英里处。最终,第三片陆地也出现在船员的视野中。"维多利亚号"瞭望员洛佩·纳瓦罗(Lope Navarro)坐在距离甲板 60 英尺高的瞭望台休息处,凝视远处模糊的微光,想分辨清楚那到底是地平线还是云层。那天早上,舰队以大约 6 节的航速向那团云一样的东西驶去。

当纳瓦罗确信真是陆地时,他从高处大声喊道:"陆地!"

"陆地!陆地!"

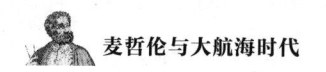

尖叫声响彻清晨宁静的天空。"陆地！"

"突如其来的叫喊声让所有人兴奋不已，"回想起看到陆地的那一刻，德·马弗拉仍觉得不可思议，"若有人没表现出足够的兴奋，肯定会被别人视为疯子。不难想象，此情此景，任何人都会喜不自胜的。"

第9章
消逝的帝国

> 天空顿时活力四射！
> 上百道闪电划破天际，
> 电光此起彼伏，忽隐忽现，
> 破旧的风帆在电光中摇曳。

  身心疲惫的麦哲伦亲自爬上瞭望台，在半空中观察前方情况。舰队多数船员已经被坏血病、饥饿和身体脱水折磨得奄奄一息，他们舌头肿胀，口臭无比，目光呆滞，头发蓬乱。当听到发现陆地的叫声后，他们才抬起头，想看一眼能够拯救他们的陆地。岛屿在晨光中变得更加清晰，纳瓦罗再次大叫道："陆地！"然后手指南方，只见前方海域危崖耸立。麦哲伦欣喜若狂，奖励纳瓦罗100枚达克特金币，这名幸运的瞭望员得到了一笔意外之财。

  纳瓦罗看到的第一片陆地很可能是多山的罗塔岛（Rota）。由于地球存在曲度，而舰队是以某种角度接近罗塔岛的，所以它在船员们看来就像是两座岛屿，这种颇具欺骗性的外观把皮加费塔弄糊涂了，也使人们对纳瓦罗看到的到底是哪片陆地这一问题争论了数百年。舰队最后在另一座岛屿，也就是现在的关岛登陆。这座岛长约30英里，面积209平方英里，位于夏威夷群岛以西约3 000英里处，是被称为"马里亚纳群岛"的一系列火山岛当中最大的岛屿，也是美国未合并的领土。

对麦哲伦而言，登陆关岛是一件祸福相依的事情。虽然舰队在太平洋上航行的98天中历尽苦难，而此时关岛可以为他们提供一个避难之所，但它显然不是他们的终极目标——香料群岛。

不过，这好歹也是一片陆地。自从离开海峡西入海口，麦哲伦所率领的船队已经不间断地航行了7 000多英里，这是当时距离最长的海上航行。

麦哲伦烧杀抢掠"盗贼之岛"

"1521年3月6日，周三，我们在西北方向发现了一座小岛，在西南方向又发现了另外两座小岛，"皮加费塔记录了这一重大事件，"其中一座岛屿比其他两座大些，提督想在那座最大的岛屿旁边停靠并补充给养。"皮加费塔甚至在日记中草绘了当时的景象，不过这幅草图只粗略描绘了三个漂浮在波光粼粼的海面上的斑点，对航行毫无帮助。

另外，皮加费塔按照当时的做法将北方放在地图下方，南方放在地图上方，这更容易让看图的人产生困惑。最后完成的图画十分好看，这表明皮加费塔在环球航行结束后向一名画师大致描述了小岛的方位，后者将皮加费塔此前画的草图加工成一幅精彩有趣的图画：湛蓝色的大海被点上金色的小斑点，于是三个岛屿就像巨大的土豆漂浮在海面上。尽管没有标明岛屿的位置，这些图片依旧是现今仅存的关于此次航行的图像资料。

同一天，阿尔沃的航海日志中也记录了这一发现，但他的描述与皮加费塔稍有不同，且更加细致。"这天，我们发现了陆地。到近处一看，原来是两座岛屿，面积不大。我们继续向西南方向行进，从两座岛屿中间穿过，发现西北方还有一座岛屿，"他以颇为不祥的语气说道,"我们看到很多小帆船正在向我们驶来,速度很快,仿佛要飞起来。"小帆船之所以速度惊人,秘诀在其风帆的独特设计。

阿尔沃也注意到了这种风帆:"船的风帆是表面粗糙的三角帆。这种船不分船头船尾,因为它们的船尾可以当作船头,船头也可当作船尾。它们在我们身边来回穿梭。"

阿尔沃第一次见到这种被称为"快速帆船"的划艇。它机动性极高,船身带舷外桨架。因其速度可以达到20节以上,而且正如阿尔沃所说的看上去就像在海面上飞行似的,它通常又被称作"飞艇"。其独特的设计使快速帆船得以快速航行。与欧洲风帆船不同的是,它的船头和船尾完全相同但迎风面和背风面却不一样。它的迎风面是圆形的,能够最大限度地提升船的空气动力学效率,而背风面则是扁平的。正因为船头船尾可以互换,再加上一面大三角帆,它可以毫不费力地迎风而上,快速平稳地从一个岛屿移动到另一个岛屿,根本不必抢风调向。

接近麦哲伦舰队的快速帆船是由一个波利尼西亚部落操控的,这个部落被称为"查莫罗人"(Chamorros),这个名称仅限于麦哲伦那个时代。实际上,他们并不叫查莫罗。起初,麦哲伦的船员把他们在太平洋遇到的所有部落都称作"印度人",因为他们误以为东印度群岛肯定就在附近。

后世的西班牙航海家则给关岛的原住民起名为"查姆勒人"(Chamurres),这个名字源自当地的上层社会种姓。后来,他们才被称作"查莫罗人",这个词在旧西班牙语中意为"秃顶",在葡萄牙语中则表示"胡子刮得很干净",所以这个词很可能是因为查莫罗族男人有剃头的习惯而被创造出来的。时至今日,人种学家仍然搞不清楚关岛和其他上千个岛屿的原住民来自何方。

三四千年前,来自东南亚的移民逐渐向太平洋地区迁徙,定居在我们今天所说的美拉尼西亚群岛①和波利尼西亚群岛。这些移民乘坐的可能是轻巧的小船，与接近麦哲伦舰队的带舷外桨架的小艇相类似。如今的查莫罗人是马来西亚人、印度尼西亚人、菲律宾人、墨西哥人和西班牙人的混血，他们所说的语言是独特的查莫罗语。至于麦哲伦在1521年那天早上遇到的原始部落，是否是如今该地区居民的直系祖先，这一问题仍存在争议。

发现陆地四小时后，摩鹿加舰队被前来欢迎他们的快速帆船包围。在查莫罗人的指引下，舰队进入一片蓝绿色的环礁湖，那里的海水特别温暖，清澈见底。舰队接近环礁湖时，船员们看到了沙滩、岩石峭壁和草木丛生的陡峭山坡。犹如天堂的山坡上有泉水、河流，还有瀑布，到处郁郁葱葱。

对于在海上漂流了太长时间的船员们来说，一切都是那么新鲜。一想到自己快要解脱，船员们竟然有点紧张不安。他们既欢欣鼓舞，又保持警觉。他们与原住民来自不同的社会，在此之前完全不知道对方的存在，而现在，他们接触的时刻终于来了。

起初，有好几百名查莫罗人乘坐便于操作的小划艇环绕舰队。"他们毫无畏惧，随意爬上我们的船。船上到处都是他们的人，尤其是在旗舰上。有些船员要求舰队总指挥把他们赶出去。"德·马弗拉说道。查莫罗人比这些欧洲人高，身体也强壮许多。他们爬上旗舰，抢走一切能抢的东西，包括索具、陶器、武器和所有铁器，身体虚弱的船员只能请求麦哲伦驱逐查莫罗人。

终于，有一名船员鼓起勇气反击。"为了一件小事，旗舰水手长扇了一名印度人一巴掌，印度人也反手给了他一巴掌。水手长觉得

---

① 美拉尼西亚，太平洋三大岛群之一（其余为密克罗尼西亚和波利尼西亚），美拉尼西亚位于180°经线以西，赤道和南回归线之间的西南太平洋。西北—东南延伸4 500多千米。

自己被羞辱了,他从腰间抽出一把大砍刀,砍了印度人一刀。"说到这里,德·马弗拉已经把这些查莫罗人称为"一群暴民"。看到对方开始动手,那些不速之客马上从船上跳了下去。"回到自己粗制滥造的小船之后,他们就开始用棍棒跟我们打斗,因为他们手里没有其他武器。有些印度人中箭负伤,但他们人数众多,伤了我们几名船员。"

混乱中,第二批查莫罗人乘坐快速帆船掠过蔚蓝的海面,给饥饿的船员送来食物,舰队大吃一惊。船员吃完食物后,查莫罗人再次拿起棍棒开始打斗,这次打得更加凶狠。

德·马弗拉描述了麦哲伦是如何在千钧一发之际化解这场灾难的:"麦哲伦看到对方人数不断增加,于是命令船员停止射箭。印度人也停了下来,战斗突然中止了,他们又像之前那样售卖食物。这些食物无外乎岛上盛产的椰子和鱼,船员用他们在卡斯提尔买的玻璃珠跟印度人交换它们。"

事实证明,麦哲伦表现出来的克制态度是正确的。摩鹿加舰队与几十艘快速帆船之间的初次相遇比较温和,却具有历史意义。它是欧洲殖民主义者在探险过程中制造冲突的缩影,从最初的天真好奇到困惑、害怕和流血事件,所有一切都与商业活动相伴相生。

如果事情以这种和谐的节奏结束就好了。尽管查莫罗人乐于向船员们提供食物,但他们不了解欧洲人的贸易和所有权观念,所以不知道舰船上有一些事情是不允许做的。皮加费塔在日记中写道:"当我们降下风帆并上岸的时候,他们偷走了搭靠在旗舰舰尾的小划艇。"从皮加费塔的描述判断,查莫罗人偷走了麦哲伦自用的小划艇,这种掠夺行为只能解读为对麦哲伦本人的一种侮辱。

按照皮加费塔的说法,"恼羞成怒"的麦哲伦第二天便展开了报复措施,因为他绝对不会让盗贼们偷走他的私人小艇。他命令40名船员乘坐剩余两艘大划艇登陆。船员们全力以赴地划着长艇通过礁石附近的泡沫到达岸边，这是欧洲人首次登陆有人居住的太平洋岛屿。然后，他们开始四处闹事。

"愤怒的舰队总指挥带着40名全副武装的船员冲上岸，他们烧掉四五十间房子和很多船只，并且杀了7名查莫罗人。"皮加费塔只陈述事实，未作任何评论。留在船上的很多船员被坏血病折磨得奄奄一息，已经濒临死亡，他们看到登陆小分队带着被杀死的查莫罗人的内脏器官回来，便哀求对方把这些器官留给他们，因为他们认为这些器官可以治疗坏血病。船员们为了治病居然愿意吃人肉，由此可见他们已经绝望到了何种地步。

在船员们烧杀抢掠的过程中，查莫罗人惊得目瞪口呆，未做任何抵抗。船员们没有开枪，但他们的十字弩杀伤力很大。"我们用箭射伤了很多原住民，箭头深入他们体内，"皮加费塔写道，"他们惊讶地看着箭，然后把它拔了出来，随即就死了。还有些人胸部中箭，他们把箭头拔出来后也死了。我们不禁为之动容。"大屠杀结束后，麦哲伦"找回了自己的小艇，我们也立刻沿原路返回"。

尽管皮加费塔只提到一支疯狂的突击队，但在接下来的几天里，他在岸上用了很长时间去深入思考和记录他对查莫罗社会的印象。"这些人生活得自由自在，随心所欲。"他写道。显然，他对查莫罗族缺乏明确的社会秩序忧心忡忡。

与麦哲伦一样，皮加费塔喜欢等级分明、专制的社会，生活于其中的人对国王和教会的忠诚至关重要。麦哲伦虽然经历过数次下属叛乱，却一直努力捍卫舰队的社会秩序并维护他在叛乱者心目中至高无上的地位。让他们惊讶的是，在太平洋这片辽阔的大海上，居然有一个遵循不同社会规则，甚至没有社会规则的部落。查莫罗社会似乎是扁平化的，没有等级之分，麦哲伦甚至不知道他们的首领是谁。多年以后，来到这个岛屿的西班牙探险家才发现，查莫罗社会的架构其实是非常错综复杂和微妙的。它是一个母系社会，并且极其崇拜祖先。在麦哲伦看来，查莫罗族的男人很不友好，但是他们的好斗基本上是仪式性的，只会在战争中表现出来。

皮加费塔被查莫罗族的习俗所吸引，他从人种学层面记录了查莫罗人的一些生活细节："他们有些人蓄着胡子，头发长及腰部。他们都戴着……棕榈叶做成的小帽子。这些人身高和我们差不多，身材匀称……刚出生的时候，他们的皮肤是白色的，后来变成了棕褐色，牙齿则变成红黑色。"

查莫罗人的牙齿变色是经常咀嚼槟榔果所致，他们把这种果实称为"普瓜"（pugua）或"麻毛安"（mama'on），它长在很像椰子树的槟榔树上。查莫罗人嚼槟榔果的时候经常和着槟榔叶，他们把这种尝起来很新鲜、有辛辣味的叶子叫作"普普鲁"（pupulu）。生活在岛上的查莫罗人喜欢吃一种叫作"乌甘姆"（ugam）的槟榔品种，其果实坚硬，呈颗粒状且略带红色。这种槟榔相当于他们的口香糖、烟草和令人垂涎的传统特产。

自从舰队三个月前离开海峡之后，船员们还是头一回见到女人。在他们看来，查莫罗女人充满魅力。"这些女人同样赤身裸体，"皮加费塔用愉快的口吻说道，"但有时候，她们会用一块像纸张那样薄的树皮盖住私处。她们娇小可人，肤色比男人白得多。头发又黑又长，顺滑飘逸，几乎拖到地上。她们不下地干活，也不出家门半步，就待在家里用棕榈叶做衣服和篮子。"

总是充满好奇心的皮加费塔还描述了查莫罗人房子的内部情况以及他们家庭生活的片段，我们由此可以看出船员们可能在岸上过夜了，而且欧洲人与查莫罗人可能喜欢一种更加愉快的见面方式，而不是初次见面时那种你死我活的搏斗。"他们的房子用木头盖成，长度为 2 埃尔①，房顶铺木板和无花果叶。房子只有一层楼，房间和床都铺着垫子，我们把它称为席子。这种席子由棕榈叶编成，非常精美，通常铺在柔软纤细的棕榈草上面。"

参观查莫罗部落期间，皮加费塔还仔细查看了查莫罗人最先进的工具，即机动性很高的快速帆船。他特别留意了船上具有独创性的平衡配重物："有些配重物是黑色和白色的，还有些是红色的。船帆是用棕榈叶缝制的，就像三角帆那样挂在舵柄右边，帆的一边有一根指向顶端的圆木。船身还配置了像铲子一样的桨叶，估计是舵桨。这些船没有船头和船尾之分，它们就像在浪涛中间跳跃的海豚。"

皮加费塔甚至画了一幅粗略的草图，两名桨手面对面坐在一艘小帆船里，船中间竖着一根桅杆，桅杆上挂着一面三角帆。最为引人注目的是，用来平衡船身的配重物是朝看图者方向凸出来的。但很奇怪，皮加费塔（或其他为他画这些草图的人）把查莫罗人描绘成披着风兜帽、穿着长袍的海上勇士，可这种装扮显然是欧洲人的衣着打扮。实际上，查莫罗人是赤身裸体的，或者近乎全裸。

船员们惊讶地发现，查莫罗人几乎没什么武器。他们最危险的工具就是一根棍子，棍头上绑一根鱼骨，但它不是用来打仗的，而是用来捕捉飞鱼的。此刻船员们才知道，舰队与查莫罗人的初次相遇也许是一场充满悲剧色彩的误会。

皮加费塔跟之前接触印第安巨人一样试着与查莫罗人交流，他认为查莫罗人在看到舰队时只是觉得惊讶，并没有其他想法。"从他们做的手势看，"他写道，查莫罗人以为"这世界除了他们，就没有别的人了"。假如皮加费塔所言不虚，那么摩鹿加舰队的到来无疑扰乱了一个孤岛的社会秩序，所以查莫罗人作出充满敌意的回应也是情有可原的。查莫罗人对于"特立尼达号"船尾小艇的迷恋也是出

---

① 旧时量布的长度单位。

于同样的原因。这艘艇跟他们的独木舟很像。

此外，查莫罗人根本没有私有财产的概念，所以他们觉得新来者的私人物品是属于所有人的，因此他们也很乐于跟快饿死的入侵者分享他们的食物和补给品。

尽管如此，皮加费塔和麦哲伦还是认定查莫罗人偷东西是一种大错，麦哲伦还因此给这个小岛和附近其他两个小岛取名为"盗贼之岛"（Islas de los Ladrones）。

也许"分享之岛"才是更为贴切的名字。

1521年3月9日，舰队离开小岛，查莫罗人愤怒无比。可能他们觉得这种不辞而别是一种侮辱或背叛，于是一百多艘快速帆船追到海上。皮加费塔写道："他们靠近我们的船只，手里拿着鱼，起初假装要送给我们，紧接着突然向我们扔石头，然后逃之夭夭。逃跑的时候，他们从满帆航行的舰船和系在船尾的小艇中间穿过，他们速度很快，且技艺娴熟，实在是太神了。"

当麦哲伦带领着虚弱不堪的船员离开港口时，他们看到了自己对查莫罗部落实施暴力侵害的后果。皮加费塔在日记中写道："我们看到一些查莫罗女人号啕大哭，并撕扯着自己的头发。我觉得，她们是为了那些被我们杀死的查莫罗男人才这样做的。"

舰队获得了大量水果和蔬菜，那些受坏血病折磨的船员很快就能恢复健康。尽管如此，有一个人还是病入膏肓。作为舰队唯一一名英国籍成员，来自布里斯托的船员安德鲁因病重不治去世，他的尸体与其他病死的同伴一样被葬入大海。安德鲁曾担任过舰队的炮手长，去世后，他的职位立刻被挪威人汉斯·卑尔根（Hans Bergen）所取代。摩鹿加舰队再次盲目进入广阔的西太平洋海域，根本不知道如何才能抵达香料群岛。

假如麦哲伦在查莫罗部落多逗留一段时间，也许他就能学会如何横渡太平洋。与其他岛屿部落一样，查莫罗人掌握了远距离识别陆地的技能。他们很善于通过判断潮水来保持航向，还懂得区分由大风激起的潮水和那些距离很宽的常规潮汐，前者具有迷惑性，而后者有助于确定船只的前进方向。

另外，因为潮水往往会从岛屿反弹回来，甚至会沿着岛屿做曲线运动，所以潮水中暗藏的这些线索能够帮助人们判断远方岛屿的位置。经验丰富的航海家通过研究潮水的运动模式，可以合理推测出不同岛屿的距离和方位。

岛屿部落还懂得从海鸟身上寻找陆地的迹象。在海面上捕食一整天后，海鸟会飞回自己的鸟巢。只要在傍晚时分追踪海鸟的飞行路线，岛屿航海家们就能找到陆地。

他们也研究云朵。太平洋上的岛屿因地势较高而阻断信风，导致大量雾霭和水汽积聚在陆地上。麦哲伦的瞭望员第一眼看到陆地的时候，因为雾霭和水汽笼罩岛屿，所以无法将关岛和周围的云朵区分开来。即使是云层的底部也会透露一些重要信息，因为它们能够折射出云层下方海洋的颜色。假如云层下方稍带点翡翠色，那它底下很可能就是覆盖着珊瑚礁或暗礁的淡绿色浅水水域。

他们还注意到岛屿的分布位置存在一种模式。它们其实是一串散布于海上的长长的列岛。只要找到其中一个岛屿，查莫罗人就大致知道去哪里寻找其他岛屿。

在天文航海方面，岛屿部落采用一种与欧洲人截然不同的体系。他们不依赖仪表仪器，而是发明了一种名为"星盘"的概念，即根据恒星和星座升起及落下的位置在无垠与千篇一律的地平面确定方位。岛屿航海家靠这种思维产物把地平面分为32个方向，就像欧洲人的罗经方位一样，只是"星盘"以恒星和星座来命名方向而非东、南、西、北。跟欧洲天文航海体系不同的是，这32个区域会随着星体的移动而变化，所以它们的方位不是固定的。

此外，岛屿航海家假定其快速帆船静止不动，而地上和天空中的物体是移动的，也就是说他们的参照物是船只，而不是陆标或星星。这种习俗也许起源于水手们经常因惯性而产生的一种幻觉，即他们的船似乎是静止不动的，而陆标不断从身边滑过。岛屿部落的水手往往会说一座岛屿落在船尾，仿佛岛屿本身在移动似的。

在麦哲伦遇到过的无文字社会中，岛屿部落的航海体系毫不逊色于欧洲的航海体系，后者漏洞百出而且仍然缺乏准确测定经度的能力。

菲律宾"史前史"：与中国的海上外交与贸易

麦哲伦设定了西行航线，深入太平洋中无人涉足的海域，继续寻找摩鹿加群岛。刚刚恢复元气的舰队在接下来的一周遇到顺风，速度高达七八节，这已经是它的最高航速了。舰队现在的情况实在妙不可言。

1521年3月16日，一名瞭望员看到前方有一座很大的岛屿，岛上群山连绵，非常雄伟壮观。

事实上，舰队现在已经到达了菲律宾群岛东端。菲律宾位于日本的正南方、婆罗洲北方，由3 000多个岛屿组成，绝大多数岛屿面积不足1平方英里。如今，菲律宾群岛最大的两个岛屿被称为吕宋岛和棉兰老岛，麦哲伦的瞭望员看到的是其第三大岛屿萨马岛（Samar）。麦哲伦感觉自己正在接近香料群岛，但不知道距离有多近。

随着麦哲伦的到来，关于菲律宾历史的叙述也于1521年拉开了序幕。早在几百年前，这些岛屿已被中国和阿拉伯商人所熟知。他们有着高超的航海技巧，不费吹灰之力便可来往于群岛之间，并与当地原住民部落共同发展出复杂的贸易网络。

考古学证据表明，亚洲大陆与菲律宾群岛的贸易活动早在公元1 000年就已经得到了高度发展。中国的帆船很有特色，它用条板固定住三面高大、轻盈的风帆。在菲律宾群岛，只要一看到这种熟悉的中式帆船出现，当地居民便欢呼雀跃。菲律宾群岛商业的繁荣使岛民脱离了孤立状态，因为亚洲文化的影响力（尤其是文字）随着货物延伸到世界各地，包括菲律宾。麦哲伦到达菲律宾群岛时，居住在海洋和内陆航道附近的菲律宾人早就会读书识字了。

1405—1433年，宝船舰队成为南太平洋和印度洋的"主宰者"，此时中国对菲律宾的商业探索达到巅峰。这些巨大的船只甚至远航至非洲东岸，为中国皇帝搜集奇珍异宝和贡品。它们的航行路程是哥伦布舰队的八九倍，麦哲伦舰队的五六倍。仅以规模而言，在19世纪英国海军横空出世之前，宝船舰队一直都是无可匹敌的。

尽管宝船舰队在当时的世界贸易中起着举足轻重和独一无二的作用，但即使到了今天，它在西方仍然鲜为人知。从诸多方面而言，宝船舰队完全是一个人的杰作，这个人就是郑和。他的成就足以媲美哥伦布和麦哲伦的功绩，甚至在某些地方超越了他们。

1381年，中国明朝的军队夺取了元朝残余军队控制的云南，并俘虏了一位名叫马和的小男孩，他的父亲是一名虔诚的伊斯兰教徒。在13岁这年，他和其他青年囚犯一起接受了阉刑，而将战俘阉割之后充作太监的做法在当时的中国很常见。明朝时期，为了在宫中谋得一官半职，民间流行起了自宫，当太监是一项令人垂涎的肥差，皇宫中的宦官甚至达到数万名之多。朝廷只能颁布禁令，禁止百姓自宫，以阻止这种现象的蔓延。之后，马和被指派到朱元璋第四子朱棣府中当太监。在尔虞我诈的王府里，马和因其出色的军事才能和外交手段节节高升。

再后来，成为皇帝的朱棣给这名忠诚能干的太监改名为郑和，从此郑和开始在鼎盛时期的明朝扮演重要角色。他身材魁梧，身高足足有7英尺。与他身材和地位相匹配的是坚强的性格。据说，他"剑眉虎额"，面部"如橘皮般粗糙不平"。

郑和是朱棣麾下的得力助手。自1402年朱棣登基后，郑和的地位更是如日中天，因为朱棣将治国大权交给了包括郑和在内的帮助他夺得帝位的宦官。肃清内敌后，朱棣决定起一个合适的年号，于是选择了"永乐"，取其"永得其乐"之意。为了建立一个全球性商业帝国，朱棣任命郑和为钦差总兵太监，负责执行一项雄心勃勃、从某种意义上说相当不符合中国人性格的任务，即组建和领导一支探索各大洋的宝船舰队。

郑和的工作包括监督南京巨型造船厂的日常运营；种植数千棵树木，为船厂提供造船木材；以及建立一所学校，培养外语翻译。很快，郑和便组建起一支由1 500艘木船组成的舰队，人类历史上最大的风帆动力船也在其中。这些船极尽奢华，有很大的客舱、黄金制成的配件、青铜大炮及丝绸摆件。舱壁的设计灵感源自竹茎内腔，可以防水，极大地提升了船只的海上适航性。几百年后，西方船只才借鉴了这一技术。

1405年，宝船舰队开始在南京的长江沿岸集合，为史诗般的首次远航做准备。舰队由27 800名船员组成，大大超过摩鹿加舰队的260人。有些船巨大无比，长度达到500英尺，每艘大船承载将近1 000名船员。其他船中，一些仅负责运送马匹，一些则运送淡水、保护舰队的士兵及武器，一些运送食物，以免船员们在遥远的海岸没有东西可以吃，还有一些则负责运送大桶泥土。舰队将用这些泥土种植水果和蔬菜，其可能的目的是防止船员患上坏血病。

与摩鹿加舰队不同的是，宝船舰队并不征服或夺取远方的土地。尽管中国人有一种文化优越感，认为本国文化优于外部世界，但他们没兴趣建立一个殖民帝国或军事帝国。相反，他们的目标是与国界之外的"蛮夷"建立贸易和外交关系，并开展科学研究。中国人特有的探险理念清楚地体现在一块石碑上。据说这块石碑由朱棣本人亲笔题词，写于宝船舰队活动的巅峰期，其内容如下：

> 仰维皇考太祖高皇帝，肇域四海，幅员之广，际天所覆，极地所载，咸入版章。怀柔神人，幽明循职，各得其序。朕承鸿基，勉绍先志，罔敢怠忽，抚辑内外，悉俾生遂，夙夜竞惕，唯恐弗逮。恒遣使敷宣教化于海外诸番国，导以礼义，变其夷习。

在海上，宝船舰队各船之间通过一套旗语和灯语保持联络，这与麦哲伦所采用的技术相类似。他们还用铃铛、铜锣甚至信鸽作为沟通工具，靠燃烧标有刻度的香柱测算时间，并借助罗盘确定方位。中国的领航员还使用一种叫"牵星板"的测量工具来确定纬度，这种工具将南十字星作为参照点。

此外，郑和携带了一张 21 英尺长的航海图，每航行一段时间，他就拿出图逐段查看。与 100 年后西班牙和葡萄牙航海家所使用的"波多兰"航海图一样，郑和的航海图上绘有陆标、罗盘方位以及从某个地点航行到另一个地点的详细指示。宝船舰队的领航员还要学习依靠星辰操控船只，并借助星座分布图补充自己的航海图。与西方常用的星座图不同，中国的星座图所使用的最大参照点是南十字星和织女星。

遭遇恶劣天气时，中国船员会向妈祖娘娘祈祷，希望自己不被淹死，这种做法与麦哲伦的船员如出一辙。摆脱狂风暴雨之后，麦哲伦旗舰桅杆上方会出现代表救赎的圣艾尔摩之火，郑和的舰队也出现过同样现象。而且与麦哲伦的船员一样，中国船员也认为那幽灵般的亮光意味着上天在保佑他们的指挥官。

宝船舰队的首个重要目的地是印度西南沿海城市卡利卡特①(Calicut)。早在 800 年前，中国的探险家就经由陆路来到这座城市。宝船舰队来到这座城市之后，卡利卡特的统治者大献殷勤，向郑和奉上丰富的礼物，包括金丝腰带、珍珠和宝石。

在卡利卡特逗留期间，宝船舰队的船员听说了一个与众不同的传说，其主角是摩西、亚伦和一头金牛犊。记录这个神秘传说的人是宝船舰队的书记官马欢，其职责近似于皮加费塔。他在见闻录中写道，

> 昔有一圣人名某些，立教化，人人知其是真天人，皆钦从。以后圣人因往他所，昔有一圣人名某些立教化，人人知其是真天人，皆钦从，以後圣人同往他所，令其弟名撒没嚟掌管教人。其弟心起矫妄，铸一金犊，曰："此是圣主，凡叩之则有灵验。"教人听命崇敬。其金牛日常粪金，人得金，心爱而忘天道，皆以牛为真主。后某些圣人回还，见众人被弟撒撒没嚟惑坏圣道坏圣道，遂废其牛，而欲罪其弟，其弟骑一大象遁去。

这个传说显然对《圣经》中关于摩西和亚伦的故事进行了修改，

---

① 卡利卡特，在中国古籍中被称为古里，是印度南部喀拉拉邦第三大城市，为昔日的马拉巴尔地区的一部分。

但当时的中国人并不知道它的真正起源。他们以为这故事来自印度，因为他们是在那里第一次听到了这个故事。

宝船舰队第一次完成西洋之行后，回到中国的郑和被视为民族英雄。他很快便开始筹划第二次航行，但当舰队二下西洋时，郑和留在了中国。直到三下西洋，他才指挥一支由38艘舰船和3万名船员组成的舰队再度出海。为未来的航行考虑，他们在所到之处建立了贸易站点和仓库。

随后，舰队又完成了另外3次航行，每次持续2年左右。通过这几次远航，宝船舰队建立并维护着世界上第一个国际海上贸易网络。他们沿着非洲海岸线一路南下，到达莫桑比克、波斯湾以及东南亚和印度的其他地方。描述海上探险的吸引力和浪漫情怀的文字在中华大地到处流传："观夫海洋，洪涛接天，巨浪如山，"郑和写道，"视诸夷域，迥隔于烟霞缥缈之间。而我之云帆高张，昼夜星驰，涉彼狂澜，若履通衢。"

1424年，朱棣去世。这位帝王生前生活奢侈，葬礼也极尽奢华，送葬者达上万人。下葬当天有16名妃嫔陪葬，这些不幸的女人要么被吊死，要么奉命自杀。她们的陵墓周围有长达1英里的石雕像，上面描绘着士兵、野兽和官员的图案。朱棣长子朱高炽取消了宝船舰队未来的所有航行计划。

与明朝其他统治者一样，朱高炽处于两难境地。一方面，儒家传统的追随者力劝他内省，不与外国人进行贸易；另一方面，宦官集团鼓励皇帝开展国际贸易，使国家更加富足。朱高炽最终站在儒家思想这边，而曾经一人之下、万人之上的钦差总兵郑和只能奉旨回到南京。随着造船工作戛然而止，3万名工匠曾经辛苦劳作的南京大造船厂也归于平静。

倘若朱高炽没死的话，宝船舰队的使命也许会就此结束。但几年后，朱高炽驾崩，他26岁的儿子，即朱棣的孙子明宣宗开始重用宦官，于是宝船舰队又恢复了昔日的荣耀。

1431年，第七次下西洋的宝船舰队由300艘帆船和27 500名船员组成，此次郑和的使命是恢复明朝与满剌加国和暹罗国之间的和平关系。完成这项使命后，舰队的部分船只继续前行，可能到达了澳大利亚北部，从澳大利亚出土的中国古代器物和澳大利亚原住民的口述便是明证。此次引人注目的航行也是宝船舰队的最后一次西洋之行，而这项事业的发起人郑和也在回国途中去世。

明宣宗解散了宝船舰队，关闭了南京造船厂，并烧毁了关于舰队所获成就的相关档案。中国的科学技术，尤其是与航海探险相关的科技就此开始衰败。1500年，朝廷颁布圣旨，禁止两根桅杆以上的船只出海，违者死罪。1525年，朝廷开始销毁宝船舰队的大型船只。在儒家思想的指引下，明朝放弃由宝船舰队建立的巨大跨洋贸易帝国，选择闭关锁国，不再进行海洋探险活动。

郑和七下西洋，表明中国曾经是世界上最强大的国家，倘若西班牙和葡萄牙知道这个海上帝国的影响力触及何方，它们也会满怀敬畏、羡慕不已。欧洲人不曾听说过宝船舰队的鼎鼎大名，葡萄牙和西班牙航海家所到之处恰恰是中国留下的势力真空。葡萄牙和西班牙航海探险是为了寻找财富，这一点与中国相似。但与中国完全不同的是，葡萄牙和西班牙会为争夺领土，抢占商业、政治利益，以及获得更多宗教信众而彼此大打出手。

在复杂使命的驱使下，欧洲人进入中国人曾经为了追求商业利益而到过的地方。1498年，瓦斯科·达伽马及其船员在机缘巧合之下发现了中国人曾到过东非的证据：东非原住民戴着绿色丝帽，并以流苏装饰帽沿。此外他们还经常谈起穿着丝绸衣服的白人，如幽灵般来去无踪。这是一段关于宝船舰队的遥远记忆，证明它早在80

年前就拜访过东非海岸。1521年，麦哲伦率领摩鹿加舰队到达菲律宾群岛，宣称其为西班牙领土，而当年的中国人却放弃了这片土地。与其他欧洲人一样，麦哲伦并不了解宝船舰队，但他和船员们却不断发现大明帝国遗留在菲律宾群岛的物件，包括丝绸、瓷器、书法和复杂的衡器等，可以说到处都有中国人到过这里的证明。

中国人的海上外交和贸易尝试只持续了一代人的时间，贪婪又敢于冒险的欧洲人却将自己的印记深刻地留在了太平洋的岛屿上。麦哲伦抵达菲律宾群岛时，中国的力量已经迅速减弱，甚至连摩鹿加舰队这种规模的船队也能取代他们对该地区造成巨大影响。中国的航海时代已经结束，而西班牙的殖民时代才刚刚开始。

麦哲伦的国王盟友

欧洲人的地图没有标示出散乱分布于太平洋海面的菲律宾群岛，无论是麦哲伦还是他的船员，都不知道眼前的岛屿从何而来。麦哲伦率领船只准备接近萨马岛，在距离海岸一二英里的时候，他看到的只有孤悬海面的无情悬崖，找不到可以安全停靠的港口。于是他再次改变航向，前往面积极小的苏卢安岛（Suluan），然后在那里抛锚休息几小时。

那天正好是四旬斋期间的第五个周日，就要到复活节了。四旬斋是纪念拉撒路（Lazarus）的节日，而拉撒路是《圣经》中起死回生的人物。船员们战胜了疾病，恢复了体力并坚持航行到现在，这恰好与他的经历相似。麦哲伦决定给这片群岛起名为"拉撒路"。22年后，另一位欧洲探险家鲁伊·洛佩斯·德·维拉罗波斯（Ruy Lopez de Villalobos）来到这里，将其命名为"菲律宾群岛"，以纪念西班牙菲利普国王。

麦哲伦的第二个登陆地点是霍蒙洪岛（Homonhon Island），该岛的自然环境比萨马岛要好得多。麦哲伦终于松了口气，命令船队抛锚上岸。他带领船员们来到的地方有稠密的雨林和棕榈树，还有取之不尽的淡水，堪称海上乐土。

他们马上原地搭起帐篷，以作临时容身之处。终于摆脱了货舱的恶臭味，他们不仅呼吸着夹杂了棕榈树香气的新鲜空气，还能闻到湿润沙子和腐烂植物的气息。他们宰了一头在关岛买的母猪，用一顿大餐犒劳自己。大家都吃得很饱，这些长期经受苦难的船员终于心满意足了。

1521年3月18日，周一，他们发现了一艘船从苏卢安岛方向驶来，船上载着9个人。这将是他们在太平洋上第二次遭遇原住民，麦哲伦权衡利弊，决定让船员们准备好武器。与此同时，他也准备了自己的糖衣炮弹：闪闪发亮的小饰物。假如这些原住民表现友好的话，他就把这些礼物送给他们。

这一次，麦哲伦有足够的信心应对这种局面。皮加费塔写道：

> 舰队总指挥下令，没有他的允许，任何人不得采取行动或乱说话。那些人下船后，其中一名衣着华丽的原住民立刻走向总指挥，用手势表示他很欢迎我们的到来。然后，五名服饰同样华丽的原住民留下来和我们待在一起，其他留在船上的当地人则去接那些捕鱼的同伴，再与岸上的人会合。
>
> 舰队总指挥觉得他们挺友好的，于是命令船员用食物和红酒招待他们，并且拿出红帽子、镜子、梳子、铃铛……和其他小饰品送给他们。看到总指挥如此慷慨，对方也送给他刚捕来的鱼、一罐他们称之为"弗拉卡"（vraca）的棕榈酒和两只椰子。他们还送了舰队总指挥两种无花果（其实是香蕉），

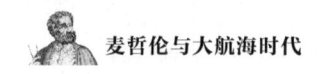

一种足足有一英尺长，另一种个头较小、但味道更好……他们打手势说，四天后，他们会给我们带来大米、椰子和其他各类食物。

也许他们终于找到了天堂，或者至少可以在那里休息一段时间，等待来年再继续探险之旅。有些患坏血病的船员仍未痊愈，麦哲伦让他们每天都喝慷慨的菲律宾人所赠送的椰奶。

与此同时，皮加费塔对菲律宾人的棕榈酒酿造法颇感兴趣："他们从棕榈树顶割一条缝隙，一直割到树的正中心……这时一股液体就会顺着树干流下来……这液体带有淡淡的甜味。然后，他们拿来一根粗如人腿的竹竿，把它绑在树上，于是汁液便日夜不停地顺着竹竿一点点流下来。"

皮加费塔可能喝了很多菲律宾棕榈酒才了解了椰子。他对于这种水果的诸多用途感到惊讶："棕榈树结的果实叫'椰子'，大小和我们的脑袋差不多。它的第一层外壳是绿色的，大约有两指厚，里面有某种纤维，可以用来制作绑船只的绳索。在这层外壳下面还有一层壳，它比坚果的壳更硬、更厚……第二层外壳下面是白色的椰肉，约有一指厚。当地居民喜欢用椰肉和着鱼跟肉一起吃，而我们喜欢将它拌着面包吃，这样尝起来有杏仁的味道……椰肉里面包裹着清甜的椰汁，喝起来非常清爽提神，有股苹果的味道。"

菲律宾人教船员们用椰子制作椰奶，"我们还亲自实践了一番"。他们把椰肉从椰壳上撬下来，与椰汁混合在一起，再用布把混合物过滤好。皮加费塔说，过滤出来的汁液"就像羊奶一样"。椰子的多种用途给皮加费塔留下了深刻印象，他略带夸张地说，两棵椰子树就足以让一家10口人活100年。

如田园诗般的生活持续了一周。在这期间，船员们每天都有新发现，与好客的菲律宾人的关系也变得愈发亲密。"这些居民与我们相处得很融洽，我们结下了深厚的友谊，他们用自己的语言教我们学会了几样东西，还告诉我们眼前这座小岛的名字，"皮加费塔写道，"我们很乐意和他们交流，因为他们总是很欢快，而且非常健谈。"可是，当麦哲伦邀请这些菲律宾人登上"特立尼达号"时，这段惬意的时光差点戛然而止。他显然觉得菲律宾人不会偷他的东西，于是鲁莽地向客人们展示"船上所有商品，包括丁香、肉桂皮、胡椒粉、胡桃、肉豆蔻、生姜和肉豆蔻干皮"。

不过麦哲伦对他们的信任得到了丰厚回报：菲律宾人似乎认得这些奇特而珍贵的香料，并尝试着向麦哲伦说明他们在哪里种这些香料，这是首次有迹象表明舰队正在接近香料群岛。我们不难想象麦哲伦对此做出何种反应，也许他真的会到达摩鹿加群岛。

然后，麦哲伦做了一件自认为向客人示好的事情。他命枪手朝天开了一枪，巨大的响声打破了宁静，在霍蒙洪群山间回荡。菲律宾人被吓得魂不附体，担心自己性命不保，"想从船上跳到海里"。也许麦哲伦是热情过头，才做出这样失礼的举动。又或者，他只是想用威力强大的武器给这些毫无防备的岛民留下深刻印象。

对于一个与世无争、帮助和保护过麦哲伦的部落而言，以这样的方式展示武力，最低限度也是一种残忍的恶作剧。麦哲伦立刻安慰受惊的菲律宾人，并好言相劝，请他们继续留在船上。与此同时，他也注意到，只要他觉得有必要使用武器，菲律宾人绝对会被震慑住。

摩鹿加舰队在霍蒙洪逗留了一周时间。1521年3月25日，周一，天上飘着毛毛细雨，麦哲伦命令舰队起锚。三艘黑色帆船驶出港口，准备往西南偏西方向前进，继续深入菲律宾的岛屿，直指摩鹿加群岛。就在这个当口，皮加费塔罕见地犯了个错误。后来，他在日记中写道：

> 当时我想到船边钓鱼，于是踩着桅杆往储藏室方向走去。由于下雨，桅杆被打湿，我因此突然滑倒，整个人掉下船去，而周围没人看到这一幕。就在我差点掉进海里的那一刻，左手恰好抓住了吊在水里的主帆拉帆索。我紧紧地抓住它，大喊救命。一艘小船过来救了我。我相信，拯救我的并非自身的美德，而是上天的怜悯。

他所说的上天指的是圣母玛利亚。假如皮加费塔当时没有获救，就会当场淹死，或者被菲律宾人救起来，下半辈子在菲律宾度过。如果真是这样的话，他就无法向我们讲述那些不可思议的故事了。

第二天晚上，船员们发现一个岛上发出暗红色的微光，那无疑就是篝火。他们知道，岛上肯定有人居住。到了早上，麦哲伦决定冒险去打探一番，当他们接近小岛时，一艘小船又驶过来迎接他们。如今舰队已经相当熟悉这一幕了，但眼前的这艘船载着八名战士，船员们不知道他们有何意图。

让麦哲伦感到惊讶的是，他的奴隶恩里克用马来语对他们讲话，而他们似乎听懂了恩里克的话，并用同样的语言回话。没人知道恩里克为什么能与这些岛民对话，甚至连麦哲伦也不知道原因。其实只要研究一下恩里克的背景，我们就能找到一些重要线索。

十年前，麦哲伦在马六甲买下恩里克并给他行了洗礼。从那以后，恩里克一直追随主人横跨非洲和欧洲。恩里克可能出生在这些岛屿中的某个地方，年少时被奴隶贩子从苏门答腊岛掳走并卖到马六甲的奴隶市场，然后卖给麦哲伦。果真如此的话，就不难理解他为何懂马来语了。

此外，这个推测也意味着恩里克其实是第一个环游世界后回到故乡的人。原住民们"靠近船边，却不愿上船，并且始终保持一定距离",麦哲伦想用"一顶红帽和绑在一块木头上的其他物品"引诱他们过来,可他们还是不肯再靠近。

最终,麦哲伦把他的礼物放在一块木板上,推向小船。原住民们兴高采烈地拿起礼物,划船回到岸上。麦哲伦推测,他们肯定在岸上向酋长炫耀自己的战利品。皮加费塔的日记记录道:

> 大约两小时后,我们看到两艘本地的"巴朗海"船(Balanghai)[①]朝我们驶来。这些船很大……上面全是人,国王坐在其中最大的一艘船上,头顶上还有遮阳篷。当国王的船靠近旗舰时,恩里克便开始跟他对话。国王听懂了他所说的话,因为在那片区域,国王本来就比其他人懂得更多语言。他命令几名手下登上我们的船,但他却一直留在自己的船上,与旗舰保持一段距离,直至手下返回。他们刚回去,他就离开了。

麦哲伦想表现得像一个仁慈谦和的访客,但在这位慷慨大方的国王面前,他完全被比了下去,因为国王给了他"一大根金条和一篮生姜"。麦哲伦态度坚定地婉拒了这份贡品,但他还是和颜悦色地告诉这些原住民,他想在晚上把船停泊在国王茅屋附近,以作为舰队拥戴国王的象征。摩鹿加舰队曾在里约热内卢有过愉快的短暂停留,从那以后,他们多次遭遇原住民,而这次相遇可谓是最和平、最成功的一次。一位愿意给予黄金和生姜的国王也许还有其他资源,甚至可能给船员们提供女人,但经验告诉麦哲伦,原住民的开放姿态具有欺骗性,其背后可能潜伏着巨大危险。

[①] 一种约18米长的大船,在前哥伦布时代是居住在菲律宾群岛的马来人经常使用的船只,它能运载一个部落或一个大家庭。

第二天，也就是 1521 年的耶稣受难节（Good Friday），麦哲伦与岛民的关系开始经受考验。他派恩里克登上利马萨瓦岛（Limasawa）。利马萨瓦岛是菲律宾群岛南部岛屿莱特岛的一部分，即使到了今天，它依然是一个遥远偏僻、与世隔绝的地方。它的沙滩宽阔、干净且迷人，偶尔可看到形状奇特的岩层和山洞。

尽管麦哲伦是第一个到达利马萨瓦岛的欧洲人，但他并非第一个在那里找到安全港口的外来者。他并没有意识到，自己已经来到了一个重要的贸易港。

500 年来，中国商人源源不断地来到这个小岛做生意，他们的帆船载满了精美的手工制品，包括瓷器、丝绸和吊锤。岛民们用他们从海滩和森林里获取的东西与中国人作交换，比如棉花、蜡、珍珠、槟榔果、玳瑁壳、椰子、红薯和棕榈垫等。利马萨瓦岛人以热情好客闻名，而更重要的是，他们做起生意来童叟无欺。

1225 年，一位名叫周祝国（Chau Ju Kuo）的中国商人描述了当时利马萨瓦岛有序的贸易过程。他说，利马萨瓦人井井有条地运走中国人带来的商品，然后再回来付款。所以，尽管摩鹿加舰队的出现有点不同寻常，但岛民们也不觉得太意外，他们早就做好了准备，随时与客商进行交易。

上岸后，恩里克请求利马萨瓦国王柯兰布（Rajah Kolambu）给舰队多送点食物，他们稍后再把钱送来。按照麦哲伦的指示，恩里克还说："他们会很喜欢跟我们做生意的，因为他（指麦哲伦）是以朋友而不是敌人的身份来这里。"国王答应了恩里克的请求，并带着"6～8 人"亲自登上旗舰拜访麦哲伦。

> 他拥抱了舰队总指挥，给了他三只瓷罐，罐子上面盖着树叶，里面盛满稻谷和鲯鳅鱼。

麦哲伦投桃报李，赠送国王一件红黄相间的土耳其风格外套，还有一顶精美的红帽子……然后，舰队总指挥命人端上小吃和茶点，并通过一名奴隶告诉国王，他想跟国王成为结拜兄弟。国王则回答说，他也想与总指挥义结金兰。

这段话意义重大。义结金兰意味着麦哲伦想跟这位岛国国王歃血为盟。"两人都在自己胸口划了一刀，"德·马弗拉说道；"血流到一个容器里，与酒混在一起，两人各喝了一半血酒。"

麦哲伦对于原住民的态度已经彻底转变。说服原住民改变宗教信仰、绑架原住民都是麦哲伦曾经喜欢干的事。他甚至一时冲动屠杀过巴塔哥尼亚巨人。

如今，他却真心与这位菲律宾统治者交好。麦哲伦非常信任这位国王，结拜仪式结束后不久，他就开始向国王解释摩鹿加舰队是如何横跨半个地球来到菲律宾群岛的。"他带国王来到船尾甲板，命人将航海图和罗盘拿过来。舰队总指挥告诉国王，他是如何发现了海峡，如何航行到菲律宾群岛，又是多少个日夜没看到过陆地的。国王听闻，大感惊讶。"

当麦哲伦决定让他的枪手展示火绳枪的威力时，原住民对他的了解又加深了许多。伴随着巨大枪声而来的火焰和浓烟使"原住民们……惊恐无比"。炫耀武力可能会惹祸上身，麦哲伦本应从最近的经历学到这点，但他实在忍不住想让原住民的国王对欧洲武器的威力留下深刻印象。

麦哲伦还展示了另一种更令人惊讶的武器。他叫来一个手下，让他全身穿上铠甲，然后又叫来其他三名船员，"拿着佩剑和匕首……对身穿铠甲的船员浑身又砍又刺"。刀剑落在铠甲上，金属与金属碰撞所发出的叮当声在海上回荡着，"国王惊讶得说不出话来"。国王似乎觉得这些访客拥有超人的力量，因为没有一个普通人能承受雨点般的刀劈剑刺，而这位穿着铠甲的战士却做到了。

看到国王对剑术表演的反应，麦哲伦很满意。他叫自己的奴隶兼翻译恩里克告诉国王，"只要穿上铠甲，战士就可以以一敌百"，并吹嘘说他的舰队有两百名配备了铠甲和武器的战士，他们不仅佩戴长剑，还拥有战戟和匕首。这番话的含义不言自明，聪明的领袖会想方设法与麦哲伦结盟，而不是与之为敌。国王从刚才的震撼中回过神来，慌忙附和说，铠甲战士的战斗力确实抵得过100个原住民。

摩鹿加舰队所携带的武器足以武装一支小型军队，从其数量就可以看得出西班牙和葡萄牙对于它们的依赖程度。火药在14世纪初才被引入欧洲，进入伊比利亚半岛的时间并不长，可是它刚在西班牙和葡萄牙兴起不久，两国就迫不及待地展开了军备竞赛。火药作坊如雨后春笋般在西班牙各地涌现，最终政府出资在布尔戈斯成立了一家火药工厂。

随着火药的兴起，西班牙和葡萄牙对于枪炮的需求也大涨，其枪炮铸造厂的数量也日益攀升，因为两国都要为争夺全球霸权而武装自己。它们的舰船迟早也要用火炮武装起来。这些坚船利炮的最初职责是保卫海港，但随着探险活动的深入进行，它们还要保护出海的船员。

麦哲伦舰队最强大的武器是3门"伦巴达"（Lombarda）大炮。这种大炮以锻铁铸成，专门安装于船只上。炮身上配备铁环，让水手将大炮吊上和吊下船只。船只的甲板上有一个木制托架，大炮就被捆绑在托架上。"伦巴达"大炮几乎可以发射任何类型的炮弹，包括石弹、铁弹和铅弹，但是破坏性最大的炮弹莫过于一种裹着铅皮的铁弹。炮手用"伦巴达"大炮发射炮弹之前，他们会拿着一根燃

第二卷　世界的边缘

烧着的细蜡烛靠近点火孔，点燃起爆火药；起爆火药进而引燃主火药，在火药的爆炸推力下，炮弹呼啸而出，炮声震耳欲聋，就连支撑在巨大炮架上的炮身也在剧烈抖动。"伦巴达"大炮的精准度不高，但其重型炮弹能够对敌方船身造成相当大的损坏。

舰队还携带了7门后膛装弹的"法尔科内"（Falcones）大炮。这种炮比"伦巴达"大炮小一些，而且很轻便，船员可以把它们搬到大划艇上使用。此外，还装备了有3门"帕萨穆罗"（Pasamuros）炮和将近60支"韦尔索"（Versos）火枪，前者是另一种类型的火炮，而后者是一种可以用石子做子弹的粗制来复枪。最后，舰队还携带了50支霰弹枪、3吨火药，以及至少3吨炮弹。

尽管这些火器杀伤力强大，但很不可靠。枪炮手每次开火的时候，都要冒着受伤或死亡的危险，因为枪炮很容易爆炸或发出噼啪声。火绳枪则靠燃烧的火绳来点燃火药，因此更加危险。火绳枪配有火绳，枪管旁边还有盛放火药的小盘。火绳或引信长达9英尺，要一直处于点燃状态，所以在夜间战斗中，枪手很容易被敌人发现。为了保持火绳的长度，枪手要用手来拉火绳，极有可能灼伤手。即便枪手动作麻利，成功地开了一枪，子弹也无法击穿铠甲，而且这种枪的有效射程只有几百英尺。

当时，枪支制造商正在逐步淘汰火绳枪，转而生产靠火花击发子弹的轮枪机，但这项改进出现得太晚，麦哲伦的枪手无法从中受益。假如摩鹿加舰队晚出发一年，也许就能带上更先进的枪支，而他这趟航行的结局也许就完全不一样了。

在实战中，最好用的武器还是传统的长剑、小刀和长柄兵器，而且西班牙已经极大地改进了长柄兵器。摩鹿加舰队携带了将近1 000支长矛（每名船员4支）以及十几支骑兵用的矛和几百支钢头标枪，他们还携带了长戟。在长杆上装上一副两面皆可用的利刃，便能做成这种杀伤力极大的武器。使用得当的话，长戟甚至可以将一个人劈成两半。舰队还有至少60把十字弩、数百支弩箭。

除了这些兵器之外，舰队还配备了100套铠甲（并非麦哲伦宣称的200套），包括胸衣、胸甲、头盔和面甲。麦哲伦有他自己专用的豪华铠甲，其中有一件锁子甲、一件护身甲和六把剑，头盔顶部还插着亮丽的羽毛。在摩鹿加舰队看来，火器和盔甲的结合赋予他们以傲视一切岛民的力量，这种自负的想法让麦哲伦付出了惨痛的代价。

展示完军事实力之后，麦哲伦正式向国王提出要求。他要派两名特使去参观岛上的茅屋和粮食仓库。国王立即答应了，于是麦哲伦挑选了皮加费塔和另一名船员前往。皮加费塔虽然很注重细节，却没有记录下那个船员的名字。书记官跟随舰队在海上航行了数月之久，在船员叛乱期间安然无恙，失足坠海时又侥幸逃过了一劫，现在他终于有机会担任舰队的外交官以大展拳脚了。

从上岸的那刻起，他就享受到了航行路上鲜有的待遇："刚到岸边，国王便朝天空高举双手，然后转身朝向我们两个。我们和其他人也如法仿效。"他用皇家礼仪来欢迎舰队特使，而且"盛装打扮，其穿着是我们看到的所有人当中最讲究的"。国王"头发极黑，披至肩部"，耳朵挂着两只很大的金耳环，"腰间披着一块长及膝盖的棉布，棉布上有蚕丝绣花。身上佩戴一把匕首，它的刀柄很长，并且是用黄金锻造的；刀鞘则是木制的，上面雕刻有图案。他的每一颗牙齿都有三个金点，那两排牙齿看上去就像用金子绑起来一样"。文身布满了他闪闪发光、散发着香水味的身体。

皮加费塔注意到，岛上的女人"下半身以布裙遮羞，有一头拖到地面的黑色秀发，耳朵都打了耳洞，并戴着金耳环"。黄金无所不在，珠宝、高脚酒杯、盘子上都镶嵌着黄金；国王的住所也到处都是黄金。皮加费塔了解到，人们在岛上可以轻而易举地采掘到黄金这种贵重金属，而且"每一块都像核桃和鸡蛋那么大"。

岛民们似乎经常嚼一种类似于梨子的水果："长这种水果的树被称为槟榔树。他们把槟榔果切成四瓣，然后用槟榔叶裹起来……他们将小酸橙和着槟榔果一起嚼，嚼完后吐掉，然后嘴巴就变成了深红色。这一带居民都吃槟榔，因为它清凉透心。如果不让他们吃这种东西，他们可受不了。"

尽管很多事物让皮加费塔目瞪口呆，但他可没有太多时间观察："国王牵着我的手，他手下一名头领则牵着我同伴的手，就这样我们被带到一个竹棚下面，那里有一艘'巴朗海'船，大约有我80个手掌那么长……我们坐在船尾，频繁用手势和原住民交流。国王的侍卫拿着长剑、匕首、长矛和小盾牌，围着我们站成一圈。国王命人端上一盘猪肉和满满一罐酒，每吃进去一大口肉，我们都要干一杯……国王的酒杯总是盖着的，除了我和他以外，其他人都不能喝里面的酒。每次端起杯子喝酒前，国王都要左手举向天空，然后再朝我举示意；准备喝酒时，他便朝我松开握紧的左手。刚开始的时候，我还以为他想挥拳打我，但他并没有这样做，而是把酒一饮而尽。我也对国王做出同样的动作，其他人喝酒的时候也会相互做这种手势。"

宴会正式开始，这是一场皇室盛宴。"侍从端进来两只大瓷盘，其中一只装满米饭，另一只则装着带酱汁的猪肉。"皮加费塔是一名虔诚的天主教徒，但出于对国王的尊重，他还是强迫自己无视天主教的一个习俗。"我在耶稣受难日吃肉了，"他忏悔道，"我实在是没有办法。"

宴会期间，皮加费塔向国王展示了一样东西，它给后者留下的深刻印象不亚于麦哲伦展示的武力,那就是书面语言的力量。皮加费塔诱导国王说出周边事物的名称,然后用标音法把这些名称记录下来:"国王和其他人看着我写写画画,然后用他们的语言把记录的名词说出来,他们都惊呆了。"

展示完书面文字之后,"我们前往国王的皇宫"。实际上,所谓的"皇宫"不过是"一个干草棚,必须爬梯子才能上去。棚顶盖着香蕉叶和棕榈叶,底下以巨大的木桩为支撑"。

大家一个接一个地爬上这栋摇摇欲坠的建筑物,"国王让我们双脚盘坐在一张竹垫上,半小时后,有人端上来一盘切成小片的烤鱼,还有刚刚采集回来的生姜和酒。国王的长子、也就是这个岛国的亲王朝我们走过来,然后国王让他在我们身边坐下,他按照父亲的吩咐做了,"大家又接着喝酒吃肉。皮加费塔说他还能招架得住,但"我的同伴吃得太饱、喝得太多,已经醉得不省人事"。

最后,酒足饭饱的国王撇下亲王不管,回去睡觉了。皮加费塔与醉醺醺的亲王就躺在摇摇晃晃的"皇宫"竹垫上,头靠"叶子做成的枕头"睡着了。

第二天早上,国王回来了,再次拉着皮加费塔的手去饮宴。但宴会还没开始,麦哲伦派来接特使的大划艇就到了。舰队总指挥早已等得不耐烦,而且他们也要为即将到来的复活节做准备。

我们不难想象,皮加费塔根本不愿返回臭气熏天、兵营似的"特立尼达号"。他在日记中写道:"在我们离开前,国王高兴地亲吻我们的手背,我们也亲吻了他的手背。国王派他弟弟和三名随从与我们一起返回舰队。他弟弟是另一个岛屿的国王,舰队总指挥留他和我们共进晚餐,并送给他很多物品。"

"三月份的最后一天是周日,也是复活节。总指挥大人一大早就派牧师上岸做弥撒。"皮加费塔写道。船员向国王解释这个节日的重要性，以免他再请大家吃饭，但国王和他弟弟都忍不住给舰队送去两头刚宰好的猪。此外，一些岛民也想和他们一起做弥撒。

弥撒开始后，岛民们逐渐为那咒语般的唱颂而着迷。从皮加费塔的描述判断，他们基本上不理解弥撒的意义，但却感受到了这项仪式的精神力量。皮加费塔写道："舰队总指挥在弥撒开始前一小时带领大约50人上岸。我们没有穿铠甲，但随身携带了武器，并且穿上了我们最好的衣服。船只靠岸前，我们同时朝天开了6枪，以示和平。我们登陆后，两位国王拥抱了舰队总指挥，并站在他两侧，和我们以行军队形走到离岸边不远的地方做弥撒。弥撒开始前，舰队总指挥把麝香水洒在两位国王身上。弥撒正式开始后，两位国王像我们一样上前亲吻十字架，但不参与圣餐仪式。当基督的遗体被举起来时，他们仍然跪着，双手合十敬拜基督。此时，船员在岸上用火枪向舰队发信号，然后舰队大炮齐发。弥撒结束后，我们的部分船员开始领圣餐。"

庄严的仪式结束后就到了庆祝的时刻。为了取悦东道主并给他们留下好印象，麦哲伦安排了一场剑术比赛，结果"两位国王非常满意"。接着，麦哲伦命人把"配有钉子和皇冠"的十字架抬过来，告诉两位国王，这些东西是他的君主卡洛斯一世国王给他的，"这样无论总指挥去到哪里，都可以把那些标志竖起来。"现在，麦哲伦想把十字架竖立在两位国王的岛屿上，如此一来，"每当西班牙人驾船来到这里看到这个十字架，就知道我们到过这里，那样他们就不会做出激怒岛民的事情，更不会破坏岛民的财产。"

麦哲伦想把十字架竖立在"岛上最高峰"，并说了展示十字架的诸多好处，其中之一就是"雷鸣、闪电和暴风雨完全伤害不了岛民"；另一个则是"岛民被西班牙人俘虏时，只要展示十字架，就会被立刻释放"。两位国王满怀感激地接受了十字架，但他们只是把它当作一个图腾,并不知道它代表的真正含义。

麦哲伦还向国王询问了岛民的宗教信仰。"他们回答说,他们称呼自己的神为'阿巴'。他们没有宗教仪式,但会将合十的双手举向天空。"麦哲伦表示,他们神的名字听起来似曾相识,"听到这话,利马萨瓦国王立刻将双手举向空中,说希望能够让舰队总指挥看到神对他的喜爱。"

接下来,他们把话题转移到了政治。麦哲伦问国王是否有仇人,如果有的话,他就会"带领舰队去消灭他们,让他们归顺国王"。他想通过这种方式来加强彼此的联系,再在这片新发现的群岛建立西班牙的永久定居点。碰巧的是国王确实有仇家。他说,有两个岛国对他怀有敌意,但……这不是去消灭他们的理由。听到这话,麦哲伦的战斗欲望被挑起来了:"舰队总指挥告诉国王,如果上帝给他机会,他就率领大军重返那片地区,用武力使国王的敌人臣服。"

麦哲伦这项提议有点古怪,因为卡洛斯一世国王颁发的特许状并没有授权他参与部落战争,也没有要求他说服原住民大规模皈依基督教。他的任务只是"寻找海峡",并且证明香料群岛属于西班牙,然后满载香料返回出发地。现在,麦哲伦却把自己的商业目标撇在一旁,掀起了宗教皈依和武力征服活动。麦哲伦命令手下列队,然后朝宁静的天空开枪,以示告别,"舰队总指挥与两位国王拥抱之后,我们便离开了小岛"。

麦哲伦和船员回到船上取下十字架,然后爬上该地区最高山的顶峰。"竖好十字架后,我们每个人都念了一遍主祷文和'万福玛利亚',并向十字架致敬,两位国王也是如此。然后我们走下山,穿过岛民的农田,来到停靠'巴朗海'的地方。国王叫人送来椰子,让我们喝点椰子汁恢复体力。"

麦哲伦认为自己的使命已经完成。他告诉国王,舰队将在第二天早上起航。虽然国王已经送给舰队很多生猪、大米和酒，但麦哲伦说他需要更多的食物。两位国王推荐他去宿务岛（Cebu），说在那里可以补充给养，于是麦哲伦决定前往那个岛屿。但皮加费塔颇为担心，认为这是一个"注定要倒霉的"决定。不过，宿务岛本身并不会对麦哲伦构成任何威胁，但是他在到达之后竟然想要征服这个岛，原因只是他想与友善的当地统治者建立盟友关系。结盟的前提是与盟友的敌人开战。最终他会发现，这样做纯属自讨苦吃。

麦哲伦请国王派当地领航员护送舰队到宿务岛，后者欣然接受了他的请求。但到了第二天早上，他请"舰队总指挥多等两天，待他收割完稻谷并忙完其他琐事之后再出发。他要总指挥派一些船员帮他收割庄稼，这样就能早点把活儿干完，另外他和自己的兄弟还要亲自担当舰队的领航员"。麦哲伦同意了，"但后来两位国王大吃大喝，然后睡了整整一天。有人说两位国王身体欠佳，还是别让他们当领航员了"。

舰队将起航的时间推迟了两天，麦哲伦在这期间开始与岛民进行交易，但他很快就遇到了障碍。

"一位岛民给我们带来……一些大米和8～10根捆在一起的香蕉，他们要拿这些东西来换一把小刀，而小刀最多只值3枚卡特里尼币。"卡特里尼币是威尼斯的一种较小的货币单位。"舰队总指挥大人看到这个原住民一心只想要小刀，于是让他看看船上的其他东西是否可以交换。他把手伸进钱包，想拿一枚雷亚尔币给原住民。"但对方还是不想要这贵重的货币。"于是舰队总指挥又打算给他一枚杜卡多银币，但他仍然不想要。"麦哲伦不断拿出一些币值更高的硬币引诱他，但他就是不为所动，"只想要一把小刀"。

最后，麦哲伦答应了他的要求，给了他一把小刀。不久后，一名船员上岸取水，岛民打算拿一顶黄金打造的大花冠交换"6串玻璃珠",但麦哲伦阻止了这笔交易,"因为我们一开始就要让原住民知道,我们更看重我们的商品,而不是他们的黄金。"黄金远比玻璃珠贵重得多,但麦哲伦不想让岛民们知道黄金在欧洲人眼里有多么珍贵,于是指示手下把它当作一种普通金属。

这个诡计奏效了,船员们用铁制器物与岛民交换黄金,一磅铁换一磅黄金,舰队以此获得了巨大财富。他们轻而易举得来的黄金将让他们在西班牙一夜暴富,而麦哲伦希望找到的香料甚至比黄金还要贵重。

摩鹿加舰队继续在菲律宾群岛中穿梭,一路上不断躲避着就连原住民领航员也不敢靠近的暗礁。他们中途登陆了一个岛屿,皮加费塔称之为"加提甘岛"(Gatigan),但我们现在无法确切知道它的具体方位。

上岸后,船员被岛上的大量蝙蝠所吸引,将其称为"狐蝠",因为它们喜欢在舰船的上空盘旋,然后俯冲到茂密丛林里,寻找它们的主食——水果。这些狐蝠体型庞大,按皮加费塔的说法足有老鹰那么大。一名胆大的船员甚至抓了一只狐蝠来吃,然后评论狐蝠肉的味道有点像家禽。

舰队毫发无伤地离开了加提甘岛,继续朝宿务岛前进。弗朗西斯·阿尔沃在他的航海日志中描述了舰队如何穿越迷魂阵般的岛屿群:

> 我们离开利马萨瓦岛,向北面的塞拉尼岛(Seilani)进发,然后沿着塞拉尼岛往西北方向航行到北纬10度。我们在那里发现了3座岩石密布的岛屿,接着调整方向,向西航行大约10里格后又遇到了两座小岛。我们停下来过夜,第二天早上再往西南偏南方向航行大约12里格,到达北纬$10\frac{1}{3}$度。

那里还有两座岛屿，一座叫麦克坦岛，另一座叫宿务岛，我们从两岛之间的航道通过。宿务岛与利马萨瓦岛和苏卢安岛一样，都往东北—西南方向延伸。在宿务岛和塞拉尼岛之间，我们看到北边有一片辽阔的陆地，称其为"白白岛"（Baibai）。据说，那里幅员辽阔，一眼望去无边无际，遍地都是黄金和食物。

阿尔沃提醒说，尽管一路上都是青山绿水，但航行中也暗藏风险。"从利马萨瓦岛、塞拉尼岛到宿务岛，我们在往南航行的过程中必须注意海底的大量暗礁，它们非常危险。此前一直有一艘划艇给我们领航，但遇到暗礁之后，它就不愿意继续前进了。进入麦克坦岛与宿务岛之间的航道后，我们就开始向西航行，最终到达宿务市。"

在菲律宾群岛连续过了许多温暖、湿润和激情四溢的日子后，船员们的不满情绪逐渐消退。

这一次，所有人都意识到舰队取得了巨大成就，所以没有人再提出叛乱。他们征服了无边无际的海洋，并纠正了世人千年以来对世界的错误认识。他们从西方一路航行到东方，证明了地球是圆的。他们开始幻想到达香料群岛后的美好生活，既有美女相伴，又有享用不尽的异国美食。

然而，在麦哲伦心里还有一个挥之不去的阴影：即便剩下的航程一路顺利，他在寻找香料群岛的过程中也不再损失船只和船员，但返回西班牙之后，他还是会因为抛弃卡尔塔海纳和牧师受到严惩。麦哲伦永远无法衣锦还乡，只能任由命运摆布地继续前行，逃离文明社会。

第10章
最后一战

那是否是船的肋拱？
犹如穿过土牢的栅栏，
太阳从那里照进来。
难道那艘船没有一个船员？
难道她只有死亡相伴？

摩鹿加舰队接近宿务岛棕榈树密布的沙滩时，船员们看到岛上熙熙攘攘，这是他们出海航行以来见到的最热闹的景象。村庄一个接一个像变戏法似的从幽暗的热带丛林里冒出来，居民们看上去很平静，而且丰衣足食，对于陌生舰队的到来也没有感到特别惊讶。

那些搭盖在桩子上的茅草屋五六成群，就像聚集在一起的农舍或者小型庄园。屋顶上的棕榈树遮阳蔽日，投下大片树荫。在舰队的正前方，纵横交错的渔线从岸边延伸到浅水区；在离陆地较远的地方，很多快速帆船出发前来迎接舰队。它们有些以色彩艳丽的风帆为动力，有些则是以船桨为动力。

船员们再也不用与住在世界尽头的流浪巨人或游牧部落战斗了，因为这里是文明社会，至少表面如此。"1521年4月7日中午，周日，"皮加费塔记录道，"我们进入宿务港后，沿途看到很多村庄，那里的房子大多建在木桩上。快接近宿务市的时候，舰队总指挥命令舰队升起旗帜，并以战备姿态降下所有风帆，然后指示所有船只同时开炮，这让当地居民无比恐惧。"

舰队抛锚后，麦哲伦派他的私生子克里斯托万·雷贝罗"以大使身份觐见国王"，同行的还有担任翻译的奴隶恩里克。登上岛屿的两人"发现一大群人和国王站在一起，他们都被炮弹声吓坏了"。为了安慰慌乱的居民，恩里克解释说，"舰队进入港口都会鸣炮致敬，这是一项传统，象征和平与友谊。"他的话达到了预期效果，很快，当地首领问他居民们可以为舰队做些什么。

恩里克再次站出来说，他的主人、舰队总指挥效忠于"世界上最伟大的国王，他要为国王探索摩鹿加群岛"。舰队总指挥之所以决定路过此地，是因为"他从利马萨瓦岛国王那里听说在这个岛上可以买到食物。"深受震动的国王欢迎这些来访者，但他告知恩里克，"所有进入他们港口的船只都要交纳贡款，这是规矩。"他还说，就在四天前，一艘"满载黄金和奴隶"的暹罗帆船同样造访该岛，并且交纳了贡款。

为了证明自己所言不虚，国王还向他们介绍了一名来自暹罗的阿拉伯商人，此人之前一直站在国王身后。商人解释说，外来船只给当地统治者交纳贡款之后，才能确保安全通航，他劝麦哲伦效仿他的做法。

洗礼与性

麦哲伦对于阿拉伯人"互惠互利、息事宁人"的态度不屑一顾，依然拒绝纳贡。在麦哲伦眼里，当地原住民就是他的猎物、帮工和未开化之人，根本无法与他平起平坐。他要为西班牙占领这片土地，并使这里的民众皈依基督教。

麦哲伦通过恩里克告诉宿务岛国王，西班牙国王是全世界最伟大的君主，摩鹿加舰队是不会向弹丸小国的统治者交纳贡款的。两人之间的谈判就此破裂，麦哲伦最后还加了一句："如果国王希望和平相处，我会满足他的心愿；但如果他想开战，那就来吧。"

这时候，那名来自暹罗的商人对国王说了几句话，皮加费塔是这样记录的："国王陛下，请三思而行，这些人刚刚征服了卡利卡特、马六甲以及大印度。如果您好生款待他们，对您是有好处的；但如果您亏待了这些人，后果恐怕不堪设想。"恩里克赞成商人的观点，他说，如果国王拒不让步的话，麦哲伦将"派一大群人过来消灭他们"。

国王灵机一动，说他要跟手下头目商量一下，第二天再给恩里克答复。为了表明自己对摩鹿加舰队毫无恶意，他命人给登陆小分队端来"许多装在陶瓷大浅盘里的肉制小吃及很多罐酒"。

国王还派人护送酩酊大醉的登陆船员回到船上。他们把双方交流的细节一五一十地告诉了麦哲伦和随时随地都跟在他身边的皮加费塔。尽管麦哲伦之前对国王出言不逊，但他还是做好了外交斡旋的准备：利马萨瓦国王跟随麦哲伦来到了宿务岛，他很乐意"把舰队指挥以礼待人的事情告诉宿务岛国王"。

利马萨瓦岛国王的温言软语取得了预想效果。根据皮加费塔的记录，在恩里克的陪同下，舰队文书与宿务岛国王胡马邦在周一早上举行了正式会议。这一次，胡马邦提出要向世界上最强大的国王进贡，而不是要求摩鹿加舰队向他交纳贡款，于是僵局就此打破。麦哲伦接受了胡马邦的提议，并宣称自己"只和他做生意"。

在利马萨瓦国王的建议下，宿务岛国王提出要与麦哲伦结拜兄弟。麦哲伦"割了一刀右臂，滴出一滴血，宿务岛国王也如法炮制，以表示两人建立了真挚的友谊"。尽管有点不情愿，但麦哲伦还是在宿务岛留了下来。

第二天，也就是周二，利马萨瓦国王又给麦哲伦带来一个好消息。他说，胡马邦正在准备一顿大餐，稍后会派人把饭菜送上船，而且,"吃完晚饭后,他还会派自己的两个外甥和其他达官显贵与麦哲伦商讨和约"。接受食物并表示感谢之后,麦哲伦决定再展示一次武力。他叫来一名身着铠甲的船员,让他表演欧式格斗。宿务岛特使被这场表演震撼到了,而且他"看起来比别人聪明得多"。

皮加费塔说麦哲伦再次利用了这个有利局面:"舰队总指挥告诉他不必害怕,因为我们的武器只用来对付敌人,不会用来对付朋友。只需一眨眼的工夫,我们的武器就能摧毁所有与我们信仰背道而驰的对手。"麦哲伦给胡马邦上了一课,并且得到了他想要的效果。

麦哲伦既给宿务人留下了深刻印象,又恐吓了他们一番,于是两者间的关系迅速升温。在八名酋长的陪同下,国王的侄子登上"特立尼达号",向麦哲伦宣誓效忠。麦哲伦做出一副位高权重又宽宏大量的统治者模样,接受了他们的朝拜:

> 舰队总指挥端坐在一张红色天鹅绒椅子上,船上的重要成员坐在皮椅上,其他船员则就着席子坐在地板上。总指挥通过翻译问他们……亲王是否……有权商谈和约……然后总指挥谈到了很多与和谈相关的事项,然后向上帝祈祷谈判成功。他们说自己从未听到过这种祈祷,但还是很高兴能够听一次。看到对方能够主动倾听他说的话并回答他的问题,总指挥趁机提出自己的观点,说服他们接受基督教。

麦哲伦从他那张特制的椅子站起来,突然改变了话题。他问代表团,国王去世后,谁将继承他的王位?他们回答道,"国王没有儿子,但有很多个女儿。国王的这位侄子娶了国王的长女,因此大家都称他为亲王。他们还说,国王和王后去世后,他们就不再受到重视了,但他们的后人会成为统治者。"这种做法违背了《圣经》中上帝给犹太人的戒条,于是他开始向宿务人介绍《圣经》的一些基本教义:"上帝创造了天空、大地、海洋和世间一切事物,他命令我们尊敬我们的父母,不遵守这条戒律的人注定要永世受地狱之火的焚烧。亚当和夏娃是我们共同的祖先,我们都是他们的后代,且拥有不朽的灵魂。"

麦哲伦解释说,他不能把舰队的任何人留在岛上,但如果他们需要的话,舰队的牧师巴尔德拉马神父很乐意为宿务岛的居民施洗。麦哲伦还说,等他们下次再来的时候,会带来牧师和修道士,教岛民学习基督教教义。皮加费塔写道,酋长、麦哲伦和其他旁观者一起展望前景,激动得"喜极而泣"。如今我们只能猜测,这种具有高度感染力的受洗仪式到底对菲律宾人而言有什么意义,但对麦哲伦来说,它的含义非常具体。"受洗"一词源自希腊语,表示受洗者全身浸入水中。这一行为代表罪恶的灵魂被洗刷,受洗者获得新生,皈依基督教。

开始施洗之前,麦哲伦提醒宿务人不要仅仅为了赢得他的欢心而皈依基督教,并且承诺,他"不会对那些希望按照自身原则生活的人造成任何伤害",但会优待基督教徒。"他们异口同声地说,他们并非出于恐惧或为了取悦我们而成为基督徒,"皮加费塔写道,"而是完全出于自愿。"这番话让麦哲伦深受鼓舞,他答应给宿务人留下一套铠甲(只留一套),以示感谢。

麦哲伦还提到了一个高度敏感的话题,即摩鹿加舰队船员与宿务女人的性行为。皮加费塔写道:"假如他们不皈依基督教,我们就不能和他们的女人发生性行为。她们是异教徒,所以和她们进行性行为无疑是一项非常严重的罪行。舰队总指挥还向他们保证说,如果他们成为基督教徒,那么直到临死的那一刻,恶魔就不会再出现在他们面前。"麦哲伦这番话的潜台词是:宿务女人受洗之后,就可以跟船员们发生性关系，船员也就不必背负那么大的罪恶感了。船员们对于性的渴望并不亚于食物，所以一听到麦哲伦的话，他们马上就蠢蠢欲动了。不过，虽然麦哲伦主动挑起了这个话题，却并没有迹象表明他与任何宿务女人相交过密。他只是觉得，允许船员和受洗的宿务女人发生性关系，能够从本质上满足他们的需求。"舰队总指挥含泪拥抱了来访的原住民，然后双手紧握国王和亲王的手，对他们说，西班牙国王将与他们永世交好。"

双方交换誓言之后，又到了尽情享用美味佳肴的时候，而麦哲伦也再次幸运地受到了岛国的热情款待。宴席的菜肴包括"米饭、猪肉、羊肉和鸡鸭肉"，但国王还一个劲地表示歉意，说这些都是薄酒淡饭。

杀猪之前，宿务女人都要进行祭祀仪式。仪式在一片铜锣声中开始，之后仪式主持人端出三个用来装菜的大盘子，其中两个装着米糕和包裹着叶子的烤鱼，第三个则装着棕榈树的粗纤维。然后，女人们将布摊开在地面，两位年纪较大的女人各持一个竹号，用布将自己裹上。

"其中一个女人把一条扎了两只角的方巾放在前额上，手里拿着另一条方巾，然后一边跳舞一边吹号子，以此召唤太阳。另一个拿着方巾的女人则采取了不同做法：她把方巾扔到地上，和同伴边吹号子边围着待宰的猪跳舞。这个仪式持续了很长时间。"

在舞蹈和音乐结束之前，其中一名老妇人用假角沾酒，象征性地抿几口，再把剩下的酒撒在猪身上。"有人递给她一支长矛，她一边跳舞，一边用嘴咬起一支点燃的火把，用长矛捅了猪的心脏三四次，她的动作非常突然，出手的速度也很快。"

杀完猪后，她们脱掉那块布，和她们所挑选的其他女人（祭祀仪式不允许男人参加）一起吃光三个盘子里的东西。"只有年老的女人才能把猪肉献给神,也只有以这种方式屠宰过的猪,他们才会吃。"

为了回报原住民提供的经过精心制作的祭神食物,麦哲伦赠送了亲王一匹白色亚麻布、一顶红帽子、几串玻璃珠和一只镀金玻璃杯。皮加费塔说:"玻璃制品在那些地区很受欢迎。"除了这些礼物以外,麦哲伦还要求皮加费塔送给胡马邦"放在银盘里的一件土耳其风格的黄紫色丝质长袍、一顶精美的红帽子和几串玻璃珠,还有两只镀金酒杯"。

宴会结束时,宿务人不再将麦哲伦视为凡人,而是将他看作强大且仁慈的神。他们的奉承感染了性格乖戾的麦哲伦,他越来越相信自己受到了上帝的启发,按照神的旨意指挥了这次航行。然而这是一种危险的错觉。

当麦哲伦离开"特立尼达号",以胜利者的姿态登上宿务岛时,事实证明,宿务岛国王迎接他的场面正如他想象中的那么壮观。舰队代表团上岸向胡马邦致敬,胡马邦也穿着王室盛装欢迎他的客人。作为代表团的成员,皮加费塔的兴奋之情溢于言表:

> 我们到达宿务市时,看到国王正在王宫里等我们,很多人簇拥在他身边。他就着一张棕榈垫坐在地上,下身只围了一块遮羞布,头上披着一条用绣花针锈成的头巾,脖子上挂着一条价值连城的项链,耳朵戴着两只很大的金耳环,耳环周围镶嵌了宝石。他很胖,个子也很矮,身上文有各种火焰图案。地上的另一张坐垫上放着两只用来盛放海龟蛋的瓷盘,他就从那里拿海龟蛋吃。
>
> 他面前还有四坛酒,酒坛子上盖着一些带香气的草本植物;每个坛子还配有四根小芦苇秆,他就是用芦苇秆来喝酒的。向国王适当地表示敬意之后,翻译(恩里克)告诉国王,他

的主人非常感谢国王赠予的礼物,而主人的回礼则完全表达的是内心对国王的敬爱。

我们给国王穿上长袍,戴上帽子,并把其他东西一起送给他。我亲吻了一下玻璃珠,然后放在国王头上,表示我将这份礼物呈给了他;国王也亲吻了一下玻璃珠,接受了这份礼物。然后,国王请我们吃了些海龟蛋,用那些细芦苇秆吸酒喝……国王想让我们留下来一起吃晚饭,但我们告诉他,我们得赶紧回去。

交换礼物的过程给人留下了深刻印象,但这只是前奏。当亲王陪皮加费塔和其他几名船员爬上悬空的草棚时,大家才开始兴奋起来。他们顺着梯子爬上草棚,发现里面"有四名年轻女子在演奏乐器,其中一人在打鼓,那只鼓和我们的鼓差不多,但是被放在地上。第二名女子用一根棍子轮流敲打两只悬挂着的铜锣,敲铜锣的棍子末端包裹着厚厚的棕榈布。第三名女子用同样的棍子敲打着一只大铜锣。第四名女子则提着两只小铜锣互相撞击,发出悦耳的声音。她们的演奏很和谐,让人觉得她们的乐感很好"。

船员们看到的不仅仅是她们的音乐才华,还有她们袒胸露乳时所散发的诱惑。"这些少女非常漂亮,肤色几乎与白人少女一样,体型也差不多。除了腰间系着一块及膝的棕榈布,她们几乎全身赤裸。个别女子完全赤裸,两只耳朵都穿了很大的耳洞,里面塞着一块小圆木……她们都有一头乌黑长发,头上围着一块短布,而且她们总是打着赤脚。亲王叫来三名赤身裸体的女子给我们跳舞。"

麦哲伦曾发出禁令,不允许船员与未皈依基督教的本地女子发生性关系,所以皮加费塔不敢抗命。虽然他没有描述船员们与歌姬的嬉笑打闹和交欢场景,但我们不难想象那晚发生了什么。

当晚，宿务岛的平民百姓和舰队船员们也在王宫周围举行了类似的庆祝活动，唯一的问题在于麦哲伦是否也参与其中。考虑到他在整个航程中都保持着自我克制，所以我们可以推测，即使他出现在了这种场合也不太可能屈服于肉体的诱惑。

那天晚上，当这四名特使返回舰队时，他们听到了一个噩耗：两名舰队成员卧病在床，濒临死亡。第二天早上，即1521年4月10日，舰队的乘客马丁·巴莱塔（Martin Barreta）去世。巴莱塔患过坏血病，在舰队穿越太平洋的98天里，他一直没有摆脱坏血病的后遗症。在巴莱塔死后数小时，船员胡安·德·阿彻（Juan de Arche）也断气了。

早上，皮加费塔和恩里克返回宿务岛，为巴莱塔和阿彻安排基督教葬礼。他们要在岛上建个墓地，然后在他们坟前竖个十字架。和之前一样，国王相当通融。他说，等十字架竖好后，他要前去祭拜。麦哲伦把这场葬礼变成了一堂对岛民们有益的宗教课。"我们尽量以盛大的排场安葬其中一名成员，以此作为范例。然后，我们祭奠了死者，并在当天晚上安葬了另一名死者。"

皮加费塔在宿务岛上待了很长一段时间，他已经非常熟悉当地的丧葬习俗。其丧葬仪式的复杂程度不亚于欧洲人，给皮加费塔留下了深刻的印象。他发现，女人在当地的葬礼中占据了主导地位。仪式开始时很简单，后来变得越来越令人震撼。

人们将逝者置于一个箱子一样的棺材中，接着把棺材放在房子正中间，再将绳子以栅栏的样式布置在棺材周围，并在绳子上绑上很多树枝。每根树枝中间悬挂着一块棉布，整个装置看起来像一个带帷幔的顶篷。主持葬礼的女人们坐在帷幕下面，身上披着白色棉布，每个人旁边都有一个小女孩拿着棕榈叶制成的扇子给她们扇风，其他女人则面带悲伤地坐在房间四周。然后，一个女人用小刀将逝者的头发慢慢割下来，同时逝者的正室则趴在逝者身上，将嘴巴、双手和双脚分别对着逝者的嘴和手脚；前者在剪头发的时候，后者开始哭泣，而前者剪完头发之后，后者就开始唱歌。哀悼五六天之后，她们用木钉把棺材封上，放入圆木围起来的墓坑中。安葬仪式就此完成。

葬礼结束几天后，皮加费塔在日记中透露，他和其他船员一直都与宿务岛的女人保持亲密关系。这件事本身不足为奇，真正奇特的是宿务人怪诞的性习俗，而他们所说的"帕朗"(palang)，即阴茎穿刺物，尤其令人目瞪口呆。

"男人们无论年纪大小，都要用一根如鹅毛管般粗细的金螺栓或锡螺栓在龟头附近刺穿阴茎，"皮加费塔简直无法相信自己的眼睛，他写道，"在螺栓的两头，有人会装上类似于马刺的东西，还有些人装上类似于马车钉帽的部件。我经常请一些老年和青年男子向我展示他们的阴茎，因为我根本不相信他们会这样做。"皮加费塔对这个物件产生了兴趣，于是对其进行近距离研究。"螺栓中间有个小孔，他们通过这个小孔排尿。螺栓和马刺状物体也被紧拧在一起。"

自然，皮加费塔也想知道宿务岛的女人在性交时如何承受阴茎穿刺物，他认为这根螺栓肯定会伤害到她们。宿务岛的男人却告诉他，这玩意儿根本不伤人。"女人们喜欢这样，她们还说，如果男人不做阴茎穿刺术，她们就不跟他们做爱。"他们还用自己的亲身体验向皮加费塔解释"帕朗"是如何提升性快感的。

在此过程中，他们通过宿务人特有的图画讲解方式给皮加费塔上了一节生动的性爱艺术课。"当男人想跟女人做爱时，阴茎不是以常规方式进入（阴道）的。女人先轻轻地把'帕朗'一端的马刺状部件插进去，然后再放入另外一端。阴茎完全进入后，就做常规运动，而且只能一直留在阴道里，等射精变软后才能拔出来，否则它是出不来的。"

"帕朗"并不局限于男人，宿务岛女人从未成年时就开始使用它了。"女性在六岁以后就与男性发生性关系，她们的阴道也因为阴茎穿刺物而逐渐扩大。"皮加费塔把他了解到的信息记录了下来。"帕朗"可以延长性交时间，据说螺栓和马刺状物体让男人无法进行激烈抽插，这样能强化双方的性高潮。最让欧洲人难以理解的是，"帕朗"可以刺激阴道的敏感点，从而提升女性快感。使用"帕朗"进行性交可以持续一整天甚至更长时间，因为两个人只能紧紧地拥抱在一起，什么都做不了。

皮加费塔对于"帕朗"的实际使用状况进行了详细描述，这表明他曾亲眼看见宿务人性交，可他在兴奋之余，又对自己的所见所闻感到失望："那些人之所以使用那个工具，是因为他们天性软弱。"在皮加费塔看来，软弱就意味着沉迷于寻欢作乐。他还说："他们可以随心所欲地娶老婆，但正室只有一名。"

无论是增加性快感的"帕朗"，还是皮加费塔认为与之关系密切的一夫多妻制，都违背了天主教教义。基于这些理由，皮加费塔认为使用"帕朗"有伤风化。为了支持自己的观点，他还宣称"宿务岛的所有女人爱我们甚于爱他们的男人"，大概是因为未对阴茎动过手脚的欧洲人没有那累赘的物件。

探险家成为传教士

对摩鹿加舰队和后续的西班牙探险队来说，菲律宾人有诸多让人难以接受的习俗,"帕朗"只是其中的一种而已。据说,菲律宾统治阶级家庭有杀女婴的习惯:要么把女婴活埋,要么把她们扔进大海。此外,未婚先孕的女子经常堕胎,以便将来容易嫁出去。其实,菲律宾人将破处视为一件大事,他们通常请"职业破处人"解决这个问题。

另外,菲律宾人很重视女人的性快感,女性甚至有权使用人造阴茎来满足自己的性欲。西班牙人,尤其是在麦哲伦之后来到菲律宾群岛的神职人员很想禁止这种行为,因为在他们眼里,自慰就跟"帕朗"一样令人反感。

麦哲伦以破釜沉舟的姿态去说服原住民皈依基督教,这种做法实际上破坏了当地宝贵的文化传统。但麦哲伦的想法完全不同,他认为自己肩负着一项重大使命,那就是把一群愚昧无知之人从野蛮的世界拯救出来,即便永劫不复也在所不惜。

船员们讲求实际,他们认为自己只是这风景秀丽之地的匆匆过客,麦哲伦则不同,他自视为上帝的使者,奉神的旨意来到菲律宾群岛,把基督教带给这些未开化之人。麦哲伦将当地习俗看作非常严重的社会问题,而基督教是解决这些弊端的最佳且唯一的办法。

麦哲伦发现,宿务人非常善于以物易物,并因此发展出一套精确的度量衡系统,于是他命令手下把货物运上岸,开张做生意。舰队还是像平常一样,拿小刀、玻璃珠和铁钉等金属和玻璃制品与岛民交易。后者则纷纷拿出黄金来交换。但是,"舰队总指挥不希望一下子赚取太多黄金,以免船员因为垂涎黄金而贱卖自己的商品。因此,为了尽量卖个好价钱,提督也被迫减少他那份商品的销售量"。

与此同时,皮加费塔开始记录当地方言。他编纂了一本宿务语字典,该字典比他最初记录巴塔哥尼亚语的材料更加详细和深入。

他不辞劳苦地收集宿务语中表示身体部位、太阳星辰、常见植物与生活用品的名称，并首次写下了数词在宿务语中的读音。

和以前一样，皮加费塔犹如在真空中工作，凭本能和常识进行听写，因为宿务语完全是一种口口相传的语言，而且他既没有可援引参考的案例，也没有行业标准来帮助他完成记录和定义单词这项雄心勃勃的任务。虽然困难重重，他还是设法编制了一本常用语手册。对后来恰好经过宿务岛的探险队来说，这本手册也许很有用。

以下是一些单词所对应的宿务语发音：男人—拉克（lac），女人—贝兰普安（perampuan），年轻人—贝尼贝尼（benibeni），已婚妇女—巴拜（babai），下巴—西兰（silan），脊柱—留德（lieud），肚脐—普苏德（pussud），黄金—博罗安（boloan），银子—皮拉（pilla），胡椒—马利萨（malissa），丁香—凯安德（chiande），肉桂皮—玛纳（manna），船—贝诺阿（benaoa），国王—莱阿（raia）。

4月14日恰逢周日，这天早上，胡马邦国王的受洗仪式在麦哲伦的安排下隆重举行。就在前一天，船员已经在村庄的广场上搭好了受洗坛，并配以棕榈枝和其他植物作为装饰。40名船员登上大划艇，皮加费塔也在其中。海风轻轻吹拂着划艇上的西班牙国王旗帜，两名护旗手穿着闪亮的铠甲，站在旗帜后面。

麦哲伦又打算鸣礼炮了，但这一次，他先帮助国王做好了心理准备，对后者解释说："凡是遇到重要节日，我们都要鸣礼炮以示庆贺，这是我们的习俗。"做出适当提醒之后，船员们在出发时鸣炮示意，标志受洗仪式正式开始。

麦哲伦来到宿务岛，胡马邦国王迎上前来。两人拥抱之后，麦哲伦透露说，为了方便国王，他对仪式的规定稍微做了些更改。"按照惯例，王室旗帜上岸时，必须由50名穿铠甲的士兵和50名火枪手护送，但出于对胡马邦国王的热爱，他只让两名铠甲士兵护送旗帜上岸。"皮加费塔没有提及这具体是什么旗帜，但很可能是自1492年斐迪南和伊丽莎白统治时期起就开始使用的"天主教国王王旗"（Royal Standard of the Catholic Kings）。它的图案是一只翅膀翻转的圣约翰之鹰（eagle of Saint John），可能旗帜上还包括莱昂（Leon）、阿拉贡、卡斯提尔和西西里等西班牙王国的标志，以及几支利箭和一面卷轴。

麦哲伦不仅尊重王旗，而且非常熟悉王旗的展示方式（即由50名穿铠甲的士兵和50名火枪手护送），这表现出他对卡洛斯一世国王的一片忠心。甚至在这遥远的海岸，他的忠诚也体现得一览无遗。长久以来，一直都有人怀疑他私通葡萄牙，但这个细节表明，这样的猜疑是多么的荒谬。

牧师为胡马邦国王施洗后，后者立刻给自己取名为查理，与西班牙国王同名。接着，利马萨瓦国王取名为约翰。甚至连那位暹罗商人也被这宗教热情感染，也决定皈依基督教，并取名为克里斯多夫（Christopher）。受洗仪式比预想的要成功得多。

"然后，所有人都兴高采烈地走向受洗坛，"皮加费塔写道，"舰队总指挥和国王分别坐在红色和紫色天鹅绒椅子上，各酋长坐在软垫上，其他人则席地而坐。总指挥通过翻译告诉国王，他很感谢上帝，因为在上帝的激励下，国王成为一名基督教徒，这将让他变得比以前更加无敌。"国王说，尽管他很想成为基督教徒，但他手下的酋长们反对他这样做。

皮加费塔说，麦哲伦马上叫来这些冥顽不灵的酋长，警告他们说，"假如他们不听从国王的旨意，他就把他们全干掉，并且把他们的财产送给国王"。麦哲伦此前坚称，虽然他会给予皈依基督教的异教徒特别待遇，但不会强迫任何人成为基督教徒。但现在这番话不仅与他先前的论调背道而驰，也违背了基督教会关于成人受洗的教义。首先，成人受洗必须自愿，更重要的是，必须以信仰基督教而不是畏惧为前提。麦哲伦也许是为了加快岛民皈依基督教的进程而故意虚张声势。他和船员们刚刚与这些慷慨大方、本性善良的岛民交上朋友，很难想象舰队会对他们大开杀戒。不管怎样，酋长们同意了麦哲伦的意见，并迅速成为基督教徒。

心满意足的麦哲伦宣称，下次从西班牙归来时，他会给胡马邦国王带来很多士兵，这样国王就会被公认为"那片地区最伟大的国王，而且是第一位表明自己的决心，希望成为基督教徒的国王"。

受麦哲伦的宗教热情影响，国王朝天空举起双手，不断地感谢麦哲伦，甚至请求他留下几名船员，帮助其他人了解基督教教义。这一次，麦哲伦同意了他的要求，说他会指定两名船员留下来辅助国王；但作为交换条件，他想"带两名酋长的孩子"拜访西班牙，学习西班牙语，等到他们回到宿务岛之后就能描述自己在西班牙看到的奇闻逸事。

大众受洗仪式终于准备就绪，穿着一件白色外套的麦哲伦负责主持这次仪式。"广场正中央竖起一个很大的十字架。舰队总指挥告诉他们，几天前，他们宣称要皈依基督教，因此必须烧掉自己所崇拜的神像，在村子里竖起十字架。他们还要每天早上在胸前比画十字架的形状（总指挥教他们如何比画），然后每隔一小时来到十字架面前，双手合十，跪拜十字架。"

麦哲伦还解释说，他之所以穿白色外套，是为了"表明他对他们的爱是真挚的"。但麦哲伦忘了，他不久前还威胁说要杀死他们。接着，他继续给皈依基督教的宿务人取基督教名字。皮加费塔写道："弥撒开始之前，受洗人数已经达到500人。"

仪式在庄严的气氛中结束。胡马邦国王和酋长们现在已经成为基督教徒，麦哲伦请他们到"特立尼达号"上共进晚餐，但他们婉拒了邀请，相互以基督教兄弟的身份拥抱作别。舰队鸣炮致敬，刺耳的爆炸声响彻宿务岛。

晚餐过后，轮到宿务岛的女人受洗了，而这次的仪式场面更加感人。巴尔德拉马神父、皮加费塔和几名船员返回宿务岛，为王后施洗。带来40名女性随从的王后让船员们觉得她颇有王室风范。"她很年轻，楚楚动人，"皮加费塔写道，"全身上下裹着一块黑白相间的棉布。她的嘴巴和指甲很红，头上戴着一顶很大的棕榈叶帽子，就像撑着一把太阳伞似的。她的帽子上有一顶花冠，也是用棕榈叶编成的，外形像罗马教皇的三重冠。"

女人们参加的受洗仪式跟男人截然不同：

我们引导她走上受洗坛，让她坐在一张软垫上，其他女侍从则站在她的身边，等牧师做好准备。有人给她拿来一副圣母玛利亚的画像、一个非常精美的婴儿耶稣木雕，以及一个十字架。

她先是做了忏悔，然后含泪请求牧师为她施洗。我们给她取名乔安娜（Johanna），与卡洛斯一世国王的母亲、有"疯女"之称的胡安娜（Juana de Mad）同名；她的女儿、也就是亲王的妻子得名凯瑟琳娜（Catherina）；利马萨瓦王后得名莉萨贝塔（Lisabeta）。其他人也各获得了一个独特的名字。我们一共为800人施了洗礼，男女老少都包括在内。

第二天，又有更多人接受了洗礼，整个宿务岛的居民都变成了基督教徒。很快，其他岛屿的居民也慕名而来，找巴尔德拉马神父给他们施洗。摩鹿加舰队不费一枪一弹，就让2 200人转变了信仰。

乍看之下，受洗场面似乎很感人，也很鼓舞人心，但这件事细想起来就有些令人难以置信。所有人都在演戏，因为宿务人接受基督教的速度值得怀疑。

无论是麦哲伦还是皮加费塔，都没有看到事实的本质。岛民们虽然转变了信仰，但他们并不真诚，也缺少坚定的信念和对基督教的理解。数千岛民变成基督教徒，这种局面能持续多久？一个如此轻易改变信仰的部落，也随时会接受另一种宗教，或者根本不会真心接受任何宗教。

作为一名探险家，麦哲伦的职业生涯在1521年4月中旬达到了顶峰。他不仅镇压了好几次恶性叛乱事件，兑现了发现海峡的承诺，成功穿越了前人从未到过的太平洋，将菲律宾群岛和其他岛屿纳入西班牙版图，并在此过程中说服数千岛民皈依基督教。

然而，他的行为依旧变幻无常，有时仁慈，有时恶毒，有时两者兼而有之。从中可以看出，他已经被成就冲昏了头脑，以至于在宗教事务上变得越来越狂热。在整个航行过程中，他都表现得非常虔诚。现在他却更进一步，威胁杀掉那些公然反抗十字军东征的敌人。这一次，他打算言出必行。

"那个周末之前，"皮加费塔写道，"所有宿务人以及其他岛屿的一些居民接受了洗礼。"也有一些酋长拒不合作，麦哲伦托人捎话给这些桀骜不驯的首领，说他们如果不马上改变宗教信仰并宣誓效忠卡洛斯一世国王的话，他就会没收他们的财产，并将他们判处死刑。没收财产是欧洲人才有的概念，对岛民们来说几乎毫无意义。他们明白死刑的意思，但是选择无视这一威胁。

为了表明自己言出必行，麦哲伦还派了一群船员去搞破坏。皮加费塔对此也有记录："我们烧掉了附近一座岛屿上的小村落，因为那里的居民拒绝服从国王和我们。然后我们给那些未开化的异教徒竖了一个十字架。"村庄慢慢被烧成灰烬，天空中升起一股令人作呕的浓烟，皮加费塔并没有丝毫悔恨之心。

那个岛屿叫麦克坦岛。

麦哲伦之死

正当麦克坦岛的小村庄燃起熊熊烈火、所有居民四处逃亡之际，麦哲伦强迫宿务岛的当权者按照西班牙模式采取更多专制和等级统治的手段行使权力。首先，他把各酋长召集在一起，劝诱他们宣誓服从胡马邦国王。

相应地，胡马邦也要宣誓效忠西班牙国王。"舰队总指挥随即在圣母玛利亚画像面前拔出佩剑，告诉胡马邦国王，假如有人这样发誓的话，他就算死也不能违背誓言。"接着，麦哲伦送给胡马邦一把红色天鹅绒椅子，并告诉胡马邦"无论他走到哪里，都要让最亲近的家属帮他带着它，并向国王演示如何拿着椅子"。作为交换，胡马邦也送给麦哲伦一份特殊礼物：两枚很大的金耳环、两只金臂环以及两只系在脚踝上的金箍。然而，如果胡马邦认为麦哲伦将这些珍贵的礼物等同于天鹅绒椅子所象征的权力的话，那他就大错特错了。

虽然麦哲伦成功地将岛民们变成了基督教徒，但他也意识到这项成就不完整，甚至是有缺憾的，并因此深感担忧。例如，他曾命令岛民烧掉他们原来崇拜的神像，但他们不仅没有照办，反而继续拜祭这些神。目光所及之处，麦哲伦都觉得似乎有个神在嘲笑他。他甚至感觉到人们为这个神雕刻出来的神像在海边排成了一排。对于敏感的欧洲人来说，这些神像令人不安。"它们双臂张开，双腿打开，双脚朝上翻，"皮加费塔写道，"它们长着一张大脸和像野猪那样的四颗獠牙,浑身上下都涂了漆。"

麦哲伦想知道为什么当地人还在崇拜这些神像。岛民们辩解说,他们之所以供奉它们,是为了帮助一名病人。这名病人病情严重,已经连续四天无法说话了。他不是别人,正是亲王的哥哥,被认为是"岛上最勇敢、最聪明"的人。但是基督教帮不了他,因为他还没有接受洗礼。

麦哲伦打算利用这个机会,向岛民们表明基督教信仰具有治愈疾病的力量。他建议岛民烧掉神像,相信基督耶稣的大能,因为只有基督才能救他。如果这名病人接受洗礼,"他很快就会康复"。麦哲伦的态度非常坚决,他说,假如病人无法痊愈,他就让胡马邦国王"当场把他的头砍下来"。

实际上,他坚持要求胡马邦这样做,而胡马邦也一如既往地配合麦哲伦,回答说"他会遵命照办,因为他真心相信基督耶稣"。麦哲伦认为,他的生死取决于洗礼的结果,事实也的确如此,假如病人无法康复,基督教事业就失去了公信力,而持有狂热宗教信仰的麦哲伦将很可能身首异处。在这严峻的考验面前,麦哲伦做好了充分准备。他要靠一场法事来保住病人的性命。皮加费塔又开始忙着做记录,写下了这段话:

> 我们排着队,从广场一直走到病人家里,尽量把场面搞得很隆重。到了目的地,我们才发现他的病情相当严重——既不能说话,也无法下床活动。我们给他、他的两名妻子和十个女儿都施了洗礼,然后舰队总指挥问他感觉如何,他马上说,蒙上帝的恩典,他已经感觉好多了。这简直就是一个奇迹。总指挥一听到他开口说话,便一个劲地感谢上帝。然后,他让病人喝了一点早就准备好的杏仁乳。

看到病人奇迹般地复原，那些轻信麦哲伦的岛民深感震撼，他们现在已经把麦哲伦视为天神了。在他们眼里，麦哲伦比他们所崇拜的神像要强大得多，而且还活生生地走在他们中间。麦哲伦的铁汉柔情和悲天悯人之心在这件事中体现无遗。宿务人将更多赞誉和吹捧献给他，而他也充分利用这个成功案例来宣扬基督教。

"随后，他给病人送去一张床垫、两张床单、一张黄色的床罩，还有一只枕头。病人康复前，舰队总指挥一直给他送牛奶、玫瑰香水、玫瑰精油和蜜饯。不到五天，病人就开始下床走路了。他命人把某个老妇人藏在他家里的神像拿出来，当着国王和其他人的面烧了。"

接下来的几天里，被宗教狂热冲昏头脑的麦哲伦将海边一整排神像都销毁了，并且煽动焦虑不安的岛民们仿效他的做法。"人们高喊着：'卡斯提尔！卡斯提尔！'然后把神龛都烧掉了。"捣毁神像运动消耗了麦哲伦和宿务人大量精力，后者发誓要烧掉他们看到的一切神像，甚至是藏在胡马邦住所里的神像。

宿务岛和附近岛屿的所有村庄都向麦哲伦进贡，贡品很可能以黄金为主。岛民们还给舰队提供食物，希望后者能够用基督教信仰为他们治病。与之前的境遇相比，船员们的生活似乎大有改观。他们可以整日整夜地与岛上的女人厮混，乐不思蜀地陶醉在宿务岛充满异国风情的性狂欢当中。

在这片祥和宁静之中，一个不祥之兆出现了。一天半夜，一只"大如乌鸦、乌黑发亮的鸟儿"出现在宿务岛茅草屋上空，并"开始尖叫，使岛上所有的狗一起狂吠，就这样尖叫声和狗吠声此起彼伏，持续了四五个小时"。在这样的喧闹声中，上岸过夜的船员们根本无法入睡。他们到处问岛民这究竟是怎么回事，"但那些人不愿意告诉我们原因"。在迷信的船员们看来，这持续不停的叫声也许是大祸临头的预兆，麦哲伦只享受了短暂的和平。

1521年4月26日，麦克坦岛向舰队示好。岛上的一名酋长苏拉（Sula）派自己的儿子前往宿务岛，送给麦哲伦两只山羊。他说，他本来想多带几只的，但岛上另一个部落的首领拉普拉普（Lapu Lapu）却阻止他这样做。拉普拉普就是一直以来坚决反对皈依基督教的酋长，而麦哲伦不久前刚把他的村庄烧成平地。

　　一边是拉普拉普，另一边是麦哲伦，两人都是不愿妥协的勇士，夹在中间的苏拉只能尝试着两边斡旋。苏拉告诉麦哲伦，拉普拉普娶了他妹妹为妻，也愿意跟他合作，却一直坚决反对欧洲入侵者。接着苏拉突然改变立场，提出把自己的士兵交给麦哲伦调遣，帮助麦哲伦与拉普拉普的军队打仗，因为联军也许能一举除掉拉普拉普。麦哲伦拒绝了苏拉的提议，说他想"看看西班牙勇士们在没有任何帮助的情况下如何英勇作战"。

　　苏拉知道自己可以高枕无忧了，他请求麦哲伦派给他一船全副武装的士兵，协助他与拉普拉普的军队作战。遇事从不畏缩的麦哲伦说一艘船不够，他会给足苏拉三艘载满士兵的大划艇。正是因为麦哲伦的好战之心，苏拉成为最大赢家。他不仅没有把自己的军队交给麦哲伦指挥，反而让麦哲伦的士兵为他服务了。

　　战斗一触即发。

　　麦哲伦的开战决定使船员们惊慌不已，他的核心领导层立刻意识到舰队正处于探险航行的另一个转折点。来到这些草木繁盛的岛屿之后，他们第一次严重质疑麦哲伦的判断，甚至怀疑他是不是疯了。"一个肩负如此重大使命的人没有必要炫耀自己的武力，"对于麦哲伦的决定，希内斯·德·马弗拉评论道，"打胜了……他得不到多少好处。打败了，会将舰队置于危险的境地。与炫耀武力相比，舰队本身重要得多。"曾遭遇海难的"圣地亚哥号"船长胡安·塞拉诺也强烈反对与原住民打这场无谓的仗。他说，原住民能够皈依基督教固然是件好事，但舰队的首要任务是找到香料群岛，而且这也是卡洛斯一世国王命令他们做的事情。

他提醒麦哲伦说，舰队已经经历了太多人员伤亡，不能再死人了。倘若要组织一支足以对抗岛民的军队，那么舰队就必须倾巢而出，此时船只将很容易遭受别人的攻击，所以他们最坏的情形将是输掉这场战斗并损失船只。

连麦哲伦的疯狂追随者皮加费塔也提醒他不要对拉普拉普采取不必要的极端措施。但是，无论他们多少次苦苦哀求麦哲伦实施切实可行的和平策略，麦哲伦却拒不让步。"我们再三央求他不要开战，但他就像一个称职的牧羊人，不肯抛弃自己的羊群。"

面对批评，麦哲伦的确做了一点退让。他把参与战斗的人数降到最低水平，命令舰队远离海岸。随着战斗的深入发展，这两步关键决策将整个探险活动置于极其不利的局面中。

麦哲伦是一个遇强越强之人，最容不得别人挑战他。在航行过程中，他不但镇压了船员叛乱，对抗过狂风暴雨，还横渡了海峡，穿越了太平洋。这一切成就靠的都是他坚定的意志。在岛民生病时，他甚至还主动提出，倘若病人改信基督教之后不能痊愈，就让自己人头落地。

麦哲伦每次遇到挑战总能全身而退，所以他坚信麦克坦岛之战同样会如此。他会成为最终的胜利者，这并不是因为他有精兵悍将或采取正确的战略，而是因为他遵循了上帝的意愿。然而他手下的官员们并不认为上帝会插手这件事，只是他们别无选择，必须跟随麦哲伦战斗。不过他们抱着例行公事的态度打算与战场保持一个安全距离；如果麦哲伦真的想带着几名没有战斗经验的士兵单枪匹马拿下麦克坦岛，那就让他去吧。官员们将会袖手旁观，麦哲伦只能自求多福。这些都是拉普拉普没有想到的,其实他正在使用一种正确的方法诱使麦哲伦开战。

麦哲伦命令手下准备发起攻击,船员们立刻穿上铠甲。这一次,他们真的要参加战斗,而不是展示铠甲。参战人员包括皮加费塔、麦哲伦的奴隶恩里克、私生子克里斯托万·雷贝罗,以及划着小船过来的一小股宿务人。麦哲伦命令宿务人不要参加战斗,只要在一旁观看"西班牙勇士"如何"狩猎"即可。

"午夜时分,我们60个人穿上胸甲,戴上头盔,与刚刚皈依基督教的胡马邦国王、亲王和几名酋长,搭乘二三十艘'巴朗海'小船出发。在天亮前3个小时,我们达到了麦克坦岛。"为了安抚忧心忡忡的船员,麦哲伦宣称自己不想打仗,并且派人带话给拉普拉普,说他如果无条件"服从西班牙国王,承认这位基督教国王是他们的君主,并向我们交纳贡品,他(麦哲伦)就愿意跟他们交朋友。可是如果他们想开战,那就等着看看我们长矛的杀伤力吧"。

麦哲伦曾向其他岛民提出过同样的条件,结果他们要么出于自愿,要么在麦哲伦简单炫耀武力之后接受了这些要求。根据最近的经历,麦哲伦原以为只要他一开炮,敌方那群近乎全裸的乌合之众就将作鸟兽散,而且在坚不可摧的西班牙铠甲面前,原住民们的竹矛将毫无用武之地。

拉普拉普拒不屈服,在给麦哲伦的回话中,他大肆吹嘘己方武器的威力。他说,他的长矛是用粗壮的竹子做成的,而他的尖木桩"用火烤过,非常坚硬"。

与此同时,拉普拉普还要求麦哲伦将进攻时间推迟到"第二天早上,以便他们集结更多兵力"。起初,拉普拉普的荒谬要求让麦哲伦的手下感到困惑,但后来他们发现这是一招缓兵之计。"他们之所以这样说,是为了诱敌深入。他们早在茅屋与茅屋之间挖好了陷阱,如果我们深入丛林追杀他们，就有可能掉进陷阱里。"

就在麦哲伦考虑拉普拉普这项请求及其背后的动机时，他已经丧失了夜袭和涨潮所带来的宝贵战机。海水退潮之后，水位变浅，大划艇只能远离海滩，这对麦哲伦十分不利。

更加棘手的是，大船不得不停泊在更远的深水区。大划艇与海岸距离的增加，意味着麦哲伦的船员在涉水上岸时将长时间暴露于拉普拉普的长矛进攻之下，更意味着他们的十字弩和大炮在大船远离战场的情况下将无法发挥威力。

麦哲伦命令船员冲锋时已经临近黎明，天空开始出现微弱的晨光。"我们中间的49名船员跳到水里，发现海水深及大腿。我们趟着水，走了两倍于十字弓射程的距离，才到达岸边。"皮加费塔写道。

由此可以判断，他们涉水距离大约为2 000英尺，将近半英里。这段路程十分危险，因为船员完全暴露在敌人的攻击范围之内。"其他11个人留在后面保护划艇。"

与此同时，宿务岛国王、亲王和士兵留在他们那条机动性极强的"巴朗海"小船上观战，无力影响战局进展。麦哲伦再三警告他们不要参与战斗，他们这是在按命令行事。正当船员们费力地从海里走上沙滩时，一群已经做好战死准备的战士突然从树林里冒出来，冲到他们面前。根据皮加费塔推算，对方数量并非预计中的几十人，而是1 500人，他们都来自麦哲伦所焚毁的村庄。

麦克坦战士与摩鹿加舰队船员的人数比达到30∶1。麦哲伦曾吹嘘过他的船员穿上铠甲之后能够以一敌百。现在，他的这番话要经受考验了。

> 一看到我们，那些原住民战士就大喊大叫着冲杀过来。
> 他们兵分三路，两路包抄我们的两翼，还有一路从正面冲击

我们。舰队总指挥见状，立刻指示我们分成两队。战斗就这样展开了。火枪手和弓弩手从远距离射击了大概半个小时，但杀伤力有限，因为子弹和弩箭只能穿透由薄木板制成的盾牌，打中执盾者的手臂。

雪上加霜的是，火炮也完全打不中敌人，船员们身陷囹圄，战斗也愈发激烈：

> 舰队总指挥朝他们大喊："停火！停火！"但没人听到他的命令。原住民看到我们的火枪伤不了他们……便喊得更大声了。火枪手一开枪，这些原住民就四处跳跃而不是站着不动，同时他们会利用盾牌保护自己。除了用火硬化过的尖木桩、石头和泥巴之外，他们还不断地朝我们这边射箭，并向舰队总指挥投掷竹矛（有些竹矛带有铁制矛头），我们几乎毫无招架之力。

在铠甲的保护下，被围攻的船员们冒着敌人的弹林箭雨艰难涉水上岸。"他们登陆的海滩水位很浅，"德·马弗拉回忆道，"所以，他们只能把小艇留在远离海岸的地方。上岸后，他们发现了一个坐落于棕榈树林里的大村庄，但那里不见人影。"麦哲伦不仅没有反思当下局面，反而命令手下做了一件最有可能刺激麦克坦岛居民的事情。皮加费塔说，麦哲伦命人"烧掉他们的房子，以儆效尤"。可想而知，"当他们看到自己房子着火时，内心有多么愤怒"。

当船员们放火焚烧一座茅屋时，50名手持刀剑和盾牌的战士被迫从藏身之处冲到空旷的地方。"他们朝我们的士兵冲杀过来，"德·马弗拉说道，"挥舞着刀剑四处砍杀。混战中，其中一名原住民用剑刺中了一名加利西亚船员的大腿,致其失血过多而死。我们的人想为同伴报仇,向原住民发起了反冲锋,对方匆忙撤退。当我们的士兵去追赶他们时,他们突然从后面的一条小路杀出,像早就策划好了这次伏击似的。向船员们猛扑过去的原住民发出震耳欲聋的喊声,开始大开杀戒。"

在一片骚乱中,舰队伤亡不断加重。"我们烧掉了二三十间茅屋,有两名士兵在茅屋附近被杀。"皮加费塔写道。即便是铠甲也无法阻挡飞来的利箭。"向我们冲击的人实在太多,舰队总指挥的右腿被一支毒箭射穿。"

到了这时候,麦哲伦才意识到局势的严重性,可为时已晚。他终于下达了撤退的命令,但他的手下却被困在远离大划艇的地方。麦克坦人再次发起进攻,舰队的40多名士兵已经四散逃窜,只有包括皮加费塔在内的六七名死忠船员留守在受伤的麦哲伦身边。

> 原住民只射我们的大腿,因为大腿上没有铠甲保护。长矛和石头如雨点般飞过来,我们毫无还手之力。船上的大炮无法支援我们,因为它们实在是太远了,所以我们只能不断向海里撤退,退到距离海岸线一支弩箭射程、水没膝盖的时候还在战斗。原住民仍旧对我们穷追猛打,拿起4倍到6倍于之前的长矛,纷纷向我们投掷过来。他们有人认出了舰队总指挥,于是都把攻击重点转向他,他的头盔被打下来两次,但他还是像一名优秀的骑士那样屹立不倒,和其他人一起并肩作战。就这样,我们战斗了一个小时,拒绝继续后退。

这时候,没有任何人来支援麦哲伦和他那一小群拼死作战的士兵,站在"巴朗海"上的宿务人没有来,舰队中的其他人也没有前来增援。皮加费塔解释说，那位"基督教国王（他指的是忠于麦哲伦的胡马邦）本可以来支援我们的，但舰队总指挥在登陆之前就命令他不要离开'巴朗海'，必须留在船上看我们如何战斗"。胡马邦太乐于服从这个命令了。不过，最终还是有一些宿务人乘坐着"巴朗海"来到战场，只是为时已晚。其实在他们赶来支援麦哲伦之前，很多宿务人被舰队的炮弹击中，可能船员将他们误认为敌人了。与此同时，大腿中了毒箭的麦哲伦毒性发作，身体已经支撑不住了，而麦克坦人还是不依不饶地继续围拢过来，双方开始近距离肉搏。

"一名原住民投射的竹矛插中了舰队总指挥的脸，但他立刻用手上的长矛刺死了对方，并把长矛留在了那人的尸体上。接着，总指挥想伸手拔剑，但剑只能拔出一半，因为他的手臂此前被一支竹矛所伤。原住民看到这一幕，立刻一哄而上，其中一人用一把很大的弯刀砍伤了他的左腿。这种刀很像东方人所用的短弯刀，只不过形体更大一些。"身负重伤的麦哲伦"回头看了很多次，想看看我们是否都上了船。"皮加费塔认真写道："在他拼死搏斗期间，其他人都上了船"。

假如不是麦哲伦牵挂他们的人身安全的话，"谁都无法撤回船上"。与此同时，弯刀不断地砍向麦哲伦，后者终于倒下了。"总指挥面朝下倒了下去，原住民立刻向他猛扑过去，用铁器、竹矛和弯刀朝他身上猛戳猛砍。总指挥是我们的明镜和指路明灯，更是在我们痛苦时给予我们安慰的导师，但他就这样被杀死了。亲眼看到他的阵亡场面后，我们尽最大努力撤到已经停靠在岸边的船上。"

就在这时，宿务岛的战士终于来帮忙了。他们跳进水里，挥舞着刀剑，将麦克坦人赶走，而后者也根本不想与邻居开战。混浊的海水逐渐回归清澈，宿务岛战士将筋疲力尽的生还者拖上他们的"巴朗海"，把他们运送到舰队的大划艇旁。这些大划艇此时竟然还远离战场，简直令人匪夷所思。

第二卷　世界的边缘

在塞维利亚忙于为出海做准备的那几个月里，麦哲伦本以为自己的生命会以一种庄严、敬虔的方式结束，并没预料到自己会死得这么惨。没有叫花子会为他祈祷，也没有人会以他的名义捐钱捐物，更没有人会为他在塞维利亚的教堂做弥撒。他在争夺土地过程中所得的任何财产，将无法被他的妻子、小儿子或与他一起阵亡在麦克坦战役中的年长私生子继承，而他也无法被葬在他亲自挑选的塞维利亚的宁静公墓中。

麦哲伦的遗体残骸被大风和潮汐冲到了麦克坦岛的沙滩上，他在遗嘱中精心制定的所有后事都无法付诸实施。

皮加费塔一直与麦哲伦并肩作战，后者之死，让他明白了何为高贵品质、英雄主义和对命运的安之若素。

在他的日记当中，有一段极其动情和传神的描述，以此纪念他无比崇敬、客死异乡的领袖："我希望……如此高贵的一位船长不会被我们这个时代所遗忘。他拥有很多美德，而其中一个就是在巨大逆境当中表现出的无比坚定的意志，因为他比其他人更能忍饥挨饿。同样有目共睹的是，他对于航海图和海上航行的把握比世界上任何人都准确，因为其他人都没有环球航行的天赋和胆量。他差一点就完成了绕地球航行一圈的壮举……""差一点"——也许这是皮加费塔的悼词中最伤感、也是最生动的字眼。

"那场战斗发生在1521年4月27日，周六，"他在悼词末尾写道，"对舰队总指挥而言，周六是个神圣的日子，而他就死在这样的一天。我们的8名船员和他一起在战斗中阵亡。4名已经皈依基督教的原住民来协助我们，却不幸被己方船只发射的炮弹误杀。敌军死亡人数只有15人，而我们有多名士兵受伤。"阵亡者当中有麦哲伦的私生子、一直陪伴他经历这段旅程的克里斯托万·雷贝罗，船员弗朗西斯科·戈麦斯（Francisco Gomez），船舱侍应生安东尼奥·加耶戈（Antonio Gallego）、士兵胡安·德·托雷斯（Juan de Torres）、曾当过卡尔塔海纳侍从、后来转而效忠麦哲伦的罗德里戈·涅托（Rodrigo Nieto），以及战斗结束两天后才去世的安东·德·埃斯科瓦尔（Anton de Escovar）。

皮加费塔的悼词表明，麦哲伦之死使他深受打击。离开欧洲时，他只是一个有些文化的毛头小伙，迫切地想跟随麦哲伦探索这个世界；而现在，总指挥大人死了，他却不知道谁会继承他的衣钵。

在欧洲以外的其他地方，皮加费塔经历了很多让他惊恐不已的事情。他没有遇到怪兽、磁力岛、沸腾的海水和美人鱼，却遇到了猛烈的暴风雨，残酷和令人煎熬的磨难，以及散居世界各处、居住条件让他无法想象的原住民，这些人既有可能杀死他，也有可能帮助他。最让他沮丧的是，舰队绕行半个地球跑来这里，却在部落战斗中牺牲了数十名船员，就连麦哲伦本人也丧命于此，可即使这样他们还是没有抵达香料群岛。

在所有船员看来，阵亡的麦哲伦称不上英雄，甚至对那些崇拜他胆识和航海技能的人来说，他也不是什么英雄豪杰。麦哲伦的忠实追随者认为，他向麦克坦人寻衅的做法完全是自寻死路，因为后者占据着军事优势。

在追逐荣耀的道路上，麦哲伦已经误入歧途，让很多船员白白牺牲，并且浪费了舰队的大量资源；他鲁莽轻率的行为不仅伤了船员们的心，还使他们怒火中烧，而这才是最严重的。德·马弗拉评价说，麦哲伦的最后一战其实是"鲁莽轻率之举……他本可以做一些更有益的事情"。麦哲伦打着卡洛斯一世国王的旗号强取豪夺，背叛了以礼款待他的原住民，并最终付出沉重代价。

麦哲伦死得悲壮。人们通常认为，他的死由严重的战术失误和令人难以置信的错误判断造成。但从某种程度上说，这是他在菲律宾群岛越来越寻衅滋事的行为导致的直接后果。他大肆焚毁岛民的住宅，而那些人是很容易通过外交手段而非武力皈依基督教的。

　　由于经常展示武力，麦哲伦已经让这些岛民（和他自己）相信他无所不能，他迟早会与敌人挑起争端。这些敌人拥有明显的军事优势，光靠信仰无法保护他。对于荣耀的渴望由于打上了宗教热情的印记而使他误入歧途，走上万劫不复的道路。在航行过程中，麦哲伦凭借出众的个人才智多次与死神擦肩而过。他不仅战胜了暴风雨和坏血病等天灾，还躲过了船员叛乱等人祸，最终他却无法逃脱最大的祸害：他自己。

　　麦哲伦之死可能也是由那些对他不再抱有幻想的船员造成的。尽管皮加费塔和其他目击者详细描述了麦哲伦在麦克坦岛战斗中的作为，而且在前者关于麦克坦岛战役的描述中，最引人注目的就是麦哲伦和他的一小群战士孤军作战的内容，但增援部队的下落和行踪仍值得怀疑和商榷。在登陆作战期间，麦哲伦和战友们原本以为大船上的炮手会以炮火支援他们，驱散岛上的原住民战士，但事实并非如此。

　　既非战士也非船员的文人皮加费塔对这件事的看法是，海水退潮之后，大船无法靠近海岸支援这场惨烈的战斗。但经过数小时激战之后，为什么大船仍旧没有派大划艇送来增援部队？连宿务人最终都介入了战斗，而麦哲伦自己的舰队却袖手旁观，这完全不合情理，除非船员们拒绝支援麦哲伦，或者他们的上司故意按兵不动。

　　从大船官员和船员的角度来看，这种形式的叛变有一个好处，那就是容易掩人耳目；只要以静制动，就能达到叛乱目的。他们任由麦哲伦在麦克坦海湾被原住民乱刀砍死，其实就是借原住民之手杀死舰队总指挥。摩鹿加舰队里，只有少数人认为麦哲伦虽死犹荣，安东尼奥·皮加费塔即是其中之一。

在皮加费塔看来，麦哲伦并非独断专行之人，更不会使人产生愤怒或不忠之心。麦哲伦之死体现出他"人命天定"的思想：在为崇高信念服务时，无论结局多么悲惨，也要顺从天意。而死亡更加衬托出麦哲伦的伟大，让他成为一项伟大事业的殉道者。

即便皮加费塔秉持这样的观点，他的日记也只是讲了一个模棱两可的故事，并不能支撑他的看法。在这个故事里，光明和黑暗密不可分：麦哲伦既有英勇和不畏艰难的一面，也有愚蠢鲁莽的一面；既有聪颖敏锐的时候，也有盲目和非理性的时刻。他是一个想要逃离自身所处时代的人，更是一个让理想屈服于本性的远见卓识之人。

麦哲伦处于逆境时总是斗志昂扬，这更让人钦佩。每到关键时刻，他的坚韧不拔、足智多谋和非凡勇气等优秀品质就会显露无遗。他曾计划去寻找香料群岛，却被葡萄牙国王一而再，再而三地拒绝，但他最终还是成功地游说西班牙国王组建了一支探险队。

在航行途中，叛乱分子在圣胡利安港夺取了三艘舰船（差点还夺取了第四艘），但没过多久，麦哲伦就在几乎没有援兵的情况下一艘接一艘地夺回了船只，并成功镇压了叛乱。当手下官员们质疑海峡是否存在时，麦哲伦找到了海峡；当下属因前景不明而不敢进入太平洋时，他毫不犹豫地率领船队进入浊浪滔天的大海。临死前，他还抵挡住了1 500人的进攻。

激烈的战斗结束后，麦哲伦被砍得支离破碎的尸体在麦克坦海滩附近的水域四处飘荡，最后被庆祝胜利的麦克坦战士收集起来。当天下午，心急如焚的麦哲伦追随者敦促胡马邦国王带话给拉普拉普，让他交还舰队总指挥的残骸和麦克坦之战中牺牲的其他受难者遗体。他们甚至主动提议，为了换回九名战士的遗体，他们可以满足麦克坦人提出的一切要求。拉普拉普的答复非常嚣张。"就算把全世界的财富给他们，他们也不会交还舰队总指挥遗体……他们想把尸体留下来，当作纪念品。"也许他们并没有这样做，但舰队确实没有取回麦哲伦的遗体，甚至连他的铠甲都没有拿回来。

如今，菲律宾群岛的人们以一种截然不同的眼光看待当年麦哲伦与拉普拉普之间充满悲剧色彩的交锋。在菲律宾民众心中，麦哲伦不是一位勇敢无畏的探险家，而是侵略者和杀人凶手，而拉普拉普的形象则被理想化的手法描绘得面目全非。

迄今为止，麦克坦港口最令人印象深刻的景点就是一尊硕大无比的拉普拉普雕像：他手握竹矛，如守护神般凝视着太平洋。我们找不到更多关于拉普拉普与其统治时期的信息，假如没有跟麦哲伦打这场仗，他的名字也许会淹没在历史长河中。

麦克坦港口内现在竖着一座方尖碑，以纪念这场欧洲人与菲律宾人之间的恶战。方尖碑的正反两面对这件事进行了截然不同的描述，其中一面代表欧洲人的观点："1521年4月27日，效力于西班牙国王的葡萄牙伟大航海家埃尔南多·德·马加亚内斯[①]被菲律宾原住民杀害于此。"另一面则代表着菲律宾人的观点："伟大的酋长拉普拉普曾在此处击退了麦哲伦发起的进攻，杀了他并赶走其军队。"

当然，后面的版本在菲律宾群岛更受欢迎，因为当地民众厌恶"麦哲伦"这个名字，甚至对他的死幸灾乐祸。每年4月份，菲律宾人都会在麦克坦战役发生的沙滩上重现当年的一幕。一名电影明星扮演拉普拉普这位近乎全裸的菲律宾战士，而穿着铠甲的入侵者麦哲伦则由一名职业军人出演。他们会在海滩上的数千民众面前上演一场"殊死搏斗"，直至"麦哲伦"的脸朝下倒在海浪里。

---

① 麦哲伦名字的葡萄牙语发音。

第三卷

死里逃生

第11章
叛乱者之船

> 那破败的船向我们驶来，
> 她与死神在掷着骰子；
> "比赛结束！我赢了！"
> 她欢呼雀跃，吹了三声口哨。

麦哲伦之死早就在舰队官员和船员的预料之中。"舰队总指挥刚战死，"皮加费塔写道，"我们留在城里做生意的四个人就把货物搬到了船上。"把用来引诱岛民的铃铛、玻璃珠和衣料等珍贵货物妥善放置之后，幸存下来的船员开始选举摩鹿加舰队的下一任指挥官。他们要寻找一位不热衷冒险的统帅，这位领袖应避免让船员陷入危险境地以至丧命，并致力于实现舰队的首要商业目标：找到香料。

大家不再探讨解散舰队或中途折返的问题，因为他们航行了很长距离，历尽千辛万苦才来到这里。能够担当总指挥大任的人选不少，官员们纷纷摩拳擦掌，跃跃欲试，他们早就盼望着这一刻了。

舰队失去了麦哲伦，这终究是件令人悲痛的事情；他的勇气让所有人敬佩，即便那些诋毁他的人也不例外。尽管如此，麦哲伦之死还是让很多人如释重负。他们觉得，在麦哲伦带领下所要经历的磨难终于结束了。

选举的结果非常罕见，因为大家选出了两名指挥官，即麦哲伦的小舅子杜阿尔特·巴尔波查和卡斯提尔籍船长胡安·塞拉诺。即使到了这个节骨眼上,官员和船员们仍要在舰队中保持西班牙和葡萄牙两股势力的平衡。

即便如此,这个小心翼翼地平衡各方利益的选举结果并没有让所有人满意。曾在圣胡利安港叛乱中扮演了重要角色的巴斯克籍船员塞巴斯蒂安·埃尔卡诺认为,塞拉诺仅仅只是一个有能力的领航员,不适合当联合指挥官。埃尔卡诺这番话其实是在暗示他自己才能更好地带领这支舰队。

宿务岛大屠杀

对于舰队的新领导层,麦哲伦的忠实仆人恩里克的反对声则更加强烈。恩里克懂得翻译马来语,他靠这一技能为舰队作出了弥足珍贵的贡献,而现在舰队比以往更加需要这项技能。新指挥官命令他离开"特立尼达号",但他拒不服从。他在战斗中负了伤,身上盖着一张毛毯,躺在床上不肯走,并且大喊大叫说自己是个自由人,因为他的主人已经死了。

这话说得没错,麦哲伦死后,恩里克不仅可以获得自由,还可以得到1万马勒威迪遗产。但舰队的领导人已经习惯于他的唯命是从,而且他们仍然需要他的语言和外交技能,所以坚决要求他继续服从命令。可是,恩里克受人差遣多年,如今终于获得了人身自由和一些财产,就不愿意再听从任何人的指挥,于是他斩钉截铁地拒绝下船了。

紧接着,恩里克与杜阿尔特之间爆发了激烈争吵。皮加费塔写道:

> 旗舰的新任指挥官杜阿尔特·巴尔波查大声告诉他,虽然他的主人死了,但他并没有获得自由。相反,当我们回到

西班牙后，他仍然是已故指挥官遗孀彼脱利兹夫人的奴隶。杜阿尔特还威胁说，如果恩里克不马上上岸，他就找人把他赶下船。

杜阿尔特在威胁恩里克时，很可能对他进行了大量口头辱骂，但皮加费塔并没有在日记中记录这些污言秽语，倒是巴斯蒂安·埃尔卡诺更加完整地描述了这场冲突。不过按照他的说法，辱骂恩里克的人并非杜阿尔特，而是塞拉诺：

> 没有恩里克这个翻译，塞拉诺什么也做不了。他用尖酸刻薄的语言训斥他，说尽管他的主人麦哲伦已经死了，但他还是一名奴隶；如果他不服从他（塞拉诺）的命令，就会遭受鞭刑。塞拉诺这番话触怒了恩里克，他的内心已经被愤怒占据。

这番尖酸刻薄的话激醒了浑浑噩噩的恩里克，他怒不可遏地离开了"特立尼达号"，扬长而去。

皮加费塔认为，离开"特立尼达号"后，恩里克就去找了所谓的"基督教国王"胡马邦策划阴谋对付舰队。从表面上看，这位宿务岛国王是摩鹿加舰队的坚定盟友。当他听闻麦哲伦战死后泪如泉涌，并因为自己无法阻止这出悲剧而万分悲痛。

尽管胡马邦与舰队有着深厚的感情，但他还是做出了背信弃义的事。恩里克"告诉他，我们马上就要离开这里了（这全是实话），如果国王照他的话去做，他就能得到我们所有的船只和商品。于是他们暗中策划了一起阴谋。但是恩里克返回舰队后故意表现得循规蹈矩"。

埃尔卡诺的说法也相差不远。他说，恩里克"偷偷与宿务岛首领（指胡马邦）会面，并对他说，卡斯提尔人贪得无厌……他们会回来把国王抓起来的"。埃尔卡诺叙述道："恩里克游说国王，说卡斯提尔人一直以来都居心叵测，想暗算宿务人，所以宿务人别无他法，只能以牙还牙。国王就这样被他说服了。"

如果这是真的，那么恩里克确实背叛了麦哲伦。他有充分的，甚至可能是相当复杂的动机这样做：也许他不想做一辈子奴隶；也许在发现自己有菲律宾血统后，他压抑已久的亲情和民族情感彻底爆发；也许他并没有意识到自己的话会对胡马邦产生那么大的影响。总之在恩里克的恫吓之下，胡马邦发现自己已经走投无路了。

一直以来，胡马邦都对麦哲伦忠心不二，现在麦哲伦死了，舰队也即将离开宿务岛，他再也享受不到西班牙人给予的保护了。没有了摩鹿加舰队，胡马邦就不得不与拉普拉普正面交锋。而击败麦哲伦让拉普拉普底气十足。由于胡马邦曾经支持过麦哲伦，因此想报仇雪恨的拉普拉普迟早会找上门来。

此外，宿务岛的很多男人都憎恨欧洲人勾搭他们的妻子，这种巨大的压力迫使胡马邦必须对摩鹿加舰队还以颜色。出于上述理由，只有暗算麦哲伦的手下，才是胡马邦表明他忠于本国民众并保住自己脑袋的最有效方式。

1521年5月1日，周三，胡马邦邀请舰队领导人赴宴。这份邀请可能是通过恩里克口头传达的。除了一顿奢华大餐之外，胡马邦还承诺送给舰队许多珠宝和其他礼物，让他们带回国，进贡给西班牙国王。此外宿务岛的统治者还说，他将会热情款待所有人，希望来参加宴会的舰队官员和船员越多越好。摩鹿加舰队有三十多人决定接受胡马邦的邀请，其中大部分是官员。

这是一个庞大的代表团，将近占整个舰队人数的四分之一，其中包括舰队的新指挥官杜阿尔特和塞拉诺,以及他们的占星师兼天文学家安德烈斯·德·圣马丁。皮加费塔也受邀参加宴会,但正如他后来所说的那样,"我去不了,因为我额头中了毒箭,整张脸都浮肿了。"在麦克坦战役期间,他因为支援麦哲伦而受伤。

舰队官员们以为这场宴会又是一次胡吃海塞、狂饮棕榈酒的好机会。但是他们上岸后不久,留在"特立尼达号"养伤的皮加费塔惊讶地得知葡萄牙裔领航员若昂·洛佩斯·德·卡瓦略和纠察长冈萨罗·戈麦斯·德·埃斯皮诺萨居然回来了。

皮加费塔忐忑不安地听他们讲述上岸后的经历:"他们告诉我们,看到那个患病后奇迹般康复的宿务人带着牧师走进他家茅屋,他们怕有坏事发生便赶紧回来了。"他们说的宿务人,指的就是麦哲伦亲手治好的亲王的哥哥。看到巴尔德拉马神父走进一个宿务人的茅屋,这其实并不是什么大不了的事情,但在当时剑拔弩张的氛围下,两个人为了安全只好匆忙赶回舰队。

"他们说完这番话后不久,我们就听到有人大声呼喊和呻吟,"皮加费塔写道,"我们迅速起锚,一边朝他们的茅屋开炮,一边驶近海岸。"

他们所看到的惨况超出他们的想象,甚至比当年胡安·德·索利斯遭遇的大屠杀更为惨烈。当时和其他几名船员一起陷入包围的希内斯·德·马弗拉描述了陷入重围的水手们遭遇的残忍屠戮:

> 宴会快结束时,一些人拿着武器从棕榈树林里冲出来袭击我们,当场杀死了27人,另外俘虏了落在后面的牧师和老领航员胡安·塞拉诺。侥幸逃生的几名船员游回船边,被船上的人救了起来。舰队马上砍掉缆绳起航,但那群野蛮人杀红了眼,想抢光船上的货物,于是乘船追了出来,试图阻

止舰队离开。他们还把胡安·塞拉诺带到岸边，说他们想用他换取赎金。塞拉诺声泪俱下地哀求我们的人念及他风烛残年，不要充当敌人的帮凶，让他死在这些残酷的野蛮人手里。他请求我们尽全力去救他，这样他至少能够在亲人身边过完为数不多的日子。

我们的人告诉他，我们会尽所能救他。双方商议了一下赎金，宿务人提出要一把铁枪，这是他们最害怕的东西。他们要我们用小船把枪送过去。然而看到枪之后，他们又提出了更多要求；我们刚答应他们的要求，他们又提出其他要求。这样的局面持续着，直到我们的人知道了他们的真实意图。我们不想再留在那里，于是对胡安·塞拉诺说，他也看到了眼前所发生的事情，这些原住民根本说话不算数。

塞拉诺再次恳求船员们来救他，但水手们不肯离开自己的船，因为他们担心自己也惨遭杀害。"然后，胡安·塞拉诺哭着说，只要我们一起航，他就会被杀掉，"皮加费塔写道，"他还说，他会在自己末日来临的时候向上帝祈祷，请求上帝要他朋友若昂·卡瓦略的命。"塞拉诺绝望的话语被当成了耳边风，他的朋友卡瓦略就是不去救他。皮加费塔为这种懦弱感到震惊，但卡瓦略只是个小角色，对此无能为力。

嘶哑的叫喊声从船上传到陆地，最糟糕的事情发生了？陆地上的船员都死光了？真的是这样吗？塞拉诺用尽最后一丝力气站在海边四处张望，看到其他船员在胡马邦的鸿门宴上被杀害，杜阿尔特和圣马丁也在遇难者之列。然后，他看到舰队正在起锚，准备把他留给嗜血成性的宿务岛战士，他们都想找回失去的荣耀和尊严。"我不知道他最后是死是活。"舰队起航时，皮加费塔悲痛万分地写道。

被自己人抛弃后，塞拉诺最终遭遇了与其他船员同样的命运。所有人都没有想到，恩里克的复仇行动竟如此血腥。

摩鹿加舰队的三艘黑色帆船起锚扬帆，全速离开宿务港。舰队人数从刚离开西班牙时的260人锐减到现在的115人，没人再考虑派救援队去制止杀戮、夺回阵亡船员的尸体或寻找生还者，甚至没人想惩罚背叛舰队的恩里克。在逃往安全地带之前，他们回头看了宿务岛最后一眼，发现愤怒的岛民们正在拆除山顶上的十字架，并把它砸成碎片。

5月1日的大屠杀夺取了舰队中许多最能干、最优秀船员的性命，这些遇难者包括三天前刚被选为舰队联合指挥官的杜阿尔特·巴尔波查和塞拉诺、谨小慎微的舰队占星师安德烈斯·德·圣马丁、巴尔德拉马神父、接替杜阿尔特担任"维多利亚号"船长的路易斯·阿方索·德·戈伊斯（Luis Alfonso de Gois）、舰队文书桑丘·德·埃雷迪亚（Sancho de Heredia）和莱昂·埃斯佩雷达（Leon Expeleta）、制桶匠弗朗西斯科·马丁（Francisco Martin）、粮食供应商西蒙·德·拉·罗切拉（Simon de la Rochela）、士兵弗朗西斯科·德·马德里（Francisco de Madrid）、曾当过叛乱分子路易斯·德·缅多萨（后来被埃斯皮诺萨处死）仆人的埃尔南多·德·阿吉拉尔（Hernando de Aguilar）、操作"隆巴达"的舵手吉列尔莫·费内索（Guillermo Feneso）、四名水手、两名船舱侍应生、三名普通水兵、塞拉诺的一名仆人，还有四名在花名册中标注为"麦哲伦仆人"的船员。

根据一些史料记载，八名船员在这场屠杀中幸存下来，但被囚禁起来并卖给经常造访宿务岛的中国商人，不过这些传闻无法证实。卖主求荣、设下这场鸿门宴的恩里克自此消失在历史中，老谋深算的胡马邦也同样如此。麦哲伦在菲律宾所做的宗教实验原本充满了希望，却没想到以如此悲剧的结局收场。

造反派的洗白

五天后,半个地球之外的塞维利亚港,一艘饱经风霜的帆船停泊在港口。

来自远方的帆船抵达塞维利亚,这本是常事,但眼前这艘不是一只普通的帆船,而是摩鹿加舰队的"圣安东尼奥号"。这天是1521年5月6日,自从摩鹿加舰队在1519年9月20日离开圣卢卡·德·巴拉梅达之后,人们总算有了关于该舰队的消息。

岸上的人都不知道它为什么会回来,因为按照原定计划,该舰队不应该在这时候返航。不过,他们很快就会得知,麦哲伦最终找到了那条传说中的海峡,但就在横跨海峡之前,"圣安东尼奥号"被叛乱分子劫持,不再受残酷无情且胆大妄为的麦哲伦管辖。

抵港时,船长埃斯特万·戈麦斯及其主要同谋赫洛尼莫·格拉就在船上;除了这两人之外,还有其他55名船员,包括麦哲伦的表亲阿尔瓦罗·德·梅斯基塔。梅斯基塔在叛乱发生时被刺了一刀,而且返程时一直戴着镣铐。

戈麦斯凭借娴熟的航行技能驾驶着"圣安东尼奥号"穿越大西洋,回到了西班牙。他们也曾讨论过返回圣胡利安港去救被麦哲伦流放的卡尔塔海纳和牧师,但他们最后还是前往几内亚沿岸寻找饮用水,十之八九根本没有救人的打算。

独自横跨大西洋之后,"圣安东尼奥号"的船长和船员们终于看到了那熟悉的塞维利亚大教堂,然而他们高兴不起来,因为他们回国的方式并不体面。

作为叛乱分子,他们有可能面临官方调查、监禁,甚至被处以死刑。他们可以自我安慰说,格拉与此次探险活动的资助者克里斯托瓦尔·德·阿罗关系密切,所以后者一定会站在他们一边;他们还可以利用麦哲伦在西班牙不受欢迎的情况，捏造一些故事以谴责他判断失误、在航行途中粗暴虐待西班牙官员，从而彻底毁掉麦哲伦的名声。但这些编造出来的故事必须令人信服，否则官方不会相信他们是合情合理的被迫造反，也不会赦免他们。

麦哲伦无法到场为自己辩护，也无法反驳他们的论点。唯一有可能为他仗义执言的人就是阿尔瓦罗·德·梅斯基塔，他身上的累累伤痕便是叛乱分子阴谋作乱的明证。在漫长的回国途中，梅斯基塔已经做好接受官方调查的准备，因为他的生死也取决于他如何替自己辩护，说服官方相信他的说法。

关于这场叛乱的叙述，人们看到了两种截然不同的版本。现在，它们之间激烈且复杂的斗争才刚刚开始。

卡洛斯一世国王一听到"圣安东尼奥号"回国的消息，马上命令贸易局将船上的所有商品和设备归还克里斯托瓦尔·德·阿罗。由于国库吃紧，卡洛斯一世国王欠了阿罗不少钱，因此下旨让贸易局将任何值钱的货物均马上卖掉："货物售出后，把你们所售货物清单……发给我，我让克里斯托瓦尔·德·阿罗记账，这样就可以知道我们有多少收入。"

国王还下令，任何价值超过一万达克特金币的货物都要上交王室。这反映出年轻的卡洛斯一世国王迫切地想在这笔钱上分一杯羹，前提是"圣安东尼奥号"能够提供这笔钱。

事实证明，"圣安东尼奥号"拿不出这笔款子，因为船上没有任何价值连城的物品。贸易局把船上所有货物详细罗列了出来，包括若干已经褪去光泽的梳子、破碎的纸张、生锈的小刀、剪刀、弯曲的缝纫针、玻璃珠、水晶、珍珠、一张天鹅绒座椅、一块已经腐烂的弥撒祭坛布、铁器、水银、红铜、一只烤箱、一把秤、几只锅、一块被虫蛀过的绿布、几只朽烂的木桶、两个罗盘，以及一小袋鱼钩，但就是没有香料。此外，经过18个月的海上漂泊后，船只破烂不堪，潮湿闷热的天气已经对船体造成很大损害，更别提船只还遭受了大量白蚁的侵害。塞维利亚官方最终意识到，"圣安东尼奥号"没有到过香料群岛。卡洛斯一世国王殖民香料群岛、为西班牙赢得荣耀的美梦恐怕还要再过一段时间才能实现了。

"圣安东尼奥号"上的所有人都不知道麦哲伦已经战死。他们谎称（或者说他们希望）麦哲伦行事莽撞并且私通葡萄牙，最终在天涯海角的某个地方被人杀死了，而贸易局也倾向于相信这种说法。"他们认定他是个两面派，"贸易局一名代表向国王汇报说，"因此，压根没指望他会带着他们回来。"饱经风吹雨打的"圣安东尼奥号"及其55名参与叛乱的乌合之众被认定是曾经辉煌一时的摩鹿加舰队的唯一遗产。

回国几天后，叛乱分子必须给贸易局提供他们精心炮制的口供。要向55名船员当中的53人录入供词，这突如其来的任务使贸易局的文书措手不及。

1521年5月12日，也就是"圣安东尼奥号"回国6天后，贸易局会计胡安·洛佩斯·德·雷卡尔德（Juan Lopez de Recalde）在写给大主教丰塞卡的信中称："从耶稣升天节①（the Feast of the Ascension）那天早上开始，我们一直在2位文书在场的情况下向船员们提问和录取证词，他们都是自愿作证的。"他们要一个个地收集和修改53名船员的供词，这是一项费时费力的艰巨任务。"我们也带上了贸易局的法务顾问卡斯特罗韦德（Castroverde）。一直到昨天、也就是周六晚上，我们的工作进行了整整3天，但完成取证的船员才20多人。从离开塞尔维亚到回国这段时间所发生的事，他们每个人都要叙述，而我们每日要花半天时间来做这些记录。"

---

① 耶稣升天节处于复活节和圣神降临节之间。复活节40天后的周四是耶稣升天节。

与此同时，梅斯基塔被人从船上的禁闭室直接押往陆地的监狱，并在那里"处于海军上将的监禁之下，受到严密保护"。贸易局代表坚称，他们这样做只是为了保护梅斯基塔不被其他人伤害，但后者还是认为单独监禁是一种不公平待遇。

对于舰队在穿越海峡的某个时间段所发生的叛乱事件，贸易局确实做了详尽调查，记录下了大量细节。在报告中，他们详细描述了麦哲伦与卡尔塔海纳在舰队离开加那利群岛后的初次冲突，甚至在提到舰队发生的同性恋行为时，以煽动性的语言称这件事使麦哲伦狂怒不已，而且他的处理方式引发了船员的不满："在路易斯·德·缅多萨担任船长的'维多利亚号'上，一名水手以违反人伦的方式侵犯了一名船舱侍应生，目击者把这件事情告诉了麦哲伦。他挑了个风平浪静的日子，命人将侍应生扔进海里。"

报告接着指出，船员们对麦哲伦的意见越来越大。"看到舰队正沿着海岸航行，而不是径直去寻找合恩角^①（Cape Horn），各船船长和官员们决定要求麦哲伦遵循国王陛下的指示，并根据协议和舰队船长、官员以及领航员的建议和意见继续航行。"

实际上，麦哲伦给船长们下达的指令是"去寻找海峡"而非寻找合恩角。此外，与叛乱分子所说的相反，他确实召开过正式会议，并以书面形式征求过各船船长和领航员的意见。他做出决定、下达指令的程序完全符合要求。虽然麦哲伦最终没有接受他们返航的建议，但他没有义务听取他们的意见。舰队不是谈论民主的地方，作为统帅的他就是一言九鼎的人。

可想而知，叛乱分子们为了自圆其说，重塑了发生在圣胡利安港的事件。造反的船员说，他们曾要求麦哲伦遵从国王的命令，或按照他们对国王旨意的理解行事，但麦哲伦竟然因此大发雷霆：

---

① 南美大陆最南端的岬角。

有天晚上，加斯帕尔·德·凯塞达在几个人的陪同下，从他所在的"康塞普西翁号"来到了"圣安东尼奥号"。他见到了船长阿尔瓦罗·德·拉·梅斯基塔并将其俘虏，然后当着胡安·卡尔塔海纳的面告诉所有船员……大家都知道麦哲伦是如何对待他（指卡尔塔海纳）的。

凯塞达还说，他一定会因为曾经劝说麦哲伦遵从陛下谕旨而被麦哲伦派人杀死……他们都强烈要求麦哲伦服从国王命令，且不因为他们提出的这个意见而虐待他们……如果麦哲伦接受这两个条件的话，他们就会听从他的指挥……甚至愿意称他为"尊敬的阁下"，并亲吻他的双手双脚。

叛乱分子们严重扭曲了当时的会面情况。真相是，叛乱分子们想引诱麦哲伦到"圣安东尼奥号"开会，但出于安全考虑，麦哲伦拒绝了他们的邀请。可是史料记载道：

麦哲伦派人传话给他们，命令他们到他的旗舰上开会，并说他会倾听他们的意见，处理好事情。他们回话说，他们担心麦哲伦会惩罚他们，所以不敢登上旗舰，所以他应该到"圣安东尼奥号"上来。他们所有人都会与他见面，并按照他的命令行事。

麦哲伦成功镇压了叛乱，但造反者故意对此避而不谈。他们说，卡尔塔海纳和凯塞达坚决要反抗麦哲伦，于是他们命令叛乱船只驶出圣胡利安港，但麦哲伦的旗舰"特立尼达号"挡住了他们的自由之路。

"'圣安东尼奥号'拉起两只船锚，并用其中一只固定船体。凯塞达不仅释放了被囚禁的阿尔瓦罗·德·梅斯基塔，还把他送回给麦哲伦，以求息事宁人。"

除此以外，叛乱分子还编造了更多故事，而梅斯基塔都在其中扮演着重要角色。例如当叛乱船只从旗舰旁边经过时，梅斯基塔要求麦哲伦别向他们开炮，"这样双方就可以化解分歧。可是，还没等他们从旗舰旁边经过，旗舰就朝他们轮番发射炮弹。当时正值午夜时分，船员们还在睡觉。"这个故事编造得完美无缺，但事实是当天夜里湍急的水流拖动了"圣安东尼奥号"的船锚，绳缆被拖断了，才巧合地导致船只向"特立尼达号"漂去。

叛乱分子糊里糊涂地讲着自相矛盾的经过：说不知道"圣安东尼奥号"为什么会在半夜里路过旗舰，说麦哲伦的表亲也曾支持过叛乱，还说造反的头子主动提出向他们所鄙视的麦哲伦行吻手礼和吻脚礼。这些故事完全说不通，但叛乱分子讲述它们的意图很明显，那就是为他们自己开脱。

叛乱分子以对他们有利的方式捏造了海峡里发生的激烈打斗，但这也是不可避免的。他们说，叛乱因梅斯基塔而起，因为他刺了戈麦斯大腿一刀，于是戈麦斯反刺了梅斯基塔左手一刀。当然，真实情况完全相反。此外他们还说，回国路途无比艰辛，因为每人每天只能分配到三盎司面包。这番话也很值得怀疑，因为"圣安东尼奥号"负责运送整支舰队的粮食补给，船上的食物足以让叛乱分子们填饱肚子。

当叛乱分子向贸易局代表编撰故事时，戈麦斯、格拉和梅斯基塔正被羁押着。"我们每天都听到他们的无数抱怨，说我们不应该囚禁他们，"雷卡尔德埋怨道，"他们还说，我们应该给他们一个觐见国王陛下的机会，把航行途中发生的事情禀报国王。"但他们没有得到这样的机会。梅斯基塔在狱中说他是这场叛乱的主要受害者，而不是肇事者。他被叛乱分子屈打成招，承认自己曾用酷刑折磨西班牙官员，但实际上他一直都对麦哲伦和西班牙国王忠心耿耿。虽然梅斯基塔言辞恳切，但他所受到的怀疑依旧甚于其他人。

梅斯基塔的供述与叛乱分子为自己开脱罪名所捏造的证词相去甚远，贸易局对梅斯基塔的说法几乎不予理会，甚至不太相信他。梅斯基塔曾在圣胡利安港主持了旷日持久的审判大会，其针对的对象就是叛乱分子，于是为了证明清白，他向贸易局递交了当时留下的卷宗。这些材料记录了每名受指控船员所犯下的叛乱罪行、被判处的罪名以及麦哲伦对他们的宽大处理。

然而这一切努力都是徒劳。贸易局下令继续羁押梅斯基塔，并释放叛乱分子。叛乱的元凶戈麦斯和格拉甚至可以报销来回法庭的费用，而被认定有罪的梅斯基塔却要个人承担来回法庭的路费，即使他已囊中羞涩。

西班牙人一直担心麦哲伦是葡萄牙派来的间谍，认为他用各种手段说服西班牙国王组建摩鹿加舰队，目的就是毁掉这支舰队并愚弄卡洛斯一世国王。叛乱分子不仅利用了西班牙人的这一担忧，还借助新的说辞渲染麦哲伦的独裁形象，加深人们的恐惧。

他们把麦哲伦说成杀人凶手，用酷刑折磨那些将来有可能在基督教会担任要职的西班牙人。他们讲述了卡斯提尔官员卡尔塔海纳的"悲惨"故事，称他本人并未犯下任何过错，却被麦哲伦扔在荒岛上自生自灭。非但如此，麦哲伦觉得这还不够泄愤，竟将一名牧师也留在岛上遭受同样的命运。

这个让众人相信麦哲伦极其残暴的例子很有说服力，但并非无懈可击。例如，叛乱分子无法解释他们为什么没有在回国途中搭救卡尔塔海纳。但这些船员很幸运，他们对麦哲伦的控告内容让塞维利亚官方震惊不已，后者对麦哲伦的反感已经到了无以复加的地步，因而暂时忽略了叛乱分子们前后矛盾的行为。这些让贸易局非常关注的指控称，麦哲伦在圣胡利安港以酷刑折磨对国王忠心耿耿的西班牙官员，他不仅虐待他们，还将他们肢解、开膛破肚，并将他们的头钉在木桩上示众。

1521年5月26日，卡尔塔海纳的亲生父亲、大主教丰塞卡对证词做出了回应。他说麦哲伦对待卡尔塔海纳和凯塞达的方式让他震惊和诧异，因为西班牙官员是不可能造反的，而且麦哲伦没有任何理由将官员分尸，并把其他人抛弃在荒岛上。

显然，叛乱分子们指鹿为马的阴谋奏效了，尽管他们还没有完全洗脱嫌疑，却能够暂时重获自由。他们还要求官方发还拖欠的薪水，但未能如愿。"我们告诉那些官员和船员……别再浪费时间，赶紧想办法赚钱谋生吧。"贸易局会计雷卡尔德写道，"后来他们开始去找工作，至于拖欠薪资一事，我们只能请国王陛下定夺。"

麦哲伦没有回来，西班牙当局开始怀疑他的妻子彼脱利兹，仿佛这个女人也卷入了发生在世界另一边的叛乱事件。贸易局切断了她的经济来源，并在写给国王的备忘录中找了一个拒绝为她提供生活费的借口：

> 根据国王陛下旨意，贸易局应向麦哲伦船长妻子发放的五万马勒威迪生活费已到期……但考虑到此次航行的结果，我们不确定是否仍需向她寄出这笔钱……鉴于今年头三个月国库吃紧的现状，我们暂时没有这笔资金，故在国王陛下作出指示前先不支付该费用。

与此同时，怀恨在心的丰塞卡大主教对麦哲伦家人采取了更多惩罚措施。他命人将彼脱利兹及其年幼的儿子软禁起来，在调查期间不准其返回葡萄牙。当然，彼脱利兹并不知道她的丈夫早已在1521年4月27日的麦克坦岛之战中阵亡，而她的弟弟杜阿尔特·巴尔波查随后也在5月1日的宿务岛大屠杀中惨死。她在软禁期间就像希腊神话中苦苦盼望丈夫归来的佩内洛普①一样，等待着迷途的丈夫和弟弟回家。

然而，丰塞卡不仅对麦哲伦的忠实追随者心存疑虑，还对叛乱分子很不放心。他命人将戈麦斯、格拉和其他几名叛乱主谋绑过来见他。丰塞卡坚定地认为他们之所以单独行动，是因为还想犯上作乱。丰塞卡还告诉这些人，他打算派一艘帆船前往圣胡利安港，把卡尔塔海纳和牧师接回来。叛乱分子们当时肯定后悔当初把那两人留在荒岛后匆匆回国，因为向来看不起麦哲伦的卡尔塔海纳假如能够返回西班牙，他肯定会比任何人都积极地抹黑麦哲伦，从而证明叛乱分子的"清白"，甚至为他们赢得荣誉。

除了梅斯基塔之外，没人为麦哲伦说话。西班牙官员们显然想阻止他带着征服海外领土的光环衣锦还乡，更不希望他得到卡洛斯一世国王许诺的头衔和财富。但是，他们根本不知道自己的盘算是多余的，因为麦哲伦已经客死异乡。因麦哲伦表亲身份而获罪的梅斯基塔在回到西班牙之后又被囚禁了一年，在此期间，他多次表明自己的清白却无济于事。

针对"圣安东尼奥号"叛乱事件的调查持续了六个月，最终，格拉、戈麦斯和其他船员无罪释放，戈麦斯甚至被王室指派去参与另一次探险。这些结果明确标志叛乱分子全身而退。

麦哲伦的支持者则惴惴不安。麦哲伦的妻儿依旧被软禁着，他的岳父、人脉关系广泛的迪奥古·巴尔波查还被勒令交出麦哲伦离

---

① 英雄奥德修斯的妻子，在丈夫远征特洛伊直到返回故乡期间，都坚持守候，拒绝接受乘虚而入的求婚者。

开塞维利亚时送给他的财物。这样的不公正待遇让老巴尔波查大动肝火。他向国王进言，为麦哲伦在叛乱期间的所作所为辩护："他得非常小心，不让国王您的利益和名誉受损。"老巴尔波查说道。他指出，"当他率领的三艘大船发生叛乱时，他本可严惩他们，但他并没有这样做，反而宽恕了他们很多人。没想到，这些人都是以怨报德之辈。"他还补充说，"（梅斯基塔）船长以犯人身份被带到塞维利亚，然后又被押往布尔戈斯，直至国王陛下您来到西班牙。在此之前，他一直没有机会公开表达自己的意见，而且没有受到公平对待。"

老巴尔波查不顾一切向国王讲解原则问题，"这些（叛乱事件）树立了恶劣榜样，它们使那些应尽本分者不敢公正行事，却鼓励心怀不轨者肆意妄为。"老巴尔波查之所以在没有人为麦哲伦说话的情况下挺身而出奋力进言，捍卫麦哲伦的声誉，不仅仅是因为他需要给麦哲伦正名，更因为麦哲伦背叛西班牙的罪名也影响到了老巴尔波查的女儿、他的外孙和他自己。

然而，老巴尔波查慷慨激昂的辩护却给人留下了他在为麦哲伦的行为狡辩的印象，而且这些观点直接打击了丰塞卡，所以当前的形势反而对老巴尔波查更加不利。作为一名葡萄牙人，老巴尔波查一直被西班牙人视为不忠于君主的叛国者，他的名声也跟着麦哲伦一道一落千丈。

麦哲伦的另一个忠实追随者、才华横溢但情绪反复无常的宇宙学家鲁伊·法雷罗也不知所踪。摩鹿加舰队离开西班牙之后，他便返回了葡萄牙，结果被捕入狱。他在狱中精神崩溃，但最终，他又恢复了正常并被释放出狱。然后，他秘密返回塞维利亚，向贸易局展示了他坐牢期间被镣铐勒出的伤痕，博得了贸易局的些许同情。

出于怜悯，也为了让他远离葡萄牙（担心他对葡萄牙还有利用价值），贸易局给他和他哥哥支付了遣散费，"因为他们从葡萄牙回到西班牙时身无分文，穿得破烂不堪，何况他们也是奉国王陛下之命回西班牙的"。摩鹿加舰队的主要发起者法雷罗从此便默默无闻地度过了下半生。

卡洛斯一世国王在两年前批准了这次环球航行，但人们从未听说他就"圣安东尼奥号"意外归来一事做出过任何评价，尽管坊间流言四起，且各方寻求国王关注的请愿书和信件从未中断过。真实情况是，自从舰队离开塞维利亚之后，卡洛斯一世国王就陷入家庭危机和政治纷争中。他的母亲，有"疯女"之称的胡安娜一直精神不正常。

据说，胡安娜的丈夫、绰号"美男子"的菲利普一世（Philip I）在28岁突然病逝后，胡安娜一直把丈夫的遗体留在自己床边，因为她坚信这种方式可以使丈夫在每年死忌那天起死回生。丈夫去世后，胡安娜一直穿着黑色衣服，而且不愿意洗澡。与此同时，在支持者的怂恿下，年轻的卡洛斯一世国王千方百计地想成为整个欧洲权力最大的政治体——神圣罗马帝国的下任皇帝。

神圣罗马帝国建立于公元800年的圣诞节。那天，属于日耳曼诸王国分支的法兰克王国国王查理曼①（Charlemagne）加冕为神圣罗马帝国皇帝。登基之后，查理曼便一统法国、德国大部分地区、荷兰、比利时、卢森堡和意大利北部。虽然一个世纪以后，查理曼便没有了男性继承人，但他依旧是诸多欧洲王室的祖先。物换星移，神圣罗马帝国逐渐四分五裂。到了18世纪，伏尔泰在谈起神圣罗马帝国时，说它"既不神圣，也不罗马，更不是一个帝国"。尽管如此，神圣罗马帝国还是沿袭了下来。

神圣罗马帝国奉行选举君主制，其日耳曼诸侯不但有投票选举皇帝的权力，还有监督皇帝行为的责任。卡洛斯一世国王的祖父马

---

① 又称查理大帝或卡尔大帝。

克西米利安在担任神圣罗马帝国皇帝时,就从拥有选举权的7位日耳曼诸侯那里得到承诺,他们将会选卡洛斯一世国王当下一任皇帝。但是,光有承诺还不足以确保卡洛斯一世国王继位,他还要面对来自法兰西王国国王弗朗西斯一世(Francis I)的强有力的竞争。

弗朗西斯一世迫切地想要扬名立万,为此不惜一切代价,甚至是与西班牙为敌。虽然卡洛斯一世国王是历来盛产神圣罗马帝国皇帝的哈布斯堡家族成员,但如果卡洛斯一世国王想确保皇位的话,就要以政治献金的方式向罗马帝国诸侯和教皇的代表行贿。

缺钱的卡洛斯一世国王只能向各种金融机构大量举债,以至一直债务缠身。最终,他给选举人支付了一笔令人咂舌的贿赂金——85万达克特金币(其中54万达克特金币来自富格尔家族)。就这样,卡洛斯一世国王从日耳曼银行家那里借钱贿赂日耳曼诸侯,以此赢得了"神圣罗马帝国皇帝"这一大多数时候属于日耳曼人的头衔。卡洛斯一世国王的称帝野心让日耳曼人挣得盆满钵满,但伊比利亚半岛因他让西班牙为其雄心壮志买单而民怨滔天。

最后,卡洛斯一世国王还要获得教皇利奥十世的许可才能实现自己的神圣罗马帝国皇帝梦。利奥十世来自意大利美第奇家族①,他的放肆行为引发了16世纪基督教的宗教改革运动。根据现在流行的评价,他是一个挥霍无度的浪荡子,但拉斐尔在1518年为利奥十世绘制的著名肖像画却展现了一个截然不同的形象。

在这幅画中,利奥十世被描绘成一位身材微胖、心思缜密的学者和美学家。他的脸有点浮肿,鼻子很大也很有肉感,严肃而令人敬畏的表情避开了赏画者的目光。

总而言之,他看起来相貌平平、不讨人喜欢。两名年轻的枢机

---

① 美第奇家族是意大利佛罗伦萨著名家族,在欧洲文艺复兴中起到了非常关键的作用,建立于1434年,1737年因为绝嗣而解体。

主教站在他身后，姿势很不自然地靠着他。虽然三个人都身披华丽的锦缎、天鹅绒和丝绸，但他们彼此互看的眼神并不和谐，仿佛礼袍下面隐藏着锋利的兵器。

这幅画反映出罗马教廷正处于一段艰难的分裂时期。就在拉斐尔作画的前一年，利奥十世发现一些年纪较轻的枢机主教正密谋毒害他。后来这起阴谋的发起者佩特鲁奇（Petrucci）被勒死在监狱中，而其他同谋者要么被流放，要么被处以死刑。难怪利奥十世在画中显得如此憔悴和心不在焉，而他身边的两名枢机主教也是一副凶神恶煞的样子。

当然，利奥十世也有轻松的一面。每当他不主持教会事务的时候就会经常哈哈大笑，让人觉得和蔼。这个场合的他沉迷于戏剧、音乐、艺术，以及饮宴、狩猎等世俗娱乐活动。他常常说："让我们尽情享受教皇权利吧，因为这是上帝赋予我们的。"利奥十世对随从总是慷慨解囊，以至教皇金库逐渐入不敷出，然后他又同样不加以约束地募集资金，大肆出售教会头衔、纪念章和赎罪券。通俗地讲，赎罪券就是教会承诺信众死后不会下地狱的凭证，信众需要捐钱给教会之后才能得到它们。

在心怀不满的旁观者看来，罗马教廷已经堕落成一个腐败、自私和傲慢的机构。1520年，来自德意志威登堡（Wittenburg）的马丁·路德给利奥十世教皇写了一封言辞激烈、语带威吓的信。

"我与这些可怕的恶魔同处一个时代，"他写道，"所以，有时候我不得不想起你、寻求你，我亲爱的利奥神父。"人们看到，受罗马教廷利奥十世教皇的影响，"各地曾经最神圣的基督教堂，已经成为最无法无天的贼窝、最无耻的妓院。""基督最大的敌人是魔鬼，可即使魔鬼来到这里，看到这里的种种罪恶，也会自叹弗如"。在这封篇幅长达数页的信中，路德以类似的文风对利奥十世口诛笔伐，并呼吁其他人仿效他的做法。宗教改革运动呼之欲出。

从理论上讲，饱受批评的利奥十世可以从神圣罗马帝国那里获取拥戴和资金，但神圣罗马帝国本身也处于分崩离析状态。马克西米利安死后，利奥十世对法兰西国王弗朗索瓦一世名义上的支持要大于卡洛斯一世国王，而实际上他正巧妙地周旋于两位候选人之间。

卡洛斯一世国王对于帝位更志在必得，而且资金实力雄厚，更有可能赢得这场帝位争夺战的胜利，教皇最后只好颇不情愿地全身心帮助这位横空出世、君临欧洲大陆的年轻人。也许这也是他濒临绝境的选择。

1519年7月28日，离麦哲伦的舰队沿着瓜达尔基维尔河进入大西洋之前不到一个月，身在巴塞罗那的卡洛斯一世国王获悉自己已被选为神圣罗马帝国皇帝，但他必须在加冕之前付一大笔钱。他曾想靠西班牙贵族提供资金，可他们回绝了他的请求，于是卡洛斯一世国王继续留在欧洲募集资金。

1520年10月23日，在查理曼曾经统治过的罗马帝国领土——德意志亚琛市（Aachen），21岁的卡洛斯一世国王终于加冕为皇帝。这也标志着一位因宗教改革运动而四面楚歌、优柔寡断、渴望金钱的教皇与一位涉世未深、囊中羞涩的君主正式结成联盟。

卡洛斯一世国王成为神圣罗马帝国皇帝之后，西班牙贵族对他的怨恨反而有增无减。虽然卡洛斯一世国王承诺过不任命外国人担任西班牙的政府官员，但他却挑选自己以前的老师、乌得勒支枢机主教阿德里安担任摄政王。

这一举动更加证实了贵族们的担忧，即卡洛斯一世国王实际上是日耳曼人强行塞给西班牙的外来者，所以托莱多市（Toledo）也驱逐了王室派来的行政长官以作回应。与此同时，卡斯提尔城市公社起义^①(the Revolt of the Castilian Comuneros)也在进行中。包括马德里和萨拉曼卡在内的西班牙城镇都加入了神圣议会(Santa Junta de las Communidades),要求神圣罗马帝国将政治权力归还西班牙。这些城镇的民众们组建民兵组织,在托德西里亚斯举行游行示威以表明自己的决心,并向他们信任的卡洛斯一世国王的母亲、"疯女"胡安娜请愿,但胡安娜拒绝从她的蛰居之处走出来给民众提供帮助,甚至拒绝在请愿书上签字。

在农村地区,起义引发了一场反革命运动。那些鄙视贵族的民众成为反革命主体,他们向卡洛斯一世国王寻求保护。而卡洛斯一世国王也迫切需要他们的支持,因此承诺他会补偿他们与叛乱贵族作战中所遭受的一切损失,并同意指派两名卡斯提尔籍贵族以联合摄政王的身份辅助乌得勒支枢机主教阿德里安。

另外,他还大肆给那些拥护他的人加官晋爵,以此将那些桀骜不驯的贵族都收归麾下。尽管卡洛斯一世国王取得了可观的胜利,但革命派和保皇派经常见风使舵、变换立场,他在西班牙的地位仍然面临着严峻考验。

国王的当务之急就是支撑自己的帝国,因此他一直在国外四处奔走,直到1522年7月才回国,而对于停泊在塞维利亚港口那艘破旧帆船所引发的诸多争议,他根本没工夫理会。国王不在西班牙的

---

① 又称康姆尼洛斯起义。当时卡斯提尔地区有许多自由城市,当地人对卡洛斯一世国王任用外族人当权极为反对,于是向国王提出撤销外国人高级官职等三项要求,但遭到国王拒绝。1520年,卡斯提尔的城市起义,并组成由十一个城市参加的革命军事同盟,名为"神圣议会",议会中心设在阿维拉城。包括贵族巴提里亚、诗人拉索和主教阿库尼亚在内的一部分贵族和主教也参与起义。起义发展迅猛,但后来上层贵族转到国王阵营,中等贵族也退出运动。1521年4月23日,由贵族支持的王国政府军在威廉雅拉尔决战中击溃了民兵和少数农民组成的起义军,其首领在被俘后牺牲,但托利多城一直坚持到10月25日。次年夏初,卡洛斯一世国王亲率4 000名德国雇佣军到西班牙,镇压起义残余力量。贵族政治的特权得以继续存在下去。

这段时期，西班牙民众通过抗争重新定义了这个国家以及它在神圣罗马帝国的地位。

作为西班牙的商业中心，塞维利亚集中体现了普遍影响该国的政治紧张局势，并逐渐发展为"危机城市"。这座城市的街头巷尾和破落的社区罪案泛滥，许多犯罪分子和一些西班牙水手聚集在瓜达尔基维尔河对面的特里亚纳郊区。同时吉卜赛人、奴隶、算命先生、乞丐、跑龙套的演员及游吟诗人迅速地在这里形成了一个地下社会，并且久而久之，一些被免职的神职人员、落魄贵族、失业军人，以及各式各样的行骗高手和假货商人也混迹其中。

随着来自非洲和欧洲各国的货物涌入塞维利亚，走私成为这座城市的支柱产业，因为走私货物所产生的利润远远超过合法进口的货物。长期失业者冒充残疾乞丐行骗，受骗者经常很难把他们与托钵僧区别开来。械斗在塞维利亚随处可见，行贿受贿和嫖娼卖淫也是常态。皇家监狱每年都要收容1.8万名新犯人，进一步增加了塞维利亚本来就沉重不堪的经济压力。

与此同时，在塞维利亚拥有世袭爵位的贵族统治集团却富得流油。他们向农民出租土地，或者利用其头衔和声望从事红酒、油类和肥皂等商业活动以大量攫取商业利益。塞维利亚贵族阶级的富裕程度在西班牙妇孺皆知，他们用商业收入建造了辉煌的城堡、花园和美丽迷人的庭院。虽然这座城市的犯罪率高得吓人，但它的富足也同样令人羡慕。

这两种迥然不同的社会风貌集中体现在塞维利亚港口的码头上。熙熙攘攘的人群中，既有富可敌国的商人，也有水手和贱买贵卖的掮客。作为一次中途夭折的探险活动的见证者，"圣安东尼奥号"已经解下缆绳和索具，抛下船锚，静静地停泊在嘈杂的瓜达尔基维尔河岸边。

第三卷　死里逃生

在塞维利亚，没人知道摩鹿加舰队成功穿越了沟通两个大洋的海峡，也没人知道它横跨了广阔无垠的太平洋，更没人意识到这些幸存者差点就到达了他们最终的目的地——香料群岛。上至卡洛斯一世国王和贸易局官员，下至刚刚被释放、正在寻找下一艘船谋生的船员，所有人都以为舰队失踪，而此次探险活动也以失败告终了。

他们都错了。

第12章
幸存者再次启航

舵手驾驶着帆船，船儿御风而行，
可船上感受不到一丝微风；
如往常一样，船员们操纵着缆绳；
他们无精打采地举着绳子，
犹如一群幽灵。

在距离西班牙万里之外的菲律宾群岛，一艘船正于一处偏僻角落熊熊燃烧着。冲天火光把黑夜变成了白天，方圆数英里范围内的人都能看到海上燃起的这团暗红色火焰，而当火焰映在波涛汹涌的漆黑海面上时，人们又可以看见一幅迷人的图案。燃烧的船只发出嘶嘶声，一股刺鼻的气味冲向天空。烈火最终吞噬了船只，船上烧断的木板漂到了岸边。第二天早上，被烧焦的船体冒出滚滚浓烟，又把白天变成了黑夜。

被焚烧的船便是前一天与姊妹舰只逃离宿务岛大屠杀的"康塞普西翁号"。劫后余生的船员们从逃跑起就一直想驾驶这三艘大船离开遍布浅滩和岛屿的菲律宾群岛，但他们不久就绝望地发现舰队人手不足，而且正如"康塞普西翁号"船长胡安·塞巴斯蒂安·埃尔卡诺抱怨的那样，这艘船的船体已被蛀虫蛀烂。

假如麦哲伦还活着，他肯定会命人大费周章地把船修好，但这些幸存的船员采用了一种更务实的方法——烧船。这样一来它就不会落入敌手，变成敌人对付舰队的利器。船员们把"康塞普西翁号"

上的粮食、缆绳、索具、风帆、航海仪器及武器转移到旗舰"特立尼达号"和"维多利亚号"上。

1521年5月2日晚上，这艘空船被付诸一炬。在船员们的潜意识当中，燃烧的"康塞普西翁号"是赎罪的象征。

仓促间，舰队投票选出埃斯皮诺萨担任"维多利亚号"船长，葡萄牙籍领航员若昂·洛佩斯·卡瓦略担任舰队新一任舰队指挥官。"康塞普西翁号"船长埃尔卡诺从心底里看不起这位新指挥官。

他认为卡瓦略虽然是一位很有天赋的领航员，却不具备驾驭这群顽劣船员的能力。卡瓦略在巴西时曾想将自己的情妇带上船，但被麦哲伦制止了；不过，他的孩子一直都跟随舰队航行。埃尔卡诺觉得这种做法给船员们树立了一个坏榜样，他是不会尊重这种指挥官的。

麦哲伦的亲信要么死亡，要么失踪，包括奴隶恩里克、私生子克里斯托万·雷贝罗、表亲阿尔瓦罗·德·梅斯基塔，以及小舅子杜阿尔特·巴尔波查，只有一直自视为麦哲伦忠实追随者的皮加费塔一个人活了下来。

不再囊括麦哲伦心腹的新指挥架构使这位书记官所处的形势岌岌可危。但他认为自己应该继续担任舰队的首席书记官和翻译，因为他独自一个人对马来语进行了系统化研究。

皮加费塔没有恩里克那样的马来语能力，但他知道如何让对方明白自己所表达的意思，也知道如何从对话中获取自己想要的信息。还有，他熟悉菲律宾各种习俗，包括结拜结盟和"帕朗"，因此他可以担任探险队的特使，去拜访周围那些陌生且性格多变的岛民。

卡瓦略和舰队的新晋领导人都赞成皮加费塔的观点，于是皮加费塔的地位在后麦哲伦时期得到了提升。至于航行日记，他还是要继续写，而且内容可以对其他人保密。

游荡于迷宫般的群岛间

在菲律宾群岛遭遇了各种悲剧后,舰队决定接下来的一切行动皆要以商业利益为重。他们的做事方式已经完全改变,既不会跑到别人的部落去竖十字架,也不会坚持要求某个地方所有民众都改信基督教,他们知道自己能活下来已是万幸。现在他们又将注意力转移到寻找香料群岛上面,希望在香料群岛找到安全感、补给品和珍贵的香料,而最后一样是他们航行大半个地球想要找到的东西。

卡瓦略的任务是率领舰队剩余的两艘帆船向南穿越菲律宾群岛,直达摩鹿加群岛。此时正值菲律宾雨季,狂风暴雨让船只几乎无法航行。他们已经习惯行驶在宽阔的海面,现在却不得不在迷宫般的群岛间穿梭。岛与岛之间的距离很短,水路错综复杂,所以他们需要一张精确的地图,或者在当前没有地图的情况下找一个熟悉这片海域的人做向导。然而,经历过宿务岛和麦克坦岛的恐怖事件后,船员们根本不愿意登陆陌生岛屿寻求帮助。谁能猜到那些躲在棕榈树树荫下的原住民的真实想法呢?

偶尔会有一艘"巴朗海"船靠近舰队。只要有可能,皮加费塔都会向"巴朗海"船上齐声喊着号子的桨手们询问摩鹿加群岛的方向,但其他船员对这些岛民都尽量避而远之。

在领航员阿尔沃的协助下,卡瓦略指挥舰队从一个岛屿驶向另一个岛屿,沿着一条蜿蜒曲折但整体向南的路线前行,这条路线从迷宫般的菲律宾群岛通往摩鹿加群岛。阿尔沃在日记中几乎没有提到舰队在宿务岛遭遇的伏击,但记录了两艘船是如何在群岛间游荡的。在他笔下,舰队仿佛就是受伤的野兽,遍地寻找着疗伤之地。

很快,在四处搜寻食物未果之后,舰队驶向了一座高山耸立、绿树掩映的岛屿:它的沙滩虽然狭长,但处处洁白迷人;树林被陡峭的水渠分隔开来，隐藏在里面的泉水汇集成瀑布从高处流下。这座岛屿就是棉兰老岛，上面居住着尼格利托人，也就是一群生活在东南亚地区、身材矮小、皮肤黝黑的原住民。受到惩戒但依旧桀骜难驯的船员们因为岛上平静美丽的景色而放下了长久以来的戒心，与当地一位名叫加拉诺阿（Calanoa）的统治者建立了友好关系。

加拉诺阿看上去很希望与舰队结为盟友，因为皮加费塔写道："他割了左手一刀，沾了点血涂在身体皮肤上，然后又用血涂了下舌尖，表示我们的友情亲密无间。接着我们也照做了一遍。"虽然加拉诺阿主动提出与船员们交朋友，但他无法，或者说不愿意给船员提供食物。

仪式结束后，加拉诺阿邀请皮加费塔上岸参观，以示尊重，但皮加费塔没有在日记中说明为何只有他一个人受到了邀请。我们只能猜测，或许他熟练的马来语给加拉诺阿留下了深刻印象，又或许国王想给他一个向卡瓦略和舰队其他领导人证明自己重要性的机会。

虽然亲眼看到了最近的大屠杀事件，但皮加费塔还是大胆地接受了邀请。他之所以突然有这样的勇气，原因可能有二：一是加拉诺阿没有让他产生拘束感；二是他根本没打算返回舰队。他已经看到过太多天灾人祸，所以选择下半辈子成为岛民的座上宾，在女人的温柔乡中流连忘返。

> 我们刚进入一条河流，许多渔民就出来向国王献鱼（终于有食物了）。然后，国王和其他几名酋长解下遮羞布，开始一边唱歌，一边划着船经过河流沿岸的房子。日落两小时后，我们到达国王的王宫。这里距离我们舰队所在的河段达两里格。

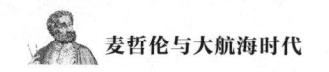

现在，皮加费塔无法与其他船员联络，他的生死只能任凭东道主摆布，但就算他感到害怕，也不会把这种恐惧写在日记中。

一走进王宫，我们就看到许多藤条火把和棕榈叶。国王和他两位美丽的嫔妃以及两名酋长只喝一大罐棕榈酒，没有吃任何东西。我跟他们表示歉意，说我只能喝一小口酒，还说这是我头一回喝酒。

饮宴作乐，美女相伴，这一幕对皮加费塔而言似曾相识。那一刻，他仿佛又回到了利马萨瓦岛，回到大屠杀发生前的头几天。当他放松心情并一如既往地对身边的事物充满好奇心的时候，他记录下当地人烹饪食物的过程：

首先，他们把一张巨大的叶子放入瓦罐里……叶子铺满了整个罐子。他们把水和米倒进去，盖上盖子，用火将大米煮到跟面包一样酥脆，再把它们一块块地从罐里拿出来。

记录下这份食谱后，皮加费塔便成为第一个介绍大洋洲美食的西方人。晚饭结束后，国王给了皮加费塔两张睡垫，一张是用芦苇秆编织成的，另一张则是棕榈叶制成的。"国王和他的两名嫔妃去另一个房间就寝，而我与其中一位酋长一起睡。"第二天早上，皮加费塔开始勘察小岛，并且在此过程中特别留意那些带有黄金装饰物的茅屋。他说："黄金无处不在。当地人带我们参观了一些小山谷，并指着山谷对我说，那里的黄金多如牛毛，但他们没有采矿的铁器和工具，更重要的是他们懒得去挖这些金矿。"

皮加费塔吃完米饭配鱼的午餐后想觐见王后，于是他毕恭毕敬地向加拉诺阿提出请求，国王同意了。两人徒步走上一面陡坡，去向王后问好。

> 一进屋，我就向王后鞠躬，她也向我鞠了个躬，然后我坐在她旁边。她正在用棕榈叶制作睡垫。屋里有很多瓷罐和四只铃铛……那（铃铛）是用来召唤下人的。她身边有很多男女奴隶伺候她。

假如说皮加费塔曾想过在这座遍布黄金的小岛避难的话，这个念头很快就开始消退。从王后屋里出来后，他与国王及其随从登上一艘在岸边等候的"巴朗海"，沿着宁静的河流驶向大海。突然，周围的平静被始料不及的惊人一幕打破了："我向右边看去，只见一座小山丘上有棵树，树枝全被砍光了，上面吊着三个人。"

皮加费塔被这强烈的反差震撼到了：一边是富丽堂皇的宫殿，当地居民平和慷慨、热情开朗；另一边则是隐藏在人们视线之外的残忍行径。皮加费塔问国王："那些人是谁？他们为什么落得如此可怕的下场？"

"他们都是坏人和小偷。"加拉诺阿冷冷地答道。

"巴朗海"向"特立尼达号"驶去，皮加费塔与国王和酋长们作别，然后回到舰队。总的来说，这是一段令人愉快的插曲，只是枯树吊死人那恐怖的一幕让皮加费塔久久无法忘怀。

舰队依旧无法确定香料群岛的方位，起航后，"我们将航行方向定为西南偏西，然后在一座面积不太大且几乎无人居住的小岛附近抛锚休息"。实际上，他们已经严重偏离了航线，往西进入了苏禄海（Sulu Sea），朝中国方向驶去，而非向南前往香料群岛。在蜿蜒前进的过程中，舰队来到一个小岛，皮加费塔称之为"加阿伊安岛"

(Caghaian)。他再次满怀热情地上岸与岛民们建立友好关系，但与以前不同的是，这次他有其他船员陪同。他们的任务就是寻找足够的食物补充迅速减少的存货，以免大家饿肚子。

就在离他们上一次抛锚地点的不远处，舰队遭遇了一种更具侵略本性的文化：

> 那个岛上的居民都是摩洛人（摩尔人），他们是从一个叫作"伯尔内"（即婆罗洲，Borneo）的岛屿被流放到这里的。
>
> 与其他岛屿的居民一样，摩尔人也习惯赤裸身体，身上挂着吹箭筒和小箭袋，里面装满了箭和一种毒草。他们还随身携带着金匕首，刀柄装点着黄金和珍贵的宝石。此外，他们也使用长矛、圆盾和水牛角制成的胸甲。

幸运的是，这些看上去凶神恶煞的战士认为这群欧洲入侵者是"神仙"，所以不敢伤害他们。然而，饥肠辘辘的船员们还是没有找到像样的食物。情急之下，舰队向西北方向航行25里格，几乎完全背离了香料群岛的方向。

船员们更加疯狂地寻找食物，皮加费塔写道："为了不饿死，我们有好几次都想弃船。"最终，他们到达了"一片福地，在发现它之前，大家已经食不果腹了"。他们所到的岛屿叫作巴拉望岛（Palawan），位于苏禄海与南海之间。对于长时间经受了如此多痛苦的船员来说，巴拉望岛犹如一个热带天堂，因此尽管舰队离目的地越来越远，他们也不那么在乎。"那里和风吹拂，阳光普照，海里盛产各种鱼类，"美国海军历史学家塞缪尔·艾略特·莫里森提及这座小岛时写道，"岛上土地肥沃，因此，在主要农作物收割之后，人们有将近半年多时间无所事事，只能整天玩耍、享受生活。"

第三卷 死里逃生

疲劳和饥饿让船员们头晕目眩。他们匆匆与当地酋长完成结拜仪式，然后将"米饭、生姜、猪肉、羊肉和鸡鸭肉"以及"手臂一样粗的……无花果"狼吞虎咽。皮加费塔所说的这些"无花果"其实是香蕉。他评价这种水果"非常好吃"，但我们接下来知道，好吃的食物不止于此。皮加费塔称，他们的酒是用白米蒸馏而成的，相当清淡爽口，比他们几周前喝过的口感粗粝的棕榈酒美味很多。

心怀感激的船员们还喝了椰汁，吃了甘蔗和"味道像萝卜的根茎植物"。就在几小时之前，他们还曾陷入绝望，想要弃船寻找食物；而现在，他们已经酒足饭饱，感谢上帝拯救了自己。

解决温饱问题之后，皮加费塔又开始扮演业余人类学家的角色。他说服岛民向他展示他们的奇特武器——吹箭筒：

> 他们的吹箭筒装着三种箭：一种是很粗的木箭，箭身长约一掌，箭头有如鱼叉；一种也是木箭，但箭头用鱼骨制成并在毒草中浸泡过；还有一种箭的箭头像是竹子做成的，也沾了毒药，箭尾没有羽毛，而是一小片软木。在吹箭筒尾部，他们系了一块像矛头那样的铁块，箭射完之后，他们就用那铁块来与敌人搏斗。

皮加费塔还发现该部落痴迷于格斗，这种爱好甚至要用动物来满足：

> 他们驯养大公鸡，这些公鸡不是用来吃的，因为他们相当尊重这种动物。有时候，他们会相约斗鸡，给自己养的公鸡下注，谁家的公鸡赢了，它的主人就能获得一笔钱。

他对这些文化了解得越深就越能看到与欧洲文化相似的元素，这些元素既给予他启示，也令他不安。

文莱历险

休整完毕之后，船员们把粮食装上船。这几周，他们在太平洋上学会了以物易物的方法，而这些粮食就是通过那些技巧换回来的。1521年6月21日，舰队起锚，准备离开巴拉望岛。这次，他们找了一位尼格利托人当领航员。这个人说自己名叫巴斯蒂安（Bastião），而且是一名基督教徒。但就在舰队离开港口之前，巴斯蒂安却突然消失了。

为了寻找替代者，卡瓦略命令舰队包围了一艘"巴朗海"大船。船员们装出一副和善的样子，趁其不备俘虏了"巴朗海"上的三名领航员。他们以为这些领航员肯定会带他们去香料群岛，但没想到的是，这些人都是阿拉伯人，他们指引舰队朝西南方向的阿拉伯据点文莱航行，而不是前往东南方向的摩鹿加群岛。事情将因此变得复杂起来。

这段航程危机四伏，沿路处处都是浅滩和沙洲，要安全抵达文莱，舰队必须倚靠这三名领航员协助。即便是行事果断的领航员阿尔沃，也为这段充满危险的航程感到焦虑不安。

"你们要知道，我们得靠近陆地航行，因为远离陆地的地方浅滩密布，"他罕见地发了一通牢骚，"由于附近海岸地势凶险，我们沿途都要用测深锤测量水深。文莱是一座大城市，其港湾无比宽阔，港湾内外有诸多浅滩，所以我们必须找个文莱本地的领航员。"到达文莱港的入口处时，熟悉当地航道的领航船前来引导舰队进入安全地带，并在文莱港内停泊抛锚。

第三卷　死里逃生

船员们发现，这是一座充满魅力的城市，其奢华程度远远超出他们此前在旅途中经过的任何一个地方。

第二天，即1521年7月9日，一个看上去很像快速帆船的东西出现在地平线上，待它靠近后，船员们才发现这艘船的体积要比快速帆船大得多，"它的船头和船尾都镀了金，船头竖着一面蓝白旗帜，顶端装饰着孔雀的羽毛"。

这艘华丽的帆船后面还跟着两艘体积较小的船。更具舞台效果的是，船上还有乐手为舰队演奏音乐："有些乐手在吹奏乐器，有些乐手在打鼓。"这一幕着实让船员们大开眼界。

快速帆船上的船员用复杂的手势表示他们想登船，获得许可之后，"八名年纪较大的酋长登上船，在船尾一张毯子上落座。他们送给我们一只漆木罐，里面装满了蒌叶①、槟榔（就是他们经常嚼的那种水果）和茉莉花"。

茉莉花是一种灌木植物，其花朵颜色通常为白色和黄色。它给岛上弥漫着海腥味的空气注入了一股柔和的甜香之气。罐子里还放了橘子花。自从离开塞维利亚之后，船员们就很久没闻到过橘子花那令人陶醉的香甜气味了。

老酋长们还带来了几匹黄色丝绸、两笼活蹦乱跳的家禽、满满几坛美味的米酒，以及好几捆甘蔗。把礼物放到"特立尼达号"之后，他们又给"维多利亚号"送去了同样的东西。

文莱人对摩鹿加舰队如此慷慨，很有可能是因为他们认错了人。多年以前，葡萄牙人从另一条路线拜访了这里的大部分地区，并率先与当地的阿拉伯统治者建立了贸易合作关系。

水手希内斯·德·马弗拉将文莱国王描述为"葡萄牙人的朋友、卡斯提尔人的死对头，他非常憎恨卡斯提尔人"。虽然摩鹿加舰队不

---

① 蒌叶，胡椒科、胡椒属的攀缘藤本植物；枝梢带木质，节上生根。

请自来，但里面的很多船员都是葡萄牙人，所以整队人马看起来就像葡萄牙王室最近派来的特使。

船员们想暂时放下那些让他们心烦意乱的事情。当天晚上，他们尝了当地的米酒，发现味道很不错，于是喝得酩酊大醉。

在接下来的六天时间里，舰队一直待在文莱港，过得相当太平。舰队领导层允许船员们尽情放松，至少暂时忘却过去这几周的暴力冲突。从帆船的甲板上，船员们看到很多河道、桥墩和岸边木板道上方盖着的悬空的房子。

到了夜晚，舰队远处便闪烁着昏暗的火光，飘起一缕缕轻烟。船员们如果留神的话，还能听到对面海岸传来的微弱声音，甚至会听见一种由铜锣、铃铛和吟唱组成的原始音乐。那种感觉就像是在异国他乡感受住家的宁静，但船员们根本不敢离开舰队去探索未知世界。

当文莱国王派一支由快速帆船组成的船队前来说服他们上岸时，舰队终于摆脱了这种与世隔绝的状态。皮加费塔写道：

> 对方以相当隆重的仪式来迎接我们。他们在我们船边用乐器演奏音乐，而且还敲锣打鼓。他们脱下帽子向我们行礼，这种帽子是当地特有的布帽，只用来盖住头顶。我们用空包弹礼炮向他们回礼。
>
> 接着，他们送给我们一份礼物，里面都是用大米做成的各种食品：有些呈长条状，用叶子包裹着；有些则像棒状的糖块；还有些是用鸡蛋和蜂蜜制成的甜果馅饼。他们说，他们的国王愿意让我们上岸收集水和木材，并随便开展贸易活动。

国王的信使承诺协助他们，满足他们的所有需求。"信使是一位老者，"德·马弗拉回忆道，"外表俊朗，穿着考究，手指、脖子和耳朵上都戴着黄金首饰。"他想知道舰队要去往何方，船员们说想去摩鹿加群岛，他顿时冷笑了一下，说那里除了丁香什么都没有。但他还是建议说，如果舰队已经下定决心去那里，他可以为每艘船提供一名领航员。

"我们感谢他的建议，然后问摩鹿加群岛是否有可以为船修补漏洞的沥青。"因为在热带海域航行了几个月之后，舰队的船体需要尽快翻新。信使回答说："文莱人用一种椰子油和石蜡制成的沥青给船修补漏洞。舰队可以派一些人到镇上，那里有很多东西可以买。"他再次邀请船员停留一段时间，体验一番文莱的愉快生活。

带有神秘色彩的文莱国王屡次发出邀请，这次终于打动了舰队领导层。为了回报国王的好意，舰队派出一个代表团上岛，其成员包括依旧担任舰队纠察长的冈萨罗·戈麦斯·德·埃斯皮诺萨、即将担任舰队实际指挥官的埃尔卡诺、两名希腊船员、卡瓦略在巴西的私生子、皮加费塔和另一名船员。

代表团从"特立尼达号"换乘到快速帆船，随身带着从舰队的两艘损毁船只上抢救回来的礼物，包括"一件土耳其风格的绿色天鹅绒长袍、一把紫色天鹅绒椅子、五寻布、一顶帽子、一只镀金酒杯、一只带盖的玻璃花瓶、三本习字本以及一只镀金文具盒"。船员们还很贴心地给王后带了贡品，包括"三寻黄布、一双银制的鞋子，以及一只装满缝衣针的针线盒"。

皮加费塔写道，在海上航行了一小段距离之后，代表团来到了一座"完全建在海上的"精致城市，只是"国王和几位酋长的房子却没有建在海上。""城市有 25 000 所房子，里面都燃烧着壁炉"，壁炉数量代表着家庭数量。

房子为木框架结构，而且都建在高出地面很多的木桩上。涨潮时，妇女们从房子里出来，坐船到其他地方贩卖一些生活用品，以维持日常生活。国王的王宫前面有一堵很高的砖墙，墙的两边建有城堡似的塔楼，塔上架着56支铜枪和6支铁枪。

这些枪支所使用的火药很有可能是从中国进口的，因为中国是火药的起源地。在危机四伏的原始部落间辗转数月之后，舰队终于来到了一个至少与他们的社会同样先进的文明地区。

皮加费塔、埃尔卡诺和其他船员在快速帆船上等候了两个小时，不过他们并没有白等，只见一副甚为壮观的景象出现在眼前："两头大象缓缓向岸边走来，它们身上挂着丝绸饰物。随大象而来的还有12名侍从，每个人都抱着一只瓷罐，罐口用丝绸盖着，里面装着国王送给我们的礼物。"侍从邀请船员坐到大象背上，居高临下地享受周围美景。不难想象，坐在摇晃的象背上的船员们当时肯定露出了满意的笑容。大象缓步前行，驮着船员们朝"总督"住处走去，而"那12名当地人继续怀抱装满礼物的罐子徒步行进"。

到达目的地之后，大象四肢跪地，放下这些还没缓过神来的乘客。他们从象背上一下来，就被人引领到举行盛宴的地方。等他们大吃大喝，一个个变得醉醺醺之后，侍从拿来了"带塔夫绸内衬的棉垫子和来自肯帕德（Cambaia）① 的床单"让他们休息。

离开塞维利亚后，这还是船员们第一次在棉垫和亚麻布上睡觉，几乎所有人还没来得及享受舒服的床上用品就呼呼大睡了。在他们睡觉的时候，侍从们不时换上白蜡制成的蜡烛，并给油灯续油、调整灯芯。到了黎明时分，他们便把蜡烛和油灯掐灭。

---

① 印度城市，在孟买北面。

第三卷　死里逃生

第二天中午，船员们从宿醉中醒来，继续骑着大象前往王宫。街上看热闹的居民以迎接达官显贵之礼欢迎他们。"从总督府到王宫的所有街道上，人们拿着剑、长矛和盾牌夹道欢迎我们，因为国王命令他们这样做。"到达王宫后，他们从象背上下来，走过一个院子，进入"一间礼堂，里面等着很多贵族"。这些贵族大约有 300 人。接下来的场面完全超出船员们的想象：

我们坐在一张毯子上，旁边放着盛放礼物的罐子，大厅的尽头还有一间礼堂，虽然面积较小，但比我们坐着的这间礼堂要高些。小礼堂的四周挂满了丝质帷幔，阳光从里面的两扇窗户照射进来……小礼堂的尽头还有一扇挂着锦缎窗帘的大窗户，窗帘是掀开着的，我们看到国王和他年幼的儿子们坐在窗户后面的一张桌子旁嚼着槟榔叶。一大群女人站在国王身后，另外还有 300 名大腿上系着佩剑的卫兵在小礼堂里护卫国王。

侍从告诉他们，不得直接与国王交谈；如果他们想说话，就先把话告诉侍从，侍从转告一名官员，官员再将话传递给总督的弟弟，然后总督弟弟通过一只穿墙而过的"传话筒"轻声地把话传给墙那边的侍从，后者再转达给国王。仿佛嫌这套流程还不够烦人似的，他们还得向国王叩头。"酋长教我们向国王行颔首礼的三个步骤：首先，我们要双手合十，举过头顶；然后抬起一只脚，放下，再抬起另一只脚；最后朝国王方向亲吻自己的双手。我们照做了一遍，这就是王室的颔首礼。"

完成这些繁文缛节之后，皮加费塔向国王阐明了舰队此行的意图，说他们只为和平和贸易而来。国王通过侍从表示他愿意与舰队合作，并给舰队提供饮用水和木材，与此同时舰队可以如愿开展贸易活动。他命人拿一块由金线和丝绸制成的织锦布放在船员们的肩膀上，如此一来他们的装扮竟与东道主一样了。

王宫里的人"都用金丝布盖住私处"，腰间佩着"短剑，剑柄是黄金做的，点缀着珍珠和宝石"。但很快，国王又命人把船员肩膀上的织锦布拿走了，使得船员们一头雾水。接下来发生的事情更为重要：国王赠给客人们一些肉桂皮和丁香粉货样，而这正是摩鹿加舰队耗费将近两年时间苦苦寻找的香料，船员们似乎已经站在了香料群岛的门口。

"那位国王是摩尔人，"皮加费塔写道，"名叫西利巴达（Siripada）。他年纪在40岁左右，身体有些发福，在他身边服侍的都是各部落酋长的女儿。除了偶尔去打猎以外，他从不迈出王宫一步。"西利巴达国王也有可能是一名伊斯兰教徒。平时有不下10位书记官"用很薄的树皮"记录下他所做的每一件事。文莱人也有书面语言，这是他们发展到先进社会的另一种体现。

仪式感遍及文莱人日常生活的方方面面。觐见完西利巴达国王之后，船员们坐到大象背上，然后7名仆人左肩扛着国王赠予船员的礼物，一起以隆重的方式返回"总督府"。船员们从大象背上下来，每个人都拿到了礼物，作为回赠，"我们送给那些仆人每人两把小刀。"

当晚，9名仆人来到总督府，他们每个人都端着一个大盘子，"每个盘子里都有10个至12个碟子，里面装满了小牛肉、腌鸡肉、小鸡肉、孔雀肉以及其他动物的肉和鱼肉"。

皮加费塔称，除了鱼肉之外，他们吃了32种不同的肉类食物。"每吃一口肉，我们都喝一杯他们酿制的白酒；杯子是陶瓷的，大小跟一个鸡蛋差不多。吃米饭和其他甜食用的则是与欧洲汤匙相似的金汤匙。"

当时距离宝船舰队下西洋已经过去了将近一个世纪，即便如此，来自中国的商品仍随处可见。皮加费塔在日记中提到了瓷器（"一种非常白的陶器"）、丝绸，甚至还有"铁制眼镜"，这确实令人惊讶。

如今，人们普遍认为眼镜是威尼斯人发明的，但中国人似乎也发展出了研磨玻璃的技术，而且将这项技术传到了文莱。甚至文莱的货币也深受中国影响。

"文莱的摩尔人使用金属货币。这种硬币中间有个洞，可以用线穿起来。硬币的一面刻有四个字，那是中国皇帝的年号。"船员们满怀好奇，想观赏国王拥有的两颗"大如鸡蛋"的巨型珍珠。舰队的高级船员费了不少口舌，又给国王送出不少东西并表明心迹之后，国王才很不情愿地把这两颗大珍珠展示给他们看。皮加费塔赞叹道："这两颗珍珠实在太圆了，在桌子上都放不稳。"

在岛上住了两晚之后，代表团骑着大象来到岸边，再换乘小船回到他们那脏兮兮、空间狭窄的大船。他们的耳边又传来熟悉的嘎吱声，鼻子又闻到了船舱积水的臭味。然而，并非所有人都返回了大船。按希内斯·德·马弗拉的说法，只有四名高级成员返回了舰队，包括两名希腊船员和卡瓦略私生子在内的其他三个人都留在了岛上。不过，德·马弗拉忘记了埃尔卡诺和埃斯皮诺萨也在失踪者之列。船上的人怀疑他们被文莱人扣留住了，只能焦急地等待他们平安归来。

1521年7月29日，天刚刚亮，海面上突然冒出一百多艘快速帆船，分三批向摩鹿加舰队逼来。

自三个月前发生的大屠杀之后，这是船员们第一次担心自己的安危，于是他们拿出长戟、十字弩和火绳枪。他们深知敌众我寡，因为每艘快速帆船都载满了战士；更棘手的是，两艘中国式帆船

（德·马弗拉说有三艘）昨天夜里就停泊在舰队后面，"特立尼达号"和"维多利亚号"的船员当时都没有发现它们，但现在，这些快速帆船似乎想把舰队赶到中式帆船那边，因为后者的船员将会击败这些欧洲人，使他们沦为阶下囚，甚至对他们做一些更险恶的事情。

"一看到他们，我们就能想到有人在耍阴谋，于是我们赶紧扬起风帆，还在匆忙中扔掉了一只船锚。"皮加费塔写道。舰队帆船逐渐加速，一些船员跳上敌人船只，抓了对方几名战士。皮加费塔还说，船上的士兵朝敌人开枪，"杀死了很多敌人"。几艘来势汹汹的快速帆船被舰队的激烈反应吓了一跳后改变了行进方向。

比皮加费塔更喜欢冷嘲热讽的德·马弗拉被这场战斗弄得不知所措，他想："双方一开战，舰队还怎么能找回那三名失踪的船员呢？"然而，战斗还是激烈地进行着，舰队把枪炮都对准了其中一艘巨大的中式帆船，他们命令对方降下风帆，但对方船长拒绝了，即使舰队朝对方船舵开火，对方也还是拒绝合作。

接着大群船员登上中式帆船，发现它的船长并非是他们想象中无恶不作的海盗。"对方船长说，他为吕宋岛国王效力，本来跟随他们的舰队前往一座小岛，但途中遇到暴风雨，与其他舰船失去了联系。由于他的船离文莱岛不远，于是决定靠岸维修船只，因为文莱国王是吕宋岛国王的亲戚。"然后，卡瓦略与船长开始单独对话。这让舰队的高级成员很失望，因为他们冒着生命危险击退了敌人，卡瓦略却不让他们登上那艘中式帆船。

那位老谋深算的船长故意压低声音对卡瓦略说，他可以送给卡瓦略珠宝、两把短弯刀，以及一把"带镀金刀柄并嵌有钻石的匕首"，而且所有这些东西都是馈赠给卡瓦略本人的。这个策略让中式帆船的船长达到了预期效果。"收到这些礼物之后，"德·马弗拉说，"我们的船长释放了这艘中式帆船及其船员。后来所有人都为此懊悔不已，因为我们发现，对方虽然身着寒酸的棉外套，但他们中间的绝大多数船员里面都穿着带金丝绣花的绸缎内衣。"

皮加费塔认为，这桩交易简直就是行贿受贿。他对卡瓦略的印象从一开始就不太好，经过这件事后，就更鄙视卡瓦略了。皮加费塔认为，假如他们把那个船长当作人质关押起来，西利巴达国王就会为他付一笔巨额赎金，这远比卡瓦略接受的贿赂要多得多。按照皮加费塔对当地政治生态的理解，吕宋岛国王需要那名船长与威胁他的野蛮人作战。

事情并没有到此为止。当西利巴达国王说这些快速帆船并没有打算袭击摩鹿加舰队时，船员们愈发觉得困惑。实际上，这些快速帆船当时正要去进攻吕宋岛的敌人，结果被摩鹿加舰队半路截杀，破坏了他们的计划。"为了证明自己所言非虚，那些摩尔人给我们看了他们杀死的敌人人头，他们说这都是野蛮人的人头。"舰队高级成员意识到自己犯了错，觉得很不好意思，想给国王做些补偿。

与此同时，他们要求对方归还被羁押人员，包括卡瓦略的私生子，但西利巴达国王拒绝了。就在前两天，他刚给过这群欧洲人良好的待遇，让他们骑大象，睡垫子，招待他们大吃大喝，还把很多贵重的珠宝当作礼物送给他们，甚至还亲自接见他们。在如此慷慨大度的国王面前，他们不仅不思回报，还要干涉本国内政，要求放走招惹麻烦的舰队高级成员。因此，国王坚持要求关押人质，至少暂时把他们留在那里。

卡瓦略的回应方式有辱其个人形象。他决定羁押从海上抓来的16名俘虏和3个非常漂亮的女人，并宣称要把他们献给卡洛斯一世国王，而其他高级船员也赞成这一计划。

以前，麦哲伦禁止舰队出现女人和奴隶（他自己的奴隶除外），因为他认为这些人会导致舰队不和。卡瓦略的做法证明麦哲伦的看法是正确的。很快,"特立尼达号"上的所有人都意识到:卡瓦略已经把这些女囚变成了他的嫔妃,因为他正忙着调戏她们。

卡瓦略这种行为使其他高级成员心中无比愤怒,后者暗自威胁说要杀死指挥官。为了保住自己和那三个女人的命,卡瓦略用被俘虏的中式帆船船长送给他的黄金和珠宝等非法收入贿赂舰队高级船员。最终,卡瓦略得到了宽恕,他甚至可以留那三个女人在身边,但在手下眼里,他已经威信尽失,因为他的高级船员们知道,假如他们也接受贿赂并带女眷上船的话,他们就成海盗了。

卡瓦略寡廉鲜耻的行为使皮加费塔更加想念麦哲伦近乎冷酷的责任感和纪律性。没有了这些约束,舰队的道德感和使命感便在马来西亚的酷热中化为乌有。

最终,国王释放了埃尔卡诺和埃斯皮诺萨这两名人质,并命令使者马上将他们送回在岸边等待的舰队。埃尔卡诺和埃斯皮诺萨说,他们二人是被单独羁押的,"受到对方厚待",而且对一支由快速帆船组成的神秘小型舰队袭击摩鹿加舰队一事毫不知情。但其他失踪人员到哪儿去了呢?埃尔卡诺和埃斯皮诺萨向卡瓦略解释说,那两名希腊船员已经决定离开舰队。

这个说法似乎不可信,但卡瓦略没法证实真假。假如麦哲伦还活着的话,他就会立刻派人去搜寻这两个逃兵,可卡瓦略却懒得这样做。当然,他更想知道自己私生子的下落。埃尔卡诺和埃斯皮诺萨愁眉苦脸地说,他们听说那孩子已经死在岛上了,但不知道这消息是否为真。

这只是卡瓦略厄运的开始。1521 年 9 月 21 日,其他高级船员决定撤销卡瓦略的位子,但这次指挥权的更迭没有演变成叛乱。卡瓦略既没有遭受攻击,也没有被囚禁。高级船员们只是要求他下台,他照做了,又重新回到了领航员的岗位。

第三卷 死里逃生

官员们决定成立一个三人领导小组指挥舰队,但这个三人组合显得有点尴尬。事务长马丁·门德斯成为舰队的第五任总指挥,冈萨罗·戈麦斯·德·埃斯皮诺萨接任旗舰"特立尼达号"船长之职。

失望之余,埃尔卡诺恨得咬牙切齿,他再次被技能不如他、但官阶高于他的人忽略。大家都不会忘记,他曾参与过反对麦哲伦的叛乱,也曾被囚禁过。虽然埃尔卡诺后来恢复了正常生活,但他身上总摆脱不了一些不光彩的污点。不过,他还是被任命为"维多利亚号"船长,算是给他的一种安慰,而且无论是埃斯皮诺萨还是门德斯,都没有前线航海经验。作为舰队资格最老的巴斯克籍船员,胡安·塞巴斯蒂安·埃尔卡诺成为舰队的实际负责人。

巴斯克地区位于西班牙北部,与法国边界接壤。在漫长的历史长河中,无论是过去还是现在,巴斯克人都堪称另类。从旧石器时代开始,这个民族就存在了,他们是欧洲最古老的民族。巴斯克语非常独特,实际上,巴斯克语是由 8 种不同的方言组成的,它与其他语言之间没有任何直接关联性。

数百年来,无数君主都想吞并巴斯克,而斐迪南国王也终于在 1512 年征服了该地区,让巴斯克人成为狂热的天主教徒,但自主性极强的巴斯克文化依旧顽强地坚持了下来。

在巴斯克人一生当中,大海永远扮演着重要角色。他们出生在海边,住在海边,也死在海边。胡安·塞巴斯蒂安·埃尔卡诺于 1487 年出生在巴斯克人聚居的吉普斯夸省(Guipuzcoa),从小浸淫在这种独特和坚韧不拔的文化氛围中。他的名字据说源自巴斯克语当中表示野外的单词"埃尔克-阿诺"(Elk-ano),其变体通常就是"埃尔卡诺"或德尔·加诺(Del Cano)。

住在巴斯克渔业中心的埃尔卡诺从青少年时起就注定以海为生。他的兄弟姐妹一共 8 人,至少有两个兄弟成为海员,还有一个姐姐嫁给了领航员。20 岁那年，埃尔卡诺找了份用帆船运送士兵的工作，但早在那以前，他肯定就已经出过海了。

两年后，他跳槽到了一艘探险船，这艘船专门将西班牙军队和武器装备运送到非洲。国王的士兵们当时正在非洲与阿拉伯人打仗，埃尔卡诺的工作职责就是监管船上的货物（即用来给士兵支付工资的黄金）和武器装备。到了 23 岁，埃尔卡诺终于拥有了属于自己的船只：一艘重达 200 吨的大船，由他亲自担任船长。他用这艘船为西班牙提供战争服务，但西班牙当局拒绝给他钱，他不得不举债给船员支付工资。最终，他只能卖船还债，这又让他卷入更大的麻烦当中，因为出售西班牙武装船只属于违法行为。

埃尔卡诺不得不逃到塞维利亚避难，在贸易局的航海学校里接受正规训练，学习领航员技能。他的老师可能就是喜欢自吹自擂、充满争议色彩的亚美利哥·韦斯普奇，因为他当时就担任学校的考试委员会主席。学生们计算学分的方式是从导师那里获取豆子：如果他们完成了一门课程，导师就会奖励他们一颗干豆；如果没有通过，就只能得到一粒枯萎的豌豆。在韦斯普奇的指导下，埃尔卡诺掌握了航海技能，获得了干豆，并成为一名领航员。

他拿着自己的毕业证书去应聘摩鹿加舰队的领航员岗位，但即便在塞维利亚，他还是没有摆脱过去的麻烦，因为贸易局很多官员都是巴斯克人，包括局里的总会计师。他们和埃尔卡诺一样，都来自那个小小的吉普斯夸省，他们很可能会注意到埃尔卡诺过往的财务问题。幸运的是，他有一名亲戚在贸易局工作，后者愿意忽略他的财政赤字，并将他推荐给麦哲伦。

麦哲伦任命埃尔卡诺为"康塞普西翁号"船主，月薪 3 000 马勒威迪。更让他喜出望外的是，他获得了 6 个月的预付薪资 18 000 马勒威迪。对于来自巴斯克普通家庭的埃尔卡诺来说，这也算是发了一笔小财。虽然他要从预付薪资当中拿一笔资金购买装备，但剩余的钱也足够他花销了。日常工作的薪水再加上探险队的收益分红，他将会变得非常富有。接受了职位之后，埃尔卡诺马上开始招聘其他船员参与此次航行。舰队最后能拥有 10 名来自吉普斯夸的船员，很大程度要归功于埃尔卡诺。

就在舰队离开塞维利亚之前，埃尔卡诺还前往塞维利亚的一个调查委员会作证，证明麦哲伦这个人"行事谨慎、品行端正、珍惜名誉"。然而埃尔卡诺的重要作用只持续了一小段时间，不久以后他就变得默默无闻，即使后来参与了圣胡利安港的叛乱，他也没有给其他船员留下太多印象。在整个航行记录中，皮加费塔甚至没有提到过一次这位后来成为舰队实际领导人的巴斯克船员。

在文莱停留 35 天后，舰队已经准备好向摩鹿加群岛发起最后冲刺。他们有理由相信自己已经接近香料群岛了，因为他们现在正追随一位欧洲早期旅行家卢多维科·迪·瓦尔泰马（Ludovico di Varthema）的足迹。瓦尔泰马来自意大利博洛尼亚，出版过一本畅销游记，里面就记述了他在 1510 年拜访香料群岛的经历。不过，他并不是取道海上向西航行，而是沿陆路一路向东，最终抵达香料群岛。

瓦尔泰马在许多方面都是一个先行者。他是第一个通过在印度交易宝石致富的欧洲人，也是首批持续关注伊斯兰世界的欧洲人之一。他甚至还宣称自己是第一个冒着生命危险拜访过圣城麦加的非伊斯兰教徒。

不久以后，他到达香料群岛，看到传说中的丁香树，顿时惊讶不已。"丁香树酷似黄杨树，"他在游记中写道，"长得非常茂盛，叶子有点像肉桂树叶，但更圆一点……丁香成熟后，人们就用藤条把果实打下来,然后在树底下把果实接住。"他仔细观察了摩鹿加人买卖这种珍贵香料的过程,却觉得不以为然:"我们发现,丁香的售价是肉豆蔻的两倍,但那是按尺寸来算的,因为这些人不懂得按重量买卖货物。"

但摩鹿加舰队幸存下来的船员没有瓦尔泰马的精明,也无法融入周围文化。他们心烦意乱,而且身体透支。舰队刚一起锚,就马上遇到了严重的航行问题。顺风驶出文莱港之后,"特立尼达号"本想绕过一个岬角,但不料意外搁浅,浅滩差点使船体破裂。皮加费塔说,这起事故完全是因为领航员的疏忽引起的,"但在上帝的护佑下,我们把船从浅滩拖了出来"。其实,他们什么都没有做,就在船上干等,祈求上天保佑船体完好无损。四个小时后,海水涨潮,船又重新回到海里。

这件事发生之后不久,一名船员不小心"把蜡烛塞进一桶火药里,但他立刻把蜡烛拿了出来,没有造成任何伤害"。假如火药爆炸的话,整艘船都会被炸掉,很多人会为此丧命。在麦哲伦统领舰队旗舰的时候,从未发生过类似事故。这两起事故发生时,纪律散漫的舰队都是靠运气躲过一劫,但这种运气能持续多久呢?

搁浅导致"特立尼达号"船体受损,急需进行维修。实际上,"特立尼达号"和"维多利亚号"都渗水严重。为了避免船只下沉,船员们只能疲惫不堪地轮流用水泵抽水。显然,自从那年冬天在圣胡利安港对船只进行翻修之后,现在船员们终于又要忙于大修帆船的工作了。

舰队来到辛邦邦岛(Cimbonbon),花了42天时间修补船只。皮加费塔将这座岛屿描述为"修理船只的理想之地",因为它远离海上运输线,非常宁静。然而,修补工作很难有效开展,"因为我们缺少很多修船材料"。

修船本来就是一项艰巨和繁重的工作,而船员们还得在炽热的马来西亚天气下干活,这就更加费力了。可是,如果想让船继续航行,这个工作就必须完成。"那段时间里,我们每个人都在卖力地做各种各样的事情。不过,最累人的莫过于打赤脚到树林里找木材。"

船员们在树林里四处游走时,突然受到了野猪的袭击。一头野猪跳进海里,想游到港口对面。船员们乘坐大划艇追它,并成功将其杀死。他们还发现了各种鱼类和两栖生物,包括"巨大的鳄鱼"、五六英尺长、数百磅重的巨型生蚝,以及一种奇怪的鱼。这种鱼"体型很小,鱼头长得像猪,有两只角,整个鱼身只有一根骨头,背部有脊肉"。根据这番描述判断,这种生物有可能是燕尾鲈或神仙鱼。这种鱼颜色非常鲜艳,鱼身扁长,在该地区很常见。

辛邦邦岛的另一种自然奇观在老普林尼的《自然史》中有所记录:"有种树……它的树叶从树上掉下来的时候是活的,可以行走……它们体内没有血液,但如果有人碰到它们的话,它们就会马上跑开。"

皮加费塔以孩子般的热情抓了一个样本,他在日记中写道:"我把一片叶子放在盒子里,整整把玩了九天。一旦我打开盒子,就能看到叶子在里面转圈圈。"

这些会走动的叶子被认为是一种名为"叶䗛"的昆虫,它的背部如叶子般又扁又宽,还长着像叶子那样的纹路和脉络。这种昆虫的外形是生物伪装的一个显著例子。在飞行或移动的时候,这种昆虫会显示出鲜艳的色彩,而当它们在树上休息时,就会融入树荫中,避免被目光锐利的鸟类捕食。

叩响香料群岛的大门

1521年9月27日,费时费力的船只翻新工作终于完成,舰队又继续出发寻找香料群岛。几天后，舰队发现了一艘载着普劳安岛（Pulaoan）总督的大型中式帆船向他们驶来。

> 我们向他们发信号，要求他们降下风帆，但他们拒绝降帆，于是我们强行扣留了这艘帆船。（我们告诉）总督，如果（他）想重获自由，那就得在7天内给我们400石大米、20头猪、20只羊和150只家禽。

总督想用一些礼物安抚这些掠夺者，包括椰子、香蕉、甘蔗和棕榈酒。这些礼品取得了预期的效果。摩鹿加舰队官员深感懊悔，把抢来的火器和短刀还给了总督，并向他回赠了礼物，如一些布、一面旗帜、一件"黄色锦缎长袍"以及其他小饰品。"临走前，我们还成了朋友。"皮加费塔满意地写道。寻找香料群岛之旅再次启程。

他们朝东南方向航行，在海上遇到一片奇怪的岩石出露区。皮加费塔觉得"那里的海水深不可测，海里长满了海草"。路过那片岩石出露区之后，他感觉舰队已经"进入了另一片海域"。其实，他们仍在棉兰老岛附近，沿着该岛的西海岸航行，最后到达了被皮加费塔称为"巴瑶"（Bajau）的岛屿。

提及巴瑶人，皮加费塔写道："岛民们以船为家，平时不住在岸上。"巴瑶人也有"海上吉卜赛人"之称，他们广泛地分布在那片海域，根据季风改变停泊地点。在摩鹿加舰队遇到过的所有原住民部落中，巴瑶族是最具神秘色彩的族群之一。

早在摩鹿加舰队到达巴瑶岛之前，中国人就已经探索过该区域了，因此当地经济相当繁荣。巴瑶盛产海参。海参是一种粗糙坚韧的棘皮动物，通常几英寸长，在海里会长得非常大，有时可长达3英尺。人们认为它有壮阳功效，堪称海中人参。这种在中国很受欢迎的食物使商人趋之若鹜，因此当地的海参贸易开展得红红火火。

中国人在该地区消失很久以后，巴瑶族依旧存在。巴瑶人以船为生，一个大家族通常拥有2艘至6艘船，他们在泊锚地聚居。他们一起捕鱼，一起分享食物，并通过家族之间的联姻保持良好关系。巴瑶人的船屋从船头至船尾仅长30英尺，但比快速帆船和"巴朗海"宽敞得多，船上的居住区搭有帐篷，棚顶是用棕榈叶制成的席子。此外，每艘船都有用来做饭的土灶。

在没有月光的夜晚，巴瑶人会打着灯笼捕鱼。除了海参以外，他们还用手线和长矛来捕捞其他数百种可食用的海产品。巴瑶人保存食物的方式与欧洲人差不多，都是用盐腌过之后晒干。他们的活动范围几乎仅限于海上，但会在必要时上岸打水。他们不占有土地，但共同拥有一些小岛，专门用来安葬先人。

巴瑶人不以掠夺为生，假如遭受攻击，他们通常会逃到海上。传统的陆地部落认为在海上流浪的巴瑶人很不可靠，因为他们没有完整的法律体系或信仰体系约束行为。斗转星移，许多巴瑶人成为伊斯兰教徒，但依旧保留了早期的很多习俗。巴瑶人通过跳催眠舞和招魂等方式驱魔治病。他们把邪灵引到一艘船上，让它随着船在海上永远漂流。这个习俗正象征着巴瑶人以海为生的流浪文化。

船员们想留在巴瑶岛，因为他们听说附近岛屿盛产优质桂皮。桂皮是仅次于丁香的贵重香料之一，对船员们具有无法抵抗的诱惑力。水手们都想满载这种芳香无比的香料回国。"假如我们在那里多停留两天，当地人也许会让我们的船装满香料。可是，当时的风向有利于我们绕过岬角和巴瑶岛附近的某些小岛，我们不想耽误时机。"

就在离开巴瑶岛之前，船员们第一次看到了传说中诱人的桂皮树："它只有三四根小树枝，叶子跟月桂树差不多。它的树皮就是桂皮，人们每年采摘两次。"皮加费塔说，在马来语中，这种树被称作

"甜树"（caiu mana）。船员们迅速与当地人进行交易，用2把大刀交换了大约17磅桂皮，这笔不公平的交易所得足以让他们在塞维利亚码头买一艘新船了。他们期盼着早点到达香料群岛，获得更多桂皮、肉豆蔻、胡椒、肉豆蔻衣和其他珍贵的香料。

  舰队似乎在一定程度上恢复了秩序。不久之后，它们又袭击了一艘快速帆船，企图从对方那里了解摩鹿加群岛的具体方位。这场战斗非常激烈，快速帆船上的18名船员中有7人被杀。皮加费塔在日记中对这事只是一带而过，没有表现出任何悔恨。过去，查莫罗人和巴塔哥尼亚人的无辜惨死曾让皮加费塔难过和愧疚，但是现在，他对于杀戮之事已经麻木了，对它们进行记录时所投入的感情还不如对一场暴风雨的描述。皮加费塔已经失去了同情心，这也是舰队所有船员的心态。麦哲伦生前纵然犯下诸多错误，但他一直向船员们灌输使命感，可舰队越接近完成任务，他们的使命感就越薄弱，这实在令人啼笑皆非。

  棉兰老岛国王的弟弟也在那艘快速帆船上，他说自己知道怎么去香料群岛，还承诺带舰队走另一条路线，船员们便饶了他一命，把这艘不幸的帆船抛在身后。国王的弟弟没有食言，他并没有带着舰队继续朝东北方向航行，而是朝东南方向的摩鹿加群岛行进。他们沿途经过一个有食人族居住的岬角时，船员们满怀兴趣地研究这个传说中的原始部落。

  恐怖的食人族果然名不虚传："这些野人都是优秀的战士和弓箭手，他们用一掌尺长的短剑，就着橘汁和柠檬汁生吃人心。"船员们自然不敢接近食人族，只是仔细聆听那位向导讲述食人族的故事，俨然参加狩猎旅行的游客。摩鹿加舰队遇到的食人族很可能是马诺博部落（Manobos），他们偶尔会举行食人仪式，生吃敌人的心脏或肝脏，但当时他们并没有吃过欧洲人。

第三卷　死里逃生

舰队刚到达棉兰老岛的最南端，就遭遇了一场大风暴。自从在南美大陆东岸遇到那场致命的飓风之后，船员们便再也没见过如此猛烈的风暴。这一次，他们再次看到超自然异象，因此觉得舰队肯定能安全抵达摩鹿加群岛。

> 1521年10月26日周六晚上，当我们沿着比拉汉·巴托拉克（Birahan Batolach）海岸航行时，突然遭遇一场极端强烈的风暴。我们一边祈求上帝保佑，一边降下所有风帆。就在这时，三圣再次出现在我们面前，驱散了黑暗。圣艾尔摩在主桅杆上停留了两个多小时，像火把一样照亮我们；圣尼古拉斯和圣克拉拉（Saint Clara）则分别停留在后桅杆和前桅杆顶上。我们许诺给圣艾尔摩、圣尼古拉斯和圣克拉拉奉献一名奴隶，并给每位圣人献上祭品。

风暴过去了，惊魂未定的船员再次感谢上帝救了他们的性命，然后升起风帆，重新朝东南方向航行。其实，他们距离香料群岛只有200英里，却花了好几周时间盲目地在苏拉威西（Sulawesi）和马鲁古（Maluku）海域之间曲折前行，不知道如何才能抵达目的地。在皮加费塔称作"卡维特"（Cavit）的岛屿上，舰队再次对当地原住民部落发起攻击，并再次俘获了两名领航员。他们命令这两名领航员带舰队前往摩鹿加群岛，违者处死。"我们将航线定为西南偏南方向，"皮加费塔写道，"我们路过八个小岛。这些岛屿呈街道状分布，其中几个岛有人居住，还有几个是荒岛。它们的名字分别是齐瓦岛（Cheaua）、考伊奥岛（Cauiao）、卡巴伊奥岛（Cabaio）、卡玛努卡岛（Camanuca）、卡巴利扎奥岛（Cabalizao）、齐艾岛（Cheai）、利潘岛（Lipan）和努撒岛（Nuza）。这些岛屿都属于棉兰

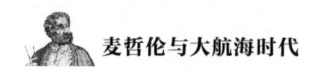

老岛最南端的卡尔卡拉隆列岛（Karkaralong group）。"

舰队越来越接近目的地，即便到了这个时候，还是发生了很多不幸的事件。1521年11月2日，"特立尼达号"一名枪手佩德罗·桑切斯（Pedro Sanchez）在用火绳枪射击的时候，枪管突然爆炸，他被当场炸死。两天后，"特立尼达号"的另一名枪手胡安·鲍蒂斯塔（Juan Bautista）在一次火药爆炸事故中丧生。

由于逆风，舰队无法驶过岬角，只能来回梭巡，等待风向改变。就在这个时候，三名俘虏跳下船，逃往附近一个小岛。这三名俘虏中，有两个成年男人和一个小男孩。"但那个小孩淹死了，"皮加费塔写道，"因为他无法抓紧他父亲的胳膊。"

舰队继续向前航行，经过桑圭岛（Sanguir）、基马岛（Kima）、卡拉基坦岛（Karakitang）、帕拉岛（Para）、萨兰加隆岛（Sarangalong）、西奥岛（Siao）、塔古兰达岛（Tagulanda）、左阿尔岛（Zoar）、米奥岛（Meau）、帕金萨拉岛（Paginsara）、苏阿尔岛（Suar）以及阿提安岛（Atean）。这些岛屿在大海上就犹如一串绿宝石，镶嵌在一颗闪闪发亮的蓝宝石上。随后，在1521年11月6日，船员们看到地平线上出现4座微微泛光的岛屿。"留在船上的那名向导告诉我们，那4座岛屿就是摩鹿加群岛。"皮加费塔记录道。在失去了3艘帆船和100多名船员（占全体船员的一半）之后，摩鹿加舰队终于来到了香料群岛的门口……

……德那地岛（Ternate）……

……蒂多雷岛（Tidore）……

……莫蒂尔岛（Motir）……

……马基安岛（Makian）……

第三卷 死里逃生

这四个小岛从北向南延伸,每个岛不超过六英里。最南端还有个岛屿叫巴占岛(Bacan),是香料群岛当中的第五座岛屿,面积要比其他岛大得多。

实际上,摩鹿加群岛由1 000多座大小不一的岛屿组成,但对于16世纪的欧洲人而言,摩鹿加群岛指的就是这5座岛屿。其中,最著名的就是德那地岛和蒂多雷岛。这两个岛上都有海拔约一英里的火山,高大的火山使小小的岛屿显得异常雄壮。

1609年,巴托洛梅·莱昂纳多·德·阿亨索拉(Bartolome Leonardo de Argensola)将德那地岛的火山描述成"一座喷发恐怖火焰的高山"。他猜想是大风"点燃了那团大火或多年累积在山上的可燃物。喷出大火后的山顶很冷,但覆盖山顶的不是灰烬,而是一种很轻的、团块状的泥土,与我国火山喷发形成的泡沫岩稍有不同"。

火山灰滋养了岛上的土壤,而湿润的气候也有助于植被生长。这两个条件结合在一起,为香料植物提供了独特的生长环境。摩鹿加群岛偶尔发生的火山喷发让人望而却步,它带给人的神奇之感并不亚于一条神龙或从海底深处升起的失落之城亚特兰蒂斯,因此包括德那地岛在内的众岛屿都被赋予了神话般的传奇色彩。

"看,在那东方的大海上,岛屿星罗棋布,"在《卢济塔尼亚人之歌》(*The Lusiads*)中,葡萄牙诗人路易斯·德·卡蒙伊斯(Luis de Camões)这样描述香料群岛的魅力:

看,远处的蒂多雷岛和德那地岛,
山顶火焰喷涌,烈焰跳动;
看那火红的丁香树园,
是葡萄牙人用鲜血浇灌的……

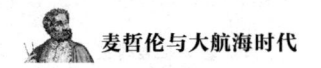

现在，所有这些具有异国情调的景色都被摩鹿加舰队尽收眼底。"我们感谢上帝，并鸣放礼炮以示欢庆。再过两天，我们的摩鹿加群岛探险之旅就刚好满27个月了。"

第 13 章
改变东西方各国命运的香料

> 港湾清澈如镜，
> 帆船缓缓驶入港口。
> 月光洒在港湾，
> 月亮倒影在水中。

1512年11月8日，摩鹿加舰队鸣放着礼炮缓缓进入蒂多雷岛港口。船只在水深20英寻处抛锚，然后又鸣放了一轮礼炮，炮声在海岛平静的山中回荡。在湿润的气候中，丁香和肉桂的浓郁香气掠过海面，迎接这些疲倦不堪的船员，让他们看到了致富的希望。

第二天，蒂多雷岛一艘豪华的快速帆船前来迎接舰队。船上装有丝质遮阳篷，篷下坐着一名特使；特使的儿子手持一把仪式性的权杖，站在他的身边。他们后面站着两名侍从，各端着一只金樽，里面盛有欢迎仪式所用的洗手水；另外两名侍从则捧着一只金盒子，里面装满了槟榔果。特使自我介绍说，他的名字叫阿尔－曼苏尔（al-Mansur），但舰队官员们用西班牙发音"阿尔曼佐尔"（Almanzor）称呼他。他看上去40岁左右，体型矮胖。

阿尔曼佐尔其实是蒂多雷岛国王，也是一名狂热的占星师。他故意以这种戏剧性的方式出现，以表明自己的显赫地位。不出所料，舰队的领导层意识到，他们必须与阿尔曼佐尔交好，因为他是丁香的守护者，而他们千里迢迢来到这里，就是为了获得这种香料。阿尔曼佐尔的弹丸小国经常处于危险之中，他需要这些来自远方的客人帮助他。同样，这些客人也需要他，或者说需要他的香料。

罪恶之源——丁香

阿尔曼佐尔站在那艘华丽的快速帆船上，热情四溢地欢迎舰队的到来。按皮加费塔的说法，阿尔曼佐尔大声说道："诸位在海上颠簸已久且历经险阻，请到岛上来享受一番吧！你们可以休养生息，把这里当作自己的家。"阿尔曼佐尔接着说道，他早就梦见过舰队到来，现在梦境应验了。

接着，在舰队高级成员的注视下，阿尔曼佐尔登上了"特立尼达号"。为了表示敬意，高级船员们给他端来那张天鹅绒椅子，他毫不犹豫地坐下了，但给人造成的印象是他完全是为了顾及官员们的感受才坐这张椅子的。皮加费塔在日记中表达了自己的惊讶："他像接待小孩那样接待我们。"尽管阿尔曼佐尔显得亲切和蔼，但也表现出其固执的一面：他拒不鞠躬，甚至在需要侧头的时候也绝不摆动脑袋。舰队官员邀请他进入"特立尼达号"的船舱，可他拒绝像船员平时那样弯腰进入。只见他走到甲板，从那里下去，并在这个过程中一直竖直头部。

阿尔曼佐尔在对话中透露他很熟悉西班牙，甚至很了解伟大的西班牙国王卡洛斯一世，并坚称他和蒂多雷人民非常想为国王和西班牙王国效力。这番话立刻让舰队的领导层觉得阿尔曼佐尔另有所图，他可能想把自己的效忠对象从葡萄牙换成西班牙。领导层的推测是正确的。

10年前，阿尔曼佐尔的父亲曾怂恿葡萄牙人在蒂多雷岛设立贸易站点，部分原因是想打破阿拉伯人对摩鹿加群岛农作物的垄断，这件事给双方留下了不愉快的回忆。葡萄牙人越来越厌恶摩鹿加人，把他们当作被抛弃的情人。起先，葡萄牙人只是打算终结中国人和阿拉伯人对香料的控制并从中牟取暴利，以便超越其邻国、死对头西班牙，一举控制全球经济命脉。

事实证明，这些岛民都是不诚实的合作伙伴，他们心怀叵测，凶狠残忍。最让葡萄牙人恼怒的是，岛民继续向其他国家的船队出售香料。葡萄牙因为没有取得垄断地位而把这一切都怪罪在香料群岛的统治者和岛民身上。

对于香料群岛的原住民，葡萄牙宫廷史官若昂·德·巴罗什写下了一段话，这段话可视为葡萄牙对摩鹿加人的官方评价：

> 除了打仗，他们几乎对任何事情都提不起劲，只有当地女人才稍微关心农业或贸易……总的来说，他们是一群好色淫荡之徒，表里不一、忘恩负义，但很善于学习。虽然物质生活不富裕，但他们的自豪感很强，经常妄自尊大。另外，他们不会放弃任何东西，也从不屈服，除非被武力征服……按照我们船员的说法，这些岛屿简直就是恶魔栖息之地。除了丁香树以外，没有任何值得称道的地方。

后来，巴罗什逐渐意识到丁香本身就是罪恶的源头。他写道，丁香"是上帝的杰作"，但"其实是一个祸根，它所引发的冲突比黄金还多得多"。

难怪阿尔曼佐尔开始厌恶葡萄牙人，也难怪他想跟西班牙合作（虽然他并不知道舰队中的很多船员都是葡萄牙人）。但除了双方交恶之外，当地的政治状况也对阿尔曼佐尔的选择产生了影响。当时，蒂多雷岛与它的邻居、处于葡萄牙控制下的德那地岛之间存在纷争，因此阿尔曼佐尔认为，这群来自西班牙王室的代表可以成为自己强大的盟友，共同对付葡萄牙。

在这样的背景下，舰队的联合指挥官埃尔卡诺、埃斯皮诺萨和门德斯迅速与阿尔曼佐尔签订了协议，并向他赠送了很多礼物。阿尔曼佐尔请求对方不要如此慷慨大方，因为"他没有什么东西可以作为回礼送给我们国王。另外他说，既然他已经将卡洛斯一世国王奉为君主，他就应该亲自去觐见卡洛斯一世国王"。

1521年11月10日，卡瓦略派一支小分队上岸，这是摩鹿加舰队船员首次登上香料群岛。几年后被派往香料群岛担任官员的葡萄牙人安东尼奥·加尔万描述了岛上非凡的景色。当初摩鹿加舰队船员上岸时，想必也对他所描写的周遭美景赞叹不已：

> 大部分岛屿都呈圆锥状，底部延伸至海里。在距离岸边咫尺之遥的地方，暗礁随处可见。退潮时，船员们可以徒步走到暗礁那里，还可以从暗礁中间的航道上岛。除了少数几个小沙湾之外，周围根本没有可以抛锚的地方，而在多沙的港湾抛锚是件非常危险的事情！一眼看去，群岛阴森幽暗，令人倍感压抑。山顶上几乎总是笼罩着一团厚厚的浓雾，即便是一年当中天气最好的时节，那里的天空也是阴云密布，经常下雨；而一旦不下雨，除了丁香树长得郁郁葱葱，所有的农作物都会枯萎。总之，每隔一段时间，那里就会烟雨朦胧，让人阴郁。

在早期欧洲探险家看来，那些高耸入云、变幻莫测的火山是摩鹿加群岛唯一充满活力的景物。加尔万提到："有些岛屿会喷火，而且会产生像温泉那样的热水。岛上丛林密布，因此对为非作歹者来说，是一个理想的藏身之地。"大量的火山喷发物如雨点般落到地上，使土壤"变成黑色，而且十分松软，某些地方还有黏土和砾石。这种土壤很不牢固，因为它下面是岩石，树木无法生根。此外，无论下多大的雨，雨水很快就被土壤所吸收"。

最重要的是，这里适合生长香料，尤其是丁香。摩鹿加舰队的船员们见过丁香，也闻过，甚至还尝过它，但直到现在，他们才亲眼看到野生的丁香，并且不是零零散散的几棵丁香树，而是一大片稠密的丁香树林。"这五座岛屿长满了丁香树"，1512年，麦哲伦的小舅子杜阿尔特·巴尔波查在拜访过香料群岛之后写道，"（它们）很像月桂树，树叶却跟杨梅树的叶子差不多；它们开的花像橘子花，颜色起初是绿色的，后来变成白色，成熟之后就变成彩色。到了收获的季节，当地人便穿梭于树林之间，采摘成熟的丁香花。"

第一次拜访蒂多雷岛，舰队领导层便与阿尔曼佐尔达成了协议，后者承认西班牙对该岛拥有主权。不过，这一协议违反了《托尔德西里亚斯条约》，而且船员们已经见过太多热情款待变成激烈战斗的情况，并不相信阿尔曼佐尔会长久信守诺言。所以协议签订之后，舰队的领导层只想尽快装上香料走人，以免卷入当地冲突。

对于欧洲人而言，签了字的书面文件便构成协议，但对于蒂多雷岛人来说，口头表述的内容才具有法律效力。香料群岛的居民偶尔会借鉴中国人的交易记录模式，把商业交易活动写在棕榈叶或印度进口的纸张上；但是到了订立合约的时候，他们以口头协议而不是书面文字为准。

经过一番讨价还价达成的协议生效之后，阿尔曼佐尔告知舰队的指挥官，他手头上的丁香不多，无法满足舰队的需求，但可以陪他们去巴占岛。他向官员们保证说，巴占岛也有丁香，他们想要多少就能买多少。不过，在开始往船上装香料之前，舰队指挥官向国王打听起了弗朗西斯科·塞朗的下落。他曾给麦哲伦写过一封关于香料群岛的信件，而正是在这封信的激励下，麦哲伦才开始了香料群岛探索之旅。

船员们都不知道这位传奇人物的下落。关于他的最新消息是他和一小群葡萄牙探险家到达了德那地岛，并与该岛国王阿布雷斯（Rajah Abuleis）结为盟友。但这也只是传言，在官方看来，塞朗和他那一小群葡萄牙探险家不过是雇佣兵而已；他们和麦哲伦一样，为了一桩更好的交易转而为西班牙效忠。塞朗很可能还在香料群岛，舰队官员们希望与他重聚，因为后者现在急缺领导人。假如塞朗还活着，甚至有可能代替麦哲伦担任舰队的最高指挥官。

但这次重聚泡汤了。阿尔曼佐尔透露说，塞朗8个月前就死了。这与麦哲伦的死亡时间差不多，但阿尔曼佐尔没有说出塞朗之死的真正原因。舰队后来得知的真实情况是这样的：1512年，塞朗来到香料群岛之后，卷入了蒂多雷岛和德那地岛两位统治者之间的权力斗争。他选择支持德那地岛，出任该岛的"海军司令"，但所谓"海军"也只是徒有其名而已。两个岛国的国王相互打了多年的仗，在塞朗的领导下，德那地岛每次都能取胜。为了实现和平，塞朗迫使蒂多雷国王阿尔曼佐尔交出自己的儿子做人质，并把女儿嫁给死对头德那地岛国王为妻。后来阿尔曼佐尔的女儿怀上了阿布雷斯的孩子。

阿尔曼佐尔不会忘记如此奇耻大辱，更不会原谅塞朗的所作所为。皮加费塔讲述道：

> 两位国王达成了和解，但是有一天，弗朗西斯科·塞朗到蒂多雷岛进行丁香交易，阿尔曼佐尔国王命人……用槟榔叶给他下毒。四天后，塞朗毒发身亡。德那地国王想按伊斯

兰风俗安葬塞朗,但塞朗的三名基督徒仆人不同意这样做。

塞朗是我们已故忠诚、善良的舰队指挥官的好朋友和亲戚。

两个岛国之间的宿怨并没有就此结束。十天后,德那地国王"赶走了自己的女婿——巴占岛国王,结果被自己的女儿,也就是巴占岛王后以讲和为名设宴下毒",并在两天后毒发身亡。

舰队官员意识到,塞朗之死与麦哲伦之死异曲同工。两人同样卷入了岛国之间的长期斗争,并且都明确支持其中一方,还极其严厉无情地对待敌人。两个敌对部落最后达成了和解,曾经被视为英雄的局外人却为自己的英勇行为付出了生命代价。塞朗和麦哲伦的故事发人深省,它们提醒着舰队官员们不要卷入别人的斗争中。

尽管德那地岛和蒂多雷岛之间有过不愉快的交往历史,两个岛国之间的民众也经常互相憎恨,但他们听说鼎鼎大名的西班牙国王无所不能之后,便盼望着这位远在地球另一端的君主能够带来他们一直无法实现的永久和平。

1521年11月11日,周一,德那地岛统治阶级开始了他们的外交攻势。

国王的一个儿子乘坐快速帆船来到舰队,随同的还有塞朗的爪哇人遗孀和两个孩子。看到德那地人的快速帆船驶来,埃斯皮诺萨顿时慌了手脚,因为他选择支持德那地人的死敌蒂多雷人。他该怎么办?阿尔曼佐尔就站在埃斯皮诺萨旁边,他冷静地建议埃斯皮诺萨见机行事。

埃斯皮诺萨和"特立尼达号"的其他官员态度冷淡地欢迎来客,给他们赠送礼物,并密切注视他们的行动,看对方是否有惹是生非的迹象。与此同时,皮加费塔利用自己的语言特长与一位名叫曼努埃尔的仆人交谈了起来。曼努埃尔称,他的主人叫佩德罗·阿方索·德·罗洛萨（Pedro Alfonso de Lorosa），是一位葡萄牙总督，当初与塞朗一起来到香料群岛，而且现在还住在那里。曼努埃尔还说，尽管蒂多雷国王与德那地国王之间依旧宿怨未消，但德那地国王也心向西班牙，因此舰队在德那地岛的受欢迎程度并不亚于蒂多雷岛。

听曼努埃尔这么一说，皮加费塔便想上岸亲自看一眼香料群岛。过去，皮加费塔对原住民部落的性习俗和女人总是很感兴趣，但蒂多雷岛的女性却让他大为失望。他说这些女人"很丑"，而这个词在皮加费塔的日记中几乎从没出现过。他写道，蒂多雷岛男女皆裸体，腰间缠着一小块"树皮做的"遮羞布。蒂多雷岛不会出现菲律宾式的淫乱场面，因为岛上的男人"爱吃妻子的醋，他们不希望我们不穿内裤上岸，因为他们断定自己的妻子会以为我们随时准备好跟她们发生关系"。皮加费塔这番话的意思是，欧式马裤使船员的阴茎看上去处于勃起状态。

除了香料群岛的岛民在性方面表现出排他性以外，皮加费塔还听说那里的国王们都有几十个孩子。他想知道这个传说的真假，结果发现，国王的荒淫无度完全超出了他的想象。

> 国王可以随意娶妻，但正室只有一个，其他妻子都要听正室的话。蒂多雷国王在城外有一间大房子，那里住着他的两百个妻子，伺候她们的女仆也差不多有两百来人。国王用餐的时候，他会单独一人坐着吃，或者和正室一起坐在高处一个类似于楼座的地方，以便看到围在楼座周围的其他妻子。用完餐之后，如果他命令那些女人一起吃饭，她们只要照做即可；但如果他没有下令，那她们就各回各的房间吃饭。到了晚上，他会命令当天最让他满意的妻子侍寝。没有国王的允许，任何人都不许看那些女人；假如有人在白天或夜里

靠近国王的房子，这个人就会被处以死刑。岛上每个家庭都必须要献给国王一两个女儿。蒂多雷国王一共有 26 个孩子，包括 8 个儿子和 18 个女儿。

附近还有个岛屿叫济罗罗岛（Gilolo），岛上的两位国王更加淫乱，其中一人生了 600 个孩子，另一人则有 525 个孩子。皮加费塔特别提到，那些国王都是伊斯兰教徒，另外他还写道：

> 原住民通常不会娶这么多老婆，生活中也不会有这么多迷信的观念习俗。但在早上出门时，只要是第一眼看到的东西，他们都会崇拜一整天。巴布亚国王（Rajah Papua）是那些原住民的统治者，住在岛屿内陆，手里有很多黄金，简直富可敌国。

皮加费塔又开始编撰一本单词和短语词典，该词典侧重于记录人体部位和生殖系统的名字。他的工作进展很快，而这本马来语词典后来成为皮加费塔在词典编纂学方面的精品。

从葡萄牙倒戈的属国

香料贸易以惊人的速度开始了。蒂多雷岛国王下令专门设立一家商贸站，作为新客人进行香料贸易的地点。这家商贸站有可能是从葡萄牙占领时期的贸易站点翻修而来的。1521 年 11 月 12 日，周二，摩鹿加舰队在蒂多雷港抛锚 4 天后开始与当地居民交换商品。"我们把船上几乎所有的货物都搬上了岸，并留下 3 名船员在那里看守货物。很快，我们便以下述方式开展贸易：10 寻上等红布换 1 巴

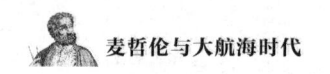

哈尔丁香，1巴哈尔丁香约等于4公担又6磅。"当时，1公担等于100磅，是计算香料价值的最重要的度量单位。

舰队所有人按特别赏金比例计算自己的收入。特别赏金比例是指划归船员和船队领导的货物占总体货物的比例。根据1519年5月8日卡洛斯一世国王给麦哲伦下达的指令，舰队每一名重要成员都能获得一定数量的特别赏金。只要把货物总收入的24%上交给国王，余下的76%就归他们自己所有。

当然，作为舰队总指挥的麦哲伦获得了最大份额，即60公担香料外加总收入的20%。其他领导人所得则相差不多，其他人员收入从高到低排列分别是水手长、枪炮手、填船缝工、制筒工、理发师和纠察长，甚至连牧师也能获得一定份额的赏金。

在接下来的几天里，香料贸易进行得如火如荼。

15寻中等质量的布换2公担丁香；15把短柄斧换1巴哈尔丁香；35只玻璃酒杯换1巴哈尔丁香（国王将酒杯全部换走）；17卡蒂白银换1巴哈尔丁香；26寻亚麻布换1巴哈尔丁香；25寻优质亚麻布换1巴哈尔丁香；150把小刀换1巴哈尔丁香；50把剪刀换1巴哈尔丁香；100顶帽子换1巴哈尔丁香；10块古吉拉特（Gujarat）布换1巴哈尔丁香；3只铜锣换2巴哈尔丁香；1公担青铜换1巴哈尔丁香。

船员们用铜锣、小刀和沿途打劫中式帆船时抢来的其他物品交换丁香，这些小玩意儿所换来的大量香料也许是船员们一辈子都难得一见的。

舰队派出一支全副武装的小分队守护贸易站，但根据以往的悲惨经历，他们知道，即便是在和平环境下，登岸过夜也存在着巨大风险。阿尔曼佐尔提醒他们晚上不要离开贸易站，否则他们可能会遇到部落中的一群匪徒。那些人看上去没有脑袋，身上带着毒膏，碰到毒膏的人"很快就会生病，三四天后便毒发身亡"。国王还说，他一直想收服这群危险团伙，甚至绞死了他们不少人，但他们依旧是巨大的威胁。国王这番话在一定程度上赢得了船员的信任。守护贸易站的船员在提前得到警告之后凡事小心（也可以说是吓破了胆），因此始终没有遇到这些"无头怪"。

贸易期间，阿尔曼佐尔尽量让舰队安心。舰队领导人向他透露说，他们手上有16名俘虏，都是从他们拜访过的岛屿抓来的，可即便如此，阿尔曼佐尔也不以为意。他们之所以向阿尔曼佐尔说这件事，可能是因为舰队再也无法隐藏这些战俘了，又或者羁押战俘的空间可以用来储藏价值更高的丁香或肉桂皮。

让舰队领导人没想到的是，国王听到这话不但不生气，反而很高兴，并且请舰队把战俘交给他，"他会安排5个人将这些战俘送回原来的岛屿，让岛民们知道西班牙国王的威名"。卡瓦略抓来的3名女眷也是个棘手的难题，于是舰队领导人一并把她们交给阿尔曼佐尔，供他个人享用。

阿尔曼佐尔为舰队提供了慷慨的帮助，作为回报，他只要求舰队"把船上养的所有猪都杀掉"，以遵守的饮食戒律，"为此，他会赔偿我们相同数量的山羊和家禽"。既然食物来源得到了保证，船员们当然乐意顺从国王的要求。"为了让他满意，我们把所有猪都宰了，然后把它们挂在甲板下面。每当那些人看到猪时，就会遮住脸，避免直视或闻到猪的臭味。"

假如舰队有人忙里偷闲，回想一下在香料群岛度过的那些日子，他会惊讶地发现，在经历了好几个月的不幸之后，舰队现在终于得到命运的垂青了。

1521年11月13日下午，弗朗西斯科·塞朗的同伴佩德罗·阿方索·德·罗洛萨在一艘快速帆船上向舰队打招呼。他兴奋地说，德那地国王已经允许舰队拜访德那地岛，并指示他如实回答舰队提出的所有问题。在交代任务时国王还打趣说："就算舰队里有德那地岛派去的人，也要对他说真话。"随后的重聚，是地理大发现时代最令人瞩目的事件之一。在那个年代，探险家一旦离开故土，便往往杳无音信；而现在，消失了整整10年的罗洛萨就站在舰队领导人面前，以幽默的语气跟他们说话，并且急切地想把一些重要信息告诉摩鹿加舰队。

从阿方索·德·罗洛萨的详细回忆中，舰队官员们得知，不依不饶的葡萄牙人一直在全球各地追踪摩鹿加舰队：

> 他告诉我们，他在印度待了16年，来摩鹿加群岛也有10年时间，距离摩鹿加群岛被秘密发现已经很多年了。在某一年的10月底，一艘来自马拉加的大船到达摩鹿加，留下一批丁香货物。

那艘船仍在搜寻摩鹿加舰队：

> 那艘船的船长名叫特里斯坦·德·梅内塞斯（Tristao de Meneses），是一名葡萄牙人。他（指佩德罗·阿方索）问他，基督教世界有什么新消息？对方说，有一支舰队从塞维利亚出发，以西班牙国王的名义寻找摩鹿加群岛；这支舰队由5艘帆船组成，领头的船长是一位名叫麦哲伦的葡萄牙人。他还说，葡萄牙国王愤怒异常，因为这个葡萄牙人背叛了国王，于是他派了包括梅内塞斯在内的一些舰船前往好望角和食人

族居住的圣玛丽角，目的就是守护这条航道，不让其他船只通过。结果，他们并没有发现麦哲伦的舰队。

按佩德罗·阿方索·德·罗洛萨的说法，葡萄牙人对于摩鹿加舰队的追杀并没有到此为止。在故事的结尾，他还说出了一件令人震惊的事情：

> 两天前，一艘西式轻快帆船和两艘中式帆船曾到那里打听我们的消息，但那2艘中式帆船载着7名葡萄牙人去巴占岛装丁香了。在岛上，他们举止轻浮，不尊重国王的妻子和臣民。国王曾多次告诫他们不要这样做，但他们不仅不思悔改，反而变本加厉，还赖在岛上不走，国王只能判处他们死刑。西式轻快帆船上的人一听到这个消息，便马上逃回马六甲，丢下了那2艘中式帆船。此时这2艘船上满载数百巴哈尔丁香和足以购买数百巴哈尔丁香的货物。
>
> 此外，他还告诉我们，很多中式帆船每年都从马拉加来到文诞岛（Bandan），装上肉豆蔻衣和肉豆蔻，再从文诞岛前往摩鹿加群岛采购丁香。这些船从摩鹿加驶往文诞需要3天时间，而从文诞返回马拉加则需要15天时间。西班牙国王可能不知道，葡萄牙国王已经独占摩鹿加群岛整整10年了。

最后这句话正好解释了曼努埃尔国王连续拒绝麦哲伦4次的原因。麦哲伦提出的海上航线虽然大胆，但可能会干扰葡萄牙偷偷摸摸进行利润丰厚的香料贸易。西班牙不存在这种秘密的贸易关系，自然将从麦哲伦的计划中受益匪浅。叛乱分子和西班牙国内受他们怂恿的人认为，麦哲伦想策反舰队，暗中帮助葡萄牙进行香料贸易，但这种想法非常奇怪和愚蠢，因为自从逃离葡萄牙之后，麦哲伦就宣布他只效忠西班牙，而且一直信守诺言。

舰队领导人请佩德罗·阿方索·德·罗洛萨喝酒。借着酒劲，罗洛萨把他知道的秘密一五一十地和盘托出。直到第二天凌晨3点钟，筋疲力尽的罗洛萨才把故事讲完。舰队领导人在吃惊之余，已经完全相信了他的话。他们请求罗洛萨加入摩鹿加舰队，"并承诺给他丰厚的薪资"。报国无门的罗洛萨同意了。躲避葡萄牙王室特使多年的罗洛萨，将会为自己的这个决定后悔。

"11月15日，周五，"皮加费塔写道，"阿尔曼佐尔国王告诉我们，他要去巴占岛，把葡萄牙人留在那里的丁香运回来。他要我们拿出两份礼物，以西班牙国王的名义赠送给莫蒂尔岛的两位统治者。经过我们船只的时候，他想看看我们是如何使用火绳枪、十字弩和长管枪的。长管枪的枪管比火绳枪长，并因此而得名。国王用十字弩射了三箭，对这种武器很满意，觉得它比其他武器好用得多。"

紧接着，在周六这天，济卢卢岛国王伊乌苏（Iussu）也礼节性地拜访了舰队。伊乌苏"已至耄耋之年，权力很大，其他岛屿的统治者都很怕他"。舰队也向他展示了船上的火器，然后双方交换礼物。"我们是阿尔曼佐尔的朋友，"皮加费塔写道，"自然也是他的朋友，因为他将阿尔曼佐尔视为己出。如果我们到他的岛上去，他肯定不会让阿尔曼佐尔丢面子。"

第二天，伊乌苏国王再次来到舰队，要求船员们给他展示火器，枪炮手们愉快地答应了。"这些火器让他乐不思蜀，"皮加费塔写道，"有人告诉我们，他年轻时候是一名伟大的战士。"当天晚些时候，皮加费塔终于有空仔细研究丁香了。这些其貌不扬、散发着芳香的灌木植物（学名为"桃金娘科蒲桃属植物"）曾让无数人为之冒险丧命，并改变了世界各大帝国的命运。东西方王国都以这种香料作为经济支柱,即将出现的全球化经济也靠它们提供驱动力。早在麦哲伦进行环球航行的数百年前,中国人就已经进口丁香了。他们认为丁香具有医疗作用,还将它们做成调料和香薰料。

在欧洲,丁香的用途更为广泛。据说,用丁香精华液滴眼睛可以改善视力;将丁香粉涂在额头上,可以祛热退烧;把丁香添加到食物中,可以刺激膀胱,清洁大肠;将丁香放到牛奶里一起喝,可以增强性欲,提高性生活质量。无论从哪方面来看,丁香都是一种神奇的、令人赞叹的珍贵植物。

"丁香"英文名称是"clove",它源自法语的"clou"。这个法语词的意思是"钉子",而晒干的丁香花蕾外形确实容易让人想起钉子。丁香树成熟缓慢,从幼苗长到成熟植株,可能长达七八年。直到树龄25年左右,丁香树才会视乎气候变化情况,每年产出8磅左右珍贵香料。香料群岛拥有种植丁香的理想土壤环境,那里的火山土壤很深、很肥沃,而且排水情况良好。降雨也非常重要,香料群岛的年均降雨量约为100英寸,很适合丁香树生长。丁香花蕾的长度从0.5英尺到0.75英尺不等,内部成分含20%精油;精油的主要成分是丁香酚,这是一种能够让丁香散发出独特烟熏味的芳香烃。

人们在采集丁香花蕾时要非常小心,因为它非常脆弱。其窍门在于:将花蕾轻轻地从花茎上扯下来,但又不能伤害树枝,所以采集者需要以手为刷,把一大簇花蕾扫到树下的篮子里或伸出的围裙里。采下来的花蕾要放在空旷处晒几天,直至晒干为止。晒干后的花蕾和花茎变成褐色,重量减少三分之二。即使在打包之后,它们还会继续蒸发水分并减重,但速度相对要慢一些。

丁香既给人类带来巨大财富,也引发了无数争斗。现在,皮加费塔终于有机会一睹这神奇作物的芳容了。从他的描述中可以看出,他对这种植物已经深深着迷了:

> 丁香树很高，有一人粗。其树枝繁茂，树顶有如山顶状；树叶酷似月桂，树皮呈深色。丁香花长在细枝末端，以10支到20支花为一簇。根据季节变化，丁香树一面所结的花蕊总会多于另一面。丁香花开花时为白色，成熟时为红色，晒干后为黑色。丁香每年采摘两次，一次在救世主的生日，另一次在施洗者圣约翰（St. John the Baptist）的生日，因为气候在这两天更温和……若遇上干旱少雨年份，每个岛屿只能采集到三四百巴哈尔丁香。丁香树只生长于高山，若将其种于山脚低洼地带，则植株无法成活。丁香树的叶子、树皮和新鲜木头与丁香花一样香气浓郁。成熟的丁香花若不及时采集，会长得很大、很坚硬，以至于只有外壳可用。全世界只有香料群岛的五座高山生长丁香树……几乎每一天，我们都能看到那些高山被薄雾笼罩，只有这种环境才最适合丁香生长。

肉豆蔻的重要性和珍贵程度不亚于丁香。皮加费塔在日记中描述了野生肉豆蔻的样子：

> 肉豆蔻树长得像我们的核桃树，叶子也跟核桃树差不多。到了收获季节，肉豆蔻的个头与小个的榅桲差不多，而且长着与榅桲相类似的绒毛和颜色。肉豆蔻的头层外壳与我们吃的核桃的绿色外壳一样厚。头层外壳里面是一层薄薄的壳体，再里面就是肉豆蔻衣。

1521年11月25日，周一，阿尔曼佐尔大清早便乘坐着快速帆船，在一片嘹亮的锣鼓声中向舰队驶去。当快速帆船从舰队的两艘大船中间穿过时,他宣布四天之内就向舰队交付丁香。喜出望外的船员们放空枪庆祝,枪声给国王留下了深刻印象。

当天晚些时候,船员们开始将791卡蒂丁香装上船。"那是我们装上船的第一批丁香,所以,我们开了很多枪以示庆祝。"装船的丁香越多,舰队船员们就越迫切地想返回西班牙,以免另一场灾难降临到他们身上。

摩鹿加舰队终于得到了香料,阿尔曼佐尔想趁此机会说服这些欧洲人参与当地部落政治。他说,他希望舰队尽快带着更多船只返回香料群岛。舰队领导人曾经卷入过岛屿部落间的仇杀,吃过不少苦头,可尽管如此,他们还是愉快地向阿尔曼佐尔拍胸脯说,他们肯定会帮他的。有了舰队的空头承诺,国王很满意,于是邀请岛上所有人参加庆祝宴会。

国王毫无恶意的举动使舰队船员们陷入恐慌之中,因为这让他们想起宿务岛宴会上的大屠杀和塞朗中毒身亡事件。突然间,只要是目光所及之处,舰队领导人仿佛都感觉到厄运正在降临。例如,"我们看到那些印度人和我们的俘虏窃窃私语"。甚至连刚刚打扫干净的村庄街道,从船上看过去也是不祥之兆。

但是,他们不敢拒绝国王的邀请,因为只有不得罪他,他们才能获得香料。"我们有些人觉得这里面有猫腻……他们怀疑国王会背叛他们,并强烈反对参加宴会。他们说,这有可能是另一场灾难,我们不应该上岸赴宴。"舰队领导人并没有上岸,而是主动邀请国王到他们船上,向他赠送礼物,甚至留下4名想待在香料群岛的船员(祝那些留在这个危险地方的船员好运吧,他们需要好运气)。

阿尔曼佐尔接受了舰队的邀请,并马上登上"特立尼达号",吹嘘说他"来到船上就像回家一样安全"。他还说,有传言称舰队打算起锚远航,他对此"非常吃惊",因为"船只需要30天时间才能装满香料"。船员们满腹狐疑地听他说着。阿尔曼佐尔并无恶意，至少他说自己只想帮助舰队获得香料并安全返回祖国。"他恳求我们不要马上离去，一是现在还没到适航的季节，二是文诞岛周围有很多岩石和暗礁，三是我们会很容易遇到葡萄牙人。"舰队领导层认为这些观点很有说服力。

为了表明自己的诚意，阿尔曼佐尔还说，如果舰队想现在就离开，他不会加以阻拦，但他有一个要求：请舰队收回所有赠送给他的礼物，"因为其他岛屿的国王会说，蒂多雷国王从一位伟大的国王（指卡洛斯一世国王）那里收到了这么多礼物，而他却没有任何回赠。他们会认为舰队只是因为担心受欺骗或背叛而离开这里，那他就会落得个叛徒的名声"。

阿尔曼佐尔终于道出了他想让舰队留下来的真正原因：在其他岛屿统治者面前保全面子。假如他与强大的摩鹿加舰队保持盟友关系，就会镇住其他岛国国王，使他们心生嫉妒的同时又羡慕不已；但他如果没有摩鹿加舰队的支持，或者被舰队视为无足轻重之人，他就很容易遭受其他国王的攻击。

官员们开始意识到，麦哲伦此前在与岛民相处的过程，一直拒绝承认一件事：舰队的存在使双方都处于危险的境地中，一方面舰队因为岛民有可能屠杀他们，而面临巨大风险；另一方面岛民们也为舰队船员可能抢走他们的女人或打乱当地权力的平衡而忧心忡忡。打着基督教和西班牙国王的旗号前来干涉岛民内政的麦哲伦自视为救世主，认为自己不会做错任何事，因此对这种琐碎之事总是视而不见。

但是，他的继任者讲求实用主义，再加上之前吃过不少亏，所以他们仔细聆听国王的话，以便确保自身生命安全和保护珍贵的香料货物。为了彻底打动舰队官员，国王越说越激动。"他命人把王冠拿过来，先是亲了它一下，然后戴在头上四五次。"皮加费塔惊愕地看着这一幕，"他说，在所有人面前，他向真主安拉和手上的王冠发誓，他想永远成为西班牙国王的忠实朋友。他几乎是哭泣着说完这番话的。"

国王的眼泪让舰队领导人心软了，他们决定再逗留15天。为了加强岛民与西班牙国王的联系，舰队领导人赠给阿尔曼佐尔一面西班牙王室旗帜，其上绣着卡洛斯一世国王的徽章。阿尔曼佐尔感激涕零。

显然，阿尔曼佐尔确实对船员们心怀善意，但其他岛民也是如此吗？几天后，船员们听说酋长们敦促阿尔曼佐尔杀死这些欧洲人，因为"这会让葡萄牙人非常高兴"。阿尔曼佐尔声色俱厉地回答说，他在任何情况下都不会伤害这些客人，因为"他尊重西班牙国王，还与舰队立了和约，并且已经发誓效忠西班牙"。

尽管阿尔曼佐尔已经证明自己是一个言出必行之人，但船员们仍持谨慎态度是正确的。即便阿尔曼佐尔想保护他们，其他人可不一定服从他的命令。舰队依旧没有参与岛国之间的纷争，不过，他们还是小心谨慎地配合蒂多雷国王的要求。经历了无数灾难的摩鹿加舰队，这次终于避免了另一场，也可能是最后一场灾难。

从11月底至12月初，摩鹿加舰队的船员们拼命地工作。他们一刻不停地采购和储存大量丁香，直至手上再没有可以交换香料的小饰品、帽子、铃铛、镜子、斧子、剪刀或布匹，船上也失去储存香料的空间。船上散发出丁香的芳香味，船员们吸入的每一口空气都弥漫着财富、安逸和奢华的气息。

香料群岛各个岛屿的国王每天都来拜访舰队，船员们给他们表演射击和击剑。尽管岛民与船员之间依旧存在深切的不信任感，但双方还是结下了一定的合作关系。从某种程度上说，这种合作关系是以双方都讨厌葡萄牙人为基础的（国王们一直没有察觉到舰队的很多领导人和船员恰恰就是葡萄牙人）。但更主要的是，舰队船员与蒂多雷居民之间形成了一种真正和谐共处的关系，这让他们更舍不得离开香料群岛。

12月9日，周一，被皮加费塔大方地称为"我们国王"的阿尔曼佐尔带着三个女人登上了"特立尼达号"。这三个女人身上都遮着槟榔叶，阿尔曼佐尔打算让她们见识一下西班牙国王的力量与荣耀。紧跟在阿尔曼佐尔身后的则是济卢卢国王，他的表情有些哀伤，并请求舰队再表演一次射击；如果船员们愿意的话，他还想再看一次剑术表演和铠甲。

表演和盔甲展示结束后，对舰队已经相当有感情的阿尔曼佐尔向舰队领导者透露说，济卢卢国王很失落，"就像一个还没断奶的孩子，发现自己的母亲将要离他而去；但他感到失落的另一个原因是他要留在那个荒凉的小岛上，但他已经知道世界上有西班牙这个国家，而且还见识过西班牙一些先进的东西。"

泪流满面的济卢卢国王只能接受舰队即将离去这一事实，但他建议舰队只在白天航行，以避开遍布这片海域的无数浅滩。舰队领导者们告诉他，他们打算"日夜兼程"。他说，他会每天向真主祈祷，希望真主保佑他们航行顺利。

这次离开，舰队原本表现得礼貌得体，但中间发生了一段小插曲，导致舰队留给岛民的好形象大打折扣。这件事与佩德罗·阿方索·德·罗洛萨有关。自从他决定跟随舰队返回西班牙之后，就一直待在"特立尼达号"上，深居简出，从不招惹是非。在舰队出发日期临近的时候，德那地岛国王的儿子切奇里（Chechili）乘坐一艘"灵活的轻快帆船"来到舰队，想引诱罗洛萨上他的船。

罗洛萨担心自己被绑架和杀害，于是拒绝随同切奇里前往德那地岛，说自己要返回西班牙。"听到这话，"皮加费塔写道，"国王的儿子想进入船舱，但我们不让他上船，因为罗洛萨是马拉加人塞朗的好朋友，而他是来抓这位葡萄牙人的（指罗洛萨）。"

没抓到罗洛萨的切奇里大失所望，只能返回德那地岛，拿那些放走罗洛萨的人出气。

1521年12月15日，巴占岛国王和他弟弟乘坐大船来到舰队。这艘船是摩鹿加舰队船员们见过的体型最大的本地船只，三排共120名桨手同时划动大船在海面上航行，"船上插着很多由白色、黄色和红色的鹦鹉羽毛做成的旗帜"。船只行进时，有人在船上敲锣打鼓，桨手便根据铜锣的节奏划桨。大船后面跟着两艘快速帆船，上面"满载年轻女孩"。原来巴占岛国王的弟弟要娶阿尔曼佐尔的女儿为妻，而这两船女孩都是陪嫁女。

按照之前详细制订的协议，两个岛国的国王举行了首脑会议。

当他们经过我们舰队时，我们鸣放礼炮致意；作为回礼，他们绕着舰队和港口航行。（随后，）我们的国王（即蒂多雷国王）赶过来祝贺，因为按照当地习俗，一个岛国的国王是不允许登上另一个国王所属岛屿的。巴占岛国王看到我们的国王赶来，立刻从他坐着的那张地毯上站起身来，站到毯子的一边。我们的国王拒绝坐在地毯上，他站在了毯子的另一边。于是，那张毯子根本没人坐。巴占岛国王向我们的国王赠送了500匹"巴托尔"（patol）布，作为我们的国王将女儿嫁给其弟弟的彩礼。所谓的"巴托尔"布是一种产自中国的金丝布。当地凡有人去世，其家人都会穿上这种布做成的衣服，以示对死者的尊重。

第二天，庆祝活动继续进行着。阿尔曼佐尔派 50 名"腰间穿着一件齐膝丝绸裙"的女人给巴占岛国王送去美食。"她们两两排成一行，两人中间站着一名男子。每个女人都端着一只大托盘，托盘里有很多小盘子，而盘子里盛着各种各样的食物。男人们没有端盘子，而是捧着一只大酒瓮，十位年纪最大的女人则扛着肉豆蔻衣。他们登上巴占岛国王带有红黄遮阳篷的快速帆船，把所有礼物送给坐在地毯上的国王。"

摩鹿加舰队的船员们津津有味地看着这一切，眼中流露出对女人的渴望，因为在香料群岛的这几周时间里，他们一直在克制自己的行为，没有像以前在途中短暂停留时那样纵欲放荡。那些女人看到了饥渴难耐的船员，决定找点乐子，于是登上其中一艘船。女人们"俘虏"了这些船员，而"人质"们多半没有做出太多反抗。皮加费塔写道，这场打情骂俏的游戏一直持续到"必须给她们一点小玩意儿，船员们才得以'重获自由'为止"。

大部分勤劳的船员忙着固定风帆并在上面画些图案，以及修复索具以确保船只能承受住归乡途中狂风暴雨的严峻考验。风帆升起时，帆布上出现了一副刚刚画好的图案：一个精心绘制的十字架，下面写着一句话："这是好运的象征。"

这句话表明，舰队指挥者和船员都为自己取得的成就感到自豪。哥伦布和其他诸多探险家曾想证明通往摩鹿加群岛的水路是存在的，即从欧洲出发，一直向西航行，就可以到达东方。

摩鹿加舰队完成了前辈们没有做到的事情。从这场艰难旅程幸存下来的船员回首往昔，会发现他们经历了无数大胆，甚至是英勇的时刻，才最终来到香料群岛，他们终于可以用光荣和享受贪婪来抚慰自己。

满载香料的"特立尼达号"搁浅

离别的时刻即将到来,舰队的准备工作也随之加快。舰队储存了 80 桶饮用水和一批木材,这些木材是巴占岛国王派 100 名伐木工到山上砍伐下来的。巴占岛国王已经加入摩鹿加舰队和西班牙的香料探索事业中。为了巩固盟友关系,他在邻近的马雷岛(Mare)上接待舰队代表(包括皮加费塔)和阿尔曼佐尔。接待仪式令人印象深刻:

> 四名侍卫手持短剑走在国王面前。巴占岛国王当着我们国王和其他人的面说,他将永远效力西班牙国王。他要以自己的名义保存好葡萄牙人留下来的丁香,等待我们下一支舰队到来。没有我们的同意,他是不会把这些丁香送还葡萄牙人的。

为了表明诚意,巴占岛国王送给了舰队一名奴隶,请舰队作为礼物转交给西班牙国王。他本来还想赠送 10 巴哈尔丁香给西班牙国王,但舰队的两艘船已经满载丁香,根本没有地方再装下其他东西,于是额外给卡洛斯一世两巴哈尔丁香和"两只非常漂亮的死鸟"。这两只小鸟让皮加费塔浮想联翩。"当地人告诉我们,这些鸟来自人间乐园,被称为'上帝之鸟'。"后来,欧洲人给它起名为"天堂鸟",与丁香一起成为人间天堂的象征。来自特兰西瓦尼亚的马克西米利安称,摩尔人认为这种鸟出生在天堂,它们一辈子都在空中飞翔,直到死的那一天才从空中掉下来。据说,如果有人戴上这种鸟的羽毛去战斗,就不会被敌人伤害。皮加费塔当时就意识到,这两只鸟是极其珍贵的礼物。

启程这天,香料群岛所有岛屿的国王都聚集在马雷岛欢送舰队。"维多利亚号"首先起锚扬帆,在港口外等待旗舰"特立尼达号"会合。舰队炮手再次鸣炮致敬,但在一片骚动中,"特立尼达号"的缆绳被缠住了,而且船舱开始进水,所有人因此大失所望。这是一场近乎灾难的事件,现场目击者都不知道起因是什么。最有可能的原因就是舰队在辛邦邦逗留的这段时间里,没有彻底将船修好。另外,与以前的船体漏水相比,这次事故非常严重,"特立尼达号"上的香料有可能不保。

看到姊妹船只处于危难之中,"'维多利亚号'返回港口抛锚。我们立刻把'特立尼达号'的货物搬下船,看是否能把它修补好。我们发现,海水就像从管子涌进船里似的,但我们无法找到漏水的地方。第二天,我们别无他法,只能手工从船舱里抽水。"这项工作繁重而累人,但又不得不如此,因为"特立尼达号"假如沉了,那将是一场大灾难,舰队会失去长期寻找的香料,而且更棘手的是,"维多利亚号"没有足够的空间容纳两艘船的船员。繁重的抽水工作持续着,船员们都累坏了,"却毫无效果"。载满香料的"特立尼达号"停泊在码头,濒临沉没。

锣鼓喧天,美女相伴,还有鲜艳的鹦鹉羽毛,欢送仪式十分隆重,然而仪式结束后的局面令人尴尬。

倘若麦哲伦在世的话,他是不会让这种小事故发生的,因为他一直关注着船只状况,确保它们永远处于适航状态。而现在,"特立尼达号"由于人为疏忽而破损失修,舰队领导者们又动起了烧掉这艘船的念头,因为"康塞普西翁号"就是仓促间下决心烧掉的。然而,即便是麦哲伦,也不敢只率领一艘船从香料群岛返回西班牙。

阿尔曼佐尔一听说"特立尼达号"所面临的困境,就马上开始采取行动。他登上饱受漏水之苦的船只,在甲板下面四处探查,想找到那可恶的漏水口,却无功而返。然后,"他派 5 名手下到海里检查船底,看是否能找到漏洞。他们在水下找了一个半小时,但还是不太确定裂缝在哪里"。船只已经严重倾斜,需要采取紧急措施。"看到自己帮不了我们,再加上船舱里的水位仍不断上涨,(他)几乎是流着眼泪说,他去找岛上的酋长借三个人过来,他们可以在水下待很长一段时间。"阿尔曼佐尔找人去了,而船只还在缓慢下沉。

船员们心急如焚地等待了一晚。天刚刚亮,阿尔曼佐尔带着"救兵"回来了。"他让他们立刻下水寻找漏洞。他们故意把长发散开,以便在水下找到裂缝。"海水渗进船舱时,水流会把一缕缕头发吸进裂缝中。但即使是这些人也无法找到漏洞,当他们铁青着脸浮出水面时,阿尔曼佐尔终于忍不住流下了眼泪。他问船员们:假如舰队回不了西班牙,谁又能向卡洛斯一世国王讲述蒂多雷国王的一片赤诚之心呢?

皮加费塔和其他人想安慰一下心急如焚的阿尔曼佐尔,于是向他描述了他们的返程计划:

> 我们对他说,现在海上开始刮东风,只要我们顺着这股大风航行,"维多利亚号"就能回到西班牙;而"特立尼达号"先留在港口维修,然后等西风起时前往位于大洋彼岸尤卡坦国(Yucatan)的达连海湾(Darien)。

换句话说,埃尔卡诺将带领"维多利亚号"向西航行,取道返回西班牙的最短路线。但是,这条路线非常危险,因为它横跨《托尔德西里亚斯条约》划分给葡萄牙的半球。假如葡萄牙人在属于他们的海域俘获了一艘装满香料的西班牙船只,他们可不会心慈手软。"特立尼达号"的回国路线比"维多利亚号"更危险,因为船修好之后，它将顺着东风航行至美洲大陆，然后水手们再将船上的香料通过骡子转运到另一支去塞维利亚的西班牙舰队。

阿尔曼佐尔还是一如既往地有奉献精神和乐于助人，他向舰队保证说，他会安排不少于250名木匠"竭尽所能"地维修好"特立尼达号"；他还是承诺说，他会像对待亲生儿子那样对待留在岛上的船员，"只让他们负责指挥木匠干活，肯定不会太劳累"。阿尔曼佐尔国王的真诚和慷慨最终打消了舰队领导者的顾虑："他这番话说得情真意切，我们都忍不住流泪了。"

"特立尼达号"那神秘的漏洞一直无法修补成功。经过五天深思熟虑之后，舰队终于决定让"维多利亚号"独自返航。就在"维多利亚号"离开蒂多雷岛之前，船员们想尽量将他们从"特立尼达号"上抢救出来的丁香转移过去，可当他们发现"维多利亚号"的吃水线已经很低时，顿时"担心船的负荷过重"。于是，他们卸下60公担丁香，把这些香料储存在贸易站。

"维多利亚号"年久失修，很多船员们都拒绝乘坐这艘船回国，宁愿留在蒂多雷岛等木匠把"特立尼达号"修好。还有些人也选择留在岛上，因为他们担心，登上"维多利亚号"之后，还没等他们回到西班牙，可能"早就饿死了"。

就这样，船员们在两艘船之间做出不同选择，两种选择各有利弊，他们只能两害相权取其轻。"维多利亚号"脆弱不堪，但它可以马上启程返回西班牙；"特立尼达号"虽然船体较大，却需要维修好几周，甚至好几个月时间，才能动身回国。无论是在陆地上还是在海上，到处都危机四伏：起航回国的人面临着饥饿和沉船的威胁，留下来的人则有可能成为无头掠夺者的目标，甚至可能被人毒死。

最终，卡瓦略被任命为"特立尼达号"船长，埃尔卡诺则接过了"维多利亚号"的指挥权。决定留在"特立尼达号"的船员共有53人，包括领航员希内斯·德·马弗拉、纠察长冈萨罗·戈麦斯·德·埃斯皮诺萨（卡瓦略的副手）以及德裔枪炮手汉斯·瓦尔格（Hans Vargue）。皮加费塔的求生本能已经帮助他经受住了诸多考验，但现在他面临着整个航行当中最重要的决定：他应该上哪艘船？思量再三，他决定跟埃尔卡诺指挥的"维多利亚号"回国。尽管皮加费塔很讨厌埃尔卡诺，但与卡瓦略相比，埃尔卡诺的航海技术更让他放心些。包括皮加费塔和16名印第安人在内，"维多利亚号"成员总数约60人。

两艘船都各有一名回忆录作者，皮加费塔跟"维多利亚号"回国，德·马弗拉则留在了"特立尼达号"上。皮加费塔继续热情洋溢地对东印度群岛进行传神的描述，而自称"少言寡语却句句实言"的德·马弗拉则如实地记录下他认为错误的判断和错失的良机。

12月21日早上，乐于助人的阿尔曼佐尔最后一次登上"维多利亚号"。他引荐了当地的两名领航员，以指引"维多利亚号"安全通过迷宫般的岛屿群和浅滩，他们的工资由舰队支付。

引荐完领航员之后，国王便起身告辞了。这两名领航员很熟悉当地的潮汐情况，他们坚称凌晨是起航的最佳时机，但留下来的船员说服"维多利亚号"推迟几小时出发，以便于他们写一封长信，让它带回西班牙。到了中午，"维多利亚号"终于要离开香料群岛了。"那一刻到来时，"皮加费塔回忆道，"所有船只在隆隆的礼炮声中再次向'维多利亚号'道别，仿佛它们在为最后的离别而悲恸。我们（留在岛上）的船员乘坐小船陪伴我们航行了一小段路程，然后大家含泪拥抱作别。"

这本应是一个欢庆的场合，舰队的两艘船都装满了香料，准备向祖国的码头进发，而且可能会受到卡洛斯一世国王的隆重接待；然而，"特立尼达号"的意外受损，突然改变了舰队环球航行的最后一段航程，也使涂在风帆上的豪言壮语变成了笑话。船员们即将面对比离别更让人痛苦的事情——他们又要经历海上长途旅行，过着单调乏味的海上生活，此外晚上还要经常换岗，新鲜食物将逐渐变成咸肉干、盐渍饼干和咸鱼干。这些痛苦本就令人难以承受，但现在，船员们除了要忍耐这些煎熬之外，他们还知道，从香料群岛消失在地平线的那一刻起，他们的生命将处于危险中。

在此之前，尽管面临诸多障碍，但舰队船员们都知道他们还有其他船只可用，所以还能稍感心安。即使后来只剩下两艘船，返回塞维利亚的可能性也很大；但现在只剩下一艘船，无论船员的航海技能多么熟练，也无论风向多么有利，它都很难完成回国任务。

一艘帆船独自漂泊在大海上，随时会受到暴风雨、浅滩、海盗和白蚁的侵害，而且可能误入歧途。在大海上，他们没有岛国国王的保护，还得躲避葡萄牙国王的追杀，虽然在舰队的所有船长当中，只有麦哲伦深刻了解葡萄牙人对他的恨意。但除了勇敢面对万里归途上的严峻考验，他们别无选择。

第14章
幽灵船踏上万里归途

啊,婚礼的宾客们!
这个人曾孤身漂泊在无垠的大海上:
那里荒无人烟,
就连上帝也不见踪影。

1512年12月21日,满载着丁香和大约60名船员的"维多利亚号"离开蒂多雷岛。它先是朝西南方航行,在附近一个小岛短暂停靠以装载木柴,然后继续往南航行,朝世界上最危险的海域好望角驶去。前无古人、后无来者的环球航行已经到了最后一段航程,对于归家心切的船员来说,这本应是令人轻松的时刻,但事实并非如此。这次探险活动的本质已经完全改变,摩鹿加舰队得到了它想要的香料,却失去了它的灵魂人物。舰队没有了麦哲伦这盏指路明灯,没有了他的铁腕管理手段,甚至没有了他堂吉诃德式的高贵气质,剩余两艘舰船的官员和船员们便失去了使命感。现在,生存变成了第一要务。

就算船员们安全返回祖国,他们也要担心自己在西班牙受到的待遇。虽然他们并不知道"圣安东尼奥号"好几个月前就回到了塞维利亚,但他们怀疑那艘船上的叛乱分子已经回国,并且极尽诋毁麦哲伦之能事。埃尔卡诺和"维多利亚号"的船员担忧,他们一到达码头,就会被人以叛国罪逮捕并投入监狱。船员们不是没想过弃船而逃，可一想到周围岛屿上的食人族，他们心里就害怕，于是他们选择留在船上，因为这是预防灾祸的最好办法。他们发现自己已然进退两难，而这种局面在很大程度上是由比他们早死的人造成的。

即便一心想着将麦哲伦成功发现海峡的消息带回欧洲的皮加费塔，此刻也不知道该写些什么好，他只是如实记录下"维多利亚号"路过的岛屿，包括加伊安岛（Caion）、莱戈马岛（Laigoma）、西科岛（Sico）、吉奥吉岛（Giogi）和卡非岛（Caphi），这些都是摩鹿加群岛的一部分。

皮加费塔写道，在当地导航员的建议下，"我们转而朝东南方向航行，在南纬2度、距离马鲁古55里格的地方发现一座小岛。这座岛名叫苏拉驰岛（Sulach）①，它的居民都是异教徒。"皮加费塔又开始扮演业余人类学家的角色，他在日记中写道："他们没有君主，喜欢吃人肉；无论男女皆赤身裸体，私处以两指宽树皮遮挡。"食人族似乎无处不在，为了避开他们，皮加费塔特别列出10个可能会遇到食人族的岛屿。

神秘国度

圣诞节两天后，"维多利亚号"在亚基奥湾（Jakiol Bay）抛锚。船员们与一名对附近岛屿了如指掌的印度尼西亚领航员一起在这个港湾获取鱼和其他急需的新鲜食品。在之后"维多利亚号"在那名当地人的指引下向南航行。船员们仿佛处于朦胧之中，然而惊险地避开了摩尔人、食人族、珊瑚礁和暗藏水下的沙洲。这艘船满载香料，又独自在海上航行，很容易成为海盗的猎物。但它最终躲过海盗，穿过亚罗海峡（Alor Straight），驶出了印度尼西亚群岛。

① 后来改名为苏拉岛（Xulla）。

第三卷　死里逃生

1522年1月8日,"维多利亚号"进入摩鹿加群岛以西的班达海域(Banda Sea),原本晴朗的天气突然乌云密布。皮加费塔写道:

> 我们遭遇了一场凶猛的暴风雨,只能祈求圣母保佑我们平安无事。发现风暴即将到来,我们打算在一座耸立着巍峨高山的岛屿登陆,可还没到达那里,就被那座岛屿山上刮下来的阵阵狂风和海上的汹涌波涛弄得筋疲力尽。

这场飓风差点将"维多利亚号"撕成碎片,但埃尔卡诺成功地避开了岩石和暗礁。待海面逐渐平静后,"维多利亚号"终于摇摇晃晃地驶向岸边的泊锚地。第二天,检查船体的潜水员发现船只已大面积受损,于是众人小心翼翼地将船拖到沙滩上,开始维修和填缝工作。

这座岛上的居民被称作"马卢阿人"(Malua)。船员们虽然见过不少世面,但一看到马卢阿人,他们还是很震惊。皮加费塔称,这些人都是"无比凶残的野蛮人,喜欢吃人肉",其外表颇为奇特且让人害怕。他们几乎或完全赤身裸体,"和其他原住民一样,平时只用一块树皮遮挡私处,但在打仗时,他们背后和身体两侧会披着几片水牛皮,前胸和后背系着小贝壳、野猪牙和山羊尾巴皮作为装饰物"。他们很注重打理自己的头发,"会将头发高高盘起,用竹针从中间穿过去,把发髻固定住"。更奇特的是,"他们用叶子把胡须裹起来,然后塞进小竹筒里面,看上去很可笑"。总而言之,皮加费塔认为他们是"东印度群岛最丑陋之人"。

尽管这些原住民外形奇特,但船员们此时已是和异族人打交道的老手。他们向原住民赠送了很多小饰品,双方很快便建立了友谊。船员们开始修补船只,而出身贵族的皮加费塔被批准不用参加这种不体面的体力劳动，于是他在岛上四处闲逛，研究当地的动植物群。他提到岛上盛产家禽、山羊、叶子，还说"那里的农田种满了长得很像乔木的胡椒"。皮加费塔所说的胡椒其实是黑胡椒。早在欧洲人到来之前，它就已经被引入小岛并被当地人精心培育。

两周后，也就是1522年1月25日，周六，受损的船体修复完毕，埃尔卡诺下令继续返航。航行了5里格左右之后，"维多利亚号"来到了帝汶岛（Timor）。帝汶位于波光粼粼的太平洋海面上，岛上耸立着海拔将近一万英尺的高山。船员们听说那里有丰盛的食物，而且盛产香料、杏仁、大米、香蕉、生姜和香木，每个人都盼望着登岛享受奢华和惬意时光。

在与当地人打交道并获取食品的过程中，皮加费塔的语言技能发挥了重要作用：

> 我独自一人上岛。岛上有座城市叫亚马邦（Amaban），我找到那里的酋长，请他给我们提供一些食物。他告诉我，他会给我们提供水牛、酒和山羊，但我们的协商没有成功，因为他要我们用很多东西来换一头水牛。

皮加费塔评估了一下周围环境，发现酋长的生活相当奢侈，身边有众多裸体女佣服侍，这些女佣耳朵上戴着"挂丝穗的金耳环，脖子上系着黄金和铜制成的护身符"。男人们身上穿戴的金银珠宝比女人还多。

正当皮加费塔与酋长讨价还价的时候，"维多利亚号"的两名年轻船员开小差了。这两人分别是实习海员马丁·德·阿亚蒙特（Martin de Ayamonte）和船舱侍者巴托洛梅·德·萨尔达尼亚（Bartolome de Saldana），他们趁着夜色游到了岸上，再也没有返回

"维多利亚号"。除了他们之外,"维多利亚号"船员在帝汶岛上的大部分时间都谨言慎行。例如,水手们都不敢碰当地风情万种的女人,因为他们觉得这些女人感染了被称为"圣约伯麻风(the disease of St. Job)"的梅毒。皮加费塔说,他们在摩鹿加群岛看到很多人患有梅毒,但帝汶岛的梅毒患者最为集中。迄今为止,帝汶岛的梅毒病起源仍是一个谜。也许它是被葡萄牙商人或水手带来的(梅毒也被称作"葡萄牙病"),当然还有另外一种可能,那就是船员们遇到的岛民得的不是梅毒,而是麻风。

为了与岛民的达成合作关系,埃尔卡诺命令岸上的船员寻找一个可以谈判的筹码。皮加费塔写道:

> 我们没有太多可以用来交换的东西,而且大家都已经饿得不行。于是,我们将一个村子的酋长和他儿子扣留在船上。

手上有了人质之后,舰队官员继续与原住民首领谈判,要求对方提供他们急需的食物。人质换食物的策略奏效了,桀骜不驯的岛民们最终同意用6头水牛、12只山羊和12头猪换回人质。船员们虽然贪婪,但对岛民的慷慨相助也感激不已。

屠宰好的牲口被装上船后,"维多利亚号"准备再次起航。这一次,它要前往爪哇岛——东印度群岛最大的岛屿,也是欧洲人最熟悉的岛屿。对船员们来说,爪哇岛有一种神秘的吸引力,据说当地人也流行"帕朗"这种奇异风俗。皮加费塔喜欢在日记中叙述一些关于爪哇岛的故事。他首先描述了爪哇人的葬礼仪式:

> 爪哇岛上的酋长去世后,他的遗体将被火化。他的正室戴上花冠,然后三四个人用椅子抬着她环行整个村庄。她会

面带微笑，安慰自己的亲人说："不要哭，今晚我要和我亲爱的丈夫一起吃饭，一起睡觉。"然后，她被人抬到大火旁，她的丈夫正在那里火化。她转身再次安慰亲人，然后纵身跳进火里。如果不这样做的话，她就得不到别人的尊重，就不是别人眼里忠于死去丈夫的贞妇。

这个故事虽有夸大的成分，但它所描述的葬礼仪式却是真实存在的。在距离爪哇岛东部一英里的巴厘岛（Bali）以及印度，一直都有火葬和殉葬的习俗。

在爪哇岛的求偶仪式中，阴茎穿刺术也发挥着重要作用。在关于爪哇岛的叙述中，麦哲伦的小舅子杜阿尔特·巴尔波查也有极其详细的描绘：

> 他们的身材非常性感……为了让自己的阴茎看起来大一点，他们在阴茎头部的包皮里塞入某种圆形铃铛，然后缝起来。有的人塞进3个铃铛，有的人则塞进去5～7个。有些铃铛是用金银做的，有些则是用黄铜做的。他们走路的时候铃铛会叮当作响。爪哇人认为这个习俗很好，女人们很喜欢这些铃铛。如果男人的阴茎没有塞入铃铛，她们会不高兴。阴茎里的铃铛越大、越多，说明这个男人越受人尊重。

皮加费塔发现，这种习俗仍是爪哇人日常生活的一个重要组成部分：

> 爪哇的年轻男子与温柔的女子做爱时，会在阴茎与包皮之间塞入某种小铃铛。然后，男人要保持一个合适的姿势，

让女人能听得到铃铛的响声,接着才开始享受鱼水之欢。爪哇人的性生活少不了那些小铃铛,因为一听到自己的阴道里传来铃铛声,女人们就有巨大的快感。那些铃铛都是被包皮盖住的,数量越多,声音就越响。

通常情况下,皮加费塔只是一位细致入微的观察家,可一旦心血来潮,他也忍不住讲些故事。在描述"帕朗"的同时,他提到了亚马孙族女战士。这些女性是人们想象的"梦幻岛"上最持久的,也可能是环游世界的孤独水手们最不想放弃寻找的目标。他听说,附近的一座岛屿上住着亚马孙族女战士,她们会杀死男性后代,只抚养女性后代。任何想探索这座岛屿的男人都会遭受她们的攻击。他讲的这个故事至少让一部分人深信不疑。毫无疑问,经历了如此多的沉船事故、叛乱、伏击和其他灾难后,即使船员们相信亚马孙族女战士就在附近,也实在不想去招惹这群女人了。

尽管"维多利亚号"距离中国最南端有数百英里之遥,但皮加费塔也从当地商人那里听说到一些关于这个"中土之国"(Middle Kingdom)的传说。这表明他很想以外交家和翻译的身份访问中国。假如麦哲伦还活着的话,可能会在回程时绕道中国,让皮加费塔实现自己的梦想,但埃尔卡诺没有这样的雄心壮志。对皮加费塔来说,中国依旧是一个遥远的神秘国度。

1522年2月11日,周三,"维多利亚号"在凌晨起锚驶离帝汶岛,朝西南方向航行。不久以后,从船的右舷看过去,爪哇岛和苏门答腊岛逐渐淡出视野。"维多利亚号"正朝着目的地好望角前进。

离开帝汶岛几天后,坏天气又来作乱了,"维多利亚号"变成南半球变幻莫测的气候的玩物。"为了绕过好望角,我们朝南纬42度行进,足足走了9个周才抵达目的地! 快到那里时,我们降下风帆,因为船头刮起了西风和西北风，一场猛烈的暴风雨即将来临。"皮加费塔继续提醒说："这里是世界上最大、也是最危险的岬角。"他说得没错。

1488年，巴托洛梅乌·迪亚斯成为世界上第一个绕过好望角的探险家，9年后，瓦斯科·达伽马也绕过了那里。在葡萄牙探险史上，这些都是了不起的成就，但好望角依旧被视为极端危险的区域，甚至连最适航的船只和最有经验的船长也很难通过。在葡萄牙人的潜意识里，它是全世界最具神秘色彩、最可怕的地方。

塞巴斯蒂安·埃尔卡诺从未见过像好望角那么猛烈和变幻无常的暴风和激流。想绕过这个曾被称为"暴风角"（Cabo Tormentoso）的地方，他的航海技能、耐心和胆量都要经受极大的考验。皮加费塔称，很多船员宁愿在马达加斯加（Madagascar）弃船而逃，也不想绕行好望角。

> 一来船身漏水严重；二来天气严寒；另外，我们除了大米和水，已经没有其他食物了，而且这个问题尤为突出，其原因就是船上的盐已经用完，肉类制品全部腐烂。

然而船员一旦弃船而逃，他们以后的日子就要在流亡和奴役中度过，因为马达加斯加是葡萄牙的据点，很多悬挂葡萄牙旗帜、往返于东印度群岛和葡萄牙的船只都会在中途造访马达加斯加岛。

留在"维多利亚号"上的船员都是勇士。对马达加斯加的葡萄牙人而言，这些船员没有什么利用价值，因为他们很有原则，对卡洛斯一世国王无比忠诚，宁死也不愿在非洲沿岸度过下半生。按皮加费塔的说法，他们"更看重荣誉，而不是自己的生命。不管是死是活，他们都要返回西班牙"。

航行至澳大利亚与非洲大陆中间的时候,"维多利亚号"船体开始严重漏水。1522年3月18日,事情似乎出现转机。船员们发现前方地平线上出现了一片隆起的陆地,那里就是如今的阿姆斯特丹岛(Amsterdam Island)。埃尔卡诺想在这座小型火山岛的岸边紧急维修船只,但在恶劣天气和汹涌澎湃的海上逆风行驶了四天之后,他还是无法找到一个安全的泊锚地。阿尔沃在日记中失望地写道:"我们发现了一座火山岛,本来打算去那里抛锚的,但一直无法靠近。于是我们降下风帆,把船停下来,等到第二天再继续航行。"

最终,埃尔卡诺放弃了登陆阿姆斯特丹岛的想法,船只的维修工作在海上就地进行。当船员们修补船身的时候,也许能看见虎鲸或象鼻海豹从旁边游过。假如他们抬起头来,或许还能看到好几种信天翁在他们头上盘旋。在诗人塞缪尔·泰勒·柯尔律治的诗歌中,信天翁是希望和纯真的象征,而这种露出亲切笑容的小鸟却惨遭行事轻率的老水手射杀。

修补工作完成后,"维多利亚号"继续西行。接下来的几周里,船员们每天都徘徊在极度饥饿状态的边缘,并为可能患上坏血病而忧心忡忡。一路上,他们只能吃大米充饥,无论前方等待他们的是什么,他们只能听凭命运的摆布。

葡萄牙舰队杀到

在距离阿姆斯特丹岛以东1 500英里的蒂多雷岛,"特立尼达号"准备起航了。1522年4月6日,经过三个多月的维修之后,这艘船终于起锚扬帆。船上满载1 000公担丁香,足以支付整个航行的巨大花销。

这艘曾经作为麦哲伦旗舰的大船现在由冈萨罗·戈麦斯·德·埃

斯皮诺萨指挥，领航员是胡安·鲍蒂斯塔·彭佐罗（Juan Bautista Punzorol）。彭佐罗之所以在历史上被称为"热那亚领航员"（Genoese Pilot），是因为他留下的一本航行回忆录就是以这个名字命名的。最让人惋惜的是胡安·卡瓦略，他本是一位出色的领航员，却因为营私舞弊而被剥夺了指挥官之职。1522年2月14日，卡瓦略突然去世，死因不明。

作为舰队的纠察长，埃斯皮诺萨一直履行他作为卡洛斯一世国王忠实仆人的职责，帮助麦哲伦约束那些时常起叛乱之心的船员。在圣胡利安港叛乱中，当麦哲伦失去另外三艘舰船的控制权时，埃斯皮诺萨全力支持麦哲伦。作为一名职业军人，他毫无怨言地履行自己的责任，即使面对再多危险也绝不退缩。

虽然埃斯皮诺萨并不缺少约束力或船员的支持，但没有麦哲伦的指导和帮助，作为军人的他还不够资格去指挥一艘舰船。他完全不具备率领船只穿越惊涛骇浪的航海技能，不仅如此，他的个性似乎太过忠厚老实，在应该坚决果断的时候会犹豫不决，而在应该精明的时候又表现得天真幼稚。他所面临的挑战是率领"特立尼达号"穿越半个世界，并成功应付船只经常会遭遇的变幻莫测的狂风暴雨，这些已经完全超出了他的能力范围。就连麦哲伦在面对这些挑战时也常常会力不从心。

埃斯皮诺萨决定留下四名船员在蒂多雷岛上经营贸易站。除了用于储存丁香之外，该贸易站还将作为西班牙统治香料群岛的象征。希内斯·德·马弗拉回忆说，这四名船员包括"胡安·德·坎波斯（Juan de Campos）、路易斯·德·莫里诺（Luis de Molino）、一名热那亚人和一个名叫圭勒莫·科尔戈（Guillermo Corco）的水手"。在偏僻的贸易站工作期间，他们还收集到一些令人担忧的消息："有些到贸易站采购丁香的印度商人告诉他们，一支葡萄牙舰队正在从印度赶往摩鹿加群岛，因为葡萄牙人已经知道卡斯提尔人在那里设立站点了。"葡萄牙人也想在那里设立贸易站，更主要的是，他们打算夺取整个香料贸易的控制权。后来这四名留下来的船员突然发现，他们不仅要对付来自葡萄牙的掠夺者，还得提防着蒂多雷岛民。只要葡萄牙人拿出点钱或者向岛民展示武力，蒂多雷岛就会转而效忠葡萄牙。

扬帆起航后，埃斯皮诺萨沿着舰队来时的路线向东返回。他们首先经过济卢卢岛和莫罗泰岛（Morotai），然后进入菲律宾海，再一路前往科莫岛（Komo），在那里补充给养。从此刻起，东方吹来的强风开始考验埃斯皮诺萨的航海技能。他开始向偏北方向航行，而事实证明，这是一个极端错误的选择。

尽管埃斯皮诺萨现在已经知道太平洋有多大，但他并不清楚北半球大陆块的具体方位，这也是他在航海技能方面的硬伤。他误以为亚洲与美洲大陆相连，以至于他认为只要一直向北航行，西风就会不期而至。但启程后不久，季风季节就开始了，随之而来的是看似没完没了的狂风暴雨。

"航行了 15 天之后，"德·马弗拉写道，"我们来到了'盗贼之岛'（the Islands of the Thieves）[①]其中的一个岛屿。""特立尼达号"所处方位居然惊人地接近舰队经过 98 天穿越太平洋之后到达的第一片陆地。"冈萨罗·德·比戈（Gonzalo de Vigo）受不了旅途的煎熬，选择留在那里。"维戈不是唯一一个开小差的船员，共有 3 名成员离开了舰队，他们宁愿在太平洋的荒岛上碰运气，也不愿意待在埃斯皮诺萨指挥的船上走向死亡。最后，德·比戈的余生在菲律宾群岛度过，而其他两名开小差的船员被岛民杀害。

德·马弗拉写道，"特立尼达号"朝"东北方向航行，到达北纬

[①] 即马里亚纳群岛，包括塞班岛、提尼安岛和罗塔岛等16个火山岛和附近一些珊瑚礁。

42度区域"。风越来越猛烈,很快,暴风雨吞噬了孤立无援的"特立尼达号"。这样的迂回前进实在欠缺考虑,因为这条路线离埃斯皮诺萨的目标——达连海湾越来越远。人们不禁要问:当"特立尼达号"一路向北、朝更加寒冷的日本海域行进时,埃斯皮诺萨心里到底是怎么想的?

坏血病又卷土重来,那些患上这种病的船员生不如死。德·马弗拉写道:

> 这时候,很多人相继死亡……我们解剖了一名病逝船员的遗体,以查明其死因。从检查结果来看,这名船员似乎是因为全身血管破裂而死的,因为他的体内鲜血淋漓。从此以后,每当船员生病,就会有人给他放血,大家认为血液能让人窒息而死。尽管如此,船上还是不断有人去世,根本无法逃脱死神的魔掌。从那以后,大家都认为这种病是治不了的,所以干脆就不对患坏血病的船员进行治疗了。

坏血病最终夺去了30名船员的生命,"特立尼达号"只剩下20人继续前行。幸存下来的船员身体虚弱不堪。他们不知所措,想知道自己为什么会遭受这种折磨。德·马弗拉暗示道:"有人说,这是因为德那地岛的原住民往他们取淡水的井里倒了毒液。"

甚至连埃斯皮诺萨也承认他选择的路线使"特立尼达号"处于危险的境地。他们首先遇到了坏天气,然后又遭遇疾病。埃斯皮诺萨说:

> 我不得不拆掉船楼和后甲板,因为风暴实在太猛烈,天气太冷,我们在船上无法生火做饭。风暴持续了12天时间,

船员们没有面包吃,大多数人都变瘦了。风暴过去后,大家终于又可以做饭了,但由于我们肚子里长了许多寄生虫,因此反胃作呕,绝大多数人都受到这个问题的影响。

最终,埃斯皮诺萨醒悟过来了。

看到船员们如此痛苦,天气如此恶劣,而且考虑到我们已经在海上漂泊了5个月,我便下令返回摩鹿加群岛。当船只回到摩鹿加群岛时……我们已经连续航行了7个月时间,这期间大家没有吃过任何新鲜食物。

"特立尼达号"在"盗贼之岛"短暂逗留了一段时间,补充了些淡水。然后,埃斯皮诺萨下令继续返回蒂多雷岛,可当他接近目标时,突然听到了一个令人震惊的消息:5月13日,也就是"特立尼达号"离开蒂多雷岛5周后,一支由7艘舰船组成的葡萄牙舰队已经到达了该岛,目的是来寻找麦哲伦和摩鹿加舰队。舰队的指挥官是被葡萄牙王室任命为香料群岛总督的安东尼奥·德·布里托(Antonio de Brito)。

全副武装的葡萄牙士兵囚禁了埃斯皮诺萨留在岛上管理贸易站的四名船员。然后,布里托将注意力转向蒂多雷岛国王阿尔曼佐尔。他质问阿尔曼佐尔,为什么要让西班牙人在岛上建立一个贸易站?阿尔曼佐尔请求对方原谅,他说这是西班牙人强迫他这么做的,但现在布里托船长要将他从西班牙人手里解救出来了,他很乐意重新效忠葡萄牙。不难想象,舰队指挥官安东尼奥·德·布里托肯定会对阿尔曼佐尔冷嘲热讽,然后以葡萄牙的名义夺回了香料群岛。

埃斯皮诺萨派一艘小船给布里托指挥官送去一封信,乞求对方同情他的遭遇。他在信中讲述了一个悲惨的故事：上次抛锚之前，他的船已经严重漏水，只要一场暴风雨就能让它沉入海底，而现在他极度需要补给品。假如麦哲伦还活着的话，他肯定不会愚蠢到给追捕他的葡萄牙船长写信，更不会在信中向敌人透露自己的行踪和弱点。他应该知道，葡萄牙人是绝对不会大发慈悲的。

这封信并没有换来埃斯皮诺萨想要的同情，反而让布里托幸灾乐祸了一番。这位葡萄牙总督在东印度群岛苦苦搜寻了三年，现在他终于知道摩鹿加舰队的具体方位了。一旦抓到舰队船员，他会用最残忍的手段对付他们。

几天后，一艘载有20名士兵的葡萄牙轻快帆船袭击了埃斯皮诺萨避难的贝纳科诺拉港（Benaconora）。士兵们冲上"特立尼达号"，想制服船上的船员，但眼前的一幕让他们惊呆了：船上的人奄奄一息，浑身散发着恶臭，让人不敢靠上前去，而船只也濒临沉没。埃斯皮诺萨在信中对布里托所说的一切都是真的，"特立尼达号"及其船员正处于近乎绝望的境地，对葡萄牙人不构成任何威胁。

葡萄牙士兵不为眼前的悲惨一幕所动，依旧逮捕了埃斯皮诺萨，然后驾驶麦哲伦这艘臭气熏天、破旧不堪的旗舰返回德那地岛。布里托抢走了"特立尼达号"上的所有文件、航海日志、象限仪和星盘，还有安德烈斯·德·圣马丁的日记。据说麦哲伦的个人航海日志也被搜刮。布里托还下令取走"特立尼达号"的所有风帆和索具。没有帆索的"特立尼达号"只能无助地停泊在港口，直到一场猛烈的风暴袭击了蒂多雷岛，将这艘曾经意气风发的旗舰撕得粉碎，船上珍贵的香料货物沉入海底，船体碎裂的木板被海浪冲上岸边，摩鹿加舰队的旗舰最终变成一堆漂流的木头。

埃斯皮诺萨浪费了一个扬名立万的机会。假如他成功地带领"特立尼达号"返回西班牙，那么他不仅会名垂史册，还能给自己带来一大笔财富。然而他的优柔寡断使三十来个船员无辜丧命，使舰队失去了一艘舰船、宝贵的丁香货物，以及包括麦哲伦在内的"特立尼达号"高级成员们保存的航海日志。

仔细研读了这些航海日志之后，布里托顿时怒火中烧，因为日记中清楚地记录了摩鹿加舰队驶入葡萄牙海域并企图从葡萄牙手中夺走香料群岛的过程，这些都是无可辩驳的罪证，而证据来源正是舰队官方任命的天文学家安德烈斯·德·圣马丁所写的日记。尤其糟糕的是，布里托还发现圣马丁偷偷地更改了各个岛屿的方位，以掩盖摩鹿加舰队曾进入过东半球这一尴尬事实，而东半球正是《托尔德西里亚斯条约》划分给葡萄牙管辖的领域。有了证据在手，布里托准备开始实施报复。

他的第一个报复对象就是佩德罗·阿方索·德·罗洛萨。摩鹿加舰队第一次造访香料群岛，罗洛萨便背叛了葡萄牙，加入摩鹿加舰队。布里托将罗洛萨斩首示众。

接下来，布里托打算处决几名水手和领航员，但最后还是决定让他们在热带的高温中慢慢死去。他在后来写给葡萄牙国王的信中说道：

> 至于这艘船的船主、文书和领航员……应由陛下决定是否取其首级，臣不敢贸然将其押往（印度）。臣已将一干人等关押在摩鹿加群岛，那里环境恶劣，极难生存。臣未命人将其斩首，因臣不知陛下圣意如何。

布里托认为香料群岛气候恶劣，是以他自己军队的遭遇为依据的。他手下的200名士兵当中，只有50人活着回到了葡萄牙。布里托饶恕了"特立尼达号"的水手长和木匠，但强迫他们两人为葡萄牙效力。他把剩下的船员送往德那地岛一处在建的葡萄牙堡垒,并勒令他们做苦役。用于建造堡垒的木材和保护堡垒的大炮均取自"特立尼达号",而这艘船曾是麦哲伦的旗舰,更是西班牙在东印度群岛宣示海上霸权的象征。

已经沦为阶下囚的埃斯皮诺萨起初拒绝服从布里托带有侮辱性质的命令,但最终他还是被迫顺从了:"他们威胁我说,如果我不做苦役的话,就把我吊死在船的桁杆上,并没收装满丁香的船只及其所有设备。"葡萄牙人还用脚镣把几名船员锁起来,甚至连埃斯皮诺萨本人也不能幸免。"他们羞辱我,在原住民面前说我就是小偷,对我一点也不尊重。他们还对我说:'现在,让我们看看谁才是胜者,是西班牙国王还是葡萄牙国王?'这话简直是莫大的耻辱。"

埃斯皮诺萨不得不承认,牢牢掌握着香料群岛控制权的是葡萄牙人,而非西班牙人。

1522年10月底,"特立尼达号"的香料群岛之旅终于走到了尽头。最初组成摩鹿加舰队的五艘帆船如今只剩下一艘了,那就是由埃尔卡诺指挥的"维多利亚号"。然而,这艘船平安返回塞维利亚的可能性似乎比"特立尼达号"还要低。

六个月前,埃尔卡诺屡次尝试绕过好望角,虽然每次都是无功而返,却也没有遭受太大损失。最后"维多利亚号"终于在南非一处港口找到了避难所,而这个港口有可能就是伊丽莎白港(Port Elizabeth)。接着,他派一支侦察队上岸看看是否能找到原住民帮忙。可是侦察队登陆后既没发现任何人,也没找到任何食物,因此倍感失望。他们耗费宝贵的体力爬上一座山丘,想观察一下当地地形,结果发现,费尽一切努力之后,他们还是没有绕过好望角。好望角依旧在他们前方偏西的地方。

第三卷 死里逃生

虽然"维多利亚号"极不情愿，但也只能再次离港出海，与地球上最独特的天气做斗争。好望角恶劣的气候条件是厄加勒斯洋流（Agulhas current）与不断变化的气流相互作用的结果。厄加勒斯洋流沿着非洲大陆架从东北方流向西南方，时速通常高达六节。"维多利亚号"不仅要面对来自厄加勒斯洋流的威胁，还要与好望角附近变幻莫测的巨浪和飓风搏斗，那里的飓风可以在几分钟之内从东北风变成西南风。

狂风比洋流更危险。非洲南端的主要风带受到两个高气压系统的影响，分别是南大西洋高压（South Atlantic High）和印度洋高压（Indian Ocean High）。这两个高压系统形成了所谓的"副热带高压脊"的一部分。科氏效应使得在这样的条件下形成的风向左偏，以逆时针方向吹往南半球，因此这种风也被称为"反气旋风"，其风速可高达每小时100英里，"维多利亚号"就曾经遇到过足以使它的前桅和主桅转向的狂风。

除了大风之外，60英尺高的滔天巨浪也让船员们吃了不少苦头。大浪形成一道可怕的水墙，每一波海浪都有可能吞噬这艘脆弱的小船。但不知何故，"维多利亚号"总是能够从巨浪的波谷中露出头来，又撞向下一道水墙。不久，这艘船习惯了巨浪的打击，并找出了它的规律。大海正在耐心地、有节奏地摧毁这艘船。

在这段旅途中，船员们的生活非常悲惨且浑浑噩噩，因此不难想象，他们的航海日志和日记写得七零八落，有时候甚至内容相互矛盾。通常情况下，领航员阿尔沃与皮加费塔的日记内容高度吻合，但对于一些重大事件的发生时间，两者的记录有时会相差两周。显然，他们太过心事重重，再加上船只太不稳定，他们无法详细地做笔记。

风浪的轮番冲击使船员们筋疲力尽，就连找一小段安静的时间吃几口大米似乎也成为一种奢望。平安度过一天更变成某种奇迹，因为即便到了晚上，风浪仍在继续折磨着"维多利亚号"，船员们根本无法休息。他们找不到安全的港口，无法生火做饭，没有柔软的干毛毯，也不知道苦难何时结束。也许他们可以在数日之内绕过好望角，但很快又被洋流和风浪赶回来。到了那个时候，他们可能会饿死在印度洋的开阔海域，或者死在守株待兔的葡萄牙人手里。于是，他们一次又一次尝试绕过好望角，希望再次逃离死神的魔掌。

好望角看似是一个无法逾越的障碍。正在此时，风向突然略微改变，暴风雨也稍微减弱了一些。埃尔卡诺趁机绕过非洲大陆最南端的厄加勒斯角，直指好望角。相比厄加勒斯角，甚至好望角也显得更容易通过。

"维多利亚号"与波涛汹涌的大海搏斗着，尽量逆风航行。最终，埃尔卡诺率领船只绕过好望角。皮加费塔在日记中显露出一种轻松感，他写道："在上帝的帮助下，我们终于在距离那个岬角五里格的海面上……绕过了岬角。"这个距离只是皮加费塔的个人揣测，因为好望角当时被笼罩在一片雾霭之中，若隐若现。现在，弥漫着恐怖氛围的好望角被"维多利亚号"甩在了身后，船员们再次死里逃生，这足以让他们对仁慈的上帝感恩戴德。

1522年5月22日，风势减弱，"维多利亚号"终于可以向北行驶。埃尔卡诺率领着这艘饱经风霜的帆船和筋疲力尽的船员进入位于开普敦（Cape Town）北方、如今被称为萨尔达尼亚湾（Saldanha）的地方。船员们就在那里进行休整。虽然他们战胜了好望角附近的暴风雨，但从现存资料来看，船员们当时并没有觉得自己有多么英勇，他们再也不敢妄言能胜过风暴。船员们已经遭受太多苦难，他们没有葬身大海，却被大海轻松打败，能够保住一条命已让他们庆幸不已。在活命面前，任何事物都微不足道。恢复些许体力后，船员们还有事情要做，他们要往船上储存足以回国的淡水和木材。这次他们不再孤独，因为港口内还有一艘定期于印度航线往返的葡萄牙船只。埃尔卡诺颇为冒失地将自己的身份告知葡萄牙船长，没想到对方只是向他行礼致敬，然后起航远行。这两艘相会于世界尽头的帆船在短暂的相遇后又各自奔向自己的目的地。

尽管"维多利亚号"经受住了海上最严酷的考验，但船员们所遭受的折磨并没有结束。1522 年 6 月 8 日，"维多利亚号"在离开塞维利亚之后第四次穿越赤道。皮加费塔写道："我们朝西北方向连续航行了两个月，在此期间没有补充过任何新鲜食物或淡水。"不可避免地，坏血病又开始蹂躏船员。

"在那短暂的两个月里，有 21 名船员去世。举行海葬的时候，我们要将基督教徒脸朝上地推入海中，将印第安人脸朝下地推入海中。"麦哲伦的侄子、以乘客身份跟随舰队环球航行的马丁·德·马加亚内斯也在病亡者之列。虽然皮加费塔经历了很多苦难，但他依旧保持着坚定的信仰："假如没有上帝赐予我们的好天气，也许我们早就饿死了。"幸存船员鼓起勇气继续前行。

"最终，在极其窘迫的情况下，我们成功登上岛屿。1522 年 7 月 9 日，周三，我们到达圣雅各布群岛（Saint Jacob）当中的一座岛。"皮加费塔说的那个岛屿指的是佛得角群岛中最大的岛，即位于西非沿岸的圣地亚哥岛（Santiago）。佛得角群岛正是《托尔德西里亚斯条约》所规定的教皇子午线的标识点，此外它还是葡萄牙人的据点，也是商品流动和人员流动的中心。葡萄牙航海家对佛得角群岛附近海域了如指掌，而正是由于他们对该地区的熟悉使得"维多利亚号"的安全备受威胁。它越往北航行，就越有可能遇到时刻想复仇的葡萄牙当局。

"维多利亚号"刚在圣地亚哥岛的大里贝拉港（Ribeira Grande）抛锚，埃斯皮诺萨就派一艘大划艇到岸上寻找饥饿船员们所需的食物。船员们担心葡萄牙人偷袭，于是编造了一个故事，以便在被葡萄牙人抓住时博取对方同情，并掩盖一些令葡萄牙人不快的事实："我们在赤道附近失去了前桅杆（实际上，我们是在好望角失去前桅杆的），就在我们想把它找回来的时候，舰队指挥官率领另外两艘船返回西班牙了。"

这段故事没有提到他们曾到访过香料群岛，也没有提到他们所携带的珍贵丁香货物，更没有提到麦哲伦之死、叛乱、绕行好望角、侵犯葡萄牙海域等事，最重要的是，它对于舰队几乎环行地球一圈这件事只字不提。不仅如此，他们费尽心思地伪装成一艘不幸受到暴风雨重创、根本不值得葡萄牙人费心的西班牙货船。这个诡计似乎奏效了，皮加费塔欢欣鼓舞地写道："有了这番说辞，我们用船上的商品换来两船大米。"

后来，埃尔卡诺让手下跟葡萄牙人核对一下日期，以便确认舰队在写了三年航海日志之后，仍然保持时间的准确性。结果让船员们很困惑，因为葡萄牙人回答说那天是周二。

> 我们非常惊讶，因为根据我们记录的日期，这天应该是周三。我们不知道这个错误从何而来，因为我一直按时写日记，而且每天不间断地记录日期。

他们怎么会漏掉一天时间呢？后来他们才知道：

> 我们没有记错，但由于我们一直向西航行，又像太阳那样返回原地，所以我们多出了24小时。

这一失误也就意味着他们违背了自己的信仰，在周五的时候吃肉，在某个周一庆祝复活节。

这并非单纯的日期记录疏忽问题。阿尔沃、皮加费塔和其他幸存船员之所以犯下这个错误，是因为当时还没有国际日期变更线。西方宇宙学家、天文学家，甚至托勒密都没想到过环球航行需要更正时间。人类首次绕过地球一圈之后才知道增加24小时的必要性。如今人们已经达成共识，以太平洋岛屿关岛为其中一个基点设置国际日期变更线。

正当"维多利亚号"准备从圣地亚哥岛悄悄溜走时，埃尔卡诺犯了一个严重的错误。"（7月）14日，周一，"阿尔沃写道，"我们派一艘小船上岸再换点大米。它第二天就回来了，然后又返回岸上装米。我们等到了晚上，它也没有回来。一直到了第二天，它依旧不见踪影。"上岸的人肯定出事了，但船员们不知道到底出了什么事。有可能上岸买米的4名原住民想用丁香换大米，葡萄牙官员一看到这些违禁品，就开始怀疑"维多利亚号"的身份，因为丁香只可能来自香料群岛。

原因还不止于此。在圣地亚哥岛的时候，其中一名船员不小心说漏了嘴，说他们的指挥官麦哲伦已经死了。皮加费塔在日记中对这件事只是一笔带过，但我们可以联想到一点，无论是谁泄露了麦哲伦的死讯，此人也必定向葡萄牙人透露说埃尔卡诺和其他船员害怕返回西班牙，然后葡萄牙人也许因此产生了怀疑。

西蒙·德·布尔戈斯（Simon de Burgos）就是那个最有可能泄露机密的船员。布尔戈斯本是葡萄牙人，却冒充卡斯提尔人加入了摩鹿加舰队。他隐瞒身份的动机也许是单纯的，比如他只是想找份工作，但摩鹿加舰队限制葡萄牙籍船员数量，所以冒充西班牙人是解决这个问题的唯一方式。假如不是这样的话，那他的动机就比较阴险了。当他在圣地亚哥岛见到让自己觉得亲切的葡萄牙老乡时，向对方透露了自己的身份，并出卖了饱受苦难的摩鹿加船员，以换取对方好感。假设布尔戈斯就是出卖机密的那个人，那么，接下来葡萄牙人所做出的激烈反应表明布尔戈斯还透露了与此次探险活动相关的其他信息，包括舰队曾到访过摩鹿加群岛、闯入过葡萄牙海域的经过。这些消息足以触怒葡萄牙人。

但布尔戈斯不是唯一想从葡萄牙人那里寻求庇护的船员。"维多利亚号"绕过好望角之后不久，埃尔卡诺便向一名葡萄牙船长透露了此次航行的真实目的；而在遥远的香料群岛，埃斯皮诺萨也乞求葡萄牙人来救他。假设很多船员为了活命而迫切地想向葡萄牙人投降，那么，布尔戈斯的招供也许就应该被视为外交试探行为，而不是对那些共患难、同生死的船员的背叛。经过三年不间断的航行之后，船员们已经濒临死亡，确实值得同情。对这些饱经风霜的船员来说，投靠葡萄牙人，让对方决定自己的命运，似乎是很合理的生存策略。

尽管他们想以透露航行真实目的的方式作为变节的前奏，但实际上，这种做法没有任何效果。阿尔沃写道："我们靠近港口，想弄清楚派出去的小船为什么迟迟没有回来。这时候，一艘大船驶过来，要求我们投降。他们还说，要用来自东印度群岛的船把我们送走，并安插他们的人在我们船上，因为这是他们长官的命令。"

"维多利亚号"的指挥者断然拒绝了对方要求。

> 我们要求他们把我们的人和小船送回来。他们说，会把我们的要求转告给上级。我们回答说，那我们先逆风调向，并等待他们的答复。于是我们调好方向，张开所有风帆，载着22名或有病或健康的船员驶离了港口。

这些船员可能包括 18 名欧洲人和 4 名沿途俘获的原住民。三年前,摩鹿加舰队离开塞维利亚时,共有将近 260 名船员,而现在只剩下 22 人。这 22 名幸存者经历或目睹了无数灾难、暴风雨、坏血病、溺水、酷刑、死刑、战争和开小差,如今他们还要面临被葡萄牙人俘虏的莫大耻辱。之前被扣留的船上成员包括舰队会计马丁·门德斯、木匠里卡德·德·诺曼迪亚(Ricarte de Normandia)、炮手罗兰·德·阿尔格特(Roland de Argot)、实习海员巴斯基多·加列戈(Vasquito Gallego)、4 名水手,还有 2 名为了避难而加入舰队的乘客。"我们担心被其他葡萄牙帆船扣为人质,"皮加费塔写道,"于是匆忙离开了。"

这天是 1522 年 7 月 15 日。

回家的"鬼魂"

在人手不足的情况下,埃尔卡诺指挥"维多利亚号"向北航行,朝位于西班牙的最终目的地前进。阿尔沃和皮加费塔的日记只字未提最后几周的航行情况,这不仅说明他们反感埃尔卡诺表面合法的权威,也说明他们在忍受着坏血病、其他形式的营养不良、抑郁症和疲劳的折磨。熟悉的北非海岸陆标每一天都与他们擦肩而过,但船员们没有欢呼喝彩,因为它们见证了这趟屈辱和囚禁之旅——至少这艘破船上为数不多的几名船员是这样认为的。

"维多利亚号"还在继续漏水,已经筋疲力尽的船员们不得不日夜加紧抽水,让船只保持漂浮状态。他们持续不停的工作终于有了回报。1522 年 7 月 28 日,特内里费岛(Tenerife)进入船员们的视线,这预示着他们将要驶入一条新的航线,并顺着北风朝亚速尔群岛(Azores)前进。依旧担任船长的埃尔卡诺指挥着"维多利亚号"

向那些岛屿驶去。他曾想上岛补充一些船员们急需的给养，然后在拥有这些岛屿的葡萄牙人追来之前离开。但他认为这样做风险太大，不应该贸然尝试。事实证明，他的这个判断很明智。

1952年9月4日，正当船员们给船舱抽水时，他们依稀看到圣维森特角（Cape Saint Vicente）出现在北方。在到达目的地之前，这是最后一个重要的陆标。萨格里什就位于圣维森特角右边，那里正是亨利王子创立的航海学校所在地。

一个世纪以前，亨利王子开风气之先，大力发展航海事业；而在一个世纪以后，竟然是这趟奇特、艰巨和充满英雄色彩的环球航行将人类的地理大发现活动推向顶点。圣维森特角逐渐消失在雾霭中，"维多利亚号"载着骨瘦如柴的船员向东行驶到瓜达尔基维尔河入海口。入海口的海水仍如三年前那样波涛汹涌，那时候，作为摩鹿加舰队一员的"维多利亚号"正意气风发地开始香料群岛探险之旅。

> 1522年9月6日，周六，我们进入了圣卢卡湾，船上只剩下18名（欧洲）船员，且大多数人都患病在身。离开摩鹿加群岛时，这艘船共有60名船员，途中有些人死于饥饿，有些人在帝汶岛开小差逃跑，还有些人因犯罪行为而被处决，最终只有这18名幸存者到达目的地。

皮加费塔以挽歌的形式写下了上面这段话。

他这段话里的"犯罪行为"一词含义隐晦，让人不禁怀疑埃尔卡诺在最后几周行程中遭遇了叛乱，而且有可能采取了像麦哲伦镇压叛乱时所使用的残忍手段。然而，就算真有叛乱，叛乱分子必定三心二意，并且以失败告终，因为其他日记作者都没有提到这件事。

第三卷　死里逃生

皮加费塔所说的犯罪行为也很有可能是指船员们在绝望中做出的一些寻常事，比如盗窃"特立尼达号"上的丁香或减少其他成员的食物配给。又或者，皮加费塔所指的犯罪分子是仍在船上的香料群岛原住民。舰队经过印度尼西亚时俘获了一些当地人，其中有些是领航员，有些则是被用来当作谈判筹码的人质，还有成为舰队领导层玩物的原住民女人。

舰队花名册详细记录了欧洲船员的情况，却没有太多关于沿途俘获的印第安人和东印度群岛原住民的信息，就连以极大兴趣和热情记录巴塔哥尼亚巨人约翰生活细节的皮加费塔，对于后来俘获的原住民也没有表现出太多好奇，更没有在日记中提及他们的最终下落。不过，最先叛逃或者因为犯罪行为而被处死的很可能就是这些囚徒。皮加费塔终于可以为摩鹿加舰队取得的重大成就而暂时自豪一番了："离开圣卢卡湾至今，我们一共航行了14 460里格。此外，我们完成了从西方到东方的环球航行。"

摩鹿加舰队的航行距离是哥伦布发现新大陆之旅的16倍，相应地，这趟旅程也比哥伦布之旅危险得多。

为了完成环球之旅，"维多利亚号"和劫后余生的船员们还得航行最后一段路程，也就是从圣卢卡·德·巴拉梅达港沿着瓜达尔基维尔河驶进塞维利亚。埃尔卡诺派人去找来一艘小船牵引破旧不堪的"维多利亚号"和筋疲力尽的船员们进入人潮涌动的塞维利亚市，现在，市民们都在兴奋地讨论着这趟前无古人的环球航行。"维多利亚号"的船体遭受了重创，船舱内部大量漏水，于是船员们一路上不断地抽水，以免船只下沉。尽管如此，船还是沿着瓜达尔基维尔河驶入塞维利亚，于1522年9月10日在一处码头停靠。

在国王特派专员和金融家的监督下，码头工人将"维多利亚号"跨越整个地球带回来的珍贵货物——丁香卸下船。即便失去了其他四艘船只,"维多利亚号"所装载的丁香数量也足以给探险活动的资助者带来丰厚利润。

国王的代表非常满意,因为他们发现这批货物品质上乘,比商人们通过中间商从陆路运来的丁香要好得多。这些装满了381个麻袋的丁香总重量524公担,总价达7 888 864马勒威迪。国王令手下将货物直接运送到此次探险活动的资助者克里斯托瓦尔·德·阿罗那里。几周后,收到这批珍贵丁香的阿罗随即将其发往安特卫普,让他弟弟迭戈代为出售,收益将在阿罗家族和濒临破产的西班牙王室之间进行分配。

除了来自香料的收益,麦哲伦的环球航行最终还为西班牙找到了一条前往香料群岛的水路。只要西班牙人愿意,随时都可以沿着这条水路到达香料群岛。从声望和政治影响力来讲,文艺复兴时代的这次环球航行所取得的成就不亚于美国赢得20世纪的太空竞赛。西班牙和葡萄牙这两个海上超级大国一直为争夺具有重要经济和政治意义的领土而展开激烈竞争,如今两个大国间的权力均势突然发生了逆转,因为西班牙已经做好了控制香料贸易、进而控制全球商业的准备。

到达塞维利亚之后的第二天,18名幸存的欧洲船员穿着破烂的衬衫和马裤行悔改礼,他们包括埃尔卡诺、领航员弗朗西斯科·阿尔沃、船主米盖尔·罗达斯、水手长胡安·德·阿库里奥、理发师兼医生埃尔南多·布斯塔门特和其他十二名船员。

同行的还有安东尼奥·皮加费塔,他那传神、偶尔带淫秽色彩的日记成为整个航行的主要信息来源。他们的很多同伴都死了,而得益于运气和谨慎的这18名幸存者想方设法地活了下来。还没有习惯脚踏实地那种异样的感觉,他们便赤裸双脚,手里捧着一支蜡烛,慢慢地在路上走着。埃尔卡诺带领这群瘦削憔悴、疲惫不堪的朝圣者穿过塞维利亚那些蜿蜒狭窄的街道,来到维多利亚圣母祭坛。他们跪在万福的圣母和圣子雕像面前,然后祈祷。他们是以罪人和忏悔者而不是征服者的身份回到塞维利亚的。

刚开始时,这趟环球之旅犹如莎士比亚的戏剧,所有人充满了激情和使命感,戏剧的"主角"麦哲伦更被奉为英雄般的人物。三年后,舰队付出了惨痛的代价,旅途的结局变成了塞缪尔·贝克特(Samuel Beckett)①笔下的荒诞剧。幸存下来的船员并没有从重创中缓过神来,他们因为无法摆脱过去看到过和经历过的事情而变得犹豫不决。

许多市民好奇地站在周围旁观。在他们的注视下,船员们站起身,赤裸着双脚,步履蹒跚地走过一座横跨瓜达尔基维尔河的木浮桥,前往另一座位于塞维利亚大教堂的安提瓜圣母(Santa Maria del Antigua)祭坛。当这一小队船员缓慢穿过教堂广场并步入小礼堂时,宏伟的大教堂衬得他们非常渺小。

祷告结束后,刚刚完成环球航行的船员们便四散而去。他们脱去航海时所穿的破烂衣服,换上新服装,各自返回简陋的家中。

如今,在圣卢卡·德·巴拉梅达一处繁华的广场上,有一座破旧的建筑物,它的石墙正面竖立着一块很小的大理石碑,石碑表面那已经失去光泽的铭文记录着人类首次环球航行完成后18位幸存者的姓名,他们分别是:

胡安·塞巴斯蒂安·埃尔卡诺	船长
弗朗西斯科·阿尔沃	领航员

---

① 塞缪尔·贝克特,活跃于20世纪法国的爱尔兰作家,荒诞派戏剧的重要代表人物,代表作有《等待戈多》。

米盖尔·德·罗达斯	船主
胡安·德·阿库里奥	水手长
马丁·德·胡迪西布斯（Martin de Judicibus）	水手
埃尔南多·布斯塔门特	理发师
来自亚琛的汉斯	炮手
迭戈·卡尔莫纳（Diego Carmona）	水手
来自那不勒斯的希腊人尼古拉斯	水手
来自罗达斯的米格尔·桑切斯（Miguel Sanchez）	水手
弗朗西斯科·罗德里格斯（Francisco Rodrigues）	水手
胡安·罗德里格斯·德·韦尔瓦（Juan Rodrigues de Huelva）	水手
安东尼奥·埃尔南德斯·科梅内罗（Antonio Hernandez Colmenero）	水手
胡安·德·阿拉蒂亚（Juan de Arratia）	水手
胡安·德·桑坦德雷斯（Juan de Santandres）	普通海员
瓦斯科·戈麦斯·加列戈（Vasco Gomes Gallego）	普通海员
胡安·德·祖比莱塔（Juan de Zubileta）	学徒
安东尼奥·皮加费塔	乘客

在这份名单中，只有船长埃尔卡诺、领航员阿尔沃、理发师布斯塔门特和麦哲伦的航行书记官皮加费塔可被视为舰队初始名单中的重要成员，其他人多半是 20 来岁甚至更年轻的普通船员或高官和专家的仆人。无论身份地位高低与否，他们都比前人看到过更大的

世界。无论是偶然还是命中注定，他们已经与人类历史上最伟大的探险家齐名。

他们看到了很多新鲜事物，尽管还无法理解自己经历过的大多数事情，但他们已经做好了记录供其他人研究，从而扩大了欧洲人对于世界的认知。他们环游了地球，证明世界比人们想象中的要大得多，而不是小得多。欧洲人在原有观念的基础上将地球周长增加了7 000英里，还添加了太平洋这个浩瀚的海域。

他们知道了在欧洲大陆之外，还生活着各式各样数量惊人的人种，他们有的高如巴塔哥尼亚巨人，有的矮如菲律宾俾格米侏儒；有的像文莱人那么慷慨大方，有的则像麦克坦岛居民那么狂暴。

人们终于摒弃了某些与自然现象相关的荒诞观念，比如美人鱼、赤道沸腾的海水，以及可以从船上吸走钉子的磁力岛。这些发现是以200多名船员的生命和极端困苦为代价换来的。

麦哲伦的环球航行比此前历史上任何一次海上航行耗时更长、复杂程度更高。在地理大发现时代，论雄心壮志和胆量，没有哪一次航行能够与之相提并论。

这次探险活动已经结束了，但它对西班牙乃至世界历史的影响才刚刚开始。

第15章
后麦哲伦时代

> 老水手转身离去,
> 他依旧目光如炬,
> 苍髯如戟。
> 宾客亦扭过头去,
> 离开了新郎的家。

正当骨瘦如柴的船员们驾驶饱经风霜的"维多利亚号"沿着瓜达尔基维尔河前往塞维利亚码头时,胡安·塞巴斯蒂安·埃尔卡诺正发挥他高超的游说技巧,在写给卡洛斯一世国王的一封信中吹嘘此番航行所取得的各方面成就,以证明他在麦哲伦死后接任舰队指挥官一职是实至名归。对比那个时代崇尚华丽辞藻和冗长行文的惯例,这封信算得上简练至极。

最尊敬的国王陛下:

陛下派遣麦哲伦船长(荣耀归于麦哲伦船长)率领5艘帆船前往香料群岛,现返航的只有帆船1艘,船员18名。陛下也许听说过我们经历的一些事情,现向陛下作简要汇报。

首先,我们在南纬54度发现了一条从新大陆通往印度洋的海峡。行驶100里格之后,我们穿越了这条海峡。在接下来的3个月又20天的时间里,我们一路顺风顺水,但除了两座无人居住的荒岛以外没有发现任何陆地。随后,我们到达了一连串盛产黄金的岛屿。在那里，麦哲伦船长和很多船员死于非命，生存者寥寥无几，我们因为缺乏人手而无法航行。为此我们拆掉一艘船，驾驶着剩下的两艘船在岛屿间穿行。在此期间，我们希望上帝开恩，帮助我们找到摩鹿加（香料）群岛。麦哲伦船长去世8个月后，我们终于到达了目的地，两艘帆船都装满了香料……

离开这些岛屿后，我们在接下来的5个月里只能以小麦、大米和淡水果腹。由于葡萄牙国王下令在其领土范围内追捕我方舰队，我们担心落入追兵手中而不敢靠近任何岛屿……后来，我们到达了佛得角群岛，当地统治者扣留了我的小艇和13名船员，还想以间谍罪起诉我们，再把我们扔上一艘从卡利卡特驶往葡萄牙的大船……但我们所有人达成了共识，宁可在落入葡萄牙人手里之前自行了断也不束手就擒。就这样，为了避免沉船，我们日夜不停地给船舱抽水，许多船员累得筋疲力尽，最终在上帝和圣母的庇佑下，我们经历了三年不间断的航行之后回到了祖国……

我们从西方世界出发，又从东方世界返回，发现并走过了一条环行世界的路线，这是我们最为看重的成就，国王陛下也深知这一点。

炫耀完探索世界的功绩之后，埃尔卡诺便把话题转到此次航行的商业利益上。他向国王提出了一个请求：船员们私下带回了一些香料，念在他们为国王受尽苦难，不要对其私售这些货物后所取得的利益征税。

国王陛下，念在我们为陛下效力期间经历了无数艰辛和

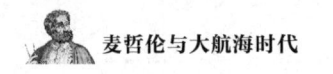

饥渴困顿，忍受了无数酷热和严寒，请陛下网开一面，免征四分之一财产税和二十分之一所得税。谨此，向国王陛下行吻手礼与吻脚礼。

船长

胡安·塞巴斯蒂安·埃尔卡诺

1522 年 9 月 6 日

成笔于停泊在圣卢卡港的"维多利亚号"

这是世界上第一封描述环球航行的信件。早在"维多利亚号"到达塞维利亚之前，埃尔卡诺就将它从圣卢卡-德-巴拉梅达发送出来了，这表明船长迫切地想向国王解释旅途中发生的一切事情。但是，他的信件没有澄清麦哲伦的神秘死因，也没有解释他这位巴斯克航海家是如何成为舰队指挥官的，更没有说明麦哲伦之死与埃尔卡诺崛起之间的关系。

这封信所掩盖的问题比透露的事情要多得多。与此次航行相关的一些重大问题在信中都言之不详，比如舰队的叛乱事件以及船员们与偏远岛屿女人的荒淫乱交行为，而后者正是国王一直明确禁止。更重要的是，麦哲伦在航海途中的所作所为，尤其是以酷刑虐待船员一事，也没有被埃尔卡诺提及。

统治者与生还者

尽管麦哲伦生前一直将卡洛斯一世国王视为道德典范，对他无比忠诚，无怨无悔地为其付出一切，但这位年轻君主对于麦哲伦之死并没有表现出任何悲伤之情，而麦哲伦的狂热奉献也没有得到应有的回报。四年前，满怀激情的麦哲伦在巴利亚多利德向卡洛斯一世国王毛遂自荐，请求西班牙王室资助他的环球航行计划，但卡洛斯一世国王对他并没有产生任何亲切感。

舰队在航行过程中取得了大量科学和地理发现，并且为西班牙赢得了几十个岛屿的主权，可这一切功绩并没有给心事重重的卡洛斯一世国王留下太多印象。卡洛斯一世国王毕生有一个习惯，就是认为这种功劳都是他自己的，几乎不承认他在短期内对大部分已知世界的所有权是拜麦哲伦所赐。

最终，卡洛斯一世国王只顾着吹嘘此次探险活动的功绩，因为"维多利亚号"带回来了满满一船堪与黄金媲美的丁香。他清点着残破不堪的"维多利亚号"船舱中的丁香重量，却对麦哲伦和传教士们归化的基督教徒数量视而不见。对卡洛斯一世国王来说，摩鹿加舰队在商业上可谓成就斐然，而这就足够了。

卡洛斯一世国王给他在佛兰德斯的姑妈、尼德兰的摄政王——奥地利的玛格丽特女大公写信。他在信中骄傲地宣称摩鹿加舰队克服了一切艰难险阻，从半个地球以外带回来珍贵的香料。"我三年前派往香料群岛的舰队已经回国，他们到过种植丁香的岛屿，那是葡萄牙和其他国家都未曾涉足之地……"显然，这番话有失偏颇，但为了取得香料群岛的所有权，卡洛斯一世国王必须编造故事，谎称西班牙首先到达了摩鹿加群岛。

"舰队指挥官称，他们此次航行距离非常远，环绕了整个世界一圈。"这些自吹自擂的大话表明，这位21岁的国王很想维护自己的正统性和权威性。他还在信中请求姑妈帮他销售香料，"我把这当作自己的事情"。他提醒玛格丽特女大公说，"这是一项未经检验的新做法，除了我的人做了大量工作、耗费了巨大心思之外，我还承担了巨额费用。"他还指出，他希望他所统治的领地，无论西班牙还是尼德兰，都能够从中获利，也就是还清他欠阿罗家族的债务：

> 西班牙是我统治的王国，尼德兰是我的母国。我希望这两个国家及其国民在将来获得巨大的利益和便利，您可能也抱有同样的期望。至于出售香料所得收益该如何处置……我打算用这笔钱组建一支更大规模的舰队，尽快再派它们前往香料群岛。

一想到这笔唾手可得的财富，玛格丽特女大公顿时喜不自胜。她要求侄子将位于她领土范围内的佛兰德大都市布鲁日设为欧洲新的香料贸易中心，但卡洛斯一世国王认为自己已经找到了一条摆脱债务的捷径，因而坚持要将贸易中心留在西班牙。他给出的理由是"这种商品是在西班牙付出了巨大代价之后获得的"。

对于这突如其来的成就，卡洛斯一世国王依旧沾沾自喜，他命令埃尔卡诺挑选两名船员一起到位于巴利亚多利德的行宫，向他详细汇报自己的功绩。埃尔卡诺挑选领航员阿尔沃和理发师兼医生布斯塔门特一同前往王宫述职。显然，他把皮加费塔排除在外了，因为他知道皮加费塔是麦哲伦的忠实拥护者。

埃尔卡诺的代表团受到王室优待，不仅可以报销购买正装的费用，还可以报销来回巴利亚多利德的差旅费。他们相信自己一定会给君主留下深刻印象。

巴利亚多利德这座城市位于西班牙中北部，堪称西班牙历史的时光宝盒。它曾被摩尔人占领数个世纪之久，就连城市名也是摩尔人起的，但巴利亚多利德以市民操一口最纯正的西班牙语而闻名于世。10世纪，基督教徒征服了这座城市，并把它变成了商业桥头堡。这座城市对整个西班牙王国而言具有举足轻重的作用，因此在文艺复兴时代初期，卡斯提尔国王们一直将巴利亚多利德设为王宫所在地。也正因为如此，巴利亚多利德对全世界大部分地方都有着一定的政治影响力。到了卡洛斯一世国王入主巴利亚多利德的时期，这座城市一时风头无两。

1522年10月18日，卡洛斯一世国王热情欢迎这三位环球旅行家的到来，祝贺他们通过一条新航道抵达香料群岛，并且为西班牙获得了香料群岛的所有权。埃尔卡诺敏锐地意识到国王心中的想法，于是郑重其事地将他从摩鹿加群岛带回来的香料样品以及岛国酋长们宣誓效忠这位遥远国度统治者的书信呈交给卡洛斯一世国王。场面感人至深，但这一切只是作秀而已。

坊间一直流传着船员们曾背叛国王，甚至发动叛乱的谣言。就在他们抵达巴利亚多利德之前，卡洛斯一世国王听说了这些令人不安的传言。据说，麦哲伦并非被麦克坦岛战士所杀，而是死在自己人手里。埃尔卡诺是否参与其中？圣胡利安港叛乱有很多自相矛盾的说法，有人将叛乱归咎于西班牙领导层人士，还有些人则认为舰队里的葡萄牙人应对此负责。

为了弄清事实真相，在卡洛斯一世国王授意下，巴利亚多利德市长将对埃尔卡诺、阿尔沃和布斯塔门特三人进行调查。

审讯工作从1522年10月18日开始，审讯成员要求三人回答十三个问题，这些问题集中在两个方面：叛乱和商业活动。埃尔卡诺此前已深入思考过他要面对的不忠指控，并在接受审查期间通过贬低麦哲伦来达到脱身的目的。他歪曲事实，称自己是在西班牙船长们的邀请之下出任舰队指挥官的；还说麦哲伦任人唯亲，不顾他人死活，尤其喜欢打压西班牙籍船长；此外，麦哲伦还公然违抗国王的命令。"埃尔卡诺称，麦哲伦说他不想……执行国王陛下的指令。"调查记录这样写道。

埃尔卡诺巧妙地讨好着卡洛斯一世国王，谦虚地将自己描绘成西班牙荣耀的捍卫者，但他没有很成功地将自己塑造成西班牙商业利益的守护者。调查人员问他："维多利亚号"的货物登记簿清楚地显示该船在香料群岛装载了不少于600公担的丁香，为什么到了塞维利亚港之后，货物的重量变成了524公担？

埃尔卡诺小心翼翼地回答说，货物登记表的丁香重量是岛民报上来的，回到塞维利亚之后，他亲自监督了货物的称重工作，重量之所以产生差异，有可能是丁香在漫长回国途中水分蒸发的缘故。

接着，调查人员又问埃尔卡诺：为什么他没有记账？调查记录是这样写的："我们要求埃尔卡诺说清楚航行途中发生的所有有损国王利益、诈骗国王财产的事情。"

这位巴斯克出生的航海家再次把责任推到麦哲伦身上，称他在麦哲伦活着的时候一直没有记账，"因为他不敢这样做"，直到麦哲伦死后，他才开始记录交易情况。这个说法很不合理，因为麦哲伦一直详细记录舰队的所有活动，皮加费塔的日记和阿尔沃的航海日志便是明证。埃尔卡诺不仅故意忽视了这些对他不利的证据，还大言不惭地污蔑麦哲伦"损害"国王和舰队利益，不顾一切地抛弃舰队、"让它听天由命"。他对于麦哲伦的控诉缺乏事实依据，纯属无稽之谈。

最终，埃尔卡诺还是要面对与麦哲伦之死相关的诸多谣言。他对麦哲伦之死的叙述语焉不详，只是一味地把所有责任推到麦克坦岛原住民身上。埃尔卡诺暗示说，是麦哲伦煽动他们去报仇的。他的说法没有受到任何质疑，西班牙官方也打算以此作为麦哲伦的死因定论。

埃尔卡诺能言善辩，他的证词足以为自己开脱罪责，让他既不会在国王面前失宠，更不会受到法律制裁。他的两名同伴做出了类似的回答，也达到了同样效果。调查结束时，卡洛斯一世国王及其顾问们意识到，这些幸存的船员不仅带回来了足以让他们大发横财的香料，还让西班牙取得了香料群岛的所有权，更发现了一条通往香料群岛的新航道，而且他们对于海洋的理解已经达到当时世界顶尖水平。虽然他们是通过卑鄙手段获得这一切的，但无论怎样，这些都是无价之宝。

对于船员们私自带回来的香料，卡洛斯一世国王最终同意不予征税，并从他个人所得收益中拿出四分之一奖励三名在巴利亚多利德作证的幸存船员。埃尔卡诺还得到了一些额外奖励，他不仅每年可得到500达克特养老金，还获颁骑士头衔以及一枚盾形徽章，以表彰他环游世界的壮举。这枚徽章上刻着一座城堡、一些香料、两位马来国王和一只地球；徽章下面写着一句话：环游世界第一人（Primus circumdedesti me）。

在那场反对麦哲伦领导的叛乱中，埃尔卡诺也是参与者之一。虽然叛乱以失败告终，但他最终得到了王室的赦免，其重要性并不亚于他获得的奖赏。他坚持要将这份赦免状公之于众，从而彻底洗清自己的罪行。现在，他又有资格领导西班牙未来的探险活动了。

暴富之后的埃尔卡诺找了两名情妇，其中一名给他生了个女儿，另一名生了个儿子，但他并没有和她们生活在一起。

探险队的其他有功之人也获得了类似奖赏。"维多利亚号"会计马丁·门德斯、理发师埃尔南多·布斯塔门特、船主米盖尔·德·罗达斯以及埃斯皮诺萨各获颁一枚盾形徽章，以表彰他们取得的成就。与此同时，麦哲伦家族的盾形徽章早已锈迹斑斑，无人问津。从麦哲伦离开葡萄牙、为西班牙国王效力那时起，他的家族就一直受人白眼。卡洛斯一世国王几乎已经忘记他了。

"圣安东尼奥号"的叛乱船员们也从监狱中获释，并且被赦免了所有罪行。从 1521 年起，也就是叛乱分子夺取"圣安东尼奥号"并返回塞维利亚之后，船长阿尔瓦罗·德·梅斯基塔便一直处于羁押状态中。"维多利亚号"幸存者证实了梅斯基塔的清白，所以这位麦哲伦的铁杆支持者也在大赦中获得了自由。因他早就对西班牙的司法制度大失所望，出狱后便立即逃回葡萄牙。长久以来关于这次探险活动的诸多争议就此尘埃落定。

尽管埃尔卡诺很善于自我吹嘘，而且卡洛斯一世国王也很认可他，但在"维多利亚号"回国后不久，世人中间便出现了对此次航行的另一种解读。卡洛斯一世国王的秘书、来自特兰西瓦尼亚的马克西米利安在巴利亚多利德突然造访埃尔卡诺、阿尔沃和布斯塔门特，跟他们谈了很长时间，有可能还跟麦哲伦的书记官安东尼奥·皮加费塔交谈过。"维多利亚号"回到塞维利亚一个月后，他向国王递交了一份冗长的报告。

透过舰队内部的权力斗争，马克西米利安在报告中强调此次探险如何改变了后人看待世界的方式。"我决定尽量还原航行中发生的事情，"他写道，"我把船长和回国船员所说的一切都详细记录了下来。"在马克西米利安看来，这些人态度很诚恳，"他们没有说一些稀奇古怪的事情，而是用自己的故事驳斥了古代作家讲的一些神话传说"。

在整个探险过程中，安东尼奥·皮加费塔一直如实地写着日记，因此当时关于首次环球航行最权威、最传神的记录非他的日记莫属。他认为埃尔卡诺叙述的航行经历有悖事实，因此他立刻写了一份慷慨激昂的抗辩书提出反驳，并向国王和教会说明麦哲伦的勇气和忠诚。皮加费塔的目击证词雄辩有力，清楚地讲述了麦哲伦的死因。更加重要的是，他的证词还让人们知道麦哲伦生前做过什么事情。

他将麦哲伦描述成一名无畏的勇士,敢于批判流传已久的神话,推翻顽固不化的谬论。

离开塞维利亚后,皮加费塔直接去了巴利亚多利德。他向国王进贡的"既不是黄金,也不是白银,而是像他这样的年轻君主最看重的一些东西,其中包括一本我亲手写下的日记,里面叙述的是航行途中日复一日发生的事情"。自《马可·波罗游记》面世以来,皮加费塔的这本日记是关于遥远东方的一份最重要的记录。

皮加费塔的外交官背景对他帮助很大。后来,他向彼此间有不共戴天之仇的各国君主讲述了摩鹿加舰队的经历:

> 随后,我到了葡萄牙,向若昂国王描述了我的所见所闻;然后我又穿越西班牙来到法国,把我从地球另一边带回来的一些珍贵物件献给弗朗索瓦国王。最后,我前往意大利拜见忙碌的罗得岛医院骑士团团长菲利普·维利耶·德·李尔-亚当(Philippe Villiers de l'Isle-Adam)大人,向他表明我希望为其效力的意愿。

皮加费塔细致且不偏不倚的描述使后人得以了解麦哲伦在此次环球航行中所起的重要作用,而他也在有意无意之间凸显了自身的作用。"以下文字皆是我在旅途中的亲身见闻,"皮加费塔发誓说,"也许我会因此而名声大噪。"

周游欧洲后,皮加费塔回到家乡威尼斯,引起当地民众的骚动。1523 年 11 月 7 日,马丁·萨努多(Martin Sanudo)是这样描述皮加费塔到访细节的:

> 大学里来了一位威尼斯人,他曾被任命为游侠骑士,属

于罗得岛医院骑士团一员。他还在印度生活过三年。全校师生都全神贯注地听他演讲,他先讲了航程过半时发生的事情……晚饭过后,他去拜访威尼斯公爵,又详细讲述了那些故事。对于舰队在东印度群岛的经历,公爵和其他人震惊得目瞪口呆。

1524年8月,已经在威尼斯定居的皮加费塔请求公爵和市议会允许他出版那些耸人听闻的见闻。他提出了两个理由:一是他所记录的事件非常重要;二是他在叙述这些事件方面具有独一无二的权威性。

尊敬的公爵殿下:

　　本人安东尼奥·皮加费塔,威尼斯的耶路撒冷骑士,在此向殿下请愿。为了解这个世界,我在过去几年加入了罗马帝国皇帝(查理五世)的舰队,前往东方探索盛产香料的东印度群岛。

　　在那次航行中,我环行了整个地球。这是一项前无古人的壮举,所以我对整个航行过程进行了简要的记录。现在,我想将这些日记印刷成册。为此,我想向殿下提出以下请求:在未来20年里,除我本人之外,其他人不得翻印此书;若有人在威尼斯翻印此书,或在他处翻印后带至威尼斯,则在赔偿原版书损失的基础上,每本翻印书籍罚款3里拉。(我还请求殿下)只允许知晓此规定的本市法官执行(处罚),且将罚金按以下方式进行分配:1/3 划入殿下的军火库、1/3 归原告、1/3 归罚款执行者。

　　于此,我冒昧向殿下毛遂自荐,万望殿下雅爱。

皮加费塔的请求得到了威尼斯公爵的积极回应,并被授予"20年内本书独家印刷权"。

皮加费塔的原版日记是一些篇幅很长的手稿,在拜访欧洲王室的过程中,他一直将这些手稿带在身上。本子里还有他亲手画的大量地图,各国国王都对这些地图趋之若鹜。据说,皮加费塔在写游记的时候采用了威尼斯方言,中间夹杂着意大利语和西班牙语,只可惜原本已丢失,无法佐证这一传言。

经过几个世纪之后,流传下来的手抄本共有四份,即一份意大利语版、三份法语版。学术界达成共识,认为四个版本当中最精彩、最完整、插图最多的当属耶鲁大学拜内克珍本与手稿图书馆(Beinecke Rare Book and Manuscript Library)的藏本。

读者翻阅着写在仿羊皮纸书页上的传记,仿佛立刻回到了500年前。尽管皮加费塔大体上是以时间顺序讲述故事的,但他没有进行线性叙事,而是将事件、插图、外语翻译、祷文、描述、顿悟和内心旁白汇编在一起,所有内容都交叉引用并以黑、蓝、红三种颜色墨水分类书写。

它也是一份在那个年代中不多见的私人文件,因为当时个体意识正处于萌芽期。在阅读皮加费塔的编年体游记时,读者仿佛听到了他的声音在耳边轻声诉说,其语气时而大胆自信,时而震惊,时而崩溃,时而入迷。最终,他们会惊觉自己仿佛就生活在那个残酷无情却瑰丽无比的世界里。

尽管一些有影响力的人物赞颂麦哲伦的非凡成就,也理解他的苦难经历,但是从塞维利亚到里斯本,绝大多数专家和观察家都看不起或低估麦哲伦。无论是在葡萄牙还是在西班牙,麦哲伦都被视为叛徒。两国的宫廷历史学家们正蠢蠢欲动,准备大肆诋毁他的名声,抨击他的罪恶行径和变节行为。令人意想不到的是,在英格兰居然出现了麦哲伦最狂热的崇拜者。英国的政治评论家们呼吁他们的岛国模仿麦哲伦的英勇壮举。在麦哲伦的祖国葡萄牙，若昂三世国王（他的父亲就是傲慢地拒绝了麦哲伦的曼努埃尔国王）听说摩鹿加舰队的一艘帆船满载着丁香返回了塞维利亚，顿时怒不可遏。他愤怒地向卡洛斯一世国王抗议说，香料群岛是属于葡萄牙的。

卡洛斯一世则耐心却又立场坚定地敦促葡萄牙释放他们在佛得角群岛俘虏的西班牙船员。次年，这些俘虏们分几批回到了西班牙。这些人包括"维多利亚号"的其他幸存者，如炮手罗兰·德·阿尔格特、舰队会计马丁·门德斯、船舱侍应生佩德罗·德·托洛萨（Pedro de Tolosa）、被怀疑在佛得角群岛出卖其他船员的西蒙·德·布尔戈斯，以及一位名叫曼努埃尔的摩鹿加人。

离开香料群岛之后，"维多利亚号"的两批幸存者虽然吃了不少苦头，但与乘坐"特立尼达号"回国的60名船员比起来，他们已经算是很幸运了，因为在那60人当中，只有4人回到了西班牙或葡萄牙。"维多利亚号"的幸存者中有一位48岁的聋哑船员，名叫胡安·罗德里格斯（Juan Rodríguez），他也是年纪最大的幸存者。他躲在一艘驶往里斯本的葡萄牙帆船里，偷渡到葡萄牙，然后在牢里待了一段时间，出狱后便设法回到塞维利亚。尽管年事已高，体弱多病，而且在海上经历了数年众多磨难，但他还是向贸易局提出申请，要求再次前往东印度群岛探险。

在摩鹿加群岛忍辱负重地做了几个月苦役之后，埃斯皮诺萨和几名船员被转移到葡萄牙设在印度西岸港口柯钦（Cochin）的一处前哨站。葡萄牙人邀请他加入军队，以对抗阿拉伯人，他拒绝了。埃斯皮诺萨写信给卡洛斯一世国王，抱怨葡萄牙总督瓦斯科·达伽马一直在"威胁我，说我如果不答应他的话，就把我的头给砍下来；他还用恶毒的语言攻击我，并说要把其他人吊死"。

第三卷 死里逃生

1526年，熬过4年悲惨的囚徒岁月之后，前任船长冈萨罗·戈麦斯·德·埃斯皮诺萨、同样爱好写日记的领航员希内斯·德·马弗拉以及炮手汉斯·瓦尔格登上一艘返回里斯本的帆船。不过，自由并没有如期而至。到达里斯本后，这些英勇的环球航海家被投入监狱。后来瓦尔格死在狱中，他将只有一包丁香和未发工资的家当留给了埃斯皮诺萨。

由于多年身处逆境，德·马弗拉和埃斯皮诺萨的意志已经无比坚强。他们没有在天灾人祸中死去，自然也不会在监狱中死去。被释放出狱后，他们返回了塞维利亚，结果再度锒铛入狱。1527年，他们开始接受审讯，最终被宣判无罪释放。

这两个人一直对麦哲伦和国王忠心耿耿，却遭此厄运，与那些乘坐"圣安东尼奥号"返回塞维利亚的叛乱分子得到的待遇形成鲜明对比。"圣安东尼奥号"上的所有叛乱分子都被释放，唯独真心拥护麦哲伦并在叛乱期间被扣为人质的阿尔瓦罗·德·梅斯基塔仍被扣押。类似这种不公平待遇在埃斯皮诺萨身上体现得尤为明显。无论他是一个多么失败的船长，至少在圣胡利安港叛乱期间，他已经尽了自己作为一名纠察长的职责，在帮助麦哲伦重新夺取舰队控制权的过程中扮演着重要角色。

当时仍住在塞维利亚的麦哲伦岳父巴尔波查决定为这些蒙受冤屈的幸存者申冤。他冒险向卡洛斯一世国王写信，为他们进行辩护。他在信中写道，这些叛乱分子非但没有因为自己的不忠行为受到惩罚，反而"受到了热烈欢迎和优待，而且在花陛下的钱；倒是迫切想为陛下效劳的埃斯皮诺萨船长和其他人却锒铛入狱，没有得到公正待遇。这实在是亲者痛、仇者快的做法"。

回家后，德·马弗拉和埃斯皮诺萨发现一切早已物是人非。举例来说，德·马弗拉的妻子以为丈夫已经死了，早就改嫁他人。更让他痛心的是，妻子居然和她的新丈夫花完了他所有的钱。德·马弗拉哀叹命运不公，接着重新过回他最熟悉的生活，当一名太平洋上的领航员。1542 年，他返回菲律宾群岛，继续为西班牙运送香料。

埃斯皮诺萨的命运更是悲喜交加。1527 年 8 月 24 日，卡洛斯一世国王给予他一笔巨额抚恤金，金额高达 112 500 马勒威迪，但埃斯皮诺萨从未拿到过这笔钱。贸易局一如既往地刻薄小气，扣压了埃斯皮诺萨坐牢那几年所得的薪水，说他那段时期并没有真正地"为西班牙效力"。官僚们麻木不仁的做法使埃斯皮诺萨大为光火，为了得到这笔钱，他连续起诉了贸易局两次，结果法院判定他可以获得原定抚恤金的一半。

最终，他只得到了一小部分抚恤金额，而就连这么点钱，贸易局也要视他是否愿意参加下一次摩鹿加群岛探险活动而决定给不给。不过，国王允许埃斯皮诺萨拥有汉斯·瓦尔格留给他的 15 000 马勒威迪遗产。

埃斯皮诺萨拒绝回到香料群岛，这是可以理解的，毕竟很多西班牙人在那里丧命，而他本人也被关在牢里整整 4 年。1529 年，卡洛斯一世国王决定给他这位忠实的仆人另一笔抚恤金。这次，埃斯皮诺萨拿到了 30 000 马勒威迪，还获得了一份年薪 43 000 马勒威迪的巡视官工作。这份工作相当轻松，他的余生在塞维利亚度过。

争霸香料群岛

西班牙和葡萄牙同意再举行一次会议，以确定教皇子午线和香料群岛的位置。西班牙派出的代表团成员包括塞巴斯蒂安·埃尔卡诺、吉奥瓦尼·韦斯普奇（Giovanni Vespucci，亚美利哥·韦斯普奇的弟弟）和塞巴斯蒂安·卡沃特（Sabastian Cabot）等专家。尽管这两个国家都是带着善意来开会的，而且双方代表都是航海界的资深人士，但这场会议还是很快演变成了一场闹剧。

为了表明这次协商不带任何偏向性，会议在横跨瓜达尔基维尔河的一座大桥上举行，因为那里正好是西葡两国边界。然而，这个位置差点导致会议无法进行。当葡萄牙代表团尊贵的代表们刚走上大桥时，迎面就被一个小男孩给拦住了。小男孩问他们是否准备跟卡洛斯一世国王瓜分世界，葡萄牙驻印度前总督迪奥戈·洛佩斯·赛凯拉（Diogo Lopez Sequeira）告诉他，他们确实是来瓜分世界的。听到这话，小男孩撩起衬衫，露出光溜溜的屁股，用他的小指在屁股缝里比画了一下。

"从这里划线吧！"他大声说道。

双方代表团决定推迟开会，各自在河的两岸休息。宇宙学家和天文学家继续争论经度问题。他们甚至无法对两条经线之间的宽度达成一致，对摩鹿加群岛的方位就更无从下手了。没错，麦哲伦曾经横穿太平洋，但没人知道如何测量他航行过的距离，只能通过船位推测法测算出精确度有限的数值。

出于这种种原因，双方最终无法重新划定教皇子午线。可想而知，最后双方都说自己是这场谈判的胜利者，而且都宣称自己对香料群岛拥有主权。

卡洛斯一世国王无视这场会议的召开。他正大肆挥霍钱财，为接下来的摩鹿加群岛探险之旅做准备，完全不顾这些冒险活动的成本和风险。

1525年，贸易局正式任命一位有良好人脉的官员弗朗西斯科·加西亚·霍弗雷·德·洛艾萨（Francisco Garcia Jofre de Loaysa）担任下一支摩鹿加舰队的统帅，被尊称为"首位环球航行家"的塞巴斯蒂安·埃尔卡诺担任副指挥官。此行的首要目标是在香料群岛建立一个人员齐备的贸易站和桥头堡，这足以证明卡洛斯一世国王说给葡萄牙听的和解之言有多么虚伪。西班牙决意打破葡萄牙在香料贸易上的垄断地位，并不惜一切代价夺取香料群岛。

第二支摩鹿加舰队从塞维利亚出发。它想沿着麦哲伦的航线前进，从而让此次香料群岛之旅变得更安全并且航行更远的距离，但事与愿违。没有了麦哲伦的航海天分指引船只，第二支摩鹿加舰队的命运比第一支更悲惨。

虽然埃尔卡诺很有经验，但他在航行过程中犯下了一个又一个错误，导致舰队耽误了很长时间才到达麦哲伦发现的那条海峡。低纬度的暴风雨给舰队船只带来致命打击，使帆船数量从5艘锐减至2艘。航行至太平洋时，坏血病开始在领导层和船员当中肆虐蔓延，与当初麦哲伦穿越太平洋时如出一辙。这一次，舰队没有储存可以预防坏血病的榅桲，甚至连指挥官洛艾萨本人也患上了这种疾病。

洛艾萨临死前，拿出了一封卡洛斯一世国王留给他的信，里面指定了他的继任者。大家揭开封印，发现国王任命埃尔卡诺为下一任总指挥官。埃尔卡诺终于达到了事业的巅峰，但上天留给他统领舰队的时间不多了，因为他本人也得了严重的坏血病。他走回自己的小船舱，开始订立遗嘱。

遗嘱上的财产清单包含他的所有家当，甚至连他使用过的最后一块布、一沓纸都被罗列了出来。遗嘱还包含了慈善捐款、给他两个情妇的礼物、将葬礼举办地设在他家乡赫塔利亚（Guetaria）等内容。这份遗嘱是在其他7名巴斯克人的见证下订立的。1526年8月4日，也就是担任舰队总指挥官5天后，塞巴斯蒂安·埃尔卡诺在海上去世，这是地理大发现时代的又一个损失。他的遗体被葬入波涛滚滚的蓝色太平洋深处。

诡异的是，第二支摩鹿加舰队从西班牙起航时共有5艘帆船，

第三卷 死里逃生

最终只有 1 艘安全抵达香料群岛，这简直就是麦哲伦环球之旅的重演。而在最初的 450 名船员中，仅有 8 名船员活着回到西班牙，人员折损率比麦哲伦的舰队要高得多。

虽然探险活动的死亡率超高，而且花费巨大，但卡洛斯一世国王并没有因此而放弃探索香料群岛的决心，依旧一次又一次地派遣舰队去探索香料群岛。时任塞维利亚首席领航员的塞巴斯蒂安·卡沃特接过埃尔卡诺的衣钵，率领第三支摩鹿加舰队前往东印度群岛，这位倒霉的航海家并没有走远，只航行到南美洲东部沿海的拉普拉塔河口，那里并非麦哲伦海峡的入口。过了一段时间，他只好带领着舰队返回西班牙。刚一回国，他就被人指控胆小怕事，不敢进入真正的海峡并直面各种危险，导致任务失败。

第三次远航失败后，墨西哥的征服者埃尔南多·科尔特斯[①]（Hernando Cortes）从他在墨西哥阿瓜坦内赫（Aguatanejo）的前哨站派出一支探险队前往摩鹿加群岛。尽管此次航行有望在较短时间内完成，而且不用穿越麦哲伦海峡，但没想到的是，舰队还是遭遇了大灾难，最终只有一艘帆船到达香料群岛，而且船员和货物均被葡萄牙人俘获。第四次香料群岛之旅半途而废。

在接二连三的失败面前，西班牙人想在香料群岛建立前哨站和鲸吞东印度群岛财富的美梦逐渐破灭，对比之下，麦哲伦的非凡成就和坚定决心显得更加突出。

尽管遭遇了不少挫折，卡洛斯一世国王并不愿意放弃主导世界经济的梦想。他打算成立第五支前往摩鹿加群岛的舰队，由另一名葡萄牙人西蒙·德·阿尔卡萨瓦（Simon de Alcazaba）领导。这将

---

① 埃尔南多·科尔特斯（1485—1547 年），西班牙军事家，墨西哥征服者。他于 1519 年率领一支探险队入侵墨西哥，凭借狡诈和贪婪，以少胜多地征服了阿纳华克地区的阿兹特克人。

是有史以来最具野心、最声势浩大的探险计划。舰队由 8 艘帆船组成，足以将大量西班牙士兵运往香料群岛。他们要赶走葡萄牙人，彻底将香料群岛揽入囊中。可还没等舰队出海，卡洛斯一世国王就发现自己陷入了严重的财政危机当中。

西班牙和法国之间多年的战争使西班牙国库空虚，而卡洛斯一世国王长期以来的财务支持者克里斯托瓦尔·德·阿罗和富格尔家族拒绝再次为西班牙独占香料群岛掏腰包，因为很多勇敢的海员已经为此丧命，事实证明这一目标难以实现。在接下来的 20 年里，富格尔家族一直想从前几次失败的舰队投资中收回成本，但西班牙王室已经濒临破产，根本没有能力还清债务。

资金严重匮乏的卡洛斯一世国王再也无法派探险队前往香料群岛，但他并没有放弃自己的目标，而是通过外交手段来阻挠或拖延葡萄牙建立全球帝国的野心。

他邀请葡萄牙加入一个研究香料群岛问题的委员会，为了避免吃葡萄牙的闭门羹，他还请罗马教廷进行仲裁。若昂三世别无选择，只能接受了这个计划，否则的话，他就会背上好战和无视教皇权威的骂名。通过外交斡旋，卡洛斯一世国王保住了他在香料群岛的利益。不过，这种局面并没有维持太久。

由于无法从富格尔家族获得资金支持，卡洛斯一世国王被迫向葡萄牙寻求协助。1529 年，他从若昂三世那里借了 35 万达克特金币，并以摩鹿加群岛和东部岛屿作为这笔贷款的抵押物。西葡两国签署了《萨拉戈萨条约》(Treaty of Saragossa)，这场争夺全球经济控制权的史诗斗争就此结束。此时距离麦哲伦的环球之旅和后来 3 次失败的香料群岛探险之旅只过去了 7 年，面临破产的卡洛斯一世国王便放弃了香料群岛，将它们交还到葡萄牙人手中。在帝国事务上，任何东西都要付出代价。

第三卷 死里逃生

一直到1580年,也就是"维多利亚号"返回塞维利亚58年后,另一位探险家弗朗西斯·德雷克(Francis Drake)才完成了又一次环球航行。在航行过程中,他也穿越了麦哲伦海峡;而为了完成这项壮举,他不得不依赖麦哲伦及其船员们用血泪和勇气换来的航海知识。

作为第一艘完成环球航行的帆船,船体不大的"维多利亚号"也有一个非同寻常的结局。这艘破旧不堪的帆船本可以保存下来,作为麦哲伦伟大成就的见证,但没有人想到这样做。他们把它修葺一新,以106 274马勒威迪的价格卖给了一名商人,商人将这艘船重新投入使用,在西班牙及其殖民地美洲大陆之间来回运送货物。它就像一驾不知疲倦的海上马车,来回奔波在大西洋上。1570年,在从塞维利亚前往安的列斯群岛(Antilles)的路上,"维多利亚号"突然消失得无影无踪,船上所有船员也失踪了。据猜测,它在大西洋中部海域遇到暴风雨后沉入了海底,永不停歇的海浪便是它的无字墓志铭。

1531年,世界上最精确的麦哲伦海峡地图问世。奥龙斯·菲内(Oronce Finé)绘制的地图将这条海峡放在了南美洲正确的方位上,尽管菲内并没有给海峡命名,但他把太平洋称作"麦哲伦海"(Magellanicum)。后世的南美洲地图常常出现"麦哲伦国"(Magellanica)的字样,那里正是巴塔哥尼亚高原或智利所在地。1536年,佛兰德制图家格拉尔杜斯·墨卡托(Gerardus Mercator)将麦哲伦海峡显示在他那著名的地球仪中。经过一段时间以后,"麦哲伦"一词仅仅指代海峡,不再指代任何陆地。

麦哲伦曾经梦想过把以自己名字命名的土地传给子孙后代,这个愿望未能实现,至少在地球上是如此。在天上,他所发现的两个矮星系则是用他的名字命名的，这两个星系叫"麦哲伦星云"（Magellan Clouds），在南半球可以看到。

尽管麦哲伦的名字没有被用来命名任何大陆或国家，但他的探险活动仍是地理大发现时代最伟大的海上航行。他那史诗般的环球航行使人们回想起古希腊和古罗马的故事。在文艺复兴时代，人们重新找回并欣然接受这些传说。新大陆的第一位历史学家、与麦哲伦同时代的彼得·马特尔写道：

> 在古希腊神话中，跟随王子伊阿宋一同出海航行的阿尔戈英雄（Argonauts）家喻户晓，但我们船员的名字更值得敬仰……与伊阿宋所乘坐的阿尔戈船（Argo）相比，麦哲伦的舰队更可称得上与日月同辉，因为他们的船只是从希腊航行到本都（Pontus）的，而我们的船则穿越了整个西半球和南半球，然后横跨东半球，并最终回到西半球。

麦哲伦敢于挑战古代世界观的思维和精神局限性，以事实（即环球航行）检验假设的合理性。他已经超越自己所处的时代，成为理性时代的先驱者。虽然麦哲伦和他的船员们渴望权力，沉迷性欲，对宗教有着无比的狂热，而且经常表现出自身的无知和脆弱，但他们是一个历史转折点的缩影。他们的事迹和鲜明个性长久回荡在历史的长河中，无论功过，任由后人评说。

麦哲伦之死的另一种版本
Over the Edge of the World

安东尼奥·皮加费塔的麦哲伦环球航行日记存在很多可与之对照的版本，其中最有趣的莫过于希内斯·德·马弗拉口述的航行故事。德·马弗拉是一名经验丰富的海员和领航员，从塞维利亚出发时，他乘坐的便是舰队的旗舰"特立尼达号"。皮加费塔在日记中极尽赞美麦哲伦之能事，而德·马弗拉在事后回忆起航行细节时，在某些关键问题上质疑了麦哲伦的动机。马弗拉发表了一些值得有经验的老水手怀疑的观点。

与著名的皮加费塔版本相比，以下摘录的文字从一个相对理性的角度讲述麦哲伦在菲律宾群岛丧命的过程。这段内容摘自藏于马德里国家图书馆的德·马弗拉原版手稿，由维克多·乌韦达翻译成英语，并由安东尼奥·布拉斯克斯（Antonio Blazquez）和德尔加多·阿吉莱拉（Delgado Aguilera）进行编辑汇总。

据说，西班牙国王许诺过麦哲伦，作为探险航行的奖励，国王将让他永久拥有某些岛屿。不难想象的是，他也想占有宿务岛。

——希内斯·德·马弗拉

在宿务岛北部，有一座比它更小的岛屿，名为麦克坦岛，那里有一位颇为傲慢的酋长。麦哲伦曾经想召见这名酋长，但他没去，这让麦哲伦感觉自己受了侮辱，公开说要报仇雪恨。宿务岛国王安抚麦哲伦说，他不必为此难过，麦克坦岛酋长最终会冷静下来的。国王还说自己会亲自把这件事办好，因为对方娶了他妹妹。

据说，西班牙国王许诺过麦哲伦，作为探险航行的奖励，国王将让他永久拥有某些岛屿。不难想象的是，他也想占有宿务岛，因为他在许多场合都说过这事，还说他想统治很多臣民。为此，他决定前往麦克坦岛。宿务岛国王得知这个消息之后对麦哲伦说，既然他决意这样做，那他就会给他增派人手。相对于自己的妹夫，宿务岛国王更愿意支持麦哲伦。

正在兴头上的麦哲伦根本听不进宿务岛国王的建议。他感谢对方的好意，却拒绝任何帮助，还说他会让国王见识一下西班牙勇士是如何战斗的。麦哲伦在这件事情上做错了。他身上肩负着通商的重大职责，完全没必要检验自己的军事实力，因为就算他赢得了战斗，也得不到多少好处；而如果他输了的话，整支舰队都会处于危险的境地，这才是更要命的事情。

> 麦哲伦命人点燃其中一间茅屋。正当士兵们准备放火时，50多名原住民战士举着弯刀和盾牌从他们藏身的茅屋里冲了出来，挥舞着刀剑四处砍杀。
>
> ——希内斯·德·马弗拉

但是，麦哲伦并没有考虑到这一点。他命令舰队的40名船员整装待发，然后乘坐两艘小划艇前往麦克坦岛。宿务岛违背他的意愿，率领2 000名原住民战士一同前往观战。到达麦克坦岛之后，麦哲

麦哲伦之死的另一种版本

伦想上岸，但宿务岛国王建议他不要这样做。国王说，麦哲伦对麦克坦岛地形不熟，应该等到第二天早上再登陆。

天刚刚亮，麦哲伦就率领34名士兵冲上岸（其中13人是火绳枪兵），并留下6人看守小划艇。宿务岛国王再次违背麦哲伦的意愿，也带领士兵冲上了岸，但只是站在一旁观战，因为麦哲伦已经严厉警告过他，禁止他参与战斗，而且他的人要戴上某种标志，以方便辨认。

士兵们登陆的海滩水位较低，于是他们让小划艇留在远离海滩的地方。上岸后，他们看到前方棕榈林里有一座大村庄，但村里没有人。麦哲伦命人点燃其中一间茅屋。正当士兵们准备放火时，50多名原住民战士举着弯刀和盾牌从他们藏身的茅屋里冲了出来，挥舞着刀剑四处砍杀。

混战中，其中一名原住民用剑刺伤了一名船员，并刺中了他的大腿，致其失血过多而死。我们的人想为同伴报仇，向原住民发起了反冲锋，对方匆忙撤退。当我们的士兵去追杀他们时，他们突然从后面的一条小路冲杀出来，似乎他们早就策划好这次伏击。只听到原住民发出震耳欲聋的喊声，向船员们猛扑过去，开始大开杀戒。

> 然后将我们受伤的船员送回到小划艇上。岸上留下了12具我方战士的尸体，麦哲伦也在其中。
>
> ——希内斯·德·马弗拉

麦哲伦的脸和大腿上多处负伤，尽管船员求他命令宿务人参与战斗，但他拒绝这样做。血流如注的麦哲伦依旧在激励战士们英勇战斗，可由于失血过多，他最终倒地身亡。随后，宿务战士冲了过去，逼退了麦克坦人，然后将我们受伤的船员送回到小划艇上。

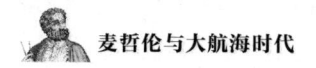

岸上留下了 12 具我方战士的尸体，麦哲伦也在其中。其他受重伤的船员与宿务岛国王一起返回宿务岛。从上述事件看得出来，麦哲伦本来可以留着匹夫之勇去做别的事情，但他却在这样一件小事上不幸丢了性命。

劳伦斯·贝尔格林访谈录
Over the Edge of the World

每当提及美国在21世纪对太阳系的探索，美国国家航空航天局的科学家总是说，文艺复兴时代麦哲伦所采用的"聪明"探索方法可以作为成功的先例。这让我内心深受震动。

问：本书主题是500年前的一次环球航行。是什么原因促使您创作这本书？

答：我从小就对海上航行很感兴趣。从1980年开始，每年夏天，我都会去楠塔基特岛避暑，那时候我就想写一本关于海上航行的书。大约8年前，我儿子迷上了竞速帆船，这让我写这方面主题的愿望更加迫切。后来，我在2000年出版了一本名为《火星之旅》的畅销书，内容是关于探索火星的。在进行写作调研时，我的想法变得更明确了。每当提及美国在21世纪对太阳系的探索，美国国家航空航天局的科学家总是说，文艺复兴时代麦哲伦所采用的"聪明"探索方法可以作为成功的先例。这让我内心深受震动。他们所说的"聪明"方法，是指麦哲伦借助了导航手段，并且制订了探索计划，而不是像维京人那样贸然出海，走到哪里算哪里。我意识到，麦哲伦跌宕起伏的环球航行将是一个很好的写作主题。

自 1890 年之后，出版界几乎很少出现关于麦哲伦环球之旅的权威著作，但与此同时我们却拥有许多让人意想不到的原始资料。我知道，我一定要写这本书。

> 最富戏剧性的调研出现在距离南极圈仅 500 英里、位于智利南部的麦哲伦海峡。

问：对于这样一个复杂的主题，您是如何进行写作调研的？

答：这本书的写作调研既是一项巨大挑战，也让人乐在其中。我去了几趟西班牙，到塞维利亚的东印度群岛历史档案馆查阅资料。在研究西班牙征服新大陆历史方面，该档案馆是世界上最大的研究机构。我还在圣卢卡 - 德 - 巴拉梅达和加的斯待过一段时间，前者是麦哲伦的起航地，后者是西班牙重要港口之一，这些地方都留下过麦哲伦的足迹，而且在他的航行中也扮演着重要角色。最富戏剧性的调研出现在距离南极圈仅 500 英里、位于智利南部的麦哲伦海峡。2002 年 1 月，我花了整整一周时间重走麦哲伦穿越海峡时走过的路线，沿途拍摄了许多照片和影片，做了大量笔记。这是一段非常艰苦但充满惊喜的旅途。自麦哲伦在 500 年前发现这条海峡之后，它就没有产生任何变化。在书中，我也尝试着让读者体会到我穿越这条壮观而险峻的海峡时内心的兴奋感。

> 当我写这本书的时候，我感觉这不仅仅是一场探索世界尽头的旅程，更是一场探索人类灵魂最黑暗之地的旅途。

问：与其他著作相比，本书所呈现的麦哲伦探险之旅有哪些与众不同之处？

答：在我看来，以前从未有人讲述过此次航行当中发生的真实故事。我采用直白的第一人称叙述方式讲故事（有些故事是专门为本书翻译的），使读者身临其境，亲身体会舰队这史诗般的航行，跟随麦哲伦和他的船员一起去探险和航海，体验叛乱、灾难和死亡的全过程。在书中，我们会结识麦哲伦的忠实助手、年轻的安东尼奥·皮加费塔。皮加费塔那本含有大量插图和公正叙述的日记是我们了解探险之旅的最佳载体，他详细描述了船员的性行为和奇异的原始部落性风俗，这些内容相当生动和淫秽，这在之前的出版物当中是被删减的。

我们还将认识诡计多端的塞巴斯蒂安·埃尔卡诺，他在航行结束后把本应属于麦哲伦的荣誉全部占为己有。从这些人以及其他航行参与者的视角，读者可以了解充满异域色彩的国度，感受他们内心矛盾的情感，而正是这样的情感，驱使他们完成了人类历史上的首次环球之旅。这些以第一人称讲述的故事把船员们刻画得很人性化，他们贪婪、有激情，甚至时常表现出某种荣誉感，使读者觉得他们就是我们身边活生生的人。当我写这本书的时候，我感觉这不仅仅是一场探索世界尽头的旅程，更是一场探索人类灵魂最黑暗之地的旅途。

问：您能多谈谈您的麦哲伦海峡之旅吗？

答：2002年1月，为了写作调研，我重走麦哲伦环球航行当中走过的最重要的一段航程：麦哲伦海峡。麦哲伦海峡位于巴塔哥尼亚地区，距离南极洲不远，沿途有地球上最原始、最壮丽的景色。那里有冰川、海豹、企鹅、郁郁葱葱的平原和幽暗的沼泽。在海峡的转折处，群山赫然耸立。猛烈的威利瓦飑风会不期而至。它们的破坏力极强，但之后会迅速减弱，简直是来无影、去无踪。在重走麦哲伦航线的过程中，我不由得惊讶于麦哲伦率领的摩鹿加舰队居然成功穿越了 320 英里如地狱般的海峡，因为那里到处都是容易让人迷失方向的航道、死路和浅滩，而且他们随时会遇到变幻莫测的天气。

作为人类历史上的首次环球航行，麦哲伦最终证明了地球是圆的。他的环球之旅被认为是史上最伟大的海上航行。

问：这场环球航行发生在 500 年前，您在写作过程中使用了哪些参考资料？

答：事实上，有很多资料可以参阅。根据这些资料，我们可以了解到舰队的日常活动，并据此重组整个航行过程。我使用最多的是王室档案、船员日记和其他同时代资料。它们通常讲述的是一个与叛乱、残暴行为和海难相关的悲惨故事。

请记住，舰队从塞维利亚出发时共有 5 艘帆船、260 名船员；而完成环球航行之后，返回塞维利亚的只有一艘帆船和 18 名船员。但是，这也是一场充满英雄主义色彩、彰显人类勇气、为了生存与恶劣天气做斗争的航行。作为人类历史上的首次环球航行，麦哲伦最终证明了地球是圆的。他的环球之旅被认为是史上最伟大的海上航行。

鸣　谢
Over the Edge of the World

在本书的每一个写作阶段，我的文稿代理人苏珊妮·格鲁克（Susanne Gluck）都给了我很大帮助，她的敏锐洞察力和正确判断让我受益匪浅。威廉·莫罗出版社（William Morrow）的责编亨利·费里斯（Herry Ferris）有着丰富的编辑经验，对这本书也有坚定的信心，我对此感恩不尽。

我还要感谢翠茜·格雷德尔（Trish Grader）的热心指导，并特别向朱丽叶·夏普兰（Juliette Shapland）和莎拉·杜兰德（Sarah Durand）表达我的谢意。

我必须向哈珀柯林斯出版集团英国分公司（Harper Collins UK）的瓦尔·哈德森（Val Hudson）表示感谢，我一直很重视他对本书的评价和我们之间的友谊。同时我也要感谢阿拉贝拉·派克（Arabella Pike）的支持。

麦哲伦的环球航行涉及诸多领域，因此，我在很多机构做过调研工作。在纽约，我有幸使用了以下机构的资源：哥伦比亚大学巴特勒图书馆（Butler Library）、犹太人历史系谱研究中心（the Center for Jewish History Genealogy Institute）、纽约社会图书馆（New York Society Library）、美国拉美裔协会（Hispanic Society of America）、纽约医学研究院（New York Academy of Medicine），以及纽约公共图书馆（New York Public Library）。其中犹太人历史系谱研究中心的马克·皮耶（Mark Piel）和苏珊·奥布莱恩（Susan Obrien）帮助我使用馆际图书借阅系统，在此对他们表示感谢。

我还想向启发我写作灵感的彼得·庞西（Peter Pouncey）所领导的哥伦比亚大学约翰·杰伊学术研讨会（John Jay Colloquium）表示感谢。在研讨会上，我有幸向诸多杰出同仁学习传统的历史写作技巧。我要特别感谢布朗大学（Brown University）约翰·卡特·布朗图书馆（John Carter Brown Library）的参考书管理员理查德·瑞恩（Richard Ring）、苏珊·丹佛斯（Susan Danforth）和馆长诺曼·费尔林（Norman Fiering）。他们给我提供了无私的帮助和鼓舞，让我坚信发现和探索是人类历史进步的动力。

在哈佛大学档案馆研究塞缪尔·艾略特·莫里森（Samuel Eliot Morison）论文的过程中，我得到了参考资料助理米兰妮·M.哈洛兰（Melanie M. Halloran）和档案管理员哈利·P.霍尔登（Harley P. Holden）的帮助。我要感谢艾米莉·贝克·莫里森（Emily Beck Morison）夫人，因为在她的允许下，我才有幸接触到莫里森的论文。

我还要感谢收藏安东尼奥·皮加费塔手稿的耶鲁大学贝尼克珍本与手稿图书馆、华盛顿特区国会图书馆手稿部（the Library of Congress, Manuscript Division）、布兰迪斯大学图书馆特藏部（Special Collections Department, Brandeis University Libraries）。布兰迪斯大学图书馆特藏部的苏珊·C.皮辛斯基（Susan C. Pyzynski）、艾略特·维尔切克（Eliot Wilczek）和丽莎·朗（Lisa Long）曾指导我研究麦哲伦环球航行所产生的法律问题。

此外，我还要感激约翰·霍普金斯大学皮博迪图书馆（Peabody Library, Johns Hopkins University）以及来自罗得岛纽波特市美国

鸣 谢

海军军事学院（the Naval War College）的约翰·哈登道夫（John Hattendorf）。

我还要感谢美国国家航空航天局的科学家们，他们给我提供了麦哲伦航行路线的最新卫星图像，并让我对地球自然特征有了更深刻的理解。这些科学家包括我的好友——火星探险首席科学家詹姆斯·加尔文（James Garvin）和 AQUA 项目首席研究员克莱尔·帕金森（Claire Parkinson）；我还要感谢气象学研究员马歇尔·谢泼德（Marshell Shepherd）和海洋与冰川研究部（Ocean and Ice Branch）的切斯特·科布林斯基（Chester Koblinsky）的协助。

还有很多人给予我无私的指导。在纽约，我想感谢我的儿子尼克（Nick）教给我航海专业知识，还要感谢我的母亲阿黛尔（Adele）和女儿莎拉（Sara）对我的鼓励。

感谢威尔玛（Wilma）和埃斯特万·科尔德罗（Esteban Cordero）；感谢布里斯提-曼宁旅行社（Bristed-Manning）的艾德·达拉奇（Ed Darrach）给我提供与旅行相关的服务；感谢丹尼尔·多尔金（Daniel Dolgin）提供的慷慨建议和耐心；感谢达雷尔·芬奈尔（Darell Fennell）、斯隆·哈里斯（Sloan Harris）、艾米莉·努尔金（Emily Nurkin）、罗贝塔·奥斯特（Roberta Oster）、梅雷迪斯·帕尔默（Meredith Palmer）、娜塔莉亚·达比埃斯（Natalia Tapies）、卡罗琳·斯帕罗（Caroline Sparrow）、苏珊·夏皮洛（Susan Shapiro）、约瑟夫·唐豪瑟三世（Joseph Thanhauser 3）以及拜尔南·伍德公司（Byrnam Wood）的合作伙伴们。

我还要感谢珍妮弗·奥基夫（Jennifer O'Keeffe），我在纽约进行调研时，她给了我很大帮助。还有很多人以各种方式给我提供支持，他们包括亚历桑德拉·罗斯福（Alexandra Roosevelt）、玛莎·萨克斯顿（Martha Saxton）和罗伯特·希夫曼（Robert Schiffman）。

现存关于麦哲伦的第一手资料有各种语言版本，尤其以16世纪西班牙语和葡萄牙语为主，这些资料有时候甚至晦涩难懂。所以我很感谢几位翻译将它们还原，某些情况下他们还要将其翻译成英语。翻译们包括伊莎贝尔·夸德拉多（Isabel Cuadrado）、劳拉·柯普（Laura Kopp）、罗莎·莫兰（Rosa Moran）和维克多·乌韦达（Victor Ubeda）。

在前往西班牙进行调研的过程中，我得到了优秀研究员克里斯蒂娜·科尔德罗（Kristina Cordero）、哈维尔·瓜迪奥拉（Javier Guardiola）和维克多·乌韦达的协助。

在马德里，我前往东印度群岛历史档案馆（Archive of the Indies）查阅资料，得到参考书籍部（Reference Division）负责人比拉尔·拉萨罗（Pilar Lazaro）的鼎力相助。感谢弗朗西斯科·孔滕特·多明戈斯（Francisco Contente Domingues）在葡萄牙给我提供的帮助。

在巴西调研时，奥布杰蒂瓦出版社（Objetiva）的编辑亚历桑德拉·布洛克（Alessandra Blocker）和伊丽莎白·塞维尔（Elisabeth Xavier）同样给予了我帮助，在此一并表示感谢。

我曾于2001年1月前往南美洲游历，重走麦哲伦海峡。这是调研工作中最激动人心的事情。在巴塔哥尼亚高原，我乘坐"南方之地号"机动船（M/V Terra Australis）进行考察，感谢商船船长、船员们及旅伴乔恩·V.戴尔蒙德（Jon V. Diamond）对我的帮助。

我还要感谢一些专业读者对本书手稿的深入见解和纠正，他们包括布鲁斯·查拉什博士（Dr.Bruce Charash）、丹尼尔·多尔金、哥伦比亚大学的彼得·庞西教授、帕特里克·莱恩S.J.（Patrick Ryan S.J.）、马萨诸塞州塞勒姆市（Salem）皮博迪埃塞克斯博物馆（the Peabody Essex Museum）的塞缪尔·斯科特（Samuel Scott），以及帕特里夏·特莱斯（Patricia Telles）。

鸣　谢

　　我的妻子（她是本书的第一位读者）贝琪（Betsy）对本书也做出了贡献，我要特别向她表示感谢。为了进行调研，我偶尔要到远方，如果没有贝琪的支持，这样的出行是不可能的。

　　写这本书的时候，我的哥哥和父亲去世了，他们生前一直很关心本书的写作进度，我多么希望他们能看到它成功付梓。因此，我要把这本书献给他们。

参考文献
Over the Edge of the World

图 书

Alcocer Martínez, Mariano. *Don Juan Rodríguez Fonseca: Estudia Crítica Biográfica.* Valladolid: Imprenta de la Casa Católica, 1923.

Andaya, Leonard Y. *The World of Maluku.* Honolulu: University of Hawaii Press, 1993.

Andrews, William. *Bygone Punishments.* London: William Andrews & Co., 1899.

Arber, Edward. *The First Three English Books on America.* New York: Kraus. Reprint, 1971.

Baker, J. *The History of the Inquisition.* Westminster, England: O. Payne, 1736.

Baker, J.N.L. *A History of Geographical Discovery and Exploration.* Boston: Houghton Mifflin, 1931.

Barbosa, Duarte. *The Book of Duarte Barbosa,* tr. Mansel Longworth Dames. New Delhi: Asian Educational Society, 1989. (Originally published in 1812.)

———. *A Description of the Coasts of East Africa and Malabar,* tr. Henry E. J. Stanley. London: Hakluyt Society, 1866.

Barros, João de. *Da Asia: Decada Terceira.* Lisboa: Na Régia Officina Typografica, 1777.

Barros Arana, Diego. *Vida i viajes de Hernando de Magallanes.* Santiago de Chile: Imprenta Nacional, 1864.

Bates, Robert L., and Julia A. Jackson, eds. *Dictionary of Geological Terms.* New York: Anchor Books, 1984.

Benson, E. F. *Magellan.* London: John Lane, 1929.

Birmingham, Stephen. *The Grandees: America's Sephardic Elite.* New York: Harper & Row, 1971.

Blair, Emma Helen, and James Alexander Robertson, eds. *The Philippine Islands: 1493–1898,* vol. 1. Mandalyong, Rizal: Cachos Hermanos, 1973.

Blázquez, Antonio, and Delgado Aguilera, eds. *Descripción de los reinos, costas, puertos e islas que hay desde el Cabo de Buena Esperanza hasta los Leyquios, por*

Fernando de Magallanes; Libro que trata del descubrimiento y principio del Estrecho que se llama de Magallanes, por Ginés de Mafra; y Descripción de parte del Japón. Madrid: Publicaciones de la Real Sociedad Geográfica, 1920.

Boorstin, Daniel J. *The Discoverers.* New York: Random House, 1983.

Bourne, Edward Gaylord. *Discovery, Conquest, and Early History of the Philippine Islands.* Cleveland: Arthur H. Clark, 1907.

———. *Spain in America: 1450–1580.* New York: Harper & Brothers, 1904.

Boutell, Charles, ed. *Arms and Armour in Antiquity and the Middle Ages.* New York: D. Appleton & Co., 1870.

Brand, Donald D. "Geographical Exploration by the Spaniards" and "Geographical Exploration by the Portuguese." In *The Pacific Basin: A History of Its Geographical Exploration,* ed. Herman R. Friis. New York: American Geographical Society, 1967.

Braudel, Fernand. *The Mediterranean and the Mediterranean World in the Age of Philip II,* 2 vols. New York: Harper & Row, 1972–1973.

———. *The Structures of Everyday Life: The Limits of the Possible.* London: Collins, 1981.

Brown, Lloyd A. *The Story of Maps.* New York: Dover Publications, 1977. (Originally published in 1949.)

Buehr, Walter. *Firearms.* New York: Thomas Y. Crowell, 1967.

Bueno, José María. *Soldados de España: El Uniforme Militar Español Desde los Reyes Católicos hasta Juan Carlos I.* Self-published, Málaga, 1978.

Cabrero Fernández, Leoncio, ed. *Historia general de Filipinas.* Madrid: Ediciónes de Cultura Hispánica, 2000.

Camões, Luíz de. *The Lusíads,* tr. Landeg White. Oxford: Oxford University Press, 1997.

Campbell, John. *The Spanish Empire in America.* London: M. Cooper, 1747.

Canby, Courtlandt. *A History of Weaponry,* vol. 4. New York: Hawthorn Books, 1963.

Carpenter, Kenneth, J. *The History of Scurvy and Vitamin C.* Cambridge: Cambridge University Press, 1986.

Cipolla, Carlo M. *Guns and Sails in the Early Phase of European Expansion, 1400–1700.* London: Collins, 1965.

Colección General de Documentos Relativos a las Islas Filipinas Existentes en el Archivo de Indias de Sevilla (5 vols). Barcelona: L. Tasso, 1918–1923.

Corn, Charles. *The Scents of Eden.* New York: Kodansha International, 1998.

Crane, Nicholas. *Mercator: The Man Who Mapped the Planet.* London: Weidenfeld & Nicholson, 2002.

Crow, John A. *Spain: The Root and the Flower.* New York: Harper & Row, 1975.

参考文献

Dalrymple, Alexander. *An Historical Collection of the Several Voyages and Discoveries in the South Pacific Ocean*, vol. 1. London: J. Nourse, 1770.

Darwin, Charles. *Voyage of the Beagle*. London: Penguin Books, 1989. (Originally published in 1839.)

Denucé, Jean. *Magellan: La Question des Moluques et la Première Circumnavigation du Globe*. In *Mémoires, Académie Royale de Belgique*, vol. 4. Brussels: Hayez, 1908–1911.

DeVries, Kelly. *Medieval Military Technology*. Lewiston, N.Y.: Broadview Press, 1992.

Diamond, Jared. *Guns, Germs, and Steel*. New York: W. W. Norton, 1997.

Diffie, Bailey W., and George D. Winius. *Foundations of the Portuguese Empire, 1415–1580*. Minneapolis: University of Minnesota Press, 1977.

Eliot, Charles William, ed. *Voyages and Travels: Ancient and Modern*. New York: P. F. Collier & Son, 1910.

Faria y Sousa, Manuel de. *The Portugues [sic] Asia*, tr. John Stevens. Westmead, England: Gregg International Publishing, 1971. (Originally published in 1695.)

Finney, Ben. *Voyage of Rediscovery*. Berkeley: University of California Press, 1994.

Frimmer, Steven. *Neverland*. New York: Viking Press, 1976.

Galvano, Antonio, tr. Richard Hakluyt. *The Discoveries of the World*. London: Hakluyt Society, 1862. (Originally published in 1601.)

Galvão, Antonio. *A Treatise on the Moluccas*, tr. Hubert Jacobs. Rome: Jesuit Historical Institute, 1971.

Gerber, Jane S. *The Jews of Spain*. New York: The Free Press, 1992.

Gil, Juan. *Mitos y Utopías del Descubrimiento*. Madrid: Alianza Editorial, 1989.

Guillemard, F.H.H. *The Life of Ferdinand Magellan*. London: George Philip & Son, 1890.

Haliczer, Stephen. "The Expulsion of the Jews as Social Process." In *The Jews of Spain and the Expulsion of 1492*, ed. Moshe Lazar and Stephen Haliczer. Lancaster, Calif.: Labyrinthos, 1997.

Haring, Clarence Henry. *The Spanish Empire in America*. New York: Harcourt Brace & World, 1973. (Originally published in 1947.)

———. *Trade and Navigation Between Spain and the Indies*. Cambridge: Harvard University Press, 1918.

Harvey, Miles. *The Island of Lost Maps*. New York: Random House, 2000.

Hawthorne, Daniel. *Ferdinand Magellan*. Garden City, N.Y.: Doubleday, 1964.

Henisch, Bridget Ann. *Fast and Feast*. University Park: Pennsylvania State University Press, 1976.

Herrera y Tordesillas, Antonio de. *The General History of the Vast Continent and Islands of America*, vols. 2 and 3. London: Jer. Batley, 1725. (Originally published in 1601–1615.)

———. *Historia general de los hechos de los Castellanos en las islas i tierra firme del mar océano*, vol. 5. Madrid: Tipografía de Archivos, 1936.

Hewitt, John. *Ancient Armour and Weapons in Europe*, vol. 3. Graz, Austria: Akademische Druck, 1967.

Hildebrand, Arthur Sturges. *Magellan*. New York: Harcourt, Brace & Co., 1924.

Joyner, Tim. *Magellan*. Camden, Me.: International Marine, 1992.

Kimble, George H. T. *Geography in the Middle Ages*. London: Methuen, 1938.

Lagôa, João António de Mascarenhas Judice, Visconde de. *Fernão de Magalhãis: a sua vida e a sua viagem* (2 vols.). Lisboa: Seara Nova, 1938.

Lalaguna, Juan. *A Traveller's History of Spain*, 4th ed. Brooklyn, N.Y., and Northampton, Mass.: Interlink Books, 1999.

Larner, John. *Marco Polo and the Discovery of the World*. New Haven: Yale University Press, 1999.

Lea, Henry Charles. *A History of the Inquisition of Spain*, vol. 3. New York: AMS Press, 1988. (Originally published in 1906–1907.)

———. *Torture*. Philadelphia: University of Philadelphia Press, 1973. (Originally published in 1866.)

Leonardo y Argensola, Bartolomé Juan de. *Conquista de las islas Malucas*. Madrid: A Martín, 1609.

———. *The Discovery and Conquest of the Molucco and Philippine Islands*, tr. John Stevens. London, 1708.

Levathes, Louise. *When China Ruled the Seas*. New York: Oxford University Press, 1996.

Lévesque, Rodrigue, ed. *History of Micronesia*, vol 1. Gatineau, Québec: Lévesque Publications, n.d.

Licuanan, Virginia Benitez, and José Llavador Mira, eds. *The Philippines under Spain: A Compilation and Translation of Original Documents*, book 1. Manila: National Trust for Historical and Cultural Preservation of the Philippines, 1990.

Limborch, Philippus van. *The History of the Inquisition* (2 vols), tr. Samuel Chandler. London: J. Gray, 1731.

López de Gómara, Francisco. *Historia general de las Indias*. Madrid: Amigos del Círculo del Bibliófilo, 1982.

Lord Stanley of Alderly, ed. *The First Voyage Round the World, by Magellan*. London: Hakluyt Society, 1874. (Reprinted in 1964.)

Lothrop, Samuel Kirkland. *The Indians of Tierra del Fuego*. New York: Museum of the American Indian, 1928.

Lowes, John Livingston. *The Road to Xanadu*. Boston: Houghton Mifflin, 1927.

Macksey, Kenneth. *The Penguin Encyclopedia of Weapons and Military Technology*. London: Viking, 1993.

Manchester, William. *A World Lit Only by Fire: The Medieval Mind and the Renaissance.* New York: Little, Brown, 1993.

Marchant, John, et al. *A Review of the Bloody Tribunal; Or the Horrid Cruelties of the Inquisition.* Perth: G. Johnston, 1770.

Markham, Clements, tr. *Early Spanish Voyages to the Strait of Magellan.* London, Hakluyt Society, 1911.

———, tr. *The Letters of Amerigo Vespucci.* London: Hakluyt Society, 1894.

Martinic Beros, Mateo. *Historia del Estrecho de Magallanes.* Santiago, Chile: Editorial Andrés Bello, 1977.

Medina, José Toribio, ed. *Colección de documentos inéditos para la historia de Chile,* vols 2, 3. Santiago, Chile: Imprenta Ercilla, 1888.

———. *Colección de Historiadores de Chile y de Documentos Relativos,* vol. 27. Santiago, Chile: Imprenta Elzeviriana, 1901.

———. *El descubrimiento del Océano Pacífico: Vasco Nuñez Balboa, Hernando de Magallanes y sus compañeros.* Santiago, Chile: Imprenta Elzeviriana, 1920.

Medina, Pedro de. *A Navigator's Universe.* Chicago: University of Chicago Press, 1972. (Originally published in 1538.)

Melón y Ruiz de Gordejuela, Amando. *Magallanes-Elcano; o, La primera vuelta al mundo.* Zaragoza: Ediciones Luz, 1940.

Menzies, Gavin. *1421: The Year China Discovered the World.* London: Bantam Press, 2002.

Merriman, Roger Bigelow. *The Rise of the Spanish Empire in the Old World and the New.* New York: Macmillan, 1925.

Milton, Giles. *Nathaniel's Nutmeg.* New York: Farrar, Straus & Giroux, 1999.

Mitchell, Mairin. *Elcano: The First Circumnavigator.* London: Herder Publications, 1958.

Mocatta, Frederic David. *The Jews of Spain and Portugal and the Inquisition.* New York: Cooper Square Publishers, 1973. (Originally published in 1933.)

Molina, Antonio de. *Historia de Filipinas* (2 vols.). Madrid: Ediciones Cultura Hispánica del Instituto de Cooperación Iberoamericana, 1984.

Morga, Antonio de. *Sucesos de las Islas Filipinas,* tr. J. S. Cummins. Cambridge: Hakluyt Society, 1971.

Morison, Samuel Eliot. *Admiral of the Ocean Sea* (2 vols.). Boston: Little, Brown, 1942.

———. *The European Discovery of America: The Northern Voyages.* New York: Oxford University Press, 1971.

———. *The European Discovery of America: The Southern Voyages.* New York: Oxford University Press, 1974.

Morris, John G. *Martin Behaim.* Baltimore: Maryland Historical Society, 1855.

Navarrete, Martín Fernández de. *Colección de los viajes y descubrimientos que hicieron por mar los españoles desde fines del siglo XV,* vol 4. Madrid: Imprenta Nacional, 1837.

Nimmo, Harry. *The Sea People of Sulu.* San Francisco: Chandler, 1972.

Nowell, Charles E., ed. *Magellan's Voyage Around the World.* Evanston: Northwestern University Press, 1962.

Nunn, George E. *The Columbus and Magellan Concepts of South American Geography.* Glenside, 1932. (Privately printed.)

Obregón, Mauricio. *From Argonauts to Astronauts: An Unconventional History of Discovery.* New York: Harper & Row, 1980.

———. *La Primera Vuelta al Mundo.* Bogotá: Plaza y Janés, 1984.

Oviedo y Valdez, Gonzalo Fernández de. *Historia General y Natural de las Indias.* Asunción: Editorial Guaranía, 1944–1945.

Oxford Companion to Ships and the Sea, The, ed. Peter Kemp. London: Oxford University Press, 1976.

Parr, Charles McKew. *So Noble a Captain.* New York: Thomas Y. Crowell, 1953.

Parry, J. H. *The Age of Reconnaissance.* Berkeley: University of California Press, 1963.

———. *The Discovery of South America.* New York: Taplinger, 1979.

———. *The Discovery of the Sea.* Berkeley: University of California Press, 1981.

———. *The European Reconnaissance: Selected Documents.* New York: Walker & Co., 1968.

———. *The Spanish Seaborne Empire.* New York: Knopf, 1970.

Parry, John W. *The Story of Spices.* New York: Chemical Publishing Co., 1953.

Pearson, M. N., ed. *Spices in the Indian Ocean World.* Aldershot, Hampshire: Variorum, 1996.

Peillard, Leonce. *Magallanes.* Barcelona: Círculo de Lectores, 1970.

Penrose, Boies. *A Link to Magellan: Being a Chart of the East Indies, c. 1522.* Philadelphia: Wm. F. Fell, 1929.

———. *Travel and Discovery in the Renaissance.* Cambridge: Harvard University Press, 1955.

Pérez-Mallaína, Pablo E. *Spain's Men of the Sea,* tr. Carla Rahn Phillips. Baltimore: Johns Hopkins University Press, 1998.

Pfitzer, Gregory M. *Samuel Eliot Morison's Historical World.* Boston: Northeastern University Press, 1991.

Pigafetta, Antonio. *Magellan's Voyage Around the World* (3 vols.), tr. James Alexander Robertson, Cleveland: Arthur H. Clark, 1906.

———. *Magellan's Voyage: A Narrative Account of the First Circumnavigation* (2 vols.), tr. R. A. Skelton. New Haven and London: Yale University Press, 1969.

———. *The Voyage of Magellan,* tr. Paula Spurlin Paige. Englewood Cliffs, N.J.: Prentice-Hall, 1969.

Pike, Ruth. *Linajudos and Conversos in Seville.* New York: Peter Lang, 2000.
Pliny the Elder. *Natural History: A Selection,* tr. John F. Healy. New York: Penguin Books, 1991.
Polo, Marco. *The Travels,* tr. Ronald Latham. London: Penguin Books, 1958.
Prestage, Edgar. *The Portuguese Pioneers.* London: Adam & Charles Black, 1966. (Originally published in 1933.)
Rabelais, François. *The Histories of Gargantua and Pantagruel,* tr. J. M. Cohen. Baltimore: Penguin Books, 1955.
Ravenstein, E. G. *Martin Behaim: His Life and His Globe.* London: George Philip & Son, 1908.
Reau, Louis. *Iconographie de l'Art Chrétien* (3 vols.). Paris: Presses Universitaires de France, 1955–1959.
Reyes y Florentino, Isabelo de los. *Las islas Visayas en la época de la conquista.* Manila: Tipo-Litografía de Chofré, 1889.
Riling, Ray. *The Powder Flask Book.* New Hope, Pa.: Robert Halter, 1953.
Roditi, Edouard. *Magellan of the Pacific.* London: Faber & Faber, 1972.
Rodríguez, Marco, and María del Rosario. *Catálogo de Armas de Fuego.* Madrid: Patronato Nacional de Museos, 1980.
Rogers, Robert F. *Destiny's Landfall: A History of Guam.* Honolulu: University of Hawaii Press, 1995.
Rosengarten, Frederic, Jr. *The Book of Spices,* rev. ed. New York: Pyramid Books, 1973.
Sagarra Gamazo, Adelaida. *La Otra Versión de la Historia Indiana: Colón y Fonseca.* Valladolid: Universidad de Valladolid, 1997.
Schivelbusch, Wolfgang. *Tastes of Paradise.* New York: Vintage Books, 1992.
Sharp, Andrew. *The Discovery of the Pacific Islands.* London: Oxford University Press, 1960.
Shirley, Rodney. *The Mapping of the World: Early Printed World Maps, 1472–1700,* rev. ed. London: New Holland Press, 1993.
Silverberg, Robert. *The Realm of Prester John.* Athens: Ohio University Press, 1996.
Slocum, Joshua. *Sailing Alone Around the World.* New York: Barnes & Noble Books, 2000.
Sobel, Dava. *Longitude.* New York: Penguin Books, 1996.
Torres y Lanzas, Pedro. *Catálogo de los documentos relativos a las islas Filipinas existentes en el Archivo de Indias de Sevilla,* vol. 1. Barcelona: L. Tasso, 1925.
The Travels of Sir John Mandeville, tr. C.W.R.D. Moseley. London: Penguin Books, 1983.
Ulman, R. B., and D. Brothers. *The Shattered Self: A Psychoanalytic Study of Trauma.* Hillsdale, N.J.: Analytic Press, 1988.

Varthema, Ludovico di. *The Itinerary of Ludovico di Varthema of Bologna*, tr. John Winter Jones. London: The Argonaut Press, 1928.

Vial, Ignacio Fernández, and Guadalupe Fernández Morente. *La Primera Vuelta al Mundo: La Nao Victoria*. Sevilla: Muñoz Moya Editores, 2001.

Vigón, Jorge, *Historia de la Artillería Española*. Madrid, 1947.

Villas-Boas, Manuel. *Os Magalhães: Sete Séculos de Aventura*. Lisboa: Estampa, 1998.

Wilford, John Noble. *The Mapmakers*. New York: Knopf, 2000.

Winsor, Justin. *Narrative and Critical History of America*, vol. 2. Boston: Houghton Mifflin, 1884.

Wionzek, Karl-Heinz, ed. *Another Report About Magellan's Circumnavigation of the World: The Story of Fernando Oliveira*. Manila: National Historical Institute, 2000.

Wroth, Lawrence C. *The Early Cartography of the Pacific. The Papers of the Bibliographical Society of America*, vol. 38. New York: The Bibliographical Society of America, 1944.

Zweig, Stefan. *Conqueror of the Seas*. New York: The Viking Press, 1938.

论 文

Harrison, Tom. "The 'Palang.'" *Journal of the Malaysian Branch of the Royal Asiatic Society*, vol. 37, 1964, pp. 162–174.

———. "The 'Palang': II. Three Further Notes." *Journal of the Malaysian Branch of the Royal Asiatic Society*, vol. 39, 1966, pp. 172–174.

Larioux, Bruno. "Spices in the Medieval Diet: A New Approach." *Food and Foodways*, vol. 1, no. 1, 1985.

Nunn, George E. "Magellan's Route in the Pacific." *Geographical Review*, vol. 24, 1934.

Pike, Ruth. "Seville in the Sixteenth Century." *Hispanic American Historical Review*, vol. 41, no. 3, August 1961.

Rogers, Robert F., and Dirk Anthony Ballendorf. "Magellan's Landfall in the Mariana Islands." *Journal of Pacific History*, vol. 24, October 1989.

Taylor, Paul S. "Spanish Seamen in the New World During the Colonial Period." *Hispanic American Historical Review*, vol. 5, 1922.

Torodash, Martin. "Magellan Historiography." *Hispanic American Historical Review*, vol. 51, no. 2, May 1971.

Villiers, Alan. "Magellan: A Voyage into the Unknown Changed Man's Understanding of His World." *National Geographic*, June 1976.

Winchester, Simon. "After Dire Straits, an Agonizing Haul Across the Pacific." *Smithsonian*, April 1991.

UNPUBLISHED MATERIALS

Gallego, Vasquito. "The Voyage of Fernão de Magalhães Written by One Man Who Went in His Company," tr. Samuel Eliot Morison. Harvard University Archives.

Morison, Samuel Eliot. Unpublished article for *Life*, February 24, 1972. Harvard University Archives.

Sandman, Alison. *Cosmographers vs. Pilots: Navigation, Cosmography, and the State in Early Modern Spain*, Ph.D. dissertation. University of Wisconsin, 2001.

Smith, Roger Craig. *Vanguard of Empire: 15th- and 16th-Century Iberian Ship Technology in the Age of Discovery.* Ph.D. dissertation. Texas A&M University, 1989.

海派阅读 GRAND CHINA

READING YOUR LIFE

人与知识的美好链接

20 年来,中资海派陪伴数百万读者在阅读中收获更好的事业、更多的财富、更美满的生活和更和谐的人际关系,拓展读者的视界,见证读者的成长和进步。现在,我们可以通过电子书(微信读书、掌阅、今日头条、得到、当当云阅读、Kindle 等平台)、有声书(喜马拉雅等平台)、视频解读和线上线下读书会等更多方式,满足不同场景的读者体验。

关注微信公众号"**海派阅读**",随时了解更多更全的图书及活动资讯,获取更多优惠惊喜。读者们还可以把阅读需求和建议告诉我们,认识更多志同道合的书友。让派酱陪伴读者们一起成长。

了解更多图书资讯,请扫描封底下方二维码。 微信搜一搜 Q 海派阅读

也可以通过以下方式与我们取得联系:

- 采购热线:18926056206 / 18926056062
- 投稿请至:szmiss@126.com
- 服务热线:0755-25970306
- 新浪微博:中资海派图书

更多精彩请访问中资海派官网 www.hpbook.com.cn